“本科教学工程”重点专业建设系列教材
总主编 陆道平 路海洋

秘书学专业实训教程

主 编 李正春
副主编 路海洋 孙 虎
编 委 李正春 路海洋 孙 虎
吴 松 王丰海 徐 文

WUHAN UNIVERSITY PRESS
武汉大学出版社

图书在版编目(CIP)数据

秘书学专业实训教程/李正春主编．—武汉：武汉大学出版社，2017.3
(2023.12 重印)
“本科教学工程”重点专业建设系列教材/陆道平，路海洋主编
ISBN 978-7-307-12765-4

Ⅰ.秘… Ⅱ.李… Ⅲ. 秘书学—高等学校—教材 Ⅳ.C931.46

中国版本图书馆 CIP 数据核字(2017)第 025329 号

责任编辑：白绍华　　责任校对：汪欣怡　　版式设计：马　佳

出版发行：**武汉大学出版社**　(430072　武昌　珞珈山)
(电子邮箱：cbs22@ whu.edu.cn 网址：www.wdp.com.cn)
印刷：湖北云景数字印刷有限公司
开本：787×1092　1/16　印张：27　字数：637 千字　插页：1
版次：2017 年 3 月第 1 版　　2023 年 12 月第 4 次印刷
ISBN 978-7-307-12765-4　　定价：68.00 元

总　序

“本科教学工程”(全称“高等学校本科教学质量与教学改革工程”)，是“十二五”期间我国在高等教育领域实施的一项重要工程。2011 年，教育部、财政部联合下发了《关于“十二五”期间实施“高等学校本科教学质量与教学改革工程”的意见》，明确指出：“鼓励各高等学校根据学校特色，积极筹措资金设立校级‘本科教学工程’项目”，“支持高校开展专业建设综合改革试点，在人才培养模式、教师队伍、课程教材、教学方式、教学管理等影响本科专业发展的关键环节进行综合改革，强化内涵建设，为本校其他专业建设提供改革示范”，根据其中要求，苏州科技大学于 2013 年开展了“本科教学工程”第二批校级重点建设专业遴选工作，办学历史较长、实力比较雄厚的汉语言文学专业顺利获得立项批准。经过几年的建设，这项工作已经取得了明显的成效。

汉语言文学专业是中国大学发展史上开设最早的专业之一，该专业培养出的大量人才为中国社会的发展做出了重要的贡献。当然，随着中国经济社会的快速发展，包括汉语言文学专业在内的许多传统专业的人才培养，已经与“经济社会发展对应用型人才、复合型人才和拔尖创新人才的需要”(《关于“十二五”期间实施“高等学校本科教学质量与教学改革工程”的意见》)存在一定的脱节，我校汉语言文学专业的人才培养同样也存在类似的问题。为了解决这一问题，必须对专业人才培养进行综合改革，这包括改革人才培养模式、教师队伍、课程教材、教学方式、教学管理等一系列工作。必须承认，在上述的专业改革建设环节中，高水平、有特色的自有课程教材建设一直是我们的一个弱项，在认清问题后，我们从“十一五”期间开始就着力推进此项工作，“十二五”期间，这项工作所取得的最重要成果，就是编撰了“本科教学工程”重点专业建设系列教材。

“本科教学工程”重点专业建设系列教材编撰的总体思路或说定位，可以表述为紧扣实践、兼顾基础、努力创新。学界对传统的教师教育人才培养，流行一种“三重”、“三轻”之说，即重理论、轻实践，重动脑、轻动手，重知识、轻能力，将这一说法逐论于传统的汉语言文学专业人才培养，也有一定的针对性。有鉴于此，我们在编撰该系列教材时，首先，考虑到了它们的实践指向，亦即这些教材的首要特点就是针对专业人才实践动手能力的培养，这一点与区域经济发展对应用型人才、复合型人才和拔尖创新人才的实际需要是相吻合的。其次，考虑到实践动手能力是一个综合的能力，因此，在强调教材编写实践性的同时，我们也充分重视对相关基础性知识的融摄，换言之，兼顾实践能力培养与基础理论知识传授，是这套教材的共同特点。再次，我们所编撰的以本科生实践能力培养为主的系列教材，还努力在某一些领域进行开创性探索，尝试完成一些专业人才培养迫切需要而前人尚未涉及或者做得不够的工作。当然，我们的努力是否已经实现了既定的设想，还有待学界和广大师生来检验、评价。

这套教材由陆道平、路海洋担任总主编，由我校汉语言文学专业具有丰富教学经验的资深教授、副教授担任分卷主编，各卷实行主编负责制。诸教材按课程立卷，体例设置不要求“整齐划一”，但必须遵循严格的学术规范，并符合教材编写的实际需要。

由于水平所限，这套教材还存在一些不足之处，敬请同行专家和广大读者批评指正。

编　者

2016年6月

前　言

《秘书学专业实训教程》是一本着眼于本科层次汉语言文学专业（文秘）和秘书学专业实训实习的指导用书，用于教师指导学生实践和学生自我测试。

本教程结合教育部秘书学本科专业的人才培养目标和专业技能规范的要求，在体现教材的科学性、规范性的同时，吸纳了近年来秘书实践教学研究的最新成果，反映了当前信息技术迅猛发展给秘书工作带来的新变化，以及全球化对秘书工作的重大影响。以秘书能力训练为中心，通过目标引导、情境示范、任务驱动方式，实现实训过程的可控制性、实训结果的可测评，达到提升秘书学专业学生工作技能的目的。

本书编写的特点：

1. 体现认知规律，实现专业培养全覆盖

根据秘书学专业的人才培养目标，结合学生的认知规律，建立了“循序渐进、分层实现、全程贯穿”的秘书学专业实践教学体系。本教程中的实训、实习依此设置，每个项目均有目的、任务、要求、评价等环节，将秘书工作知识与能力目标结合起来，便于学生自测和教师指导。一册在手，贯穿四年。具体要求如下：

“实训目标”：紧扣秘书职业能力发展需要，设置实训和实习所要解决的问题，以提高学生发现问题、分析问题及解决问题的能力。

“任务驱动”：引入秘书工作案例和情境，为实训和实习提供工作环境和内容。

“实训内容”：围绕秘书工作不同内容设置相关训练项目，使学生熟悉和了解秘书工作具体内涵、操作程序及要求。

“方式与要求”：对实训、实习的方式、实验准备、操作要求、评价形式等进行规定性说明。

“实训提示”：主要从方法与要求、实训内容、处理流程等方面进行提醒，方便学生有序开展实训项目。

“实训考核”：根据实训目标和能力培养要求，建立专项能力评价标准与体系，对学生完成实验情况给予成绩评定、总结。

“相关知识”：概要介绍实训项目的必备知识，提供实训背景支撑。

“拓展训练”：拓展思维，训练行为，培养学生主动探索、主动学习的能力。组织“秘书之星”“秘书技能大赛”等活动，给学生提供更大的自主学习空间，调动学生学习的主观能动性，培养其学习兴趣和创造性思维能力。

2. 建立分层实训体系，完善能力结构

本教程实训项目按由浅入深、由单一到综合的逻辑关系来安排，共设“职业认知实训模块”“专业能力实训模块”“职业技能实训模块”“综合能力实训模块”四大模块，每一模块中又分设若干实训项目。将秘书学专业人才培养方案中的基础实践、课程实践、专业实践教学和综合实践等实践教学内容集中起来，将课内与课外、校内与校外所有实训环节有序组合起来，形成一个循序渐进、分层实施、覆盖全程的实践教学体系，完善学生的能力培养。具体如下：

(1)职业认知实践模块。主要目标是让专业新生感知秘书工作内涵、职业素养、职业定位、职业形象与礼仪等方面内容，认识秘书工作的职业环境，从思想、情感、态度、认知上做好从事秘书工作、适应秘书角色的准备。

(2)课程专项技能实训模块。包括秘书人员办文、办会、办事三岗位技能训练，目标是形成秘书职业所需的专业能力。利用“应用文科综合实训中心”和“秘书速录中心”设施，指导“应用文写作”“档案管理”“秘书速录”“公共关系学”“市场调查与预测”“秘书学与秘书实务”“企业管理”等课程实训和暑期社会实践，不断提升学生的专项技能。

(3)职业技能训练实践教学模块。整合前两个实践教学层次所获得的认知、情感、心理、态度和专项技能，形成秘书岗位综合技能。对学生进行公务员、速录师、高级秘书等职业资格的训练。

(4)综合能力实习模块。以秘书学专业实习、毕业论文写作、秘书应聘与招聘等环节为抓手，侧重知识创新与综合能力的培养，让学生适应现实工作环境，培养学生解决实际问题的综合应用能力，使其成为合格的秘书工作者。

3. 顺应职业化趋势，强调能力的多元化

随着秘书工作职业化，各高校强化秘书职业能力的培养，已成为秘书人才培养普遍认知。推行“双证书”制度，直接将职业资格证书的认证内容融人秘书专业实践教学环节，充实、完善实践教学体系的同时，对教学内容的专业性和技术性也提出了更高的要求。本教程结合劳动与社会保障部相关职业技能鉴定要求，依托“应用文科综合实训中心”“秘书速录中心”等实训基地和“电子政务”“公务员考试”“速录师职业技能鉴定”等模拟系统，形成以岗位工作为导向的实训模式，强化职业技能的多元培养，方便学生就业。

本教程的编写者均为在秘书学专业一线从事秘书实训教学工作的中青年老师，有较强的理论功底和娴熟的实务能力。具体分工如下：职业认识实训模块中“秘书礼仪训练”由徐文编写；职业技能训练模块中“汉语速录技能训练”由吴松编写；职业技能训练模块中“市场调查与预测训练”由王丰海编写，其余由李正春负责编写。李正春负责本书的策划和统稿工作。

本教程在编写过程中参考了相关文献，借鉴、改编了相关书籍中的案例等，附在每个模块结束处，在此一并感谢！

本教程得到了苏州科技大学人文学院汉语言文学重点专业建设基金和天平学院秘书学专业建设项目的资助，也得到了武汉大学出版社的鼎力相助，在此表示真诚的谢意！

作为一本贯穿秘书学专业培养方案始终的实训和实习教材，本教程的体例有较大的创新性和探索性。虽然我们竭尽全力，但限于时间、精力和认识水平等因素，不当之处肯定存在，恳请读者批评指正，容日后进一步完善。让我们共同为秘书学专业实践教学体系的建构及学生实践能力培养的科学化、系统化作出不懈的努力！

编 者

2016 年 11 月 6 日

目　录

一、职业认知模块

项目一：认识秘书

秘书在世界范围内是最广泛的社会职业之一，常被誉为世界上常青的职业。“秘书”一词在我国由来已久，据史籍记载最早出现于汉代。其含义几经变化，主要有宫禁藏书、谶纬图录、官署名称等几种，与今天所说的现代意义上的“秘书”含义大不相同。

我国现代意义上的秘书始于孙中山先生建立的南京临时政府，当时仿照欧美等国的政治体制实行总统制，在总统府设立了秘书处，有秘书长一人，秘书若干；政府各部局也设立秘书室、秘书科和秘书官；各省都督府也设立秘书。这时的秘书才真正指称现代意义的秘书职务。

我国原国家劳动和社会保障部颁布的《秘书国家职业标准》(2006 年版)中是这样定义秘书的：秘书是从事办公室程序性工作、协助上司处理政务及日常事务并为决策及实施提供服务的人员。

国际职业秘书协会将“秘书”释义为：办公室内特定主管的助手。其任务，是在认可的职权范围内，不必经过直接的督管，就能运用办公室的工具，从事该主管制定的行政性任务。

秘书是企事业单位管理中一个很重要的岗位，是实行就业准入的职业之一。现代意义上的秘书，是具备专业技能职务资格、围绕着领导层或个人进行各项事务的辅助决策和管理，帮助组织或个人实现“效能最大化”的管理类应用型技术人才。

【实训目标】

1. 了解秘书、秘书工作的定义和职业内涵。
2. 了解秘书的职业道德。
3. 熟知秘书的岗位职责、角色定位和秘书工作的主要内容。
4. 能够正确运用职业着装礼仪。

【任务驱动】

瑞新实业公司要对新招聘的秘书人员进行岗前培训，办公室主任张华将根据本公司的工作性质及特征对新聘秘书进行角色认知及工作内容的培训。

他搜集了社会上对秘书职业的看法，发现秘书的角色定位大体有如下四种认识：第一，“家奴”论。高达 30%的人认为秘书扮演的是事事听命于人，伺候人的角色，这部分人认为，秘书大多圆滑世故，善于察言观色、阿谀奉承。第二，“花瓶”论。持此观点者占被调查者总数的 21%，他们把秘书当成专门陪同上司应酬的公关人员，甚至将其戏称为“酒保”(男秘书)或“花瓶”、“小蜜”(女秘书)。第三，“二首长”论。22%的被调查者认为，秘书是领导的代言人，备受宠信，掌握实权，办事方便；秘书岗位不仅有利可图，而且是升官晋职的“捷径”。第四，“助手”论。27%的人认为秘书是领导的助手，他们为领导的管理活动提供事务服务和参谋建议，德才兼备，能力较强。

张主任让大家在充分讨论的基础上拟定了培训宗旨：通过了解公司(单位)的历史及成长情况，找准秘书的定位；掌握秘书工作的内容；明确秘书人员应具备较高的政治和道德素质、较强的岗位角色意识、高效的工作作风、诚实守信的个人品格等四项基本要求。

【实训内容】

张主任给办公室小王秘书布置了两项工作：

1. 如何理解秘书角色？秘书工作有哪些内容？

2. 你心目中的秘书岗位在机关还是在企业？为什么？

【实训提示】

1. 从秘书概念的内涵及外延进行思考。

2. 比较中外秘书角色的异同。

【方式与要求】

1. 查阅有关“秘书”的定义，查阅途径自选。

2. 分组讨论实训，分组开展情景创设及演练，小组互相评分。

3. 围绕论文收集材料，观点鲜明、正确，论据充分。

4. 演示小组应有团队精神和协作精神。

【实训考核】

秘书职业形象认知评分参考表

内容 / 小组	观点 15%	材料 10%	表达 10%	情景 15%	表情 10%	整体效果 15%	协作精神 15%	参与态度 10%

【相关知识】

一、秘书应具备的基本条件

1. 秘书的个人条件

年龄：目前，我国对秘书从业者的年龄并没有明确的规定，但从职业化的趋势来看，整体上呈现年轻化特征。从某种意义上讲，秘书的成熟是与年龄成正比的。因此，不能简单地说秘书是年轻人的职业，要看具体岗位要求。

性别：女性化特征是秘书职业化的又一突出特点。女性从事秘书职业有其自身的优势：一是思维能力优势；二是交际能力优势；三是语言能力优势；四是操作能力优势；五是审美愉悦优势。但在我们国家政府机关、企事业单位中，男性秘书依然是主体。

健康：各种社会角色对健康的要求基本一致，即要求身心健康，秘书工作也不例外。由于秘书工作的高强度、大压力，其对身体健康与心理健康要求更高。

文化程度：担任秘书角色的学历一般要根据所任职级而定，所任职级越高，对任职者的学历要求也越高，其处理工作事务越复杂，就要求具备相应的学历。

2. 秘书的个性要求：守时、谨慎、热情、合群、服从、自信、机智、勤快、整洁、自制、兴趣广泛。

3. 秘书的品质要求：忠诚、负责、正派、廉洁、诚实、谦逊。

4. 秘书的职业态度：主动性、适应性、团队精神、尊重他人、创新精神、坚持原则、热心服务与乐于奉献、认同与分享、双赢与相互依存。

二、秘书应具备的基本素质

1. 身心素质：包括身体素质和心理素质。主要包括意志、兴趣、性格、情感的调节和控制。要拥有良好的身体状况、健康的体魄，保持良好的心态。一个有着心理障碍的人，一个对社会充满仇恨的人，一个喜怒无常的人是不可能做好秘书工作的。秘书的心理素质是决定秘书活动和行为好坏的一个重要因素。

2. 政治思想素质：秘书人员要有坚定的政治立场和政治态度，较强的政治识别能力，较高的职业纪律素质。此外，还应具备博大的胸怀、宽广的视野和高度的社会责任感。

3. 业务素质：一是理论知识，一方面要掌握扎实的基础知识以及对业务工作有帮助的其他知识，另一方面也要注意收集新的信息，关注秘书学领域新的发展动态；二是实践经验，要注意总结工作中好的经验，尽量避免走弯路，要经常进行经验交流，要多向有经验的人学习；三是办事能力，秘书工作繁杂、琐碎，这就要求我们必须具备较高的办事能力，无论是办文、办会，还是处理日常事务，都要注意锻炼自己的办事能力，提高办事效率，并应掌握一定的办事方法与技巧。

4. 良好的职业道德：包括遵纪守法、爱岗敬业，办事公道、合作共赢、甘于平凡、合理展示、自尊自重、克勤克俭、诚实守信、保守秘密、服从领导、当好参谋等基本内容。

5. 文化素质：包括社会科学、自然科学、外语等。学好专业知识应是起码的要求，而懂得一点文史哲，平时注意积累一些自然科学的有关知识，具备一定的文化素养，也很必要，可陶冶人生情趣，亦可对工作有所裨益。此外，学会一些有益的技能，如驾驶、琴棋书画等，也是很有好处的。

三、秘书应掌握的主要职业技能

秘书在各类政府机关、企事业单位中属于最基础、最重要的岗位之一，其岗位职责描述也是最模糊和最广泛的。目前，一般把秘书、行政、助理这几种相关职业都划分在秘书的岗位范畴中，可以说秘书既是一个极其普通的职位，又是集多种技能于一身的全才，有人说："优秀秘书的招聘难度丝毫不亚于招聘一个高级工程师。"

除了上述基本操作技能外，秘书人员还应具备组织协调能力、团队合作能力、获取新知识的能力和掌握两国以上语言的能力等多元化才能。综合而言，秘书人员应具备的能力可以分为两种：一是办事能力，包括计算机和办公设备操作能力、参谋辅助能力、信息服务能力、调查研究能力、统计分析能力、编辑能力等；二是沟通能力，包括公关交际能力、口头表达能力、书面沟通能力（文书写作能力）、协调能力、组织能力等。

要成为一名优秀的秘书，最关键的是对秘书职业、秘书工作真正感兴趣，并以此为动力抓住每个机会，不断学习，提高自我，以适应不断发展着的市场的需求。

【拓展训练】

一、秘书职业测试——你适合做秘书吗？

从心理学上讲，选择一个适合自己的职业，要涉及性格、气质、兴趣、能力、教育状况等许多方面。以"是"或"否"回答下面两组题，测试一下自己的择业倾向。

第一组：

1. 就我的性格来说，我喜欢同年轻人而不是同年龄大的人在一起。
2. 我心目中的丈夫应具有与众不同的见解和活跃的思想。
3. 对于别人求助我的事情，总乐意帮助解决。
4. 我做事情考虑较多的是速度和数量而不在精雕细琢上下工夫。
5. 总之，我喜欢"新鲜"这个概念，例如新环境、新旅游点、新朋友等。
6. 我讨厌寂寞，希望与大家在一起。
7. 我读书的时候就喜欢语文课。
8. 我喜欢改变某些生活惯例，以使自己有一些充裕的时间。
9. 不喜欢那些零散、琐碎的事情。
10. 我进入招聘职员经理室，经理抬头瞅了我一眼，说声请坐，然后就埋头阅读他的文件不再理我，可我一看旁边并没有座位，这时我没站在那里等，而是悄悄搬来个椅子坐下等经理说话。

第二组：

11. 我读书的时候很喜欢数学课。
12. 看了一场电影、戏剧后，喜欢独自思考其内容，而不喜欢与人一起谈论。
13. 我书写整齐清楚，很少写错别字。
14. 不喜欢读长篇小说，喜欢读议论文、小品文或散文。
15. 业余时间我爱做智力测验、智力游戏一类题目。
16. 墙上的画挂歪了，我看着不舒服，总要想法将它扶正。
17. 刻录机、电视机出了故障，喜爱自己动手摆弄、修理。
18. 做事情愿做得精益求精。
19. 我对一般服装的评价是看它的设计而不大关心是否流行。
20. 我对经济开支能控制，很少有"月初松月底空"的现象。

评分方法：

1. 共20题，前10题为一组，后10题为二组。
2. 从第1题起依次画出"是"与"否"的答案，然后算出两组各有几个"是"。
3. 比较两组答案：第一组中答"是"比第二组多为A；第二组中答"是"比第一组多为B；如果两组回答"是"大致相等为C。

测评分析：

A. 你最大长处是思想活跃，善与人交往。你喜欢把自己的想法让别人去实现，或者与大家共同去实现，适合你的职业是记者、演员、导游、推销员、采购员、服务员、节目主持人、人事干部、广告宣传人员等。

B. 你具有耐心、谨慎、刻苦钻研的品质，是个稳重的人。适宜于选择编辑、律师、医生、技术人员、工程师、会计师、科学工作等职业。

C. 你具备A、B两类型人的长处，不仅能独立思考，也能维持、处理良好的人际关系。供你选择的职业包括教师、教练、护士、秘书、美容师、理发师、公务员、心理咨询员、各类管理人员等。

二、测试——你是一个优秀的秘书吗？

序号	检 测 内 容	良好	一般	差
1	良好的文字处理能力，字体优美，书写工整。			
2	良好的口头表达能力，如得体地应对电话。			
3	善于与人沟通。			
4	随机应变能力强。			
5	能严守秘密，谨慎处理保密文件。			
6	能准确理解上司的意图。			
7	能沉着处理紧急事件。			
8	代表经理出席员工大会并讲话，准确恰当地表达经理的意见。			
9	及时将企业内外部信息传递给经理。			
10	经理外出时能主动主持办公室工作。			
11	良好的职业道德和强烈的进取心。			
12	精力充沛。			
13	良好的安排时间的能力(如出差计划与安排)。			
14	良好的记忆力，尤其对人名、地名、电话号码反应迅速。			
15	有组织观念和团队精神。			
16	与同事及上司能融洽相处，并能从中起到协调作用。			
17	能参与企业具体项目的开展。			
18	积极主动而非被动工作。			
19	懂办公室内财务管理。			
20	知错能及时纠正。			

续表

序号	检 测 内 容	良好	一般	差
21	知道何时征求上司的意见和给上司建议。			
22	能以最佳的方式管理文件(归档、保存、查找)。			
23	有一定数学头脑。			
24	会多种语言。			
25	求知欲强。			
26	掌握常用计算机软件的应用。			
27	能代替上司处理日常事务。			
28	独立工作能力强。			

三、招聘总经理秘书

“假如你是一个人力资源经理，你将如何面试总经理秘书，尤其当你面试的是一位女秘书时?”这是某秘书网站一次网络论坛的主题。围绕这个话题，参与各方纷纷发表了自己的观点。

张先生：作为总经理秘书，不论是男性，还是女性，都应该具备以下一些基本素质：一是有一定的文字功底、计算机操作能力和外语沟通能力；二是有较高的语言表达技巧，知道何时说话和怎样说话，既能恰到好处地进行表达，也会适时沉默；三是能很快理解老总说话的意图，并能顺畅传递相关信息，具有较强的理解与沟通能力；四是应具备现代商务交往过程中的各项礼仪，如果应聘者化妆很浓、佩戴夸张的首饰，穿着不恰当，则说明其未受过相关的训练。

李先生：总经理秘书应具备理解沟通能力、公文写作能力、协调能力、保守机密的意识等素质，此外，形象也很重要。面试中除了要注意其个人形象是否端庄大方、举止是否有礼节、谈吐是否文雅、是否有风度外，还要注意其语言组织与表达能力如何(可让其进行自我介绍或工作经历介绍)。最重要的是，给她一些“如果”(秘书工作可能遇到的一些问题)，看她如何处理，考察她的分析问题能力、应变能力、协调沟通能力甚至心理素质和性格特征等。

王女士：最重要的是对领导动作、语言的领悟能力以及对领导的适应能力。秘书要能领会领导的意图。悟性很重要!

希先生：总经理秘书岗位因公司而异，可能是综合型，也可能是偏向专业型(如法务、公关、文书、销售助理等)。面试时注意侧重点，事先把一些相关问题设计好很关键。个人认为笔试与面试同等重要，某些情况下甚至比面试重要。通过笔试，可以考察其文字功底(包括字迹是否清楚，有无错别字，表达是否流畅，观点是否鲜明，实用文体写作是否规范，是否具备一定的法律知识和企业管理知识等)，最佳的方法是要求其在一定的期限内交上一份有关本公司某些方面的调查分析报告。

李女士：昨天看的版内一篇文章说，HR 需要有很高的情商，的确如此。总经理秘书更需要这个！如果发现她在知识结构、能力素质上都能令你满意，别忘了考察她对秘书岗位的定位是如何理解的，即使是一个再有想法、再聪明能干的秘书，也不见得就能够很好地定位自己，并认识到秘书岗位的服从性和辅助性。

郝先生：我们谈企业中的操作，对于素质的分类不切题。下面简单谈一下操作问题：首先，得弄清楚在该企业中秘书的定位与主要职责；其次，应找出关键素质(或能力)要求，可按对工作的重要性以及可复制性(是否通过培训来培养)来排序考察；再次，依据上述结果设计评价方案、评价流程以及建立评估团队，在面试和笔试的问题设计上要尽量倾向基于行为导向的问题，包括情景、行为、结果等。例如，请举出一个您通过沟通解决问题的事例，具体说明当时的情况、您的任务、所采取的方案、取得的结果以及事后自己和领导、同事的评价；或者可以设计一定的情景案例，要求她分析解决。最后，汇总评分，得出录取名单和储备名单。

征女士：做秘书难，做女秘书更难。怎样才能左右逢源，我个人看主要有如下几点：一是要有平常心；二是强化工作能力，做好本职工作；三是仪容、仪表、仪态端庄大方，举止得体；四是口风要紧，保密意识强；五是有亲和力，善于沟通；六是有外交家的平衡艺术，保持好恰当的交往距离；七是在工作中不涉及私人感情。

根据以上各位讨论的关于秘书人员应具备的能力素质，请模拟组织一场总经理秘书招聘会，5人一组，分别扮演人力资源经理、经理助手、应聘者一、应聘者二、应聘者三，轮流转换角色，主要考察秘书人员应具备的素质。

项目二：秘书的岗位职责

【任务驱动】

案例1：创新实业公司与龙丹通讯设备厂已经合作了一段时间，成交了几笔生意，双方关系一直比较融洽。最近，因为一批电声材料的质量问题，双方有了摩擦。龙丹通讯设备厂总经理来了一封信，要求将这批材料全部退货，创新实业公司王永康总经理看了很生气，随即把秘书高玉兰叫进来，把那封信丢过去，说："给龙丹通讯设备厂回封信，以后不和他们做生意了。真是岂有此理！"

王总的秘书高玉兰了解王总，知道这不过是他一时的气话。材料出了问题，他心里一定很急。细心的高秘书做了如下工作：

1. 找来了相关材料的质检报告，以及这批材料生产环节的相关资料；
2. 收集了目前这款材料在国际及国内相关领域的最新生产动态；
3. 将这一段时间和龙丹通讯设备厂来往的相同材料的规格数据整理了一份；
4. 对重要问题标记记号并撰写了相关摘要；
5. 将上述资料放在王总的办公桌上，供王总阅知。

王总果然认真阅读了高秘书为他准备的文件材料。临下班时，高秘书去请示王总："那封信现在发吗?"王总说，"等等，帮我约见他们的张总经理"。高秘书见王总又恢复了往日的风采，知道他已经找到了解决问题的办法。

王总经理认为今天这件事说明秘书工作的重要作用，应该让所有秘书都能像高玉兰一样尽职尽责。于是他让席主任组织所有秘书开个座谈会，议题为“探讨秘书职业角色及素质定位”，并找出自身的职业差距与努力方向。

案例 2：海星(集团)有限公司是一家集家居设计、家具制作、室内外装潢于一体的大型公司，为了广泛吸纳优秀人才、加快集团公司发展、适应市场改革需求，根据实际情况拟招聘秘书类岗位人员共 3 人，其中董事会秘书、办公室宣传秘书及前台接待秘书各 1 名。假如你是办公室主任高叶，请你撰写招聘书，你准备如何完成公司的任务？

请你根据对秘书职业的了解，撰写 3 份招聘书，重点要写出对不同秘书岗位人员的从业资格、职业素养及技能的要求。

【实训内容】

1. 理解秘书职业的基本内涵，并对秘书岗位有一个清晰的认知。

2. 掌握秘书工作的主要内容及特性；了解秘书工作的基本属性和岗位特征；了解不同层次秘书的异同；明确秘书工作的原则，并能根据秘书的职业素质、职业道德进行综合分析、判别是非。

3. 能应用秘书工作的基本属性、基本原则及规律分析案例，解决问题。

4. 能操作秘书日常办公事务；掌握秘书工作的基本方法及规律；能利用秘书的基本属性分析案例。

【方式与要求】

1. 实训时，全班可先分为若干个实训小组。以分组为单位进行模拟座谈会的会前准备。

2. 组织学生进行座谈会，讨论内容为“秘书职业角色及素质定位”的知识准备，进一步认识秘书职业素质的重要性及其具体内涵。组内选出记录员，记录要求与上一实训要求相同。

3. 实训小组组长明确组员扮演的角色，对实训任务进行分工，在规定的时间内必须完成各自的招聘任务书的写作。在规定时间内各组上交完成的任务文本，教师集中评议。

4. 在实训中既要求独立操作，又要求组员之间的相互协作。

5. 各小组互换进行实训个人实操评分，学生和教师进行实训团体演练评分，并汇总本次实训成绩。

【实训提示】

1. 从现代秘书综合素质的内涵去思考，从秘书素养→文化内涵→秘书职业道德角度方面提高思想认识。

2. 分析案例中秘书所面临的两难处境，注意在工作中要遵循秘书工作的原则。

3. 围绕秘书工作的原则与规律发散思维，提升秘书职业思维能力，掌握多种工作方法。

4. 会场布置要符合座谈会的氛围，能实现座谈会的目标，可采用圆桌型坐席。

5. 主持人在座谈会中要起到调节氛围、化解尴尬、控制主题及时间的作用。

6. 撰写企事业单位秘书的招聘书。

7. 必须明确不同秘书岗位人员的主要职责，并据此设定秘书岗位的从业资格。

【实训考核】

座谈会评分参考表

内容 小组	方案设计 20%	会议组织					整体效果 20%	总评
		会场布置 15%	礼仪规范程度 10%	语言规范程度 10%	团队协作 15%	时间控制 10%		

【相关知识】

一、秘书的角色意识

指秘书个体在社会实践中发展起来的，通过以思维、语言为核心的心理活动，对所从事职业的认识和评价。秘书应具备如下五个角色意识：辅弼意识、信息意识、效率意识、自我意识、创造意识。

二、秘书工作及性质

秘书工作以辅助领导和上级完善管理为目的，通过“办事”“办文”“办会”，实现政务服务和事务服务，这也是秘书工作的宗旨。

工作位置的政治性、工作地位的从属性、工作作用的辅助性、工作内容的综合性、工作效果的潜隐性、工作方式的被动性等是秘书工作的性质。

三、秘书工作的作用与规律

秘书在工作中发挥着助手作用、参谋作用、枢纽作用、协调作用、信息耳目作用。秘书服务的主要对象是领导者，秘书活动的基本方式是处理信息和事务，秘书活动的根本性质是辅助性。

秘书工作的一般规律即秘书在主辅配合中，秘书工作者的辅助水平一定要适应领导者的辅助需求。主辅配合的有效程度对秘书工作起着关键性作用。配合有效程度高，秘书的事务服务和参谋辅助发挥的职能作用就大；否则，作用就小。

四、秘书部门的类型

1. 行政机关的秘书部门

各级党政机关、事业单位的内设机构，其地位和功能有所不同。每一职能部门担负着各机关职能的一部分，如组织、人事、宣传、保卫、财会等。秘书部门虽然不承担某一项具体职能部门的业务工作，但那些无法分解到具体业务部门的工作，都要由秘书部门承担。秘书部门已经超越了各职能部门的业务职责而具有全局意义。因此，秘书部门又称

"不管部"或"综合部"。

在我国，行政机关的秘书部门分别设置在各级机关之下，其级别就是直接下属。省级以上行政机关的秘书部门绝大多数称"办公厅"，地级以下(包括地级)一般称"办公室"，秘书部门的负责人称办公厅(室)主任。省级以上机关还设秘书长。严格地说，秘书长是职务名称，是一级官位而不是职业名称，不表示为"秘书的领导"或"高一级的秘书"。

2. 企业的秘书部门

(1)综合性秘书部门：即"公司办公室""集团办公室"。

(2)职能性秘书部门：即"经理办公室""厂长办公室"或"行政办公室"。

(3)专业性秘书部门：一般设置在人员规模比较小的企业，称为"文秘室""值班室"，主要负责文书信函的撰写制发、管理文件档案、筹办会议、接打电话、接待来客以及办理领导临时交办的各种工作。

(4)由一两名秘书承担的秘书办公室：这类企业规模更小，因此只设一个值班秘书的办公席位，有的称为"前台"，有的定位为"总经理秘书"。秘书一般要求全时在岗，负责电话接听、文电处理、方案制作、会议事务、来客接待等，工作所涉及的范围广泛。

3. 股份制企业的秘书部门

股份制企业秘书部门的设置遵循分级分类管理、精简合理高效、整体效益优先的原则，具有辅助管理、综合服务的基本职能。

总经理是董事会任命的公司最高管理者，即首席执行官(简称 CEO)。董事长、总经理是管理层。总经理办公室负责公司的秘书事务，是股份制企业中的最高常设秘书部门，一般直接对总经理以及各副总经理负责；股份制企业的总经理、副总经理配备专门的助理，总经理助理是主要对领导负责的秘书，一般不属于总经理办公室。有的公司总经理助理由办公室主任兼任。总经理办公室的工作主要是按照领导授意处理公司的文件、组织公司会议、掌管公司文书档案、接待和安排来客与领导的约见以及电话传真往来业务。在不另设公关部的公司，秘书部门同时负责公司的公关事务和对外联络工作。

(1)总经理秘书的主要职责

1)协助总经理对公司运作与各职能部门进行管理，协调公司内部各部门关系，协助监管各项管理制度的制定及推行。

2)做好公司重要会议的记录及会议纪要的整理，及时上报经理，起草、打印、登记和存档总经理签发的文件。

3)负责公司内外重要信息的搜集、整理、分析。

4)负责公司内外重要事项的综合协调及向公司各个部门报送公司有关规定。

5)完成总经理交代的其他工作。

(2)董事会秘书的主要职责

1)协调、安排董事长的工作日程。

2)为公司领导提供日常服务。

3)起草公司领导需要的各种文件。

4)筹备董事会(长)会议，并负责会议的记录工作，保管会议文件和记录。

5)协助公司对外推介的宣传活动，协助董事会安排公关活动。

6)协调公司进行筹备上市方面的各项工作。

7)协调公司与行业主管部门、政府相关部门的关系。

8)密切关注国家宏观政策、行业情况、本公司发展动态，为董事会(长)提交分析报告和决策建议。

9)负责公司投资者关系管理和股东资料管理工作，协调公司与证券监管机构、股东及实际控制人、证券服务机构、媒体等之间的信息沟通等。

10)公司上市完成后，按《公司法》《证券法》及其他法律法规要求，负责公司信息披露事务，协调公司信息披露工作，组织制定公司信息披露事务管理制度，督促公司及相关信息披露义务人遵守信息披露相关规定；保证公司信息传递的及时、合法、真实和完整。

(3)办公室宣传秘书的职位要求

1)能熟练操作办公软件，实现办公自动化，有较强的文书处理能力和扎实的写作功底。

2)负责企业文化的宣传和氛围营造、内部宣传稿件的撰写和审核、员工活动组织实施等管理工作。

3)性格开朗，善与人交际，有一定的组织能力，有较好的团队精神，熟悉公文写作。

(4)前台接待秘书主要职位要求

1)端庄大方，气质佳；有良好的道德品质，忠诚敬业，上进心强；诚实稳重，工作细心负责，能承受工作压力，有工作热情。

2)具有较强的沟通协调能力，能灵活妥善应对各种突发事情，协助各部门顺利开展工作，能做好领导接待工作，有相关经验者优先。

五、秘书部门的内部工作系统

在党政机关秘书部门的内部工作系统中，一般设“办公室”，“办公室”下设“科”或“组”。

企业秘书部门内部的工作系统简单，人员设置一般规模也不大。秘书在工作中各有侧重并相互配合，而且许多工作是协助并配合其他职能部门进行的，既体现了秘书综合服务的职能，又辅助领导推进了管理。

【拓展训练】

一、谁最适合从事秘书工作

在你所在的班级或团队中，你认为谁最适合从事秘书工作？列出至少5个特点并进行评价说明。我认为____________________最适合从事秘书工作，因为

1.

2.

3.

4.

5.

综合来看，我认为____。

二、谈谈你所知道的人们对秘书工作的常见误解，并给予评价。

对秘书工作的常见误解和分析评价表

常见误解	分析评价(我的观点)
误解一：	
误解二：	
误解三：	
……	

三、讨论“男性更适合做秘书还是女性更适合做秘书？”(相关信息填入下表)

男性或女性适合做秘书的原因分析表

□男性更适合	□女性更适合
原因：	原因：

四、采访一名秘书人员，找出秘书工作中的三个常见的难题，并找出解决的方法(相关信息填入下表)。

秘书工作中的三个常见难题及其解决的方法

受访者：	受访时间：
难题一：	解决方法：
难题二：	解决方法：
难题三：	解决方法：

五、从秘书应具备的角色意识对下列材料中秘书表现进行评述

陈洁是一家公司的行政助理，每天事务繁杂，忙得团团转。公司的设备维护，办公物品购买，付通信费，买机票，订客房……恨不得长出八只手来，于是牢骚和抱怨成了家常便饭。

这天，刚付电话费，财务部的小李来领胶水，陈洁不高兴地说：“昨天不是刚来过吗？怎么就你事情多，今儿这个、明儿那个的？”抽屉开得噼里啪啦，翻出一瓶胶水，往桌子上一扔：“以后东西一起领。”小李有些尴尬，又不好说什么。销售部的晓蕾风风火火地冲进来，原来复印机卡纸了。陈洁脸一沉，不耐烦地挥挥手：“知道了，烦死了！跟你说一百遍了，先填保修单。”单子一甩：“填一下，我去看看。”陈洁边往外走边嘟囔：“综合部的人都死光了，什么事情都找我！”平时大家议论：陈洁人是不错，但嘴巴太厉害了。年末评先进没有陈洁的份，她觉得很委屈：我累死累活

的，却没人体谅我……

请问陈洁为何会有这样的结果？

六、蔡秘书主持招聘新秘书

总经理授权秘书小蔡主持招聘新秘书的初试，要以秘书业务基本知识和能力为主，通过笔试从100名应聘者中选拔出10名参加由总经理亲自主持的复试，并强调若有疑问和难题可随时找他商量。小蔡接受任务后，决心在出这份试卷中表现出自己名牌大学毕业生的水平，出了一些管理学前沿的理论问题，并提出评分标准，亲自监考、阅卷。结果，初录的10名应聘者在总经理主持的复试中，对"秘书是干什么的""你将如何做好秘书"等基本问题，也不能准确回答。总经理将初试试卷调来查阅后说："小蔡代表我选人，却没有用我的尺度，只有重新选。"

请思考：秘书小蔡受命主持招聘新秘书的初试，错在哪里？

七、纠结的谈判

公司老总与原料供货商刘经理就进货问题谈了几个回合了，这天刘经理来公司准备签合同，但公司老总又提出了供货原料的产地及运费问题，一个上午又无果而终。刘经理回去的时候，老总让秘书高玉兰送他到电梯口。在电梯口，刘经理苦笑着对秘书说："你们老总今天怎么变得这么婆婆妈妈的，没有一点男子汉大丈夫的气魄？"面对这种情况，高玉兰应该如何处理？现在高玉兰有以下几种选择：

1. 我们也经常不太知道他是怎么想的。
2. 最近他确实有些婆婆妈妈，我们也有这样的感觉。
3. 真的吗？哈哈，刘经理您说的真有意思！
4. 刘经理，看来你还是不了解我们老总！
5. 刘经理，这你不能怪我们老总，你们不也老是变来变去吗？

对于以上几种选择，你认为哪种选择比较合适，请说明理由，并对其他几种选择进行评析。你还有其他更好的办法吗？

项目三：秘书的职业道德

【任务驱动】

案例1：某大公司招聘总经理助理，由总经理亲自面试。应聘者小钱来到总经理办公室。总经理一见到小钱就说："咱们好像在一次研讨会上见过，我还读过你发表的文章，很赞赏你所提出的关于拓展市场的观点。"小钱一愣，知道总经理认错人了，但转念一想，既然总经理对那人那么有好感，不如将错就错，对我肯定有好处。于是就接着总经理的话说："对，对。我对那次研讨会记忆犹新，我提出的观点能对贵公司有帮助，我感到很高兴。"

第二个来应聘的是小高，总经理对他说了同样的话。小高想：真是天助我也，他认错人了。于是说："我对您也非常敬佩，您在那次研讨会上是最受关注的对象。"

第三个来应聘的是小孙。总经理再次说了同样的话。但小孙一听就站起来说："总经理先生，对不起，您认错人了。我从来没有参加过那样的研讨会，也没有提出过拓展市场的观点。"总经理一听就笑了，说："小伙子，请坐下。我要招聘的就是你这样的人。你被录用了。"

案例2：小张是兴达公司的办公室秘书，由于他的位置和工作的特殊性，平时常和领导处在一块，对公司的内幕消息掌握得比较及时，信息灵通的他因此也颇受其他同事的羡慕。时间长了，自然也有不少人来套他的话，想了解一些公司上层最新消息或公司最近将有怎样的动作，但他始终坚持原则，不该说的坚决不说，透露不得的坚决不透露。一天，财务部出纳陈程(公司副总的亲戚)找到小张，想打探一下公司裁员降薪的情况："小张，听说公司又是裁员又是降薪的，提了这么久怎么未见动静？"小张看了他一眼，说道："这可不是小事哦，如果我说了，你能为我保守秘密吗？"陈程很爽快地答应了："能，肯定能！"小张笑着说："你能，我也能。"陈程无语了。他本以为自己身份特殊，小张多少会给他点面子露点风声的，没想到被他一句话给堵回去了。

案例3：某保安服务中心年度总结大会召开之前，经理看了各保安部门上报的材料，发现上报的材料只报喜不报忧。为了落实材料，他派秘书调查落实。秘书接到任务后，只是根据各保安部门所记载的材料和上报材料进行对比，然后据此写了一个报告呈送经理会议，作为年终评比的主要依据。结果贡献大、成绩突出的没有评上，而个别弄虚作假、虚报数字的部门反被评为年度先进，挫伤了群众的积极性，影响了年终评比的质量。

案例4：1996年9月，四川省合木市某镇党政办公室干部孙荣，因泄露举报信件，受到党内严重警告处分。6月7日，群众举报该镇某负责人张某的问题，市纪委信访室按有关办理程序，将此信转镇党委调查处理。6月25日上午，镇政府文书孙荣收信后拆阅。孙荣和张私交甚笃，他觉得这件事应该告诉朋友一声。当天下午5点左右，孙打电话把有关举报的事原原本本告诉了被举报人张某，并让他到办公室来。张到孙的办公室后，孙就拿出两封举报信给他看，张看后称赞孙够朋友，并提出要将举报信借走，孙十分痛快地同意了。后来张某将举报信及市纪委的转办函复印，原件还给了孙。28日，孙才将举报信交给镇分管领导。孙某还把举报信给亲朋好友看，致使泄密范围进一步扩大，在群众中造成了极恶劣的影响。孙因"友情"而出卖原则，受到了应有的处罚。

1. 分组讨论秘书职业道德应包括哪些内容？最主要的职业道德是什么？

2. 从职业道德角度分析，案例1中的小孙为什么能应聘成功？求职为什么要遵循为人诚实的基本原则？

3. 案例2中，小张秘书的做法对吗？通过各种途径调查了解单位失密的主要渠道，分析秘书人员应如何坚持原则、保守秘密？

4. 案例3中，造成评比不准的原因何在？该案例说明秘书应具备怎样的职业道德？

5. 案例4中，孙荣在信访接待工作中违背了哪些原则？

【实训内容】

1. 了解秘书职业道德与行为规范的重要性。

2. 掌握秘书职业道德与行为规范的基本内容。

3. 掌握防泄密的技术方法。

【实训提示】

1. 查阅秘书职业道德的基本内容，收集有关秘书职业道德的案例。

2. 了解秘书保密知识和防泄密方法。

3. 查阅《中华人民共和国保密法》。

4. 提交方案、开放讨论、设备操作。

【实训考核】

秘书职业道德实训考核表

实训项目名称					
实训时间			实训地点		
实训人员			指导老师		
实训任务完成情况					
实训任务	比重	实训人员参与程度	实训形式	完成质量	评分
任务 1					
任务 2					
任务 3					
任务 4					
任务 5					
实训小结					
指导老师评语(实训亮点、改进建议)：					
实训成绩：					
指导老师签名：			时间：		

【相关知识】

一、秘书职业道德的基本内容

1. 爱岗敬业，忠于职守。爱岗敬业是秘书人员首要的品格。秘书工作任务繁重，责任重大，又需要作出种种牺牲，甘当无名英雄。这就需要充分认识秘书工作的重要性，不断培养秘书职业道德和光荣感，不因工作繁杂而厌烦，不因默默无闻而思迁，树立职业理想，并为此奋斗，尽心尽力做好本职工作。秘书人员要做好秘书工作，就必须热爱自己的事业，并在工作中发挥积极性、主动性、创造性。要做好秘书工作，就必须乐业、敬业、爱业，由热爱生追求，由追求生勤奋，这样才能在秘书工作中做出成绩来。要热爱自己的本职工作，秘书人员首先必须充分认识秘书工作的意义。秘书工作是各级各类机关、团体、企事业单位的领导必不可少的辅助工作，在现代社会中秘书职业会越来越重要。

忠于职守就是要忠于秘书这个特定的工作岗位。秘书必须忠诚于秘书事业，兢兢业业、勤勤恳恳地当好领导的参谋和助手，认真履行秘书的职责，积极主动地做好各项职责范围内的工作，而不是被动应付，敷衍塞责；既要完成各项承办性工作，处理好日常的办文、办会、办事等工作，又要主动地为领导工作提出建议，准备材料，收集信息，调查研究。自觉履行秘书的各项职责，认真辅助领导，精心地做好各项工作。必须热爱自己的事业，要有强烈的事业心和责任感，对工作认真负责，一丝不苟。恪守本分，甘当助手、配角，甘当无名英雄，不越权越位，不掺杂私心杂念，不渎职。

2. 服从领导，当好参谋。服从领导是秘书人员的职业性质所决定的。秘书是领导的助手，服从应该是秘书的优良品格。所谓“服从”，就是认真贯彻领导的意图，执行领导的决议，处理好与领导的关系。要摆正位置。领导与秘书，是领导与被领导、服务与被服务的关系。秘书人员应始终将自己摆在助手的位置上，认真为领导做好各项服务工作，认真执行领导的决议，严格按照领导的意图办事，不能自作主张，另搞一套；不能对领导的指示添枝加叶，改头换面。只有不越位，认真扮演自己该扮演的角色，才能更好地完成任务，做好工作。离开领导自行其是，别出心裁，是职业道德所不允许的。个人的积极性、创造性只能在服从领导的前提下进行发挥。

当好参谋就是要发挥参谋的作用，为领导出谋献策。在领导决策民主化、科学化的今天，尤其要求秘书改变以往办事即是称职的旧观念，要提高参谋意识和能力，明确不能出谋划策者就不是好秘书的新观念。

3. 遵纪守法、廉洁奉公。遵纪守法是秘书职业素质的基本要求。秘书人员要遵守职业纪律和职业活动的相关法律法规。秘书人员应该做遵守纪律、遵守规章制度的模范。纪律是职业活动中所必须遵守的规章，是履行职责的行为准则，只有遵守各项规章制度，才能更好地履行秘书职责，有效地完成各项任务。自觉遵守单位的规章制度，尤其是一些工作规范，是职业素质高的表现。秘书应该树立守纪观念，熟悉有关纪律，养成遵守纪律的良好习惯。廉洁奉公是秘书的立身之本，是高尚职业道德在职业活动中的重要体现，是秘书人员应有的思想道德品质和行为准则。秘书人员在职业活动中要坚持原则，不能利用职务之便，假借领导的名义以权谋取私利。要以国家、人民和集体的利益为重，不为名利所动，以自己的实际行动抵制和反对不正之风。秘书应当严于律己，坚持原则，秉公办事。

4. 任劳任怨，乐于奉献。秘书的工作事务杂，头绪多，突击性强，经常无偿加班加点。秘书处在领导者与群众之间，领导与职能部门之间，领导者与领导者之间，工作稍有不慎，就会两头受“气”，有时辛辛苦苦工作，还会受到误解和埋怨，即使取得一些成绩，也常常记在领导者的功劳簿上。这一切要求秘书人员具有宽广的胸怀，豁达大度的精神，不计个人的恩怨得失。秘书必须有脚踏实地、埋头苦干、甘当无名英雄的精神。秘书工作繁琐，如起草文件、处理信访、会务工作、处理事务等，大量是幕后工作，很少抛头露面。如果过多考虑个人名利，有很强的个人表现欲望，是无法干好秘书工作的。所以秘书人员必须是埋头苦干的实干家，养成脚踏实地的高尚品格，发扬兢兢业业、无私奉献的优良传统。

5. 善于合作、严于律己。善于合作是秘书职业道德的一个重要方面。秘书工作任务重，涉及面广，有些工作往往分解成若干道工序，需要一批人用“流水作业”的形式来完成。工作环环衔接，这就需要秘书具有良好的合作精神，善于与人团结共事。秘书人员是否善于合作，是处理好人际关系的重要环节，也是秘书职业道德的重要方面。秘书人员要有善于合作的精神，能与他人搞好团结，善于与他人相互配合，善于营造团结的气氛。

6. 文明礼貌、谦虚谨慎。文明礼貌、谦虚谨慎是秘书与人交往的重要准则，也是秘书道德情操和文化素养的综合表现。

举止大方、谈吐文雅是秘书人员在言谈举止方面所表现出的道德素养，它包括语言文明、举止文雅、仪表服饰整洁大方等方面。秘书人员只有在职业活动中行为文明，才能树立良好的人格形象，促进工作的开展和任务的完成。

谦虚谨慎是秘书待人处事应有的风范。在领导者面前谦虚谨慎，凡事不可自作主张，不能因为自己在某些专业知识方面比领导者懂得多一些，或者因为自己对情况了解得比较具体而领导者经常向自己询问，就故意自我炫耀；更不能随意贬低、嘲弄或鄙视领导者。在同事和群众面前要稳重谦和，平易近人，虚心听取他人的意见。由于工作和位置的特殊，要求秘书人员养成慎行的品格，严格要求自己，丝毫的放纵与松懈都是与秘书职业道德格格不入的。

7. 实事求是，勇于创新。实事求是既是秘书工作应当坚持的基本思想路线，也是秘书职业道德的重要规范。秘书人员要坚持一切从实际出发，理论联系实际，深入调查研究。秘书工作的各个环节都要求准确、如实地反映客观实际。秘书人员无论是搜集信息、汇报情况、提供意见、拟写文件，都必须坚持实事求是的原则。在工作中切忌主观臆断、捕风捉影。分析问题必须从客观实际出发，既不惟领导是听，也不惟本本是从。

秘书人员作为领导的助手应具有强烈的创新意识和精神。要勇于创新，破除思维定势，不断提出新问题，研究新方法，开拓新局面。

8. 恪守信用，严守机密。恪守信用是秘书与人交往的重要准则，也是秘书的道德情操和文化素养的综合体现。

秘书人员必须在工作中、人际交往中恪守信用。一个具有良好职业素养的秘书，应该有较强的时间观念，赴会准时，办事守时，办文、办信都能有明确的时间要求，不拖拉，不延误。恪守信用能树立起良好的人格形象，它是秘书职业道德中最具人格力量的一项内容。

严守机密是秘书具有良好职业习惯的具体表现。秘书人员必须具备严守机密的职业道德，牢固树立保密观念，严格执行有关保密法律、法规和规章制度，养成保密习惯，确保一切秘书事项的安全。秘书人员接触机密文件多，参加重要会议多，在领导身边机会多，因此秘书人员必须做到：不该说的机密绝对不说，不该问的机密绝对不问，不该看的机密绝对不看，不在私人通信通电话中涉及机密，不在不利于保密的场合谈论机密，不随身携带机密文件出入公共场合。

二、秘书保密行为规范

秘书保密行为规范，是指秘书在涉及国家秘密、工作秘密和商业秘密的一切职业活动与日常生活中，必须遵循的保密工作程序、规则、标准和纪律，其具体内容体现在国家相关的法律、法规、规章和所在组织、单位的规章制度之中。

1. 不该说的秘密不说，不该知道的秘密不问，不该看的秘密不看，不该记录的秘密不记录；

2. 不私自或不准在无保密保障的条件下制作、处理和保存属于秘密的文件、资料和其他一切秘密载体；

3. 不通过普通邮政传递秘密文件、资料和其他秘密载体；

4. 不携带秘密文件、资料和其他秘密载体参观游览、探访亲友或办理私事；

5. 不在公共场所传播秘密信息；

6. 不将秘密信息告诉或不将秘密文件、资料和其他秘密载体交给家属、子女、亲友和其他不应知悉、接触的人员；

7. 不在私人交往和通信中涉及秘密信息；

8. 不使用未施加保密技术措施的信息设备(含普通电话、明码电报、普通传真、共用信息网络等)传输、处理秘密信息；

9. 不私自向境外组织、机构和人员提供秘密信息，不私自向境外提供和投寄涉密的论文、稿件及其他涉密图文音像制品；

10. 不擅自向境内公开发行出版的报纸杂志、出版社及电台、电视台、公共信息网络提供发布秘密信息和报寄涉密的论文、稿件及其他涉密图文声像制品；

11. 不擅自携带秘密文件、资料及其他秘密载体出境、进入外籍人员住地或参加外事活动；

12. 不擅自引带境外人员到国家禁止境外人员进入的区域、部门和部位活动。

13. 不得拒绝接受组织对自己的保密教育和保密监督检查；

14. 不对组织隐瞒自己违反保密制度规定的行为和泄密问题。

三、办公室泄密渠道与防范技术

从办公室所涉及的保密工作的范围来看，办公室泄密的渠道主要有如下几种：

1. 办公室人员泄密

(1)在私人交往和通信中泄密。办公室工作人员所涉及的秘密事项，往往关系到企事业单位乃至国家的安全和利益，在一定的时间内只能限于一定范围的人员知晓。在私人交往和通信中泄露秘密，就扩大了知密的范围，就不能达到在一定的时间、一定的人员中控制和知悉事项的目标，很容易被别有用心的人所利用，给单位和国家造成损失。

(2)在公共场所泄密。公共场所人员成分复杂，也是国内外情报人员经常出没的地方，外国情报人员曾坦率地承认，有时在中国的公共汽车上，在饭馆里，在私人聚会上，即使不开口说话，也能顺便听到许多有用的情报。

(3)文件泄密。在处理文件时应到人少、相对安全的地方；编辑密件时，有人进入办公室，秘书起身相迎时，就应谨慎地顺手把文件翻转过来或放进抽屉并关闭计算机或加密进入休眠状态；按照规定，密件不能多印，若不小心多印了，应及时予以销毁。

(4)会议泄密。尤其是一些重要会议，有高级领导人出席的，必然会涉及重要机密问题。因此办公室人员严格按照程序，做好会议的保密工作相当重要。例如，在会前必须考虑如下保密因素：一是与会人选问题，涉及秘密的会议要严格确定出席、列席人员及会议服务人员；二是通知方式和内容问题；三是会议文件保密问题，根据实际需要确定会议印发的文件及其数量，文件要标明密级，统一编号，按照规定的范围印发；四是会址保密问题以及相应的安全保卫问题等，选择会址要注意保密，会前对会场环境及会场设施包括扩音设施、录音设施、电话进行防窃密、泄密检测。若召开比较大型的或秘密性较强的会议，秘书部门要与保卫、保密部门取得联系，共同采取保密措施。

在会议中的保密问题应注意：一是到会人员不得随意变换；二是未经批准不得随意记录、录音、录像；三是未经批准，不得报道；四是会议的文件、资料的发放要登记；五是会终时妥善处理文件资料。在会议结束后，也应做到以下几点：一是不随意公布会议的情况；二是传达会议内容应注意保密要求，秘密文件通过机要通信部门递送；三是做好保密文件的回收工作，会后不得追记、翻印会议内容和文件。

2. 办公设备泄密

现代化的办公室如今已普遍使用无线通信、有线通信和办公自动化设备。这些设备虽然先进，但也易泄密。无线通信是借助于无线电波在空间传播而达到传送信息目的的通信方式，具有建立迅速、机动灵活、移动方便等优点，但是保密性能差，易受到侦察和干扰。其泄密的途径主要有：

(1)明语通信涉及秘密内容，用无线电设备召开内部电话会议、传达秘密文件；

(2)通信密码被人破译，破译者从密码电报中获取大量秘密情报；

(3)报务人员违反通信规定、通信纪律，造成失密。

因此，办公室工作人员在运用通信工具时，应注意：在处理电报时必须坚持“密电密复”“明电明复”的原则，严禁明密混用；不要在无保密装置的电话中，尤其是无线电话上涉及国家秘密；打长途电话时要提醒长途台不要接在微波上，必要时可在通话中使用移动的暗语或代号；不在无保密装置的传真机、电传机上传递国家秘密；使用国内保密机或进口保密机，必须按有关规定严格履行报批手续。

3. 电子文件加密

文档的安全是我们每个人都非常关心的话题，尤其是在公共办公场所，如何更加有效地保护好机密性文档，更是一个刻不容缓的问题。Word 有着非常强大的文字编辑功能，是我们日常工作生活中十分常用的办公软件，同时 Word 本身也提供了许多安全和保护功能，下面以 Word 文档、Excel 表格加密的技巧为例进行说明。

(1)Word 文档加密

首先，打开需要加密的 Word 文档，选择“工具”菜单中的“选项”命令，在弹出的“选项”对话框中选择“保存”标签，分别在“打开权限密码”和“修改权限密码”框中输入密码，然后点击“确定”按钮退出，最后将该文档保存即可。注意：“打开权限密码”和“修改权限密码”可以相同也可以不同，设置“打开权限密码”是为了防止别人打开该文档，而设置“修改权限密码”是为了防止别人修改该文档，如果只设置“修改权限密码”，那么别人仍然可以打开该文档，但是如果不知道密码，并不能做任何修改。

(2) Excel 文件的加密

Excel 文件的加密方法和 Word 基本相似，可以参照 Word 的方法进行加密，但是 Excel 还有一种保护功能，可以锁定保存的工作表格：在 Excel 中点击菜单"工具——保护"，在里面有三种保护方式，你可以根据自己的需要来进行选择。如点击了"保护工作表"会弹出一个设置窗口，在上面输入保护的密码，然后在下面设置一下允许用户对工作表进行的操作，点击"确定"后再输入一次密码来确认。通过这样的加密，我们就只能对这个文件进行受允许的操作。

【拓展训练】

小李曾当过私人老板的秘书，后来通过公务员招聘考试被录用为某政府部门的秘书。开始，他手脚勤快、说话得体、待人和气，领导和群体对他的印象不错。不久，同事们发觉，领导在场的时候小李显得特别活跃，做事、发言抢在前，照相摄影总在领导人身边，下班总是落在最后；领导不在场时，他善于忙里偷闲，跟社会上的关系户打个电话，办点私事。特别在总结评比活动中，他显得更是抢眼。大会上，他为领导摆功评好，善于拔高、编造"典型事例"，在"典型事例"中捎带着表扬自己；小会上，他搞自我表扬，善于夸大事实，甚至把虚假的事情也说得有鼻子有眼；在评优的关键时刻，他善于私下与人套近乎，拉选票，利用关系。结果，他真的评选上了，同时很讨"一把手"领导喜欢。"一把手"领导还打算重点培养他、提拔他。但时间一长，同事们认为他说假话、玩虚招；领导认为他不可靠，太油滑。"一把手"领导对小李如影随形地跟着自己讨好献媚也开始讨厌了。

一次，组织决定派督查组下乡督查堤防汛前加固工作。小李主动要求参加并提出要到条件最差、任务最重的地方去，声称要改变别人对他作风漂浮、不干实事的看法。领导同意了他的请求。

督查任务完成后，小李交了一份很合领导口味的汇报材料。有人认为，对这次督查小李算是下了工夫。

时隔三个月，一份举报信寄到了小李单位，内容是揭发他利用督查人员身份，伙同本地腐败分子将堤防加固工程承包给某不法承包商，从中捞取巨额回扣，现已发现工程有严重问题。汛期已近，情况十分危急。

单位对此十分重视，立即派出调查组。调查证明，举报情况完全属实。原来，小李的表兄在那里当乡长。小李去后，既没有上堤察看，也没有与乡领导班子开会交流有关情况，整整一个星期，与其表兄泡在酒宴上，把堤防加固工程交给了承包商，此承包商正是小李此前的老板。此老板也很大方，送给小李与其表兄每人一个大红包。

正在小李名利双收十分得意之际，纪委、司法机关先后找他交待问题。尽管他能言善辩、巧舌如簧，但铁证如山，他与原来的老板、表兄一起都未能逃脱法律的严惩。

结合以上案例思考下列问题：

1. 案例中的小李为什么前后有如此大的变化？其主要原因是什么？分组进行讨论，每组选一名代表陈述本组的观点。

2. 案例中描述的小李善于拔高、编造"典型事例"，在"典型事例"中又捎带表扬自己的行为违背了秘书哪些职业道德？

3. 有人统计过，在各级各类的评优活动中，被授予“劳动模范”“十佳青年”“青年突击手”“三八红旗手”“有突出贡献者”等荣誉称号的，很少有当秘书的人，其原因主要是秘书劳动具有成果隐蔽化的特点。因此，秘书应该充分认识自己工作的性质，甘当配角，在平凡的工作岗位上默默无闻地做贡献。谈你对此的理解。

4. 作为秘书，应如何处理好与领导的关系？谈谈你对“讨领导欢心”“受领导赏识”的理解。

5. 分别从秘书职业道德和法律角度，分析小李落网事件。

项目四：秘书职业形象

【任务驱动】

案例 1：三月的一天，窗外春光明媚，但兴力公司的会议室里却充满凝重、严肃的气氛。会前，总经理李义给大家讲了这样一件事，事情是这样的……

肃静的会议室里，公司与德方的谈判即将进行，双方将就今后的合作达成协议，这是公司向国外扩大销售市场的又一重要举措。谈判开始后，大家发现坐在李总一旁的薛秘书穿着非常休闲：一件胸前印有图案的 T 恤衫，蓝色的牛仔裤，白色的旅游鞋。负责送茶水的助理秘书更是花枝招展，耳环闪闪发光，手镯晃来晃去，高跟鞋叮叮作响。每当她进来送水，会谈不得不停歇片刻。外国客人通过翻译开了个玩笑：“李总，最好让这位漂亮小姐参加选美去。”外商的话，是赞美还是讥讽？李总把问题留给了大家。会场先是一阵沉默，接着大家展开了热烈的讨论。经过讨论，大家一致认为，公司在这几年的发展中，在提高产品的科技含量，保证产品的质量、功效，科技队伍的建设上都下过大力气，也曾在拓展营销渠道上动过脑筋，公司始终走的是一条持续向上发展的道路。但从这件事看来，随着公司规模的迅速扩大，职员自身的素质并未随之跟上，因此要加强职员的岗前培训，特别是对员工内在素质的培养一定要抓紧。要为公司的可持续发展积蓄力量，必须提高员工素质，否则企业就没有发展的后劲。

会议最后决定：举办一次个人形象设计大赛，并进行奖励，在全公司形成学习礼仪、提高自身素质的良好风气。

一个职业秘书，不仅要是专才，更要是通才。必须在道德修养、专业技能、气质风度等方面都有较高素质。如果你参与制定大赛的比赛规则，你将提出哪些具体的要求？

案例 2：天地公司的秘书小严白天全程陪同来访的日本友好代表团游览观光、购物，等到下午五点左右才忙完。一回到公司，她感到很累，筋疲力尽了，可又被告知在晚上七点将与公司的刘总经理等人一同出席日本代表团的答谢晚宴。在总经理办公室里，刘总经理看到她一脸憔悴的样子，叫她马上回家去修整修整。小严说就这样子凑合算了。可刘总一听，命令她必须回家，还叫司机送她回家，免得挤公交车耽误时间。小严一听刘总如此重视形象问题，马上回家认真地打扮自己，最后神采奕奕地出席了当晚的宴会。

1. 讨论淡妆和浓妆的适宜时间和场合。

2. 仪容修饰主要包括哪些方面，要注意哪些容易忽略的细节？

3. 如果你是小严，你会如何进行出席晚宴前的仪容修整？

案例3：小范是一家公司的秘书，这个星期的星期五他要陪同上司去见客户，星期六公司组织员工出去郊游。现在小范有下面的一些服装和用具，请你帮他搭配好这两天应该穿着的服装和所带的用具。

西装　　牛仔裤　卡通表　尖头皮鞋　运动鞋

超薄手表　公文包　　领带　　夹克　　白衬衫

案例4：天地公司最近来了一个秘书叫李兰，她在工作方面没有什么问题，也非常勤快，可在形象上就是给人不太得体的感觉。有一天，李兰气喘吁吁地从外面办事回到公司，满头大汗。她忘了擦汗，就像个假小子一样开始给客户打电话。同事见她头发沾在眼角边，便说："小李，看你出了那么多汗，去补个妆吧。""没什么的。"小李有些不在意，继续埋头干活。过了不久，李兰又以一副新面孔展现给公司的同事，她脸上的粉擦得那么厚，像戏台上的媒婆，差点吓了同事一跳。可能是性格的缘故，李兰对自己的外在形象不怎么在意，或者即使在意也处理不当，这也许是她的一大缺陷。请问秘书良好的职业形象主要表现在哪些方面？有什么作用？

案例5：在上班过程中，因为事情繁多，秘书吴鸣总是慌慌张张一路小跑地做事，站的时候为了减轻疲劳感，总是倚在物体上；好不容易有时间休息时，就整个瘫在椅子上。这种情形被办公室主任看到了，他不禁皱起了眉头。如果你是该办公室主任，请根据实训背景，对秘书吴鸣的站姿、坐姿、走姿进行纠正，并亲自演示，要求合乎礼仪规范。

【实训内容】

1. 掌握男、女性秘书在职场穿着正装的规范及佩戴服装饰品附件的技巧。

2. 掌握仪态美的基本动作要领，练就符合礼仪规范的表情礼仪、形体礼仪及手势礼仪。

【方式与要求】

1. 根据案例内容，模拟兴力公司举行个人形象设计大赛的情景。

2. 学生分角色，选择自己认为最合适的工作服装、社交服装、休闲服装进行展示，并根据着装佩戴合适的饰物、包袋。

【实训提示】

1. 本实训可选择在形象实训室进行。

2. 实训每9人为一个小组，每个小组设组长1名，每3人扮演同一角色，共分3种角色(工作、社交、休闲)。每小组表演时间5分钟左右。出场顺序由抽签决定，小组内的出场顺序、队形由小组内自己排定。

3. 每个学生在演练过程中一定要严肃认真，符合规范。

【实训考核】

秘书职业形象设计评分参考表

内容 姓名	发型 占比 10%	面容 占比 5%	着装 占比 20%	饰物 占比 5%	鞋 占比 10%	表情 占比 10%	整体效果 占比 15%	协作精神 占比 15%	参与态度 占比 10%

【相关知识】

职业形象是指从业者的仪容仪表及言谈举止所塑造出来的能够体现出其所从事职业的特点及需求的形象。良好的职业形象是一个人职业素质的良好体现，是对其所从事职业的尊重，也是获得职场身份认同的重要因素。

秘书的职业形象是指秘书在公众面前树立的印象，它是通过衣着打扮、言行举止反映出的专业的态度、知识、技能等。同时，也是与社会沟通、并使之接受的重要条件。香港女作家梁凤仪有一句话："一个秘书的形象与教养可以代表上司的江湖地位和分量。"一个人的仪表在社会交往过程中是构成第一印象的主要因素，因此，秘书的仪容仪表会影响别人对其专业能力和任职资格的判断。

1. 工作时的服饰属于职业服饰，它应当具有实用性、审美性和象征性的特点，其基本要求是：整洁、大方、和谐、雅致。

2. 男士办公室着装一般以该单位的工作装和西装为宜。全套深色、质地优良的西服也可作为礼服穿。

3. 女士办公室服装以穿西装套裙或长裙为宜，尤其是黑色、藏青色、白色、蓝色、灰色的西服套裙，会显示出秘书的稳重端庄、朴素高雅。穿着其他服饰也可，但颜色应以柔和为主，款式要简洁大方，忌装饰太多，大红大绿，花哨刺眼。一切以让别人注意你而不是注意你的打扮为标准，所展示的是秘书形象，而不是时装模特形象。

女士的社交服装式样可多样，整体要求是典雅端庄，忌讳低胸、露背、露腹、敞口袖、透明的上衣，以及超短裙。除选择衣服外，社交时还应搭配合适的饰物，但饰品的色彩与服装的色彩要协调统一。饰品的风格也要和服装的色彩相配。皮包、手袋是职业女性身份的标志，要选择质地优良、款式精美的包袋。

【拓展训练】

如何塑造秘书的职业形象？

秘书人员良好自我形象的塑造与表现需要调动内外两个方面的因素，它是一项复杂多维的立体工程。它既包括知识的不断吸纳、能力的不断提高、个性的不断完善、道德的不断纯净等内部工程；也包括仪表和言谈举止等外部工程。换句话说，秘书人员塑造良好的自我形象并不靠单纯的包装、刻意的表现，更不是故意卖弄、空有其表。它必须奠基于完整、积极、正面的内心自我意象，并通过积极的理念、正确的价值观、良好的态度的确立，良好行为的持续以及言谈举止等外在表现，才能将设定的形象定位与内容呈现出来。

一、从仪表层面塑造秘书形象

仪表是静态的外表，它包括人的容貌身材、服饰、气味等。人的才能、品德尽管不能与仪表画等号，但在交往日益密切的现代社会，自然合度的仪表形象更能赢得人心，从而为人们的成功添加许多的有利因素。鉴于仪表在秘书生活和工作当中的作用，我们对秘书人员仪表的总体要求是：整洁大方、庄重亲切、得体合度、给人以亲切感。尽管每个人的先天条件和所处的环境各不相同，但只要进行符合个人身份、职业、年龄、场合等实际条件的修饰和完善，每个人都能取得意想不到的良好效果。因为整洁得体的仪表不仅是对自己的尊重，更是对别人的尊重。本着容易操作又能收到良好效果的原则，我们就秘书人员的容貌、身材、服饰、气味等方面提出若干条实施规范：

1. 修饰和美化仪表必须体现朴实自然的本色，夸张和过分的雕饰会令大多数人难以接受。

2. 选择合适的发型并梳理整齐。

3. 秘书人员须经常剃面、洗面以保持容光焕发；保持嘴唇的清洁和鼻孔的干净；清洁眼角的分泌物并保持牙齿的洁白。

4. 保持服装的整洁和平挺。

5. 注意全身服饰的和谐搭配。

6. 注意穿着服饰的场合，并考虑到自己的年龄、身材、身份。一般的公务场合秘书人员应穿职业套装。如果是宴会则秘书人员应按参加宴会的具体情况来选择宴会礼服并搭配装饰品。

7. 鞋子是否干净往往能让人感受到你真正的生活面。鞋子的干净不仅指鞋子外表的干净也指其内部是否干净是否有异味。

8. 消除身体和口腔的异味是秘书人员与人接触的重点。秘书人员平时应少吃刺激性味的食物，如洋葱、榴莲；如果秘书注意到自己是多汗的，他/她就须经常洗澡或是用香精、香水来掩盖其异味。

仪表是静态的形象，言谈举止则是动态的形象。静态的仪表形象基本上是在对方视觉中建立的形象，而动态的言谈举止除了视听觉效果以外，更多的是建立在他人内心中的形象。可以说言谈举止形象是一个人思想品格、学识修养最直接的表现，它给人的印象也最为深刻。

二、从言谈举止层面塑造秘书形象

言谈举止是一个人精神风貌的外化。内心世界的层次、品格的高低既能通过言谈举止弱化，也能通过言谈举止强化。一般来说以下几点可以帮助强化秘书人员的精神面貌：

1. 用正确的站姿站着发言既能表现自信，也能增强说服力。

2. 用正确的走路姿势是精力充沛的表现。

3. 用正确的方式握手是对对方的尊重。如：握手时身体应同时向前倾；当与对方握手时，眼睛要始终看着对方并面带微笑。

4. 身体前倾的专心倾听可以显示出你对对方的强烈关注和尊重。

5. 比别人早一点上班能体现你对工作的热情和干劲。

6. 犯错误时，弥补过失的具体行为比辩白有用，因为它表达的是一种悔过的诚意。

7. 重复对方所提问的问题或委托的事，可给他人留下认真、重视他人的良好印象；答应做的事情尽量做到，做不到的事情就不应该答应。

8. 对你不知道的事说“不知道”，可以让人感觉到你的诚实；对你知道的事说“知道”，可以让人觉得你有能力。

9. 不要经常谈论别人的私事，谈论别人的私事会让人感到你的幼稚和琐碎。

10. 为增进同上级的亲密感，可在工作之外保持有意的接触。但不可过度，否则有拍马屁之嫌。

言谈举止不仅可以增强秘书人员的精神风貌，还可以展现秘书人员的人际亲和力。人际亲和力是一个人在人际交往中显示出来的内在和外在的魅力。对一个秘书而言，善于人际交往不一定就能取得成功，但成功的秘书一定能与别人建立良好的人际关系。

下面的几点建议可以使一个秘书建立“为人坦率”“善解人意”“言语清晰”“能够深交”等良好印象。

(1)在谈话中用肯定和发问的句式，可以增强对方的表达欲，并给对方留下愿意与他交流的良好印象；尽量避免用“好”“不好”之类的答话，过于简单的答话无疑表示你没谈话的兴趣，结果自然会让对方觉得你没谈话的诚意。

(2)见面时随时赞美一下对方，是赢得好感的最佳方式。赞美对方无需成本，是最经济的交际方式。它是恰到好处地抬举对方。对对方的赞美是秘书人员对对方的尊重。赞美依赖于秘书人员本人的影响力，只有秘书自己是一位说话有分量的人，秘书的称赞才能发挥作用。

(3)为对方提供他/她所关心的信息，是维系感情的有力武器；把对方说过的一些细微的事记住后再说出来，可以表现对对方的关心；任何事情都先征求一下对方的意见，可以显示对对方的关心。

(4)认真倾听最能体现秘书的素质及其能力。善于倾听的人是最聪明的人，古人云：“言多必失，祸从口出。”秘书这一职业要求秘书有保密意识和很和谐的人际关系。如果一个秘书是一个善于倾听的沟通对象，秘书的表现一定会给对方留下深刻的印象。因为这样，对方觉得自己的话十分重要，专心地倾听对方讲话。会让对方觉得你是最懂得尊重和欣赏他/她的人，这种感觉无法抗拒，必然会使他/她无条件地接受你。

(5)微笑永远是人际关系的润滑剂。微笑应该是一个人内心快乐的自然流露。有修养的秘书人员的微笑应该是温和而有亲和力的。

(6)对于非原则性问题和非正式谈判中的分歧，不要争论对错，以免影响关系；不要轻易打断对方的讲话，对你不感兴趣的话题你可以巧妙地引开；不要直接否定对方的意见，更不要抬杠，必要时可以委婉地表示自己的意见，可使对方乐于接受。

三、从个性和心理素质层面塑造秘书形象

个性，是指一个人独具的精神面貌，是一个人身上体现出来的具有一定倾向性的经常而稳定的心理特征的总和。它主要包括一个人的性格、气质、能力等。个性主要有三个特征：独特性、稳定性、综合性。性格是个性的鲜明表现，是个性心理中重要而稳固的心理特征，是一个人对现实的稳定态度以及与之相适应的习惯化的行为方式。其特点有：复杂性、独特性、整体性、稳定性。这里着重讲一下秘书的性格对秘书工作的影响以及秘书良好形象塑造从性格方面应该怎样具体操作。

1. 个性层面

个性，是指一个人独具的精神面貌，是一个人身上体现出来的具有一定倾向性的经常而稳定的心理特征的总和。它主要包括一个人的性格、气质、能力等。

秘书活动作为社会实践领域的一个重要方面，同样受到秘书人员性格的影响。不同性格类别的秘书人员当他们从事不同的工作时，都会对其工作绩效产生影响。针对秘书这一特定职业，首先必须为秘书的职业性格作一个准确的定位，你才能根据这个标准来衡量自己的形状，知道欠缺什么，如何训练，怎样改变。令人高兴的是，秘书的职业性格无疑是人类为了生存和发展所设定的职业类型中最为优秀的性格，拥有这种性格的人不仅能产生引人注目的欣赏与赞叹，而且能以近乎完美的品质在其职业生涯中保持成功。这是因为，秘书的职业性格集中了人类所有最美好的内容，这些职业性格包括：

(1)正直。人的世界观决定着人的是非观，正直的人能辨善恶忠奸，知是非曲直，爱恨分明，疾恶如仇。正直，意味着忠诚，意味着受人之托忠人于事，意味着坚持原则。这是秘书理所应当的性格要求。

(2)善良。以善心对待所有的人，以善意处理所有的事。善良之心人皆有之，但善良的表现则见仁见智，尤其是始终如一地表现出善良。区别在于，为了让别人感到你的善良而刻意表现，始终有些勉强，只有发自肺腑的本能行为，才会令你自己习以为常。

(3)热忱。热忱和热情有所不同，热情是表现一种情态，热忱是坦露一种心态，从效果而言，热忱更富有职业感染力。对人和事务的热忱，是秘书保持工作效率的重要法宝，它能创造出积极的环境氛围，感染和影响别人的工作热情。热忱本身也能增加你投身工作的乐趣。

(4)温和。秘书置身于各种矛盾和各种利益的交汇点，一举一动都会影响结果的变化，这种特殊性决定职业的特殊性，而温和是化解矛盾、平衡利益关系的最直观也是最有效的态度。个性温和几乎已成了秘书最为人认可与称道的职业标准。面对温和的人，别人永远无法激怒你，也无法迁怒于你。

(5)豁达。心胸宽广的人最容易化有形为无形，因为人生最大的敌人就是你自己，过于计较和过于讲究，只会使你树敌过多和结怨过深。如果你不能包容他人，他人的心胸自然也不会容纳得了你。所谓海纳百川，就是形容一个人能容忍和接纳别人的所有优点和缺点，特别是别人对你的感觉。有时候你觉得身心疲惫，原因就是你太在乎别人对你的感觉，当你不再为感觉所累，你就会发现，原来豁达居然如此简单。

(6)坚毅。性格坚毅是对经历的不尽如人意之处保持既定的生活状态。磨炼也好，坎坷也罢，都是人生必然的历练。执着你的信念，坚定你的心态，坚韧不拔地做你认为是正确的事，你才会得到你理想的结果。

(7)缜密。细致认真几乎是秘书的代名词，性格上的粗放有可能会造成待人接物处事时的漫不经心或粗枝大叶，于是关乎结果的细节就会被忽略。秘书职业的特点是对所有问题所有细节的全部掌控与恰当处理，任何一点疏忽都会因为性格上的粗放而被放大到无法想象的可怕局面，对此绝对不能掉以轻心。性格缜密意味着无微不至和无懈可击，这不仅是秘书的职业本能，也是秘书职业的最高境界。

(8)内敛。张扬的人总是比较容易招人侧目甚至反感，中国人受几千年儒家文化中庸之道的影响，性格普遍比较平和与内向，不喜张扬，而秘书工作的特点与此也非常吻合，这就能够解释为何秘书特别讲究待人接物处事时的分寸感。内敛与内秀有着密切关系，这就好比一个木桶，装满水时摇晃并没有声音，水装得越少，晃荡时发出的声音越响，内涵的丰富与否决定着木桶的价值。作为一种辅助性职业，内敛的性格最为符合秘书的职业特征。但是性格内敛并不是强调你闷不吭声，总是以旁观者的姿态置身事外，只有恰到好处才是内敛的最完美体现。

(9)敏锐。对商业信息的敏锐嗅觉，对商业信息的准确判断，这是秘书有别于其他行政人员的最重要的特征。因为敏锐，就能把握商机，为企业谋取利益；因为敏锐，就能迅速计算盈亏，以最合算的方式做成生意。

2. 心理素质层面

人的心理是外部客观世界在人脑中的反映，它直接支配着人的言谈举止。良好的心理素质是文秘人员基本素质的基础。每个社会工作者从事某种事业都要具备本行业所需的思想、道德、智能修养。由于工种不同，自身的性质、爱好、心理等因素对工作也起着大小不同的作用。要想成为一个成功的文秘人员，必须学会调整自己的心理平衡，保持良好的心态，努力培养高雅的气质，形成个人乐观、豁达的性格。

(1)乐观。这里指秘书人员对自己的能力抱乐观态度；还包括秘书人员在工作中遇到问题时的态度。如果秘书人员能以乐观的态度对待工作中的一切，那么工作起来就会得心应手。

(2)自信。秘书人员的自信力表现在办事有信心，谈话、协调不怯场。自信的秘书，不仅会有较高的工作热情，也会产生战胜困难的极大勇气。

秘书人员增强自信的方法有：做好“最坏的”思想准备；保持斗志，坚信“天生我材必有用”；正视、克服自己的缺点；保持坚定的决心，决不轻言放弃。

(3)良好的心态。心理状态要正常，不要被情绪左右。每一天都应以平和的心态从事自己的工作。一个有着心理障碍的人，一个对社会充满仇恨的人，一个喜怒无常的人是不可能做好秘书工作的。

以上三点是秘书人员在塑造良好自我形象时需要注意的。在秘书必须具备的心理素质要求中，乐观、自信是最重要的。乐观的人能以开朗的心态积极面对来自社会上工作上的压力；而自信的人则能在工作中、交际中得心应手，表现出色，充分发挥出秘书人员的作用和魅力。所以，每个秘书人员都应在正确认识自身工作性质的基础上注重培养乐观的精神，保持乐观、积极的态度，建立起对自己的信心。自信是对秘书人员的心理素质的最基本要求。当然自信不是没有基础的，自信需要秘书人员有深厚而又合理的知识结构，还需秘书人员在实践中不断地拓展自己的知识面、更新自己的知识结构。

项目五：秘书礼仪训练

【实训目标】

1. 认识秘书职业形象与礼仪的性质、意义和作用；
2. 学习和理解秘书职业形象与礼仪的相关概念与基本常识；
3. 掌握秘书职业形象设计和各种具体做法，提高学生的审美情趣和品质格调；
4. 掌握妆容、服饰以及举止仪态的规范；
5. 学会秘书礼仪的运用，包括交往、接待、宴请、商务活动、会议等情境下的礼仪。

【任务驱动一】

秘书个人礼仪

案例 1：美国饭店大王希尔顿，从他几十年的成功道路中悟出一个道理：微笑是创造一流服务的法宝。一次，希尔顿在为饭店增添了一些现代化的设备之后，便召集员工开会，问道："现在我们饭店已增添了一批第一流的现代化设备，你们觉得还必须配备一些什么第一流的东西才能使客人满意呢?"员工们纷纷给出各种答案，希尔顿却摇摇头笑着说："请你们想一想，如果饭店只有一流的设备而没有第一流的服务人员的微笑，那些客人会认为我们供应了他们全部最喜欢的东西吗？如果缺少了服务员的微笑，就好像花园里失去了春天的太阳和春风。假如我是顾客，我宁愿住进条件简陋却处处能见到微笑的地方。"

案例 2：新宇公司企业策划部一行三人到方正公司商洽投资合作事宜。方正公司对此非常重视，早早就做好了各项准备工作。这天公司经理派自己的秘书提前到公司门口迎候客人的到来。客人走进公司的大门后，迎候在大厅的秘书小张马上上前主动和客人打招呼，并对客人说："我们经理在那边办公室，他叫你们过去。"客人一听，非常生气，当即转身离去。

就此案例分析一下问题的症结所在，并说说秘书在与人交谈中应如何得体地使用语言？

【实训内容 】

秘书人员个人礼仪是指秘书人员在各种公务活动和日常工作场合中待人处事的准则，是对秘书个人的仪表、仪容、姿态、言谈举止、待人接物等方面的具体规定，是秘书个人的道德品质、内在素质、文化素养、精神风貌的外在表现。

【方法与要求】

1. 了解秘书人员个人礼仪、内容、意义及基本要求；

2. 掌握言谈礼仪的规范、举止礼仪的得体及二者和个人道德修养的关系；

3. 掌握仪容修饰技巧、秘书服饰礼仪的原则和要求。

4. 掌握着装的 TPO 原则、PAS 原则。

5. 要求学生根据礼仪课程内容做充分的准备，并应用在实际中。

【实训提示】

1. 秘书工作时的服饰属于职业服饰，具有实用性、审美性和象征性的特点，其基本要求是：整洁、大方、和谐、雅致。

2. 女秘书的办公室服装以穿西装套裙或长裙为宜，尤其是黑色、藏青色、白色、蓝色、灰色的西服套裙，会显示出秘书的稳重端庄、高雅无华。如穿着其他服饰亦可，但颜色应以柔和为主，款式要简洁大方。忌装饰太多，大红大绿，花哨刺眼。一切以让别人注意你而不是注意你的打扮为标准。演示的是秘书形象，而不是时装模特。

3. 男秘书的办公室着装一般以该单位的工作装和西装为宜。全套深色、质地优良的西服也可作礼服穿着。

4. 女士的社交服装式样可多样，整体要求是典雅端庄，忌讳低胸、露背、露腹、敞口无袖、透明衣裙、超短裙。除选择衣服外，社交时还应搭配合适的饰物，但饰品的色彩与服装的色彩要协调统一。饰品的风格也要和服装的色彩相配，皮包、手袋是职业女性身份的标志，要选择质地优良、款式精美的包袋。

5. 休闲服的设计可由学生自由发挥。总体要求是舒适、活泼、清纯，忌讳低俗、怪异。

6. 鞋袜的选择也要符合秘书穿着的要求。不能穿松糕鞋，或方头、积木式跟的另类时装鞋。

秘书仪表测评

内容 姓名	发型 10%	面容 5%	着装 20%	饰物 5%	鞋 10%	表情 10%	整体效果 15%	协作精神 15%	参与态度 10%

【相关知识】

举止行为是一个人外在美的有机组成部分，一个人即使长得漂亮，如果姿势不雅，他的外在美就不完善。秘书是一个单位的门面和窗口，一举一动都反映着秘书本人及企业的形象，其举止规范的基本原则是保持端庄、文静、温和的形象，使对方产生尊重和信赖。秘书的日常姿势主要包括站姿、走姿、坐姿和蹲姿。

站姿是其他人体动态造型的基础和起点。站立时，头部要保持挺拔，目光平视，肩平直，胸略挺，双肩打开，自然放松，手臂下垂，双腿呈小八字或丁字步站法，身体重心落在两个前脚掌。

坐姿是人体的静态造型，端庄优美的坐姿给人以文雅、稳重、自然大方的美感。秘书坐姿的基本要领是：腰背挺直，肩放松。女秘书两膝并拢；男秘书膝部可分开一些，但不要过大，一般不超过肩宽。

走姿的基本要求：轻巧、自如、稳健、大方。走路要尽量走成一条直线，步伐要稳健，步态要轻盈，脚步朝前跨时有一点点朝前踢的感觉，跨出后，身体重心应在前脚大拇指处，着地后延伸至前脚掌，千万不能用后跟着地。

见面时，一般是男士先向女士打招呼致意，所谓“打招呼男士为先，握手女士为先”。见面应微笑，见面时，对方向你打招呼，你应有所反应，微笑着回应一下，向对方致意。

【任务驱动二】

电话礼仪

李××是某师范学院教务处秘书，她和学院12个系的教学秘书不仅工作配合到位，而且建立了良好的私人友谊。这天，她拿起办公室电话打给地理科学系，告知其秘书吴×“赶快，过来取学院《关于提高教师课时费的决定》和《大学英语四、六级考试报名的通知》等文件和材料”。之后，她又询问小吴的孩子感冒是否好了，“还打不打点滴?”“晚上咳嗽得还厉害吗?”“爱吃什么我给他买一些……”接着她一直握着话筒，查询其他各系电话号码后通知相关事项。其中通知到中文系时是副主任接的电话，他向李秘书询问教务处长在否，他想就近期普通话测试工作站中存在的问题和处长尽快商议解决的办法。李秘书说：“处长在，但他现在正和外校同志就商讨联合办学事宜进行会谈呢，等会谈结束我请他给您打电话联系好吗?”随后，她在办公室坐等各系秘书前来领取文件和相关教学资料。

根据案例提供的信息，请按照电话礼仪标准判断李秘书在办公室打电话过程中的合礼和失礼之处，并说明理由。

【方法与要求】

1. 接打电话是一个只凭声音话语传达意义的过程，因此要格外讲究说话的技巧。

2. 接打电话时注意力一定要集中，要认真应答，态度要真诚，记录要详细，动作要轻柔。

3. 吐字要清晰，声音要平稳，语言要简洁，措辞要得体，解释要耐心，传话要准确。

【实训提示】

1. 接听电话时不仅要训练讲话的技巧、措辞的得当，更要注意接听的姿势与微笑接听的训练。

2. 接听电话时除了礼貌措辞外，还要注意训练声音的甜美、口气的温和、音量的适中、拿放听筒时的动作。

3. 打电话时应对的重点：

(1)要把和对方谈的事情用备忘录准备好，并将可能用到的资料事先准备好。

(2)要找的人一接电话就要恭敬地再打一次招呼。和对方商量事情不能只考虑自己是否方便，要问问对方是否方便。

(3)用传真机输送资料，输送前后都要打电话确认，为避免错误，要学会复述对方的话。结束时一定要道别。

4. 接电话时应对的重点：

(1)电话铃响两声，就拿起话筒，如果是中午前别忘了道早安。

(2)倘若叫人要花时间，要问对方是否方便等。

(3)要确定对方身份。如果要找的人不在，不要只告知“他不在”，之后的应对不要忘记。

(4)如果对方愿意告知什么事，一定要用备忘录记录。对方交待的事情一定要重复确认。在留言备忘录中，要记上对方的电话以及对方的姓名。

(5)确定对方已挂断电话后，再轻轻地放下话筒。

【相关知识】

1. 接电话的礼节：铃响后接听要迅速，一般在第二遍铃响后就要接听；开头要有礼貌语；要微笑接听；注意接听时的姿势；接听中要有呼应；请对方等候要注意时间；要礼貌地请教对方姓名；对方激动时要以礼相待。

2. 打电话的礼节：开头要有礼貌语；通话中语音要适中；要说清内容，突出重点；电话通话中信号中断，要由打入的一方重新拨号。

3. 结束通话时要有礼貌语，要轻放听筒。

4. 自己打错电话要向对方道歉，要正确地转接电话。

【任务驱动三】

接待礼仪

1. 有一个外地公司的客户，慕名来到滨江公司，但因为事先无约，显得有些不好意思，请演示秘书接待的情景。

2. 吴总经理与洪达公司王经理是大学的同窗好友，有着十几年的友情，关系非常亲密，经常在一起打球，在生意上也有合作的时候。王经理经常到滨江公司来找吴经理聊天，吴经理也经常到洪达公司看望王经理。今天，王经理又来找吴经理，正好吴经理不在公司，他陪同台商汪先生打保龄球去了，这时秘书应如何接待，请演示。

3. 一位和公司有多年交情的王经理，约好了今天十点钟来公司，现在他提前十分钟来到了公司，秘书却告知他，要推迟约见，请演示秘书接待的情景。

4. 一位记者来访，要见公司的吴总经理，说是要采访有关公司未来发展方向的问题，而吴总正好出去办事，请演示秘书此时接待的情景。

5. 有一位推销员，事先没有约定，一来就声称是经理的朋友，坚持要见经理，秘书请教他的大名，他却不愿通报姓名，不愿说出求见理由，到现在还赖着不肯离去。演示秘书应对的情景。

6. 一天早晨，两位预约的客人刚到，另一位客人却由于急事来到公司，要求马上见到吴总。演示秘书接待的情景。

7. 一天，公司正在召开一个重要的会议，但公司的一个重要合作伙伴突然从外地来公司要求见总经理。演示秘书接待处理的情景。

8. 今天有4位重要客人来访。秘书要在办公室外迎接客人并进行自我介绍，然后引导他们上楼，进入经理办公室。演示整个过程。

【方法与要求】

1. 秘书接待来客时要面带微笑，温和亲切，热情有礼，落落大方，不卑不亢。

2. 秘书的打扮要得体，精神要饱满，办公室和办公桌要整理得整整齐齐。

3. 秘书不能随便离开岗位，特别是知道有客人要来，应耐心等待。如有急事离开，回来时客人已在等待，应该立即向客人致歉。

4. 秘书说话时声音应舒缓，咬字吐音要清楚，表达要简洁流畅。

5. 布置好接待室既是秘书的基本功，也是对来访者应有的一种礼貌。

6. 分别扮演秘书和客人等不同的角色。着装要符合礼仪要求。扮演角色的称谓可由各小组自己决定，但称呼必须符合礼仪。

【实训提示】

1. 接待时秘书态度要端庄大方，随和自然，说话音量要适中，语调要舒缓，咬音吐字要清楚。

2. 初次拜访你的企业的客人，人生地不熟，最怕会受冷遇，这种时候你应立即停下手头工作，站起身热情招呼。

3. 对公司的合作伙伴、常来的客人，你应马上热情地打招呼，给对方一份熟悉的亲切感，同时你应礼貌地问明其来意，然后用电话询问一下被访者是否有空见他，如果回答说可以，你再将其引领至被访者处或让被访者来领。如果被访者不在或没空，你应征求客人意见另约时间或留言。

4. 如果来访者事先有约，你应立即和被访者通电话请其做准备，通知完毕，得到认可后，你再引领来访者至被访者处，或请来访者稍坐片刻，待被访者亲自来接。

5. 对无约来访的客人，你应热情友好地询问，客气礼貌地判明对方来意。

6. 如果来访者是记者，你在确认其身份后，应采取主动合作的态度接待他，并表示出乐意帮忙的意愿，但要斟酌回答的内容，不轻易表示自己对某件事的态度。

7. 如果来访者事先既无约定，现在又赖着不肯离去，这时你应沉着冷静，保持礼貌，来访者若真是无理取闹，你应随机应变地处理。

8. 如果上司正在会客或开会，你有事需打断他，譬如要通知他一个重要客人来了，你可将来访者的名片先送进去，或写张便条或通过内线电话及时提醒上司。

9. 如果同时有多位来访者到达，你应根据来访者身份地位及重要性立刻做出判断，安排先后顺序，对需暂时等候的来访者，客气地请其稍坐一会儿，送上茶水，奉茶时，要依据次序。

10. 如果在办公楼或公司的大门口迎接来访者，秘书应比约定的时间提前5~10分钟到达。在陪同来访者到经理办公室的路上，秘书不能走在来访者的后面，这样会失去陪同领路的意义；也不能突出地走在来访者的前面，这样会给来访者留下不礼貌的印象。正确的位置是稍稍突前地走在来访者的旁边，并与来访者保持30厘米左右的水平距离。路上如果有电梯或门，秘书应主动开启，并请来访者先行。

【相关知识】

秘书日常接待的来客大致分事先约好的和没有预约的两种。

当客人到来时，秘书应马上停下手头的工作，抬起头，礼貌而热情地招呼来客。打招呼的用语要正式规范。

来客落座后，秘书要端上茶水，上茶要注意礼仪。

对经过询问、甄别，没必要由领导人会见，或经请示后领导人无意会见的来客，秘书可以婉言拒绝。

对初次来访的人，引见时，秘书要走在来客左前方一尺处，并随时转头注意客人，引导方向。

要热情友好地送别来客，客人离开后要将接待结果记载在约会簿上。

【任务驱动四】

会务工作礼仪

1. 演示发布会情景

人物：主持人(总经理秘书)、发言人(研发部经理)、记者若干

为了企业的发展，新业集团每年都投入大量的人力物力进行新产品的开发，集团新开发的国内外领先的40英寸可以和电视兼用的TFT液晶显示屏已研究成功，通过了技术检测和技术鉴定，这是集团的大喜事，也是集团在技术上的又一次飞跃。为此，集团准备为新产品举行一次新闻发布会，请演示举行发布会的情景。

2. 演示签字仪式

人物：新业集团总经理、副总经理、人力资源部经理、财务部经理、总经理秘书等5人；德国科力公司总经理助理、副总经理、人力资源部经理、财务部经理、总经理秘书等5人；助签人两人。

为了集团的进一步发展，新业集团和德国科力集团将进行会谈，商讨联合在德国建厂事宜。会谈将就投资的数额、工厂的规模、建设的工期、机构的设置等问题达成协议，请演示谈判的情景。

新业集团和德国科力公司就合作事宜进行了友好的协商，并达成协议。洽谈会后，双方举行了签字仪式，请演示举行签字仪式的全过程。

3. 演示颁奖仪式

人物：主持人、总经理、受表彰人员6名、前排就座领导4位。

新业集团在发展过程中，曾涌现出许多为企业做出突出贡献的技术人员，在集团庆典之际，集团准备重奖这些技术人员。请演示举行颁奖仪式的情景。

4. 模拟举行展览会

人物：主持人、讲解员、接待员、观众七八人。

在公司举行庆典期间，还将举行“辉煌40年”大型展览，请模拟举行展览会的情景。

5. 模拟剪彩仪式

人物：剪彩人、电子工业部领导一人、就座主席台人员四位、礼仪小姐三人、其他宾客六七人。

为进一步扩大集团的影响力，引起社会各界的关注，近期集团一个新的大型销售点将在庆典期间开业，集团准备举行一次剪彩仪式。请模拟举行剪彩仪式的全过程。

【方法与要求】

1. 演示会议礼仪时，要符合会议的组织程序，并要充分考虑会议礼仪的要求，符合礼仪规范。考虑要周全，安排要周密，服务要周到。

2. 要求学生要充分体会所演角色的角色特点、身份要求、认真演示，着装要和身份相一致。

3. 会场的布置，不必讲究豪华，但要突出不同会议的特点。

4. 学生分小组演示，每个小组完成两个场景的模拟。同一个情景最好由两个小组演示，演示后进行比较、评出优劣。

5. 模拟演示的要求要提前告诉学生，由各小组在课下准备，课堂上演示的必须是经过练习的情景。

6. 要鼓励同学大胆创新，设计出既符合规范又有新意的台词，不必千篇一律，但要符合礼仪规范。

【实训提示】

1. 演示颁奖仪式时不同的角色有不同的礼仪要求，要求学生要根据各自扮演的角色演示礼仪。主持人应熟悉颁奖仪式的全部程序，主持时应精神饱满、热情洋溢。先进代表在发言时应衣着整洁，举止大方，讲话要有激情，节奏分明。颁奖、受奖都应用双手，以示尊敬。颁奖人要主动与受奖人握手致意，表示祝贺。受奖时应面带微笑，双手接奖并表示谢意，而后转身向全场观众鞠躬致谢。

2. 洽谈是一场知识、信息、心理、修养、口才乃至风度的较量。洽谈会的实训，要重点考查学生对会场的布置、谈吐举止、衣着打扮、语言的规范性和灵活性、座次安排的合理性(包括最后合影留念时座次的安排)等知识的掌握。

3. 签字仪式的演示要一气呵成，学生分小组分别扮演签字的双方人员，会场环境的布置要符合规范，演示人员的举止行为都要符合礼仪规范。

4. 发布会要体现如下礼仪：搞好会议签到，严格遵守程序，注意相互配合，态度真诚主动。

5. 剪彩者是剪彩仪式的主角，其仪表举止直接关系到剪彩仪式的效果和组织形象。因此，作为剪彩者，要有荣誉感和责任感，衣着要大方、整洁、挺括，容貌要适当修饰，剪彩过程中要保持稳重的姿态、洒脱的风度和优雅的举止。礼仪小姐要求仪容、仪表和仪态文雅、大方、端庄。着装宜选择西式套装或红色旗袍，穿高跟鞋，化淡妆，并以盘起发髻的发型为佳。

6. 展览会的主持人是整个展览会的操纵者，应该表现出决定性人物的权威性。在着装上，要穿西服套装，系领带。主持人的形象就是组织实力的体现。握手时，主持人应先伸手，等宾客先放手后再放手。讲解员应热情礼貌地称呼公众，讲解要流畅，声音要洪亮悦耳，语速要适中。解说完毕，应对听众表示谢意。讲解员着装要整洁，举止庄重，动作大方。接待员站着迎接参观者时，站姿要大方而且有力，随时与参观者保持目光距离，目光要坚定，不可游移。

【相关知识】

会议的环境礼仪是指将会议现场作一番配合会议主题精神的布置，包括会场的选择、会场的布置、主席台的布置、环境布置等，要能够体现会议的精神和主题。

会议的服务礼仪涉及会议的各个方面，千头万绪，十分繁杂忙乱，秘书人员一定要保证从政治到生活的安排都妥善到位，并学会宏观把握。会议礼仪包括会议准备阶段、会议召开阶段、会议结束阶段的礼仪规范。

与会礼仪的主要要求是着装得体，合乎身份，遵守会场纪律，遵守时间，专心开会，不做私事。

颁奖仪式，是为表彰和奖励在某项工作中业绩突出的单位或个人而举行的庆典性仪式。

洽谈会又叫谈判会，是指有关各方代表充分阐述己方的各种设想，听取他方的不同意见，并通过详细陈述己方的理由，反复同对方交换看法或做出某种让步，消除相互间的距离，最后各方取得一致，达成协议。

签字仪式是己方组织与对方组织经过会谈和协商形成了某项协议而协定互换正式文本的仪式。

新闻发布会，又称记者招待会。政府、社会团体或个人都可公开举行。邀请各新闻媒介的记者举行发布会主要是为了把较为重要的成就以及信息报告给所有新闻机构。所以，在发布会上发布的消息对于产品和产品形象、组织和组织形象，都有重要的价值。

展览会是一种非常直观、形象、生动的传播方式。展览会通常以展出实物为主，并进行现场示范表演。这种直观、形象的活动，容易给参观者留下深刻的印象。

【任务驱动五】

秘书交际礼仪

1. 演示送专家坐车的场面

人物：总经理谢洋、经理秘书、外请专家杨教授。

地点：宾馆门口

康健公司为了保证食油的产品质量，专门请来专家杨教授对职工进行培训，已培训了10天，今天是杨教授离开的日子，总经理准备亲自送他上车站。演示送专家坐车的场面。

2. 演示拜访的全过程

人物：技术部经理、秘书、专家张教授。

地点：张教授家

康健公司在食油投入生产后，出现了技术难题。为了解决技术难题，技术部人员已经讨论了好几天，研究了几个方案都没有解决问题，最后终于打听到有一位专家可以解决这个问题，技术部经理和秘书决定前往拜访。请演示拜访的全过程。

3. 演示接打电话、称呼、介绍、握手、问候、递接名片等交际礼节

人物：康健公司生产部王经理、基建处章经理、李秘书；弘力公司生产部洪经理、赵秘书。

地点：弘力公司接待处

为了公司的进一步发展，康健公司决定修建专门用于生产食用油的车间，关于车间的建设、布局问题，公司决定去其他公司参观学习、取经。请演示事先打电话联系，到达后向对方秘书作介绍，互赠名片，握手认识的场面。要将接打电话、称呼、介绍、握手、问候、递接名片等交际礼节，连贯地演示下来。

4. 演示馈赠礼仪

人物：住院的张师傅、工会主席、秘书秦小姐。

地点：医院

康健公司一位老职工被车撞伤后住院，公司委托秘书秦小姐、工会主席去医院看望，并送一份礼品，请演示探望的情景，并按馈赠礼仪的要求设计礼品。

5. 演示宴请礼仪

人物：我方：康健公司总经理谢洋、营销部经理詹丽、吴秘书。客人：方总经理、营销部经理曹杰、公关部经理杨芳、李秘书。

地点：酒店

汇港公司前来和康健公司洽谈合作事宜，会后公司决定宴请汇港公司客人。请演示宴请的场面，主要完成引导、座次的安排、祝酒、送客等过程，过程的演示要连贯，符合礼仪规范。

【方法与要求】

1. 学生分别扮演各个角色，要根据角色的不同身份，充分体会角色特点，认真演示，演示的过程要连贯，台词可由学生设计并有所发挥，只要符合礼仪要求即可。

2. 学生按情景要求分小组演示，每个小组演示一个情景，每个情景要由两个小组演示并比较优劣。每个同学都要有机会参加。可由学生自由组合小组，抽签决定演示的情景。

3. 情景模拟中设计场景时，地点的表示要明显，便于学生体会不同角色的特点。

4. 课前要作充分的准备，课堂演示每个小组限定时间五分钟。

【实训提示】

1. 送重要来客时，主人一方一般要送上车，并要注意车内的位次安排。按照惯例，轿车内的位次安排规则是：右高左低，后高前低，即要先让来宾从右侧车门上车，坐在小车后排右侧；再让主人从左侧车门上，坐在后排左侧陪同；秘书为来宾开门、关门后，自己最后上车，坐在司机旁边的座位上。

2. 拜访要注意以下礼仪：事先约定，遵守时间，按时到达，注意服饰仪表，言行适当。进门见到主人后，要先向主人问候、寒暄，然后按照主人指引的位置坐下。拜访时，举止要落落大方，主人敬茶时，应从座位上欠身，双手接过，并说声谢谢；坐姿要端正、文雅，不可晃脚或跷腿；交谈时态度要诚恳，声音要适中；适时告辞；走出门后，应请主人留步，并主动伸手与之握手告别。

3. 去兄弟单位学习时，介绍、握手要注意礼仪。为他人做介绍时必须遵守“尊者优先了解情况”的规则，在为他人作介绍前，先要确定双方地位的尊卑，然后先介绍位卑者，再介绍位尊者。

4. 握手时要注意双方伸手的先后次序，一般应当遵守“尊者先伸手”的原则。位卑者不可贸然抢先伸手，不然就是违背礼节的举动。握手姿态应该是：距离对方约一步，两足站立，正面朝向对方，上身稍稍前倾，双目注视对方，微笑着伸出手去，这微笑是宽容的、欣赏的、温和的、会意的；伸出右手后四指并拢，拇指张开，握住对方的手时可略略用些力，给对方一种自信的有力量的感觉。

5. 递接名片时要注意用双手递过去，以示尊重对方；将名片放置在手掌中，用拇指夹住名片，其余四指托住名片反面，名片的文字要正向对方，以便对方观看；同时讲些“请多联系”“请多关照”之类友好客气的话。接受他人名片时，应恭恭敬敬，双手捧接，并道感谢。

6. 探望病人，一般都要带一些礼品，以示慰问。不过礼物不在轻重，应以有利于病人尽快康复为原则。在探望病人之前，要先了解病人所患的是什么病，再根据具体情况选购有利于治病的食品，还可考虑送一些精神礼品。

7. 祝酒碰杯时主人和主宾先碰，人多时可同时举杯示意，不一定起立，祝酒时不可交叉碰杯。在主人和主宾祝酒、致词时应停止用餐、交谈。

【相关知识】

交际礼仪是人们在日常交往过程中形成的约定俗成的道德行为规范，是调节人际关系的重要手段。在与人交往的过程中，自如得体地运用交际礼节，能给人们留下良好的印象。

得体的称呼是日常交际的“敲门砖”。交际时，如何称呼对方，直接关系到双方之间的亲疏、了解程度、尊重程度，也体现着个人修养，直接影响交际的成功。

介绍是社交活动最常见也是最重要的礼节之一，是初次见面的双方开始交往的起点，在人与人之间起桥梁与沟通作用。

握手是世界上最为普通的一种礼节，其应用的范围远远超过了鞠躬、拥抱等。根据礼仪规范，握手时双方伸手的先后次序一般应当遵守“尊者先伸手”的原则。

交谈是人们沟通感情、交流思想的重要桥梁，语言准确规范并遵从一定的礼仪规范，才能达到交际的目的。

名片是现代社会中必不可少的交际工具，在社交中熟悉和掌握名片的有关礼仪十分重要。

馈赠是亲友和交际伙伴之间增进友谊的一种形式，正当的馈赠是礼仪的体现和感情的物化，但要注意合理和适度。

拜访是人际交往中最常见的形式之一，它可以使人们交流信息，增进感情。

【实训考核】

秘书礼仪实训考核共分五部分综合评价，每部分又分为五个等级，即优、良、中、及格、不及格，具体要求如下：

1. 态度分(20%)

态度：指实训时的具体表现，积极热情地参与，主动认真地演示，服从分配。

优——能长时间集中注意力，认真主动地参与演示、乐于反复实践解决问题，自始至终保持旺盛的精力，积极努力投入实训。

良——能以较为饱满的工作状态，努力参与演示，互相帮助解决问题，努力投入实训。

中——能主动完成分配的工作任务，并较积极配合其他人员顺利工作，态度较好。

及格——能按时按量完成分配的工作任务，并能配合其他人员顺利工作。

不及格——不能按时完成工作，阻碍了实训进度，不采取配合的态度。

2. 应知分(20%)

各种不同场合礼仪规范的掌握程度。

优——牢固地掌握了各种场合的礼仪知识，知识点很明确、很全面，并能有意识地应用于实训之中，运用理论知识指导实训的意识强烈。应用恰当、得体、正确。

良——能掌握各种场合的礼仪知识，知识点明确，并能将理论知识应用于实训之中，应用合理、到位。

中——基本掌握了各种场合的礼仪知识，知识点较明确，并在实训中有所体现。

及格——能顺利地完成实训，无知识应用错误，演示基本到位。

不及格——不能正确演示，有知识应用的错误。

3. 形象、仪态分(30%)

仪容仪态要端庄大方，对角色的把握要准确，语言要清晰、富有感染力。

优——善于理解角色，对角色担任的事务考虑周详、处置得当，形象十分端庄、持重沉稳、温和文雅、遇事不慌、应付自如，语言表达鲜明准确、简练明晰、口齿清楚、语速适中、措辞得体、切合身份、敏锐幽默并极富感染力。

良——角色理解准确，做事干净利落，形象端庄，待人接物和谐得体，语言表达清晰明确、口齿清楚、措辞恰当并具有一定吸引力。

中——角色理解较为准确，做事反应较为迅速，形象得体，语言表达准确、口齿清楚、措辞恰当。

及格——角色理解基本准确，形象基本得体，具有较流畅的语言表达能力。

不及格——不能正确理解角色，形象不够得体，语言表达能力较差。

4. 创新分(15%)

各种计划创意的新颖、操作的实效等。

优——能从不同角度、以不同方式考虑设计各种情景的实施方案，思路灵活、善于即兴发挥，富有创造性，在短时间内能将知识与能力成功结合、灵活运用，并能给出建设性答案。

良——能打破感觉和思维定势、不受已有计划约束，转向新的思考方向寻求答案，能有效思考和处理方案中存在的不足，有意识地培养训练创造能力及灵活运用知识的能力。

中——能在已有计划中设计出合情合理的方案，并能在实际操作中总结学习，提高认知能力和运用能力，能集思广益、有意识地训练创造能力。

及格——能在要求时间内顺利完成计划内容，达到基本要求，取得实际效果。

不及格——不能在要求时间内完成计划，遇到问题无法解决，演示不到位，达不到预期效果。

5. 团体分(15%)

每组优化方案的质量、团队合作精神及合作能力等。

优——能有效地协调人际关系、及时沟通信息，与人坦诚相见、热情相助，处事随机应变、当机立断，豁达大度、精诚合作，能创造和谐的工作氛围，善于解决实训中的矛盾和问题，保持各方面的平衡与合作，高质量高效率地完成方案的运作。

良——善于发现问题、沟通各方、灵活运用协调方法，能建立良好的人际关系并顺利实现工作目标，能提出有效的意见和建议、团结一致共同优化方案。

中——具有较强的合作意识和团体精神，能协助创造和谐的工作氛围，较高质量地完成方案的运作。

及格——能配合团队顺利完成方案、协调好人际关系。

不及格——团体意识不强，精神涣散，缺乏合作能力。

【拓展训练】

利达公司是一家大型商业企业，其销售额一直位居行业龙头。公司签下一个重大项目，为庆祝这一成功，公司将邀请相关客户举行签约仪式，整个仪式包括客户的邀请与接待、会场的管理以及晚宴三个主要部分。公司总经办秘书李丽在办公室工作了三年，工作很努力，一方面如饥似渴地学习商业知识，熟悉营销业务；另一方面又满怀热情地投入工作，因而深得总经理的赏识，在不久前她被提拔为总经理助理。以下是李丽在此次活动中的工作经历，请分角色扮演，演示整个工作流程。

10月16日清晨，一阵急促的闹铃打破了李丽酣睡的梦境。此时，距离上班时间还有一个半小时，但因为今天是公司与重要客户签约的日子，作为总经理助理的李丽必须提前赶到办公室，为即将举行的签约仪式做好各项准备工作。她精心地打扮了一下自己，把柔顺的长发盘好，化了淡妆，穿上西服套裙，看上去端庄得体大方、充满自信。接着她出门赶往公司。

7点30分，李丽来到办公室，和往常一样，首先把办公室整理了一遍，喷了一点空气清新剂，让人一走进办公室便有一种清新舒爽的感觉，再给总经理王毅泡好茶。然后打开电脑开始了准备工作。8点左右，总经理来到办公室。李丽微笑地问候："王总早上好!"再把当天签约仪式的程序和讲话稿，以及当天的工作日志双手呈给了总经理。随后李丽立即赶往会场，去检查会场布置和接待工作是否已安排妥当。虽然李丽在赶时间，但她抬头挺胸，步履坚定，显得沉稳自信。

8点20分，李丽赶到公司四楼会议室。因为上级有关领导和来宾一行人在参观完公司后，要到四楼会议室小憩片刻，而且客人中有相关部门的领导，报社和电视台的新闻记者也要来采访，所以接待工作直接关系到商城的形象和今后的顺利合作。李丽必须在他们到达之前，认真落实和检查以下工作：

(1)会标是否悬挂好；

(2)席卡是否按座位次序放好；

(3)茶盘及茶点是否摆好；

(4)音响设备是否完好；

(5)礼仪接待是否就绪；

(6)新闻单位是否到齐。

在市场部工作人员及其他同事的协助下，准备工作终于在9点以前就绪。随后李丽又安排两位礼仪小姐在会议室负责接待，并通知相关人员和乐队到大门口迎接来宾。这期间，李丽一直面带微笑，在与同事交谈时目光平视、亲切和蔼、吐字清晰、说话不缓不急、条理分明，显得沉着大方又聪慧干练。

签约仪式开始后，各方代表进入会场，在介绍时，李丽将签约双方介绍给参会领导，然后由接待人员引领入座。首先是领导和签约双方致辞，然后司仪宣布开始签字。李丽作为助签人带着文本从签字桌后将文本摆放在王总桌上，稍作退后，待王总和客户入座后，李丽站在王总外侧，翻动文件，指点签字位置。待双方签字之后，李丽和对方助签人交换文本，在对方文本上签字后，两签字人亲自用右手交换文本并相继交给助签人，然后王总和客户握手，在众人的掌声中共同举杯庆祝。

晚宴是西餐，李丽换上了款式简洁大方的礼服。点菜时，她跟在王总后边点了同样的餐。在用餐过程中，李丽主动和身边的人交流，使得气氛非常融洽。同时在整个进餐过程中，李丽都能够保持端正的坐姿，正确地使用刀叉，从容安静地结束了晚宴。

第二天，公司对此次签约活动进行了总结。在讨论中认为，公司在这几年的发展中，在增加研发投入、保证产品质量、增加科技创新能力以及拓展营销渠道等方面下过大力气，获得了持续的发展，此次签约活动就是一个例证。随着公司规模的迅速扩大，职员自身的素质也要同步提高，为此要更加重视职员的岗前培训，特别是对职员内在素质的开发培养。总结会议最后决定：从现在起到2020年，用三年的时间，对所有在职员工进行轮训，轮训期间，要特别加强对职工、特别是管理人员的个人礼仪的训练和要求，要牢固树立“公司荣我荣，公司衰我衰”的意识，改变“穿衣服是个人私事”的思想；轮训后，除了对应该掌握的技能进行考核外，还要使职员在个人素养方面有大的改观；今后几年，公司每年举行一次职工个人形象设计大赛，并进行奖励；对在工作岗位上努力提高自身素质、给企业带来效益的人员也要重奖，要在全公司形成学习礼仪、提高自身素质的良好风气。

项目六：办公环境与设备使用实训

【学习目标】

1. 掌握办公室环境布置原则，能够根据现有条件对办公室进行合理布局。

2. 掌握办公室环境的维护与管理方法，能够营造健康、安全的办公室环境，能够维护办公室责任区的工作环境，进行安全检查，应对办公室环境出现的紧急情况。

3. 了解办公设备的操作原理及步骤，能够熟练使用相关设备，并能排除简单故障。

【任务驱动一】

案例1：某公司准备在广州开办一家销售分公司，租用了某写字楼一层作为公司的办公场所，其中安排推广部在约60平方米的独立办公室。目前，推广部共有7人，分别是推广部经理1人，秘书1人，推广专员5人。若你是推广部秘书，请你为推广部设计一套既高效、又舒适安全的办公室布置方案，其中包括经理接待区、公用办公设备放置区。办公家具包括办公桌椅、文件柜、隔离屏风等。

案例2：王丽是某工程建筑公司新聘用的办公室秘书。由于该公司急需用人，王丽参加完最后一轮面试后，公司就决定聘用她了，而且要求她即刻上班。就这样，王丽急匆匆地来到了她的办公室。一打开门，她就吓了一跳，只见文件柜开着，办公桌上堆满各种文件、报表、企业档案、书报杂志、白纸等，加上电话机和台历、茶杯、烟灰缸等摆放不整齐，整个办公桌乱成一团；再仔细看看，不仅窗台上布满灰尘，连电脑键盘、显示器、复印机面板也都是污迹斑斑，边上的废纸篓也是满满的。由于办公设备较多，电话线、电脑连接线、网线、复印机线等交织在一起，害得王丽差点绊了一跤。突然电话响起，王丽赶快接电话，领导通知王丽，说市建设局的领导下午要到公司视察，然后开座谈会，让王丽准备好接待和陪同工作。

王丽先是安排人员清洁接待室和会议室，在检查会议室设备时发现投影仪无法使用，急忙找人来修理。接着请示领导还需要通知哪些工作人员下午陪同接待和参加座谈会。经过一番忙碌后，王丽终于能坐下喘口气了。打开电脑，但是电脑屏幕上白花花的一片，原来是因为阳光直射在电脑屏幕上，无奈之下，王丽只好调整办公桌的朝向，顺便收拾办公室，重新摆放办公设备和用品。

【方式与要求】

1. 能够懂得办公室格局设计的原则，形成设计方案，并对办公室进行合理的布局。
2. 能够根据实际情况装饰办公环境，制作并填写隐患记录及处理表、设备故障维修表。
3. 概括叙述完成此项任务的步骤。

【实训内容】

1. 根据案例1情境，将学生分成若干小组，独立设计办公室布局方案，交流讨论每组设计方案的优缺点。

2. 根据案例2情境，指出办公室的安全隐患，设计并填写《×××市建筑工程公司隐患记录及处理表》；指出设备故障，设计并填写《×××市建筑工程公司设备故障维修表》。

3. 与学院相关办公室联系，请允许教师分小组带领学生参观各个行政管理部门的办公室。每组回到教室后讨论填写《隐患记录及处理表》。

【实训提示】

1. 将学生分组，要求学生置身于情境之中，小组讨论、分析案例中推广部人员工作内容和工作空间的要求。

2. 了解办公环境管理和维护的内容及要求。

3. 掌握《隐患记录及处理表》《设备故障维修表》的填写。

隐患记录及处理表

序号	时间	地点	发现的隐患	造成隐患的原因	造成隐患的危害及后果	处理人	采取措施

设备故障维修表

时间		发现人	
设备名称			
何种故障			
处理要求		维修负责人	
预约维修时间		完成维修时间	

【实训考核】

办公环境布置实训评分表

班级： 姓名： 学号：

评价关键点	评价(根据实训效果在相应的栏目填写"✓"或"×")
办公室布置整齐大方	
能充分利用自然光线	
经理工作区域独立而隐蔽	
公共设备使用区域远近适当	
接待区域位于门口位置	
采用直线对称的布局	
屏风摆放合理、有利于减少工作噪音	
个人工作区域大小适合，有利于人体的舒展	
有效利用文件柜形成不同的工作区	
总评(评价该方案的优缺点)	

办公室环境管理与维护实训评分表

班级：　　　　　　　　　　　　　　姓名：　　　　　　　　　　　　　　学号：

评价关键点	分值	得分
办公室《隐患记录及处理表》设计合理	30	
隐患记录全面而细致 包括： 1. 文件资料柜未锁，存在失密隐患 2. 各种办公设备电源及连接线交织混乱，存在安全隐患 3. 电脑屏幕反光，容易损伤眼睛	40	
办公设备故障及维修表设计合理	20	
改善办公环境措施得当	20	
总分		

【相关知识】

一、办公室布局的类型

办公室的布局分为两种：开放式与封闭式办公室。

（一）开放式办公室

开放式办公室是大的空间，包含若干个工作位置的组合。每个工作位置通常由办公桌、椅子、电话、计算机、纸张和文具的存放空间、文件存放的空间等组成。工作位置可能用屏风分开，以吸收噪声和区分不同的工作组。

开放式办公室特点：不设个人专用办公室；组合工作间的材料丰富多样；办公室工作人员的地位、级别主要不是用办公位置来确定，不设传统的领导座位，而是凭承担的任务来确定位置。

办公空间开放式设计，也称"办公室美化布置"或"办公模式设计"。

优点：

1. 灵活应变，工作位置能随工作需要而移动、改变；
2. 节省面积，如门、墙等；节省费用，能容纳更多的员工；
3. 易于沟通，便于交流；
4. 易受监督，员工的行为容易得到上司的督察；
5. 容易集中化服务和共享办公设备。

缺点：

1. 难保机密；
2. 很难集中注意力，员工容易受电话、走动等干扰；
3. 房间易有噪声，如说话声、打电话和操作设备声，易影响他人；
4. 员工难以找到属于自己的私人空间。

（二）封闭式办公室

封闭式办公室是按照办公职能设置的分隔式的若干相对独立的办公室。

优点：

1. 比较安全，可以锁门；

2. 易于保证工作的机密性；

3. 易于集中员工的注意力，从事细致或专业工作；

4. 易于保护隐私，明确办公空间由自己使用。

缺点：

1. 费用高，墙、门、走廊等占用空间多并且需要装修；

2. 难以监督工作人员的活动；

3. 难以交流，员工被分隔开，易感受到孤独。

二、办公室布局的原则

1. 方便实用。办公室的布局应该力求方便省时，如相同或相关的部门应尽可能安排在相邻的地方，以避免不必要的穿插迂回，方便部门的工作联系，保证工作流程的顺畅。

2. 舒适整洁。办公室的装饰和摆设都应该以舒适整洁为准，光线、色彩等都应根据人体的适应度和舒适度来协调。办公室环境应该整洁，不许放置与办公无关的东西，办公文具要摆放得井然有序。

3. 和谐统一。办公家具，如办公桌椅、文件柜、办公自动化设备等，应尽可能达到规格、颜色、风格、款式上的和谐统一，这可增加办公室的美观效果，促进职员的相互平等感。

4. 安全可靠。布置办公室时既要考虑到个人办公空间的隐秘性、办公室存放财务的安全性，又要注意到电器的电源、电线及器物的摆放是否会对人员造成生理上的伤害等。

三、办公室布置的程序(开放式)

1. 确定各部门员工工作位置。对各部门的业务及工作内容与性质加以考察分析，分析不同部门业务特点对于办公条件的要求，明确各部门及各员工的关系，以此作为决定其位置的依据。主要考虑以下几个因素：面积、空间的大小；人员流动的频率；声音对办公效率的影响；需要设备及家具数量的多少。

2. 设定各部门员工的工作空间。列表将各部门工作人员及其工作性质分别记载下来。按工作人员数额及其所需的办公空间，设定其空间的大小。通常办公室的大小因各人工作性质而异。一般而言，每人的办公空间在3~10平方米。

3. 选配办公家具及设施。根据工作需要，选配相应的办公家具、设施和装饰等，并列表分别详细记载。办公室使用的所有家具应符合健康要求和安全标准。大多数办公室通常提供给每一个工作人员下列的办公家具：办公桌——工作的空间；存储空间——通常用于存储文件、办公用品、设备和其他有间隔作用的办公家具、隔板；办公室椅子——样式根据工作类型而变化；其他办公使用的设备。

4. 绘制办公室座位位置图。绘制办公室座位位置图，并征询部门人员的意见，根据意见修改设计，完善办公室布置图，然后依图布置。

5. 合理安放设备。安放设备时要考虑如下因素：

(1)采光。在办公室中提供良好的光照非常重要，从窗户进来的自然光是非常好的光源，但强烈的阳光则太耀眼，特别是照在计算机屏幕上效果更差。窗户上需要安装百叶窗来遮挡阳光。

(2)温度。办公室温度控制应该在20~25度为宜。这能保证工作人员在舒适的环境下有效地工作。大多数办公室装有中央空调系统，以维持办公室中适合的工作环境，但是还应该经常通风，保证良好的空气质量。

(3)通风。设置可打开的窗户，通风换气有利于员工的身体健康。但装修办公室时还应该注意避免工作区外边的噪声影响办公环境。

6. 必要的装饰。办公室最好养一些绿色植物，以改善色彩感和空气质量，同时可安放一些装饰物，改变办公室单调的气氛。

四、办公室布置注意事项

1. 尽量使用同样大小的桌椅、档案柜、文件架；
2. 采用直线对称的布置，避免不对称、弯曲或成角度的排列；
3. 工作流程应成直线，避免倒退、交叉与不必要的文书移动；
4. 相关的部门应置于相邻的地点，并使性质相同的工作方便联系；
5. 接待室或接待区应置于入口处；
6. 饮水机、公告板等应置于不致引起职员分心及不致拥挤的地方；
7. 主管座位应位于下属之后，便于上司观察工作时发生的事情；
8. 自然光应来自桌子的左上方或斜后方；
9. 勿使职员面对窗户、太靠近热源或坐在通风线上；
10. 尽量采用屏风当墙，因其易于架设，且能随意重排；
11. 将需要使用嘈杂设备与机械的单位，设于隔音之处或安排在独立的房间内，以避免干扰其他部门；
12. 装设足够的电插座，供办公室设备与机械之用；
13. 如果可能，应设休息处，作为休息、自由交谈及用午餐之所；
14. 档案柜应背对背放置，或可考虑将档案柜放在墙角；
15. 对未来的变化应加预测，使布置易适应变化。

五、办公环境管理和维护

1. 办公用具与服务器的摆放要求

(1)办公桌面无灰尘、水渍、杂物，下班前要清理桌面；

(2)重要文件、保密资料一律入柜，其他文件全部整齐并按类放置在文件夹或文件架中，不得随意散放在桌面上；

(3)每天下班前，应将办公桌上的文件、数据收好，用过的办公服务器要摆放整齐；

(4)不得到处摆放与工作无关的东西；

(5)办公椅子不要摆放在过道处，用后要把椅子摆放到办公桌下方；

(6)废纸篓应该放在隐蔽处，最好是办公桌的内侧，每天下班前要倒掉废纸篓中的垃圾；

(7)抽屉内的物品要摆放整齐并定期整理，下班离开前要锁好；

(8)文件柜中的物品、文件要摆放整齐，标志明确，便于查找；

(9)文件柜顶部不要堆放物品；

(10)计算机键盘要定期消毒，下班时要关闭电源；

(11)打印机、传真机、复印机用纸要节约，纸张要存放整齐；

(12)公用的桌椅用后要摆放整齐归位，方便日后使用；

(13)临时摆放的物品不要阻碍通道、走廊、楼梯；

(14)电话筒、地毯、门把要定期消毒，减少细菌的入侵。

2. 识别办公室中的安全隐患

(1)办公建筑隐患。主要指地、墙、天花板及门、窗等的安全隐患，如地板缺乏必要的防滑措施。

(2)办公室物理环境方面的隐患。如光线不足或刺眼，温度、湿度调节欠佳，噪音控制不当等。

(3)办公家具方面的隐患。如家具和设备等摆放不当、阻挡通道，文件柜一端堆放太多东西、有倾斜迹象等。

(4)办公设备及操作中的隐患。如电线磨损裸露，拖拽电话线或电线，电脑显示器放置不当以致反光，违规操作办公设备等。

(5)工作中疏忽大意的人为隐患。如站在转椅上举放物品，女士的长头发可能会卷进碎纸机，复印后将保密原件遗留在复印机玻璃板上，在办公室抽烟、弹烟灰、乱扔烟头，离开办公室忘记锁门、关窗，不能识别有关的安全标识等。

(6)消防隐患。如乱扔烟头，灭火器已损坏或过期，灭火器上堆放物品，消防栓无水，火灾报警器失灵等。

【任务驱动二】

案例 1：秘书毕晓云去公司报到上班的第一天，人事部的陈新海经理指示她先打印一份劳动合同，然后复印 20 份。同时给了她一大堆筛选后未被录用的学生个人简历，让她用碎纸机处理一下。毕晓云赶紧连接好打印机后打开计算机，进行打印操作，但系统提示未安装打印机驱动，毕晓云仔细检查了数据线与电源线，都连接好了，但就是打印不出来，难道是打印机坏了？毕晓云急出了一身汗。她想不如先把简历处理一下，来到碎纸机前，却不知该如何操作。她试着塞进一份简历，拨动开关，碎纸机居然成功地把那份简历压碎了。她高兴极了，赶紧操作，由于简历较多，她很着急，于是把厚厚的一沓儿简历塞进了碎纸机，只见碎纸机咔嗒一声停下来，这沓儿简历停在了碎纸机上。这下她可急坏了，刚上班就出这种事，肯定得挨批评，太丢人了。复印机的操作自己也不熟悉，可不敢自以为是而再出错了，一定要虚心请教一下同事们再做。毕晓云赶紧请教秘书于华，于华一步步教她打印机如何安装，以及复印机和碎纸机的操作要领。中午午休时，毕晓云又上网查找资料，了解打印机的安装和使用知识。下午一上班，毕晓云就很有信心地开始工作了。

案例 2：×市创新实业有限公司办公室主任席为民给新来的秘书任云飞布置了三项任务：传真一份公司文件到××市工商局业务科；替总经理王永康扫描一份××市科协发来的《××市科技创新产业振兴规划》；将××创新股份有限公司的规章制度刻录成光盘。

秘书任云飞自恃秘书专业出身，愉快地接受了任务，马上进入工作角色。他拿起文件到传真机跟前传真，拨通对方号码后，对方却没有任何人的声音；接着去扫描文件，却发现插上电源指示灯正常，但机器没有任何动静；只好先去刻录光盘，却被告知光盘已满，无法写入。他急得满头大汗，只好向办公室主任席为民报告说，××市工商局业务科没有人接听，扫描仪可能坏了，《规划》刻不进光盘。

办公室主任席为民听后，让他去找秘书于华帮忙，于华很快发现问题所在，三下五除二就完成了这三项任务。到底是什么原因，使新秘书没有完成任务呢？是操作经验、技术问题，还是设备问题？

案例 3：×市创新实业有限公司总经理秘书高玉兰通知于华等几位秘书，公司下星期三要举办一个小型的新产品发布会，会议由办公室席主任主持，研发部经理陈福生作产品介绍，邀请了与公司有着长期良好合作关系的几家客户和新闻媒体前来与会。具体时间和地点高秘书已经作了安排，于华等人主要负责现场照相、摄像等工作。

于华、谢洪和安桂兰接了工作任务并进行了分工：

(1)于华专门负责现场照相。

(2)谢洪是男同志，扛摄像机的活儿就交给他。可谢洪除了能扛起摄像机，还真没用过它。

(3)研发部经理陈福生作产品介绍，需要使用幻灯片，要安装投影仪。这项任务交给安桂兰。安桂兰也很着急，投影仪倒是用过，但是从来没有亲手安装过。

他们是怎样分头开展工作的？如果让你来完成上述工作，你该怎么做？

【方式与要求】

1. 教师需要提前准备的设备有：传真机、复印机、打印机、扫描仪、数码相机、摄像机、刻录机、碎纸机。在学生训练前，教师要调试所有设备。学生认真阅读传真机、复印机、打印机、扫描仪、数码相机、摄像机、投影仪、刻录机、碎纸机的使用说明。

2. 仔细把握实际操作中的关键点，把出现的问题记录下来，集体研究讨论解决。

3. 能够收发传真、完成复印任务。

4. 能够掌握打印机的基本使用方法、能够完成图片或文字的扫描，并能保存到指定的路径。

5. 能够根据拍摄对象对相机或摄像机进行设置，并选取合适的拍摄角度。

6. 能够刻录指定的文件、能够识别需要粉碎的材料并正确使用压缩机将其粉碎。

7. 能够解决相关设备在安装和使用中的常规错误。

8. 分组进行演示竞赛，找出程序性、操作性错误，进行评分。

【实训内容】

1. 安装打印机驱动，打印劳动合同或简历；复印 2 份劳动合同或简历；打开碎纸机的碎纸箱，清理上午未压碎的纸张，将打印不清楚的劳动合同或简历用碎纸机处理。

2. 掌握传真机、扫描仪、刻录机的安装步骤、使用环节及操作的先后顺序和核心提示点或注意点，规范操作程序。

3. 掌握照相机、摄像机、投影仪的使用操作程序。

【实训提示】

1. 以小组为单位，教师向小组成员做规范操作的演示。

2. 小组成员练习教师示范过的设备。

3. 学生练习设备的操作，教师现场指导、打分。

4. 用复印机复印时，要注意复印的清晰度和不要出现歪斜。

5. 碎纸机操作时，应将文本上的订书钉摘掉，纸张不要太厚，以免卡在机器中。

6. 出现问题，可以从电源、插座、数据线、连接接口、软件安装、墨盒、光驱、操作的顺序先后等方面着手查找原因。如，案例2中任云飞的错误在于：市科协办公室的传真机是自动的，只要听到对方传真机里传来一声长音，按下传真键即可；扫描仪是新买的，要先安装扫描驱动；公司所用的光盘是可擦洗光盘，要先擦洗，然后导入刻录。

【实训考核】

传真机与复印机实训评分表

班级：　　　　　　　　　　　　姓名：　　　　　　　　　　　　学号：

内容		操作标准	分值	得分
传真机	控件的认识	能够正确说出文稿引导板、文稿入口与出口、送稿盘等控件	5	
	连接	能够正确地连接电源线、话筒线与电话线	5	
	装记录纸	能够打开纸盖板并正确装纸	10	
	发送传真	发送资料放置正确、发送程序正确	15	
	接收传真	正确放入传真纸张，发出传真信号	15	
复印机	控件的认识	能够正确说出开关的位置、纸盒、控制台上各个部分的功能等	5	
	预热	打开开关预热	5	
	放入原稿	将需要复印的材料朝向玻璃板放置到正确的位置	5	
	选择各功能、纸张大小	根据纸张大小与缩放要求选择正确的纸张尺寸	10	
	选择原稿类型、调节浓淡、设置倍率	根据原稿的清晰程度与浓淡选择碳粉的深浅，根据要求设置缩放的倍率，一般情况下，A3缩小到A4的分辨率为70%，A4放大到A3的分辨率为142%	15	
	设定复印份数	最后选择复印份数后，按开始键，开始复印	10	

打印机与扫描仪实训评分表

班级：　　　　　　　　　　　　姓名：　　　　　　　　　　　　学号：

内容		操作标准	分值	得分
打印机	打印机驱动的安装	能够用自动或手动的方法安装打印软件	5	
	连接	能够使用并行接口或USB电缆线、电源线将打印机与计算机连接	5	
	装打印纸	将合适的纸张放入纸盒	5	
	打印文件	打开教师指定的文件	5	
	打印	正确设置打印属性(如页数、页面、纸张等)	30	

续表

内容		操作标准	分值	得分
扫描仪	控件的认识	能够正确说出扫描仪的各个控件的名称与功能	5	
	连接	通过 USB 接口，将扫描仪与计算机连接，将电源线与扫描仪连接	5	
	安装软件	找到扫描仪驱动程序，安装驱动程序	5	
	启动软件	启动扫描软件，设置扫描参数	5	
	放置原稿，预览文件	将需要扫描的内容面朝玻璃板放置，预览扫描图像或文字	5	
	选择扫描范围扫描	预览文件后，选择扫描范围，进行扫描	10	
	调整图像或文字	如果有必要，将扫描的图像或文字调整倾斜度、亮度等操作后，保存到指定的路径下	15	

数码相机与摄像机实训评分表

班级：　　　　　　　　　　　　　　　姓名：　　　　　　　　　　　　　　学号：

内容		操作标准	分值	得分
数码相机	控件的认识	能够正确找到存储卡、电池、USB 接口等控件	5	
	存储卡的安装	能够正确地拆卸、安装存储卡	10	
	存储卡的操作	能够格式化存储卡，将卡上原有所有照片删除	5	
	拍摄照片	能够使用不同的拍摄模式，调节分辨率、白平衡等参数，对不同场景进行拍摄	20	
	预览照片	可以通过预览模式检查所拍摄照片，并有选择性地删除	5	
	与电脑连接	能够通过 USB 数据线将相机与电脑连接，并将所摄照片保存到计算机上指定文件夹中	5	
摄像机	控件的认识	能够正确说出开关、录像带、电池、不同接口等控件	5	
	1394 卡的安装	能够正确认识并安装 1394 视频采集卡	5	
	录像带的安装	能够正确拆卸、安装录像带	5	
	参数调节	能够调节摄像机的参数，以适应不同场景的拍摄	5	
	拍摄录像	能够以不同姿势、不同角度对不同场景进行拍摄	20	
	预览录像	能够通过预览模式检查所拍录像	5	
	与电脑连接	能够正确地使用 1394 线将摄像机与电脑连接，并将所摄录像保存到计算机中指定文件夹中	5	

刻录机与碎纸机实训评分表

班级： 姓名： 学号：

	内容	操作标准	分值	得分
刻录机	安装硬件	掌握内置刻录机和外置刻录机的安装	20	
	安装软件	掌握刻录软件 Nero 的安装	15	
	制作光盘	使用 Nero 制作数据光盘(或音频光盘、视频光盘、复制光盘)	5	
碎纸机	识别文件	正确判断需要粉碎的文件	10	
	连接	接通电源，打开碎纸机	10	
	粉碎	能够掌握对不同规格纸张的粉碎、清理被粉碎的纸屑	30	
	排除故障	能够了解碎纸机常见故障并及时排除	10	

【相关知识】

一、打印机

1. 打印机硬件连接。关闭打印机和计算机的电源。检查硒鼓是否安装正确，接好信号电缆后，再把电源连接到打印机上。

2. 打印机软件安装。硬件连接好后，安装打印机驱动程序。具体安装步骤如下："开始"→"设置"→"打印机和传真"→"添加打印机"→"添加打印机向导"→"下一步"→选择"本地打印机/网络打印机"→取消选择"自动检测并安装即插即用打印机"复选框→"打印机端口"→"LPTI 端口"→在弹出窗口中选择打印机制造商及型号，安装打印机驱动程序。

除上述手动安装打印机驱动程序的方法外，用户还可用系统自动检测安装本地打印机。

3. 打印机装纸。选择正确的纸张型号(一般为 A4 纸型)，将纸放在供纸盘上。

4. 打印机打印。选择电脑 OFFICE 系统的文档、表单或 PPT，命令如下：在下拉列表中左键单击选中"打印"按钮→在打开的对话框中选择"全部/当前页/页码范围"的其中一项→设定打印份数和方式→最后单击确定→即可打印。还可以对"打印机属性"进行设定，如纸张尺寸或打印方向、质量、份数等。

5. 常见故障及原因。打印机通常发生的故障及其原因如下：

(1)不送纸。纸张放于送纸器外面。

(2)卡纸。纸张受潮、纸张斜放、纸张摆放不平整、定影膜不正常。

(3)在软件中选择"打印"命令后，打印机不响应。开关没开、数据线没有连接到电脑、连接不正常、打印机或传真不正常。

(4)错误指示灯一直亮。喷墨打印机没有墨、没纸或硒鼓的盖子没有盖好。

(5)打印机经常吃进多张纸。纸张受潮、卡纸、定影膜不正常、纸张比较密集。

二、复印机

1. 复印机使用步骤

(1)开机预热；

(2)检查原稿；

(3)放置原稿；

(4)选择复印纸尺寸；

(5)缩小与放大；

(6)调节复印浓度；

(7)设定复印份数；

(8)开始复印。

2. 复印机常见故障及出现的原因

(1)卡纸。纸张受潮、纸张斜放、纸张摆放不平整、定影膜不正常、高温。

(2)复印机不启动。电源没有接好、操作板上开关没开、操作板上设置不正确。

(3)复印不清楚。遮光不好、玻璃面上有异物、纸张没有和玻璃面板贴紧、显影不足、纸张不好(受潮等)。

三、碎纸机

1. 碎纸机使用步骤

(1)将碎纸箱组装至碎纸机主身内；

(2)从纸张上除去任何大型纸夹或其他异物(订书钉也最好除去)，如需将纸张折叠以适合纸张入口，应该适当调整纸张数量；

(3)将碎纸机插入正确的电源供电出口时，确保电源开关处于关闭(OFF)模式；

(4)如需清理刀片，请将电源开关调至自动(AUTO)模式，待运行约1秒后即可。当机器启动并处于待机模式时，可把纸张从纸张入口放进碎纸机。

2. 碎纸机常见的故障

(1)碎纸机不通电。请检查电源是否接好；是否把开关打开；保险管是否被击穿；电路板是否被击穿；垃圾筒是否被放好。

(2)碎纸机有异响。请检查刀具是否有损坏；是否有太多的碎纸末，而影响刀具正常工作；检查齿轮是否有损坏；检查皮带是否有松动(在一些老机型中有皮带)；带电检查整机是否有摆动。

(3)碎纸机不进纸。检查传感器是否工作正常；检查电路板是否工作正常；检查电机是否工作正常。

(4)碎纸机使用注意事项。不要一次碎纸过多；不要把手放到碎纸口处；拆装碎纸时，一定要在断电时操作；要经常把垃圾筒里的纸清空；碎纸机不用时，应切断电源。

四、传真机

1. 发送传真的操作步骤

(1)发送传真的准备工作。调整传真机的工作状态→装入记录纸→检查原稿→放置文件。

(2)传真复印的操作步骤。接通电源开关→检查指示灯是否已亮→将欲复印的原稿字面朝下放在原稿台导板上→选择扫描线密度的档次、原稿灰度调整→按复印(COPY)键。

(3)发送传真的操作步骤。检查机器是否处于“准备好”(READY)状态→放置好要发送的原稿→摘取话机手柄→拨通对方电话号码→等待对方回答(如果不进行通话，可跳过后面两步)→双方进行通话→通话结束后，由对方先按启动键→当听到收方的应答信号→发方按启动键→文稿自动进入传真机，开始发送文件。

(4)结束发送任务的操作步骤。挂上话机→等待发送结束(若发送出现差错，则会有出错信息显示，应重发；若传输成功，此时将会显示“成功发送”信息)。

2. 接收传真的操作步骤

传真机的接收功能有自动接收、手动接收和网络接收这三种方式。

(1)手动接收传真的操作步骤。听到对方来电要求发送传真的请求→盒内有纸→按启动开始按钮→给对方回应声→挂上电话→传真机出纸→复印传真内容→送纸滚轮停止转动→取出传真文件。

(2)网络虚拟传真机安装和操作步骤。Windows XP 下安装 Ms Fax 免费传真软件的步骤如下：

第一，单击“开始”→“打印机和传真”→进入打印机管理窗口→单击“设置传真”→X系统正在配置组件→单击“下一步”完成配置。

第二，系统要求放入 Windows XP 安装光盘。

第三，由于虚拟传真机需要与打印机并用，因此需要安装打印机后再安装虚拟传真机。光盘安装完毕后，在“打印机和传真”窗口内多了一个名为“Fax”的虚拟打印机。

第四，在系统菜单的“附件→通讯→传真”下会出现传真的应用链接。

第五，发送传真。只单击“打印”文件，选择打印到“Fax”虚拟打印机→确定后，根据传真向导的提示，依次填写收件人即可。

第六，接收传真时，由于 Windows XP 没有默认接收传真，故需要在传真控制台进行设置。单击“开始→所有程序→附件→通讯→传真→传真控制台”→单击菜单的“工具→配置传真”→一输入收件人的个人信息→将“允许接收”选项打钩→选择“自动接收”或者“自动应答”→继续“下一步”直到设置完成。

五、扫描仪

1. 扫描仪的操作步骤和程序。连接电脑 USB 接口→插扫描仪电源→打开扫描仪开关(有的型号没有开关)→打开电脑上的扫描仪软件→放入要扫描的纸质文件一在电脑的扫描仪软件上点击“获取图像”→调整扫描亮度、角度→点击“扫描”→选择将扫描结果导出到文件，输入文件名，选择“保存”→保存文件。用户可以将识别后的文件存储成文本(TXT)文件或 Word 的 RTF 文件。

2. 扫描仪的操作步骤

(1)将扫描对象放置在扫描仪的文稿台上；

(2)打开扫描仪应用程序；

(3)打开图像处理软件——画图，启动应用程序；

(4)程序启动界面；

(5)选择不同的模式来扫描文档，以下两种方式均可。

六、刻录机

1. 刻录机的使用步骤

(1)装入来源盘和刻录目标盘→打开刻录软件；

(2)选择一种刻录制作方式；

(3)单击复制或刻录按钮；

(4)刻录开始→刻录完毕→单击结束。

2. 使用刻录机的注意事项

(1)尽量避免进行读取操作；

(2)刻录机要合理运用刻录速度；

(3)刻录间隔时间不能太短；

(4)尽量避免使用“超刻”功能；

(5)经常保持刻录机的内部清洁；

(6)使用优质光盘刻录。当刻好一张 CD 时，可以用光驱打开播放，但用 CD 机却无法正常地读取。造成这种情况的原因是很多的，比如说，盘片的质量不好、CD 机不支持，或者刻录过程中出现了一些难以预料的错误等。虽然未必是刻录机的问题，但暂时换用另一种质量较好的盘片进行刻录，可以大概推测出到底是刻录机的问题还是刻录盘的问题。如果是刻录机的问题，就要进行相关的检查处理工作了。

七、数码照相机

数码照相机使用步骤：打开相机底部的电池→给相机安装好电池→检查电池是否装好→转动相机后背上的模式转盘→将相机的“拍摄模式”(mode)设置在“拍摄”(capture)位置→检查电池和存储卡是否装好→设定拍摄模式→选定照片存储格式→检查相机的分辨率设置和图像质量的设定→根据需要设置好拍摄模式→从液晶屏上预览将要拍摄的目标→把拍好的照片下载到电脑硬盘上。(注意：相机镜头不能长时间对着太阳)

八、摄像机

1. 摄像机的使用步骤。为电池充足电→准备好录像带→预录空镜头→设置光圈和快门速度→合理设定白平衡→拍摄前观察环境→拍摄要为剪辑作准备→选择好摄取对象和场景→按录制键开始录制。

2. 摄像机的参数设置。制式为 PAL；画幅比例为 4∶3；拍摄模式为 SP，白平衡为自动。

3. 镜头语言。固定镜头应保持 10 秒以上；推镜头应匀速运动，开始与结束应保持 4 秒。

九、投影仪

1. 投影仪的安装步骤

(1)首先需要保证机器安装了显卡驱动，然后用 VGA 接口连接。

(2)对显示器(笔记本电脑)与投影仪的 VGA 接口进行检查，若连接正常，即可按笔记本电脑上的 Fn+F4 来实现简单的切屏操作。此时，笔记本的显示应与外接显示器、投影仪为同样内容。

(3)如果不能正常显示，应在笔记本电脑显示器上进行设置：右键单击笔记本电脑桌面→在下拉框中选择“属性”按钮→在打开的对话框中选择“设置”按钮→在“显示”框中选择蓝色方框[1](即显示设备 1)，将分辨率滑动块推至“少”，使分辨率降至最低。

(4)如果需要两边显示为不一样的内容，就需要通过桌面扩展功能来实现，可以在笔记本电脑上进行文档操作，而同时外接显示器上却在播放电影。

(5)在显示器上面拖一个窗口并向右移动，该应用程序会移动到监视器 2 上。此时，即可实现在第二个显示设备上面播放电影，而同时主设备却可以做一些其他操作。

2. 投影仪的使用步骤。选择平稳的地方放置投影仪→打开电脑→接通连接线→选择F3或在电脑屏幕上点击右键，在下拉框中选择→选择亮度→选择光源→安装投影机→调试→关机。

【拓展训练】

海伦是某外企办公室的文员，早上到办公室，她就坐在电脑前撰写关于召开公司年会的会议通知。拟写完毕后，打印出来，仔细检查后没有问题，然后交给杰弗逊经理。经理看过后，让她将总经理的发言从15分钟增加到30分钟，其他没有变动。海伦根据经理的指示作了修改。

海伦将定稿的会议通知打印出来，再次检查无误后，加盖了公司的公章。复印10份，送到各个部门，然后又传真给了3个分公司的办公室。

两周后的周五晚上，年会进行得很顺利，领导和员工欢聚一堂。会场的投影与音响效果非常棒，领导的讲话鼓舞人心，员工们干劲十足。优秀的员工依次上台领奖，员工代表介绍了自己的工作经验。海伦不时地将这些精彩的瞬间用相机拍摄下来，办公室的小李将摄像机架在会场中部，正对主席台的过道上，进行了全程录像。

年会结束后，海伦将拍摄的照片与录像进行了剪接，并用刻录机刻成光盘保存下来。海伦将总经理的发言、领导与优秀员工合影等几张典型照片冲洗出来，有序地摆放在公司展览室的橱窗里。

领导对办公室组织的这次年会活动给予了表扬。

要求：以小组为单位，将此案例演练出来，重点考核办公设备的使用。

项目七：秘书与领导关系

【任务驱动】

案例1：田芳被分配到销售部，她的领导是孙书杰副总经理。这位领导特别喜欢加班，如果没有应酬，晚上七点半之前他不会离开办公室。田芳下班回家，需要倒两次公交车，在路上就得一个多小时；每周要上一次夜校，另外还要与男朋友约会。作为职业秘书，田芳一开始严格要求自己，每天都是在领导下班后自己才下班。但在坚持了一个多月之后，她实在坚持不下去了，而且通过观察，她知道领导是因为怕塞车才养成七点半之后开车回家的习惯的。事实上，晚上需不需要加班田芳心里有数。可又不知道该如何和领导沟通，为此她很苦恼。于华认为田芳应该适应领导的工作方式，遇事要无条件服从领导；高玉兰不这样认为，她建议田芳要选择合适的时机与领导沟通。秘书应该如何认识与领导的关系呢？

席主任知道此事后，认为正好可以抓住这个机会，提高大家的认识水平。他要求办公室秘书和文员就秘书如何正确认识与领导的关系开个讨论会，并拟写如何解决田芳问题的沟通方案。

案例2：叶琪由于人事调动，更换了上司，一下子适应不了。一天与资深的高秘书谈心，对高秘书诉苦："我不太适应冯总的做事方式，他与王总的性格、喜好、做事方式都不一样，而且他好像不太信任我，我花心思准备好的文件他总是不满意，经常返工，压力好大呀，怎么办呀？"高秘书建议她分析总结一下冯总属于哪种领导方式，不能总拿过去对王总的一套去为冯总服务，平时多注意观察他有什么喜好、习惯，并向冯总以前的秘书请教请教。叶琪按照高秘书的话做了以下准备工作：

(1)分析冯总的性格特点及生活习惯和爱好；

(2)分析冯总的领导方式和办事风格；

(3)找出相应的服务对策；

(4)根据冯总以前秘书的建议及时调整了自己的服务方式。

很快叶琪就得到了冯总的信任，工作起来也越来越有信心。

案例3：于华是创新公司非常出色的秘书。自2000年接受"重任"以来，一向以谦逊、谨慎、勤奋、好学、踏实、能干而赢得好评。正当于华以更加忘我的精神全身心地投入秘书事业时，一件事的发生一度曾使于华陷入迷惑之中。然而，于华经过一番巧妙处理之后，问题迎刃而解，干戈终化为玉帛。以下便是于华遇到的难题：

和往常一样，7时刚过，于华就来到办公室，开始了一天的紧张工作。这时，一位图文广告公司的同志来找她，要求结算去年的广告及图片费用。于华非常热情地接待了这位同志，在认真核对记账单证后，填写了一份财务报销单，并告之其下午来取。

下午上班时间到了，副总经理冯军叫于华过去议事，细心的于华就把报销单一同带上，顺便请冯经理签批核销。正当冯经理阅读时，办公室主任席为民也来到副总经理室，看到桌上的报销单，劈头就问："我在家，你(指于华)干嘛直接找冯副总经理批？"问得于华哑口无言。

是于华不懂规矩，无意而为，只为图个"顺便"吗？不像，于华向来都是个非常谨慎小心的人；是明知应由席主任签字而有意找主管的副总经理签字，无视顶头上司的存在吗？也不像，于华不是个不按程序办事的人。那么究竟是什么原因造成这种情况呢？其中必有蹊跷。原来，在此之前，冯副总经理曾告诉办公室负责文秘工作的同志：王总最近出国，由我临时分管办公室工作，这一段时间你们需要添置设备、购买物品等，可向我请示并签批。

这就难怪了，于华是遵照冯副总经理的指示行事，在此有难言之隐。作为秘书，于华应怎样对待和处理这一突如其来的责问和批评呢？她应该如何处理好与各位领导的关系？请思考：

(1)作为秘书，于华应当怎样应对和处理这突如其来的责问和批评？

(2)她应该如何处理好与各位领导的关系？

(3)于华设计解决问题的最优方案是什么？

【方式与要求】

1. 分组讨论，每组4~6人，根据案例分析秘书与上司的关系并寻找对策。

2. 制定沟通方案，形成解决"案例"中问题的沟通方案正式文本，并分配角色，实训结束后上交。

3. 教师应布置班干部组织学生以分组为单位，开展训前的脚本演练。两个组为一队，其中一个组扮演秘书，另一个组扮演上司，双方合作完成各自的方案。应注意职业场景、职业背景、人物年龄、人物之间的关系、语气、沟通交流、礼仪规范等。

4. 组织学生进行实训场景布置。

5. 演练完成后，进行总结，分析沟通效果及原因。

6. 分组情景演练，案例分析讨论，小组互相评分。

7. 方案要表述完整，具有可行性。

8. 每组要选出记录员，记录现场双方表现及结果。

【实训内容】

1. 认识秘书与领导关系的多维性，能明确领导需要什么样的秘书，处理好与领导班子的关系。

2. 能正确处理秘书与不同类型领导以及与异性领导的关系。

3. 把握为领导班子服务的几种关系，做好辅助工作。

4. 以案例 1 为基础，制订沟通方案，形成解决“案例”中问题的沟通方案。

5. 以案例 2 为基础，以研讨会形式，具体找出叶琪不适应新领导的原因，形成切实有效的解决办法。

6. 以案例 3 为基础，形成解决问题的方案。

【实训提示】

1. 每个队中的小组不能让对方知道自己的方案，只告知对方扮演人员沟通的场景。

2. 沟通中不能故意刁难，要按照自己的想法正常演练。

3. 沟通中要注意时机及方式，才能取得好的效果。

【实训考核】

沟通方案实训评分表

内容 小组	方案设计 20%	方案演示				整体效果 20%	总评
		情景设置 15%	礼仪规范程度 15%	沟通技巧 15%	团队协作 15%		

领导风格研讨实训评分表

内容 小组	议题、方案审核 20%	会议组织						解决方案的合理性 20%	总评
		会场布置 10%	礼仪规范程度 10%	语言规范程度 10%	会议协调 10%	主持人确定 10%	会务工作 10%		

秘书与领导关系实训评分表

实训项目名称					
实训时间			实训地点		
实训人员			指导老师		
实训任务完成情况					
实训任务	比重	实训人员参与程度	实训形式	完成质量	评分
任务 1					
任务 2					
任务 3					
实训小结					

指导老师评语(实训亮点、改进建议)：

实训成绩：

指导老师签名：　　　　　　　　时间：

【相关知识】

一、秘书与领导的关系

秘书与领导之间的关系虽然是领导与被领导的关系，但是领导与秘书之间是平等的，没有什么尊卑之分。秘书在工作中要做到以下几点：服从但不盲从；辅助但不越位；关心但不奉承。

秘书与领导的关系具体包括：

1. 人格上的平等关系。秘书与领导的关系应当建立在公民人格平等的基础上。

2. 实现工作目标中的同事关系。领导与秘书在事业发展目标上应该是一致的，在各项任务目标上也应该是一致的。

3. 工作职能上的上下级主辅关系。秘书工作属于领导工作的延伸，在工作实践中，领导是上级，处于主导地位；秘书是下级，处于辅助地位。

4. 工作过程上的主从关系。领导和秘书在互相配合的工作过程中，领导处于主动地位，发动工作；秘书处于被动地位，辅助执行任务和操办事务，为领导工作服务。

5. 工作沟通上的双向交流关系。领导与秘书的工作沟通，既有领导对秘书的指示、指导，又有秘书向领导的请示、汇报及提供参谋服务。

6. 工作绩效上的一体关系。领导者和秘书在绩效上是紧密联系在一起的，秘书工作的绩效蕴含在领导工作的绩效中。

二、秘书与领导相处应明确的事项

1. 秘书要明确自身的定位。秘书职位因领导职位的需要而设立，协助领导处理各种纷繁复杂的杂事以及辅助领导决策。有几点值得关注：一是秘书之于领导只能“服从”而非“仆从”。二是秘书之于领导工作只是“辅助”而非“参与”。秘书作为领导的助手，对领导的决策、谋划、拍板、制订方案都有一定的影响，有一定的辅助机会。但辅助不等于参与，毕竟秘书不能代替领导。如果秘书变辅助为参与，就会出现职权越位。三是秘书之于领导仅是“参谋”而非“全谋”。秘书必须牢记自己的身份，站在参谋的位置上为领导出谋献策，但不能伸手太长，事事干预。四是秘书之于领导是“协调”而非“指挥”。秘书的一项重要工作内容就是在领导与群众、领导与各部门、领导之间及时准确地上传下达。尤其是在处理领导与群众、与各部门的关系中，秘书的协调能力最能得到充分的体现。要善于做好协调工作，坚持摒弃命令主义与喜欢指挥的不良习气。五是秘书之于领导是“下属”而非“家属”。只有牢记自己是下属而不是家属，才能保持人格的独立。

2. 明确自身职位的属性。秘书人员进入工作岗位时，最重要的是明确自身职位性质、需要承担的职责、职业角色需要具备的能力以及需要遵从的规则等。只有明确了这些，才能在职位角色要求的行为规范中行事，而不至做出违背职业规则的事情。

3. 明确工作的从属性。这是由秘书的职业地位所决定的，它产生于领导工作的需要，故秘书依附于领导而存在。可以说，秘书活动是领导的延伸和补充，它不能脱离领导职位独立存在。所以，从属性是秘书和领导关系中最首要、最基本的社会关系。

4. 明确工作的被动性。正因为秘书是从属于领导而存在的，决定了秘书工作具有被动性的特征。秘书工作随领导活动的轨迹而运转，领导活动规定了秘书活动的基本范围和利益指向，所以秘书工作是被动性的。

5. 明确工作的辅助性。秘书工作的从属性和被动性说明了其主要职责是辅佐和协助领导工作。领导的工作涉及组织内外的方方面面，而领导的精力是有限的，秘书就要从旁协助领导处理日常工作中的一些琐碎杂事，如决策中的资料搜集、工具配备等，以使领导能集中精力处理重大事件或决策工作。

三、秘书为领导班子服务要把握好以下几点

1. 正确处理为主要领导人服务与为领导班子服务的关系。主要领导人在组织管理中负有更重要的责任，是决策者。秘书人员应把主要领导作为重点服务对象，以辅助其完成工作任务。在人力和时间安排上，既要优先考虑为主要领导服务的需要，又不能忽视对领导班子其他成员的服务。

2. 正确处理为中心工作服务与为日常工作服务的关系。秘书人员既要全力以赴地完成中心工作和突击任务，又要兢兢业业地做好日常工作，处理好二者的关系。

3. 正确处理多头指示，避免酿成矛盾。秘书人员面对多头指示，应主动促进领导人之间的沟通，共同商讨出一个妥善的办法。若各分管领导人各持己见，相持不下，秘书要请示主要领导人，由主要领导出面协调或进行裁决，秘书人员决不能偏向一方，擅作主张或搬弄是非。

4. 逐级请示，避免越级请示。秘书在向领导请示工作时，应首先向自己的直接领导请示，直接领导人难以明确决断时自然会向上一级领导请示。

5. 加强沟通，避免产生误会。领导成员之间，如果沟通不畅，就很可能产生误会，造成关系失调。秘书人员应做好信息沟通工作，使领导成员能全面了解情况，避免由于不能全面了解情况而产生误会。

【拓展训练】

领导类型测试题：

1. 和下属一起开会的时候总是说话最多的那个。
2. 下属职责范围内的事情给予他们完全自由。
3. 鼓励下属多加班，自己也以身作则。
4. 让下属根据自己的判断解决问题。
5. 对外活动上总是由领导代表企业。
6. 会花很多时间去激励下属。
7. 认为没必要向下属解释自己的行为。
8. 能够容忍不确定的事情。
9. 事情总是如其预料般发生。
10. 常常花时间解决团队内部发生的矛盾。
11. 面对竞争对手时会感觉到压力。
12. 会劝说，让下属理解自己的想法。
13. 规定下属应该做些什么并如何去做。
14. 会让下属明白工作意义和价值。
15. 倾向制定严格的制度并督促下属遵守。
16. 倾向把部分职责分配给下属。

17. 每天都有详细的日程安排。

18. 相信下属能作出正确判断。

19. 会尽力推动下属更努力地工作。

20. 愿意作出必要的改变。

测试分值解析：回答“是”，得1分。奇数项和偶数项分别计分，奇数项(1，3，5，7，…，19)是指对任务关注程度，偶数项(2，4，6，…，20)是指对人的关注程度。

这个测试能反映四种领导类型：

1. 玩伴型。奇数项和偶数项得分都低于4分。既不重视任务，也不重视人，只关心自己感受，不适合做领导，需要调整。

2. 严父型。奇数项高于7分，偶数项低于4分。只重视任务，不重视人，这样的领导能获得大家尊敬，但得不到大家爱戴。

3. 慈母型。奇数项低于4分，偶数项高于7分。只重视人，不重视任务，受下属爱戴，但得不到下属尊敬。

4. 领袖型。奇数项和偶数项都高于7分。既重视任务，也重视人，是可亲可敬的领导。

项目八：秘书职业生涯规划

【任务驱动】

林丽是秘书专业的优秀毕业生，工作已经两年了，期间从事过两份工作。第一份是一家工厂的业务员，由于感觉竞争太激烈．做了半年后跳槽到了一家外贸公司做秘书。一开始状况还不错，但一年后突然感觉学不到什么东西，千篇一律的事情太多，而且没有发展空间，于是有了离开这个圈子的想法。出来后也没有特别着急，认为机会应该多得是。她也想找个自己特别满意的工作，期间有过面试但总感觉不合适，所以一直是处在失业状态中。眨眼间三个月时间过去了，林丽还是处在失业状态中。自我感觉良好的她难道没有出路了吗？请你结合秘书职业生涯规划的原理进行分析。

1. 明确职业价值观。

2. 确立职业发展目标。

【实训内容】

每个员工可能都会面临职业尴尬，如果遭遇“咸鱼”境地则必须找准问题之所在，然后通过各种手段去寻求解决，而不是坐以待毙。每一步的求职、晋升、发展都必须明确定位点，明白自己的目的究竟是什么，只有走自己适合的路，才能为下一步发展打下一个良好的基础。反之，就业择业的盲目性、职业转型的迷茫性，都将会导致求职晋升发展阶段性失败，给个人增大压力，浪费时间。

林丽属于典型的职业盲目者。具体表现为：

1. 有急功近利的个性，但并不清楚自己和职位之间的差距。永远感觉自己行，但企业只会为你的能力和素质买单。

2. 对自己定位点没有很好地进行量化，只是凭着自己外向型的性格和以前做业务的一些技巧就认为谋职其实并不难，殊不知职业是要靠真凭实学的。一个萝卜一个坑，如果连自己的坑都找不到又如何去成长呢？

3. 没有整合自己的竞争力和充分挖掘自己内在的潜力。通过评估发现林丽其实是一个很有潜力的人。关键是如何把这些潜力进行包装从而完全突出她的含金点。如果以上的问题不能得以解决，盲目择业，只会出现四处碰壁的状况。

林丽要想在短时间内寻求到一份满意的工作，首先，要从职业生涯评估开始，明确定位点，分析个人优势和劣势所在，只有以己之长攻彼之短，才可取得更高的效率；其次，林丽个人潜力比较大，定位点和实际情况可能存在差距，可以利用一点时间进行一番调整，重新获得一个新的起点；最后整合个人简历，针对定位点重新组建个人核心竞争力，利用合适的谋职技巧全面出击，定可取得成功。

【方式与要求】

1. 能规划自己的职业发展，培养正确的从业心态。

2. 将自身职业规划与单位工作要求结合起来，明确秘书职业发展趋向及个人晋职途径。

3. 培养生涯规划理念，掌握秘书职业生涯规划技术路线。

【实训提示】

1. 寻找林丽职业生涯规划中的瓶颈。

2. 全班同学分成若干小组，每个小组 4 人，其中 1 人扮演林丽，1 人扮演好友，1 人扮演同事，1 人进行监督和评价。

3. 每个学生在演练过程中一定要严肃认真，言行符合规范。

4. 每个学生最好都能按照实训内容设计演练的脚本（包括情节和台词），并给本小组成员分派角色。

5. 老师可以临场发挥，比如增设模拟角色和任务；在学生演练时，组织其他学生对表演进行评论。

【实训考核】

秘书职业生涯角色特征评估

阶段	角色	主要任务	重要心理问题	分值	得分
1	学生	发现并发展个人价值、兴趣与能力，制订明智的学习策略，经过讨论、观察及实践，找出可能的职业选择	承受个人选择的后果与责任	15	
2	应聘者	学会如何找工作、如何参加面试，学会评估关于某项工作和一个组织的资讯，拟定实际与有效的工作选择	果断地将自己呈现给他人；忍受不确定性	20	

续表

阶段	角色	主要任务	重要心理问题	分值	得分
3	储备人员	学习组织的诀窍；协助他人；遵循命令；获得认可	依赖他人；面对现实与组织真相带来的震撼；克服不安全感	20	
4	同事	成为一个独立的贡献者；在组织中找到一个担任专家的适当位置	根据新的自我认识和在组织中的发展潜能重新评估确定生涯目标；独立承担个人成败的责任；建立平衡的生活形态	15	
5	指导者	训练或指导其他人；介入组织的其他单位；管理小组专项计划	为他人承担责任；从他人的成就中获得满足；如果不是管理者角色，则接受现有专业角色，并从横向发展中发现机会	10	
6	资助者	分析复杂问题、影响组织的方向；处理组织的机密；发现新的创意；资助他人具有创意的专案计划；管理权力与责任	关切组织利益；管理承受高压力员工的个人情绪反应；平衡工作和家庭；开始规划退休生活	10	
7	退休者	适应生活标准和生活形态的变化；找出表达个人天赋和兴趣的新方法	在满足于过去生涯成就的同时，对个体发展的新途径保持开放态度	10	
总分					

【相关知识】

一、秘书职业生涯规划的含义

从个人的角度讲，职业生涯规划就是一个人对自己所要从事的职业、要参与的工作组织、在职业发展上要达到的高度等作出规划和设计，并为实现自己的职业目标而积累知识、开发技能的过程，它一般通过选择职业、选择工作组织、选择工作岗位，在工作中技能得到提高、职位得到晋升、才干得到发挥等来实现。

秘书是世界范围内最广泛的职业之一，秘书不是决策层，但又是决策层不可缺少的组成部分，秘书是特殊的管理者，是决策者的领跑员。一个优秀的秘书不仅是企业的行政助理，还是企业管理人员的后备人才。随着我国经济的不断发展，人才市场对秘书的综合素质要求也越来越高。如何成为一名优秀的秘书，如何正确规划自己的秘书职业生涯，如何成功晋升企业管理阶层，对于初出茅庐的年轻人，对于入行多年但始终看不到任何提升机会的“高龄”秘书，这都是需要认真思考、重新定位的问题。

秘书职业生涯规划，就是秘书或准秘书针对个体主客观因素、业已具备的条件，具体设计合理的职业奋斗目标，并选择实现这一目标的发展路径(含教育、培训计划)的过程。

在这一过程中，秘书要依据行为主体自身的专业教育背景、兴趣特长，将自己定位于一个最能发挥自己长处的职能位置，选择最适合自己能力的事业。秘书职业生涯规划的实质是为自己实现职业生涯目标而制订的行为方向、行动时间和具体实行方案。

二、秘书职业生涯规划的意义

做好秘书的职业生涯规划具有“双赢”意义。

首先，对秘书个体的意义有：

1. 以现有成绩为基础，确立人生方向，提供奋斗策略。

2. 突破并塑造诚恳、沉稳、务实、创新的职业形象。

3. 准确评价个体特点和强项。

4. 评估职业理想目标与现状的差距。

5. 准确分析、判断秘书职业发展方向。

6. 重新认识自我价值，并能使其不断增值。

7. 发现新的职业机遇。

8. 增强职业竞争力。

9. 将个人、事业与家庭联系起来。

其次，对组织系统的作用有：

1. 深入了解秘书兴趣、愿望、目标与理想，让其感觉到自己受到了重视和重用，从而发挥更大、更好的作用。

2. 管理者直接接触秘书，使秘书产生积极的上进心，从而为组织系统作出更大的贡献。

3. 根据秘书希望达到的目标，视情况来安排其参加培训。

4. 适时引导秘书进入工作领域，使秘书个人目标和组织目标更好地统一，降低秘书的失落感和挫折感。

5. 使秘书看到自己在本组织系统中的希望、目标，从而达到稳定秘书队伍的目的。

三、秘书职业生涯规划的内容和步骤

秘书职业生涯规划在设计过程中因人、因时、因环境不同而不同，在实施中也在不断修正和调整，但秘书职业生涯规划设计和实施中也存在着共性。一般要经历如下阶段：自我分析与环境分析、选择职业生涯发展目标与标准、制订职业生涯计划与措施、实施效果评估与调整。

（一）自我分析与环境分析

1. 秘书自我分析

秘书自我分析包括生理自我（对自己身材、容貌、健康状况、服饰打扮等方面的认识、判断与评价）、心理自我（对自己的气质、性格、兴趣、意志、能力等与秘书职业的匹配程度分析）、理性自我（对自己思维方式方法、德商、情商、财商、挫折商等因素的分析）、社会自我（对自己所承担的社会角色规定的责任、权利、义务、名誉，自己对他人的态度，以及职场对自己、对秘书职业的态度等方面的认识与评价）

2. 秘书职业分析与秘书职业环境分析

秘书职业分析是指分析现代秘书职业具有的特性，分析秘书职业的行业现状和发展前景，以及该职业与自己是否适应的行为。

秘书职业环境分析是指对秘书从业的宏观政治环境、经济环境、社会环境、地域环境，微观意义上的组织环境、办公室内外环境、硬件软件环境，以及秘书个人家庭背景、经济状况、成长环境等的分析行为。

秘书职业生涯规划要考虑城乡之别、行业之异，要考虑从业地区经济社会整体发展水平与发展趋势，如从业地区的特殊优惠政策、环境特征等，不能仅看组织系统的大小、名气；不仅要分析秘书职业对自身素质和能力的要求，还需要了解非职业素质要求和特殊职业能力要求。

很多企业对这方面都有自己的要求，所以在这方面一定要做到心中有数，一定不要存在侥幸心理，因为这些因素可能会给你造成极大困扰。如秘书职业往往需要有广泛的人脉，如果秘书所具有的广泛人脉是装出来的，那么很多工作秘书做起来就会相当费劲，而对真正具有良好人际关系的人来说就完全是另一个样子了。

3. 秘书自我优缺点分析

自我优缺点分析是秘书在其个体与现代秘书职业的契合性和游离性两个方面对自己的个性、行为习惯进行较为客观的理性分析，找出与之相适应、相契合的方面，将其确立为优点、优势，找出与之不相适应、相游离的方面，将其确立为缺点、缺陷。优点和优势是完成秘书职业活动的基本保障，是树立自信的基础，是积极的因素；缺点与缺陷是完成职业活动的消极的破坏性因素，既要正视它，又要正确地加以分析，因势利导，注意不断完善自我，化不利为有利，为职业生涯服务。

（二）选择职业生涯发展目标与步骤

1. 三期——秘书职业生涯规划的期限

一般分为短期规划、中期规划和长期规划。短期规划为三年以内的规划，中期规划一般为三至五年，长期规划的时间是五至十年甚至更长。对秘书来说一旦确立了自己的人生核心目标，就应该围绕这个目标去制订适合自己的长中短期规划。人生目标是不可能一步实现的，短期规划与中期规划要服务于自己的长期规划，中期规划应建立在近期目标的基础上并以长期规划为导向。长期规划的实现与否直接关系到自己人生价值的实现情况，而短期规划与中期规划实现程度的高低则直接影响长期规划实现的质量。因此制订科学合理的长中短期规划，既不过分苛刻、难以实现，又不过分容易、缺乏激励，并加之认真履行、逐步实践，就能实现自己的人生目标，促进自己的秘书生涯发展。

2. 六步——秘书职业生涯规划的步骤

（1）确定志向。立志是人生的起跑点，是事业成功的基本前提。志向反映一个人的理想、胸怀、情趣和价值观，影响着一个人的奋斗目标及成就的大小。所以，秘书人员在制订其生涯规划时，首先要确立自己的志向，志向可以是成为优秀的企业管理者，可以是成为行政管理干部，也可以是成为领域内的专家代表。总之，立志是职业生涯规划的前提与关键，也是职业生涯规划最重要的起点。

（2）自我评估。自我评估是生涯规划的重要步骤之一。评估的目的是为了更好地认识自己，只有清楚地认识自己，才能做好职业生涯规划。一般来说，评估包括兴趣、特长、性格、学识、技能、智商以及组织管理、协调能力等。

秘书通过分析，判断自己是否适合本职工作，如若不适合，条件允许的话应及早调整职业方向。或者对比秘书基本任职素质要求，找出自己的不足，在以后的工作中有意识地培养这方面的能力。

(3)生涯机会的评估。生涯机会的评估主要是评估各种环境对自己生涯发展的影响。秘书在制订个人的职业生涯规划时，首先要分析当前环境的特点(包括组织环境、政治环境、社会环境、经济环境)、未来环境的发展趋势、自己与环境的关系，以及环境对自己的有利条件与不利条件等。如在评估组织环境时，应包括组织战略、人力资源规划、晋升机会、发展空间等。评估者在对环境进行充分分析的基础上，学会趋利避害，使自己的生涯规划具有实际意义。

(4)路线选择与目标设定。在确定从事秘书这一行业后，就要选择向哪一条路线发展：是做私人秘书还是做公务秘书，是做行政秘书还是商务秘书，是向学者型发展还是向技能型、事务型秘书发展等。不同的发展路线，对秘书的能力要求不同，因此，在职业生涯规划中应先确立自己的职业生涯路线，然后再依据自己的路线选择设定职业目标，做到有的放矢。

生涯目标的设定是职业生涯规划的核心。一个人事业的成败与否，很大程度上取决于有无正确的目标。目标是行动的方向，只有明确了方向，努力才不会白费。通常我们将目标分为短期、中期、长期和人生目标。目标之间是环环相扣的，短期、中期目标是为长期目标服务的，而长期目标和人生目标又是息息相关的。秘书人员在对自己人生目标做出抉择时应以自己的能力、环境的特点、资源的可获取度为依据。

(5)制订行动计划与措施。在确定了生涯目标后，行动变成了关键的环节。这里所指的行动是指落实目标的具体措施，主要包括工作、训练、教育等方面的措施。秘书工作是一个十分特殊的工作，秘书一方面要替管理者处理一些日常事务，充当管理者的助手，另一方面又是管理者决策的智囊团，充当决策者的领跑员，双重身份使得秘书人员经常被称为“不管部长”。工作性质的特殊性要求秘书在工作中切忌越俎代庖，做出一些职能权限之外的事。秘书要学会把握自己，争取晋升机会，但切忌急功近利，引起上司同事的反感。因此秘书在制订自己的行动计划方案时切记要适当合理，同时计划与措施要具体，以便于定时检查。

(6)评估与回馈。影响职业生涯的因素很多，有的变化因素是可以预测的，而有的变化因素则难以预测，如领导辞职、董事会解散、企业破产、重大人事政策调整等，在此状况下，要使生涯规划行之有效，就须不断地对生涯规划进行评估与修订，以适应新的环境和新的条件。

总之，一份成功的职业生涯规划有利于消除秘书从业人员失落、迷茫、自卑、焦虑的心理，对秘书人员合理安排自己的职业进程，实现自己的人生价值起着至关重要的作用。

(三)制订职业生涯计划与措施

1. 秘书职业生涯发展途径

(1)组织系统内部发展。在组织系统内部发展基本分为三个方向：一是纵向发展，即职业秘书由初级秘书到高级秘书的提升；二是横向发展，是指在同一层次不同职务之间的调动，如由办公室主任调为部门经理，这种横向发展可以发现秘书潜能的最佳发挥点，同时又使职业秘书积累各个方面的经验，为以后的发展创造更为有利的条件；三是向核心方向发展，虽然职位没有变化，但却担负了更多的责任，有了更多参加组织系统的各种决策活动的机会。

(2)组织外部发展。秘书组织外部发展时机有：最近的成功表现，使自己身份大幅提高；有更高的眼界与新的理想；公司改组或变动使秘书的生涯发展计划受到阻碍；公司在竞争中落后，秘书又无力使公司迎头赶上；觉得在现在的岗位上并未获到充分重视；在一家公司太早就晋升至高层，要想更上层楼，需要等待很长的时间。

2. 秘书职业生涯发展策略

秘书职业生涯发展策略是指职业秘书为实现自己的职业生涯规划目标而制订的具体行动计划。它既是一种执行力，又是一种执行技巧与技术。如何将自己的职业规划变成现实，确实是一件很重要的事情。否则，再好的规划也只能是一个梦想，永远无法实现，那样的职业生涯规划没有任何意义。

3. 秘书职业生涯发展方案

(1)大学期间应该问问自己：我要做什么？

(2)刚步入职场应该问问自己：我在做什么？

(3)职业成熟期应该问问自己：我能做什么？

【拓展训练】

1. 纵观国家历届领导人和各级领导干部，他们中有很多人都是从秘书工作做起或是有过秘书工作经历的，通过各种途径搜索有关案例和故事，谈谈秘书工作经历对人生职业发展有何作用。

2. 谢先生是一家私企的秘书，原以为只要自己工作上勤恳，怎么也能有所提升，但事与愿违，工作四年来除了工资略有增加外，其他的都处于原地踏步状况，公司的职位已经饱和，晋升的机会几乎没有，薪水增加的可能也不大了。虽然谢先生明白并不是每个人都会充分得到发展，但是失去了前进的动力，谢先生接下来不免有种得过且过的思想，把自己对工作的要求都放到了最低，可如此下去也不是办法。请问谢先生究竟应如何做才能改变现状呢？

3. 不知不觉中，小雨已经工作有八个年头了，到目前的这家公司工作也已有四年多了，现在她是公司行政助理，没有成家。日子在不痛不痒、忙忙碌碌中一天一天地过去了。但是，不知怎么回事，偶尔在她的心中会产生一种茫然、失落的感觉，特别是夜深人静的时候：马上就要30岁了，可是近几年，个人事业却似乎没有什么进步，不知道自己的发展前途在哪里；每天都在重复着同样的事情，对目前的工作似乎总是提不起很大的干劲，没有什么成就感，生活中已很久没有出现过传说中的激情。看着身边年轻的女性同伴，一个个充满活力与自信，工作业绩与她相比也毫不逊色，小雨有一种深深的危机感。请问：小雨出现了怎样的问题？如果你是小雨的朋友，会给她怎样的建议？

4. 小许毕业于某大学文秘专业，今年26岁。在三年的职业生涯中，他已换了六份工作，并且从事每份工作的时间呈递减趋势。第一份工作是在一家德资企业担任文员，干了一年两个月；第二份工作是在一家民营企业担任秘书，做了七个月；而今年的九个月内，他走马灯似地换了四份工作，最后一份工作仅一个星期就辞掉了。现在小许又回到他已非常熟悉的人才市场，重复着以前的动作：投简历、面试、再投简历、再面试……他感到非常苦恼和迷茫，不知道自己究竟适合什么职业。

请你帮小许分析一下，他面对的是什么问题？该怎么办？

5. 小林是某私企经理的助理秘书，几年来，她勤奋努力，事必躬亲，却发现总被一些琐事包围着。她生性优柔寡断，一件事总是掂量来掂量去，想出好多种结果，生怕引人不快。对一些重要又不太懂的事，她总是采取逃避的态度，非拖到不能再拖的时候，才动手去处理，结果却因时间仓促，常常草草了事。

一次老板出差，让她起草一份在董事会上的发言报告。她想时间还有一周，不必着急，于是深思熟虑，决心好好给老板露一手。其后的几天，她忙于完成另外几件小事，突然一天上班之时，想到老板明天就要启程了，可是他要的报告还未见一字。结果，一份本想写得轰轰烈烈、一鸣惊人的报告变成了一份毫无特色、草草而就的文件。因此，尽管小林几年来一直兢兢业业、埋头苦干，但工作却起色不大，职位也一直没有得到升迁。

请问：小林的职位为什么一直没有得到升迁？小林缺少秘书所需的哪些能力？

6. 搜集若干秘书的招聘信息，运用所学的相关知识制定你大学三年的职业发展规划。以下提供的是一则秘书的招聘启事，供参考。

本公司是一家专门从事网上资讯服务电子商务的综合性公司，现欲聘文秘两名，要求专科(含)以上学历，三年以上相关工作经验，形象气质佳，能熟练使用 Word、Excel、PowerPoint 等办公软件，懂得数据库管理，打字速度不低于每分钟 100 字，英语四级以上，沟通能力强，适应团队工作，具备一定的财务知识，熟悉市场经营与管理，有敏锐的市场洞察力。

附：秘书文化周

【任务驱动】

下面这则材料是搜狐网站女人频道的 2005 年“国际秘书节”专访节目的部分访谈内容。

主持人：各位网友大家好！首先我们给各位介绍一下今天的嘉宾。第一位是亚商总裁王中宇先生。

王中宇：各位网友大家好！欢迎大家来参加搜狐女人频道的“秘书节”专访节目。

主持人：第二位嘉宾是北京高等秘书学院院长王世红先生。

王世红：各位网友大家好！我非常高兴有机会与亚商在线一起在搜狐搞这次活动。

主持人：第三位是亚商在线的康颖小姐。

康颖：大家好！特别向从事秘书工作的朋友问好。

主持人：今年 4 月 27 日是“国际秘书节”50 周年的纪念日，我们请亚商在线的副总裁王中宇介绍一下“秘书节”的由来。

王中宇：1952年由美国的两位秘书，向商务部部长提出一个建立秘书周的计划，此建议很快就得到批准。但是正式提出“秘书节”是在1955年，由秘书周变成“秘书节”。

主持人：国际秘书节已经有50年的历史了，世界各地都是怎么来庆祝“秘书节”的呢？

王世红：既然是一个节日，总的来讲，主角要得到益处。庆祝的方式多种多样，没有一个法定的规定，主要形式大概分为几个方面。第一方面是放假。平时秘书很辛苦，能有半天的假期，心理上是一个安慰，也是一种休息。第二方面是送礼。为什么是秘书周呢？因为有的秘书并不一定能放假，所以拖的时间长一些，那么老板可以送一些礼物或者鲜花来表达谢意和理解。第三方面是关注。大家一起来关注这个群体，比如说美国总统也会来关注。第四方面是老板请客。第五方面是表彰。在这个节日里把最好的秘书选出来。新加坡每两年选一次“最专业秘书”，当选条件是最具专业精神、工作效率高和有杰出表现。在秘书的评选这一点上，老板的票数很重要。第六方面是聚会、庆祝。搞各种各样的聚会或者联谊会。第七方面就是老板给秘书登一个表彰。通过这种方式表示对秘书工作的认可，秘书看到以后会非常高兴。

主持人：我比较好奇，我们国家是从什么时候开始庆祝“秘书节”的呢？

王世红：我做了一点调查，但是目前还没有明确。到目前为止我们都不敢说这次活动是一个法定的东西，因为这完全是社会民间对秘书工作的肯定。大概起源是在改革开放之后。第二是在外企大量进入中国之后。第三，在这里面有两种可能性，一是这个老板以前就有过“秘书节”的习惯；另外一种可能性是秘书自己有这个需求。

“秘书节”是多种多样的，像亚商这次做的是全国范围的，这还是第一次。还有一种是研讨会，比如说北京高等秘书学院过去几年一直都在校内搞类似这样的活动。另外，还有一些商家利用“秘书节”进行普及工作，如推出了“秘书节”套餐、优惠、抽奖等。

主持人：我们通常的庆祝方式是一种前期推广的、比较个性化的方式。就是说行业内的在努力，但是行业外的还不知道。所以这次亚商用比较大规模的活动来推广。

王世红：没错。以前我们庆祝秘书节日都是区域性、小范围的。或者是在秘书这个行业里面，也就是秘书的专业人士在搞小范围的活动。而我们亚商这次希望和秘书学院，和搜狐这样的大媒体，一起把力量积聚起来。

主持人：就是说这个节日是一种文化，希望用我们的力量来引导大家关注秘书行业。

王世红：如果大家对秘书行业不进行深入了解，很难明白秘书行业的专业性以及职业所带来的复杂性。我也是从事了一段时间以后(因为亚商也从事了相应的服务并有了多年的积累)，才对这个行业有了很深的了解。

主持人：今年的“秘书节”提议给秘书放个假，为什么会有这样一个说法？

王世红：分两个层面来说这件事情。第一，今年的“秘书节”是比较特殊的，正好是国际上的50周年。另外，我们之前也办过“秘书节”，但是社会各方的支持并不是很多，所以影响不够。这次我们想通过这样一个节日，促进整个社会对这个行业的重视程度。同时，对于肯定秘书行业的技能和忠诚度以及效率方面，我们也给予一定的倡导。可能放假只是一种形式，更重要的是提升社会对它的关注程度。

主持人：秘书在公司和机构中的价值是什么？

王世红：这个问题确实很大。一个差秘书可以使好老板看起来很差，一个好秘书可以使一个差老板看起来不错。在企业里面，如果有老板、秘书和会计，这就是一个完整的公司了。没有一个企业是没有秘书的，即使是皮包公司。所以秘书能起到使企业运转的疏导作用。秘书的作用越来越重要了，这是因为随着中国商务的规范化，商业最终要靠效率，而秘书正是一个企业效率的组成部分。

1. 如果你是某校秘书协会会长，请你策划一次“秘书文化周”主题活动，拟制一套活动实施方案。

2. 请你针对秘书专业，组织一次秘书专业知识与技能的比赛活动。

【方式与要求】

1. 概括叙述完成各项任务的步骤。

2. 主题活动的策划要求有创意并且要能反映主办方需求。

3. 以小组为单位进行，要求充分做好各项任务的分工分角色等前期准备工作，必须发扬团结合作精神。

4. 训练前安排学生准备好专访方案、提问问题与方式等，要求其在分工合作的基础上完成。

【实训内容】

1. 主题活动的策划与组织实施。由小组长负责组织小组的专访活动，进行角色分工和访谈问题的设计等。做好比赛前的文案工作以及比赛活动的组织实施。

2. 秘书节庆祝活动文案的策划。接受任务后明确主办方思路与要求，接着查阅相关活动资料、熟悉仪式程序、收集赞助方意见，然后撰写活动方案，最后实施活动并总结。

“秘书之星”形象大赛

一、主办单位

人文学院秘书学专业、汉语言文学(文秘)专业

二、参赛对象

秘书学专业、汉语言文学专业各年级学生

三、活动目的

“秘书之星”形象大赛活动旨在提供一个展示自我、相互交流的空间与平台，展现秘书学专业学生的个人风采，拓展其职业视野，提高其职业素质，促进秘书学专业学生的整体素质的提升，推动学生的就业。

四、评选原则

公平、公正、公开

五、参赛流程

1. 报名阶段：5 月 5 日—5 月 25 日

发布竞赛通知，接受网络报名——点击进入活动页面，完成注册或登录，上传生活照片，提交个人简介等材料。

2. 预赛阶段：5月25日—6月25日

竞赛项目：建立个人主页(展示学习生活经历、能力、博客等，以体现个人风采)，参与秘书职业形象知识网络测试。

预赛评比办法：人气指数(网民投票部分)占35%+秘书职业形象知识测评成绩占30%+专家组综合评比占35%(简历审查、自我介绍、个人气质、网民评论等)。预赛到决赛晋级名额为15名，前10名参赛选手直接通过综合评选得分晋级决赛，其余未晋级选手将再给一次晋级机会，优胜前5名入围决赛，决赛名额为15名，成绩不带入决赛。

3. 决赛阶段：6月25日—7月5日

竞赛项目：现场展示(职业装、便装展示；坐姿、站姿、走姿、蹲姿展示等)和现场口才展示(自我介绍、脱口秀表演等)。

决赛办法：6月25日—7月5日进行评选，评选规则为10%网民投票+50%职业形象展示+40%专家组评分。

4. 综合评比与奖项设置

由秘书系主任、教授、秘书行业资深人士及企业人力资源专家等组成的专家评审组根据参赛者个人的表现特点和网民的认可度，对参赛选手从简历、个人气质、职业形象展示、网民评论统计等方面进行综合评比，评选出相应奖项的获得者。

本次大赛设置“××××年秘书之星”、最佳秘书形象奖、最佳个人主页奖、最佳参与奖、最佳男秘书奖、最佳女秘书奖等，分别给予一定的物质奖励和精神奖励。

六、投票方式

浏览参赛者个人职业主页，通过职业主页查看参赛者的简历、相册、发表的文章、博客等信息，进而了解参赛者。投票者可在个人职业主页给出投票，并可在职业主页中给参赛者留言、发表评论。

七、本次活动最终解释权归“秘书之星”形象大赛活动组委会

注：此活动可由秘书专业所在院系组织，作为学生活动的一部分，也可与秘书协会或其他学生社团共同组织，还可以根据情况与当地甚至外地设有秘书专业的高校联合举办，并可作为一项固定的活动长期开展下去。

【本模块主要参考文献】

1. 宋湘绮. 项目化——秘书综合实训[M]. 北京：电子工业出版社，2011.
2. 陈江平. 秘书综合实训[M]. 武汉：华中科技大学出版社，2013.
3. 张小慰. 秘书岗位综合实训[M]. 重庆：重庆大学出版社，2015.
4. 宋湘绮. 秘书实训[M]. 北京：清华大学出版社，2008.
5. 楼淑君. 秘书综合实训教程[M]. 杭州：浙江大学出版社，2009.

二、专业能力实训模块

【秘书办文岗位训练】

项目一：公文体式训练

【实训目标】

1. 掌握公文体式相关知识，了解公文文体、结构、标记、格式和书写材料的规范。

2. 能够掌握常用公文的规范体式，撰写结构完整、格式规范、语体恰当、文风简洁、无错别字、无标点符号和语法错误的公文。

【任务驱动】

苏州市创新实业有限公司总经理周民责成办公室主任张伟让新来的秘书王芳起草一份文件，基本内容是对公司业务员张强的处理决定。张强未经领导批准，私自将公司20万元购销流动资金借给公司的老客户郑××，用于郑××炒股临时周转资金。张强虽然未收取任何好处费，郑××也在一星期后归还了借款，未造成严重损失，但张强的行为严重违反了公司的财务制度，给予行政记大过处分，并扣发当年全部奖金，同时调离购销业务岗位。

王芳写了文件草稿，因当天办公室主任陪同总经理前往省城办理行政审批事宜，王芳认为这份文件应尽快打印，在未经办公室主任审核的情况下，交给了新来的打字员。打字员赶紧打完，交给王芳。王芳将文件发给公司各部门，并上传到了公司的内部网上。

办公室主任张伟回来后，发现了该份文件未经审核即发出并上传到公司内网上，且该文件的措辞、语气、语序、内容安排等均有严重错误，标题、发文字号、格式、落款、文内数字、印章位置等方面也都存在不少问题。张主任随即叫来王芳，对其进行了严厉的批评，责成王芳收回文件，删除公司内网上的错误文件，重新修改该份文件，履行发文办理的规范程序，重新发文。对其本次工作中严重错误的处理，待公司领导会上研究后再行决定。

王芳心情很沉重，心想修改后一定要找张主任审核，再不能出差错了！不过审核后的发文还应经过哪些程序呢？该怎样修改这份文件呢？

下面是王芳所起草的文件：

苏州市新创实业有限公司文件
关于对张强违反财务制度的处理决定
创人字【2012】第1号

各部门及全体员工：

公司员工张强未经领导批准，擅自将公司20万元购销流动资金供给公司的老客户郑××，用于郑××炒股临时周转资金，张强虽然未收取任何好处费，郑××也在一星期后归还了借款，未造成严重损失，但张强的行为违反了公司的财务制度，公司董事会经研究决定对业务员张强给予行政记大过，扣发全年奖金，调离购销业务岗位的处分。为杜绝此类事件以后不再发生，特做上述决定。

苏州市新创实业有限公司(公章)
2013年11月26日

【方式与要求】

1. 分组讨论，实训结束后应将分组讨论记录、找出的问题汇总作为作业上交。
2. 上机操作，将修改后的正确文件作为作业。
3. 公文文种选择正确，标题正确。
4. 公文用语得体，语言简练，用词准确，标点符号正确。
5. 材料选材、剪裁得当，段落层次安排合理。
6. 公文行文权限明确，行文方向准确，用章位置正确。
7. 公文的版头、主体、版记格式正确，文内所用数字、计量单位符合国家规范。
8. 各组选出评分员相互评分。本组评分员采用同避制，不得给小组评分。
9. 教师给各组评分并点评。

【实习提示】

1. 了解公文稿本、文书传递相关知识。利用业务时间制作出正确的文件稿本，包括文件草稿、定稿、正本等，编制出文件传递运行必备的文书处理常用表单，包括发文稿纸、发文登记簿、打印任务单等。

2. 分组讨论，指出王芳所写公文格式的错误所在，分析其行文方向、行文权限等方面存在的问题，并说明理由。

3. 对公文的内容、结构、行文语气是否恰当，语言是否简练，段落层次是否清晰，选材是否得当，词汇、语法、标点符号是否准确等方面进行分析。

【实训内容】

该份公文在格式、文种、内容等方向至少有10处以上的错误，且全文语言不精练，语体威严性不足，词汇、数字使用不当，段落层次不清，文件材料未经整理、取舍与提炼，文件的发文机关标识、文件标题、发文号、标题、落款、日期、印章等的结构、格式、位置、版面等均有错误。现修改如下：

苏州市新创实业有限公司文件

苏创字〔2013〕1号

关于张强违反财务纪律的通报

各部门及全体员工：

2012年12月22日，公司财务部出纳员张强擅自挪用公司20万元购销流动资金给公司客户郑××用于炒股，郑××于一周后归还全部借款。虽然张强未收取任何好处费，且未造成公司资金损失，但其行为已严重违反了公司的财务制度。为维护公司的正常管理秩序，杜绝此类事件的再次发生，公司董事会经研究决定对业务员张强给予行政记大过、扣发全年奖金、调离财务部门的处分。希望有关部门及人员以此为戒，恪尽职守，共同维护公司的利益。

特此通报

苏州市新创实业有限公司(公章)

2013年1月2日

【实训考核】

公文格式要素及要求评分表

小组：　　　　　　　　　　学生：

内容	操作标准	基本要求	分值	得分
版头	份号	涉密公文有标注	5	
	密级与保密期限	位置准确，密级与保密期限间有红五星间隔	5	
	紧急程度	有处理时限要求标注，位置准确	5	
	发文机关标识	发文机关标识规范、位置准确、字号与色彩符合要求	5	
	发文字号	发文字号要素完整、位置准确、字号与方式符合要求	10	
	签发人	上行文能注明签发人	5	
	红色反线	版头与主体的分隔线标识清晰、规范	5	
主体	标题	标题要素规范，位置准确	5	
	主送机关	能根据文种设置，位置准确，末尾用"："	5	
	正文	公文的主体符合文种要求，结构层次标注规范	5	
	附件说明	附件序号、名称规范，位置正确	5	
	发文机关署名	有发文机关署名、位置准确	5	
	成文日期	有成文日期，标注规范，位置符合要求	5	
	印章	除会议纪要、电报和印有版头的向下普发的公文外，公文应加盖发文机关印章	5	
	附注	能揭示传达范围、标明请示文件的联系人和电话号码，标注规范，位置正确	5	
	附件	附件标题应与附件说明表述一致，位置正确	5	

续表

内容	操作标准	基本要求	分值	得分
版记	分隔线	主体与版记之间有分隔线，两线设置规范	5	
	抄送机关	公文相关知情单位	5	
	印刷机关和印刷时间	印发机关名称、印发日期位置正确	5	
	页码	页码标注规范，注意单双号差异	5	
总分				

【相关知识】

一、通报和决定都适用于奖励与惩处

《条例》第二章第九条中明确规定：“(二)决定。适用于对重要事项作出决策和部署，奖惩有关单位及人员，变更或者撤销下级机关不适当的决定事项。……(九)通报。适用于表彰先进，批评错误，传达重要精神和告知重要情况。”

二、行文应该注意行文关系与行文方向

行文关系是各级党政机关、各个部门和单位之间的组织关系和业务关系在公文运行中的体现。一般可分为相互隶属关系、平行关系、不相隶属关系。

上行文是指下级机关向上级机关报送的公文，如请示、报告等。

下行文是指上级机关向所属下级机关的行文，如决定、公告、通告、通知、通报等。

平行文指同级机关或不同隶属机关之间的行文，如函等。

(一)行文总规则

1. 行文应当确有必要，讲求实效，注重针对性和可操作性。

2. 行文关系根据隶属关系和职权范围确定。一般不得越级行文，特殊情况需要越级行文的，应当同时抄送被超过的机关。

3. 一般不得越级行文。越级行文的特殊情况：一是遇有重大突发事件，包括重大自然灾害、重大事故灾难、重大公共卫生事件和社会治安事件等，主要是为了抢时间，不误事；二是直接的上级机关乱作为，或者违法违纪的，对处分决定不服的，可以越级行文。

(二)向上级机关行文的规则

1. 原则上主送一个上级机关，根据需要同时抄送相关上级机关和同级机关，不抄送下级机关。

2. 党委、政府的部门向上级主管部门请示、报告重大事项，应当经本级党委、政府同意或者授权；属于部门职权范围内的事项应当直接报送上级主管部门。

3. 下级机关的请示事项，如需以本机关名义向上级机关请示，应当提出倾向性意见后上报，不得原文转报上级机关。

4. 请示应当一文一事。不得在报告等非请示性公文中夹带请示事项。

5. 除上级机关负责人直接交办事项外，不得以本机关名义向上级机关负责人报送公文，不得以本机关负责人名义向上级机关报送公文。

6. 受双重领导的机关向一个上级机关行文，必要时抄送另一个上级机关。

(三)向下级机关行文的规则

1. 主送受理机关，根据需要抄送相关机关。重要行文应当同时抄送发文机关的直接上级机关。

2. 党委、政府的办公厅(室)根据本级党委、政府授权，可以向下级党委、政府行文，其他部门和单位不得向下级党委、政府发布指令性公文或者在公文中向下级党委、政府提出指令性要求。

3. 党委、政府的部门在各自职权范围内可以向下级党委、政府的相关部门行文。

4. 涉及多个部门职权范围内的事务，部门之间未协商一致的，不得向下行文；擅自行文的，上级机关应当责令其纠正或者撤销。

5. 上级机关向受双重领导的下级机关行文，必要时抄送该下级机关的另一个上级机关。

【拓展训练】

公文格式在公文中具有重要的地位和不可替代的作用。公文格式规范与否直接影响公文效力的发挥。中共中央办公厅、国务院办公厅2012年4月16日发布了《党政机关公文处理工作条例》(中办发〔2012〕14号)(以下简称《条例》) 对照新版公文格式要求，公文写作格式中常见问题 如下：

1. 关于版头中的常见问题。版头就是我们通常所说的“红头”。它一般由发文机关名称加“文件”二字组成(大版头)，还可以是发文机关全称(小版头)，新的《条例》中取消了发文机关全称(文种)的版头(中版头)形态。在版头中常见的问题有三个方面：一是混用版头，一些文件中错将“发文机关名称+文件”这一版头用于上行文中，应该改用“发文机关名称”版头形态，大版头多用于下行文；二是错用“红五星”，有些行政机关公文的版头中错加“红五星”，根据《条例》规定，党的机关的公文版头与主体部分用一条红色横线相隔，红线中间有一颗红五星，以示与政府、军队等机关公文的区别；三是版头与加盖的印章不符，在一些公文中，版头是行政机关而印章却错盖成党的机关，有些公文版头是党的机关印章却错盖成行政机关。

2. 关于发文字号中的常见问题。发文字号由机关代字、发文年度和发文顺序号三部分组成。标注于版头下方居中或者下方(上行文标注于左下方)。常见问题主要有三个方面：一是“第”“0”字多余。例如，在一份“××办〔2010〕第01号”文件中，“第”“0”字纯属多余。根据《条例》规定，发文字号中的发文顺序号标实位。二是缩写年份。个别文件中擅自将发文年度缩写，如“张×局〔15〕1号”，正确的应是“张×局〔2015〕1号”。三是一“发”到底。根据《条例》规定，发文机关代字的编写应科学、明确、统一，以便相互区别(如“发”“报”“函”等)。但有些部门错将一年来的发文机关代字全部用“张×局发”代替，可谓一“发”到底。通常情况下，党和政府机关用“发”，而一般企事业单位、社会团体用“字”。

3. 关于签发人中的常见问题。签发人就是签发文件的人，签发人一般为单位的正职或者主要领导授权的人。《条例》规定：上报的公文标识签发人姓名，平行排列于发文字号右侧，居右空1字标示，“签发人”三个字用3号仿宋体字，签发人姓名用3号楷体字标识。常见问题有三个方面：一是该标的不标，不该标的标。如有些部门给上级机关报的上行文中不标签发人，而有些单位给平级机关发的平行文却标了签发人。二是标识位置不规范。有些文件标识签发人时没有居右空1字标识。三是标识字体不规范。个别上报的公文中虽然标识了签发人，但没有按照《条例》规定将签发人姓名用楷体标识，而是采用了和正文一样的字体标识。

4. 关于公文标题中的常见问题。公文标题是公文的“眼睛”，通过它可以使读者把握公文总的思想，了解公文的主要内容。完整、规范的公文标题，一般由发文机关、事由、文种三要素构成。这方面出现的问题尤为突出，主要表现为以下四个方面：一是标题中滥用标点符号。《国家行政机关公文处理办法》规定，标题中除法律法规和规章名称加书名号外，标题中一般不用标点符号。常出现的问题是乱用引号、顿号、书名号等标点符号。如《关于建设学习型党组织、推进机关作风建设的意见》《关于转发××省发改委、工信委加快××项目建设的通知》，这里并列的词组各自的字面意义明晰，不至于被误认作一个词或词组，可直接将它们之间的顿号删去；再如“××办公室关于印发《××同志在××会议上的讲话》的通知”中“《》”符号就不该使用。二是错用文种。公文文种是用以表明公文的性质和请求的，一份文件只能用一个文种，不可混用也不可错用。由于一些公文文种在某些功效上的类似性，一些单位在制发公文时漠视了他们之间的细微区别，造成了公文文种的差错选择，该用请示的用了报告，该用报告的用了请示；该用函的用了通知，该用通知的用了函；还有的把没有列为公文文种的“规定”“办法”“工作总结”等作为公文文种使用。三是随意省略文种。有些公文随意省略文种，使受文者不得要领，失去了公文的严肃性。如《××局关于召开××会议的有关事宜》《××市关于参加××会的情况汇报》。四是用词重叠。常出现的问题如《××局关于申请解决××经费的请示》公文标题当中出现了两个“请”字，使得标题事由内容出现重复，应去掉“申请”两字，因为“请示”，这一文种本身包含了“申请”的意思。再如《中共××市委办公室关于转发省委办公厅关于转发中央办公厅关于加强××的通知的通知的通知》公文标题中介词“关于”、动词“转发”和文种“通知”重复出现，造成标题冗长，令人不知所云。可采取删去中间层次的办法拟为《中共××市委办公室转发中央办公厅关于加强××的通知》，也可以用文号直接代替转发的文件等办法。

5. 关于主送中的常见问题。主送机关是指公文的主要受理机关，即对公文负有主办或答复的机关，这是公文发出后能否得到及时处理的一个关键。根据《条例》规定，主送应当使用全称或者规范化简称、统称，下行文的主送机关可以有若干个，同类型、相并列的机关之间用顿号间隔排列，不同类型、非并列关系的机关之间用逗号间隔，最后用冒号。向上级机关行文，特别是上行文，一般只能写一个主送机关。常见问题主要有以下三个方面：一是多头主送。该问题常出现在上行的报告与请示两个文种中，有既送政府又送党委的（如市委并市政府），有既送上级机关又送上级机关领导个人的（如市委并×书记）等等。还有一些部门，同样一份文件既主送党委又主送政府，以为两个上级机关中，你不批他批，其实往往形成谁也不批，或者两个上级机关可能同时批示，而批示内容不同，甚至意见相反，造成上级机关之间在未经协调情况下的意见不一致，引起一些本来可以避免的矛盾。二是越级行文。《条例》明确规定：行文关系根据隶属关系和职权范围确定，一般不得越级请示和报告，尤其不得越级请示问题。常见的问题是，一些基层单位做了些工作，取得了一定的成绩，生怕上级部门不了解，就直接将工作报告或经费请示越级上报。这样就使直接的上级机关工作陷入被动，造成公文往返传递延误时间。同样，一些上级机关的业务主管部门有时也越过隶属关系的下级机关向下下级机关行文。三是上级党委部门或政府部门向下级党委或政府直接行文。《条例》规定，党委或政府各部门在各自职权范围内，可以向下级党委或政府的对应部门行文。党委或政府办公厅(室)根据党委授权，可以向下级党委或政府行文；党委的其他部门，不得对下级党委或政府发布指示性公文。这方面常见的问题是有些省直厅(局)直接给市委或市政府主送公文，或者市直部门直接给县委或县政府主送公文。

6. 关于附件中常见的问题。公文附件是相对于公文正文而言的，是为了突出正文的表达效果而附在正文之后的相关材料，它是公文内容的有机组成部分。常见问题有两个方面：一是标注位置及格式不当。根据《条例》规定，公文如有附件，应当在正文之后，下空一行，左空两字，机关署名或成文时间之前注明附件顺序和名称。常见问题是一些公文错将附件标注于成文日期之后，另一些公文采用顶格标注且没有下空一行，还有一些公文在附件左上角标注“附件”两字时，画蛇添足地多加了冒号(附件:)。二是误用附件。《条例》规定，凡是转发(批转、印发)性公文，其中被转发的公文不属于附件，而是主体的一部分，不能标注附件。但从目前现行的部分公文中看，有些错将属于正文的内容标注成附件，如《××政府关于印发2010—2012年保障性住房建设规划的通知》公文中错将《2010—2012年保障性住房建设规划》当作附件标注，其实该《规划》是该公文的主要内容，而前面的印发通知只是为《规划》服务的。

7. 关于主题词的问题。新版《条例》规定，所有正式公文都不再设主题词格式，但部分机关、部门依然沉湎于原来的格式不变。

8. 关于抄送中的常见问题。公文的抄送是将文件在主送的同时发送给与公文相关的单位或遵照执行的单位，抄送单位是公文结构的组成部分。这里常出现的问题有三个方面：一是抄报抄送同时使用。新的国家公文处理办法已将过去用于上级机关的抄报和用于下级机关的抄送统一改为抄送，至今仍然有个别单位使用抄报。二是主送上级机关的同时抄送其下级机关。《条例》规定，主送上级机关，不能抄送其下级机关。有些部门在上报上级机关请示的同时抄送给下级部门，给工作带来混乱，特别是有些请示文件，因为上级未批准时，文件内容尚未确定，尚处于内部研究决策的阶段，故不宜让信息扩散，否则会造成工作被动。三是抄送格式错误。一方面是有些文件上的抄送单位顺序排列错误；另一方面是错用标点符号，《条例》规定抄送单位之间要用逗号隔开，结尾一定要用句号结束(这是为了避免公文造假)，而有些文件中抄送之间全用顿号隔开，且结尾没有用句号。

项目二：行政公文拟制训练

任务一：领导类公文

【实训目标】

1. 了解领导类公文的种类和共同特点。

2. 掌握命令、决定、决议、意见、批复、通报、通知等领导类公文格式与写作要求。

3. 熟练领导类公文的主体特征，掌握相关写作技巧。

【任务驱动】

1. 存在的主要问题：(1)部分单位活动开展进度较慢。没有在第一时间开展宣传发动工作，宣传标语没有及时安装到位，从而影响了活动的整体开展。(2)人员配置不够。主要是参与创卫工作的社区人口数量多，尤其是流动人口数量多，需要社区增强人员配置，增加流动人口协管员的数量。

2. 为了掌握街办计划生育“七清七落实”百日专项整治活动宣传发动阶段工作的开展情况，2011 年 6 月 18 日至 24 日，街办抽调人员组成督导组，对全街办各村(社区)进行了检查。

3. 下一步工作要求：(1)进一步提高思想认识，切实加强组织领导。“七清七落实”百日专项整治活动是街办近期的主要工作，各单位要进一步提高思想认识，切实加强组织领导。(2)认真开展自查清理。各村(社区)要严格按照街办的安排部署，在辖区内认真开展自查清理工作，摸清人口计生工作底数，为全面落实整改打好基础。(3)规范档案管理。各村(社区)要在活动开展过程中，将收集的资料完整留存，建立规范的“七清七落实”档案资料。(4)加强技术指导，及时给予反馈。

4. 6 月 16 日街道计生办在“双七清”动员会后即对各村(社区)计生专干进行了技术培训，主要对 9 类人员的清理清查重点、人口基础信息统计口径、各项清理清查报表的填报、汇总数据的上报进行了详细讲解。

5. 花果街办计划生育“七清七落实”百日专项整治活动第一阶段工作情况通报。

6. 主要成绩：(1)领导高度重视，安排部署到位。街办下属 18 个村(社区)都已经召开了活动动员会，组建了工作专班，为活动的深入开展提供了有力保障。(2)广泛开展宣传发动，营造良好活动氛围。为了争取广大群众对“七清七落实”百日专项整治活动的理解和支持，辖区各村(社区)将“双七清”的宣传发动工作作为近一阶段头等重要工作来抓，纷纷大张旗鼓宣传“双七清”活动。

结合上述材料，写作一份情况通报。

【方式与要求】

1. 熟练掌握行政公文的格式。

2. 要突出通报的指导作用。选准、选好典型，使通报真正起到激励教育、推动工作和批评警戒的作用。

3. 注重内容的时效性。在事情发生后予以通报，以起到交流信息、指导工作的作用。

4. 事实可靠，评价适当。观点鲜明，提倡什么与反对什么，让人一目了然。

5. 恰当选用表达方式。以记叙为主，兼用说明和议论，夹叙夹议，突出主题。

【实训提示】

1. 通报，适用于表彰先进、批评错误、传达重要精神和告知重要情况。各级党政机关以及其他企事业单位等社会组织均可以使用。

2. 注意区分通报与决定的主要差异

一是行文目的不同。通报的行文目的是让下级机关和有关人员，吸取经验教训，起教育告诫作用；决定的行文目的是依照职权对重大事项进行安排，对下级机关及其人员的公务行为具有重要的指令作用。

二是针对事项不同。通报针对的事项侧重于事项的代表性、典型性；而决定侧重于本单位工作行动或事项的重要性。

三是内容安排不同。通报的内容比较宽泛，侧重通过典型说明事理，提高认识；而决定内容具体，安排精细，针对性更强，一般直接说明决定的内容，而不对所决定的事项进行深入的分析评价，或者条分缕析地阐述决定的原因。

四是行文方式不同。通报一般采用逐级行文的方式，直接主送被通报的下级机关或者抄送其他需了解文件内容的机关；而决定除了采用逐级下行文方式外，一些内容涉及面广、周知性强的重要决定，还可以借助报刊、网站、电视等媒介公开行文，以便于受文者多渠道知悉文件内容。

3. 注意不同文种的结构、公文专用术语的差异。

【实训内容】

花果街办计划生育“七清七落实”百日整治活动
第一阶段工作情况通报

为了掌握街办计划生育“七清七落实”百日专项整治活动宣传发动阶段工作的开展情况，2015年6月18日至24日，街办抽调人员组成督导组，对全街办各村(社区)进行了检查。现将督办情况通报如下：

一、主要成绩

(一)领导高度重视，安排部署到位。6月16日，街办“七清七落实”百日专项整治活动动员会召开后，各村(社区)迅速根据街办下发的实施方案，结合各单位实际情况制订工作方案，召开村(社区)干部动员会，宣讲此次人口计生“七清七落实”百日专项整治活动的重要意义和工作任务，并对工作任务进行了安排部署，做到“一把手负总责，每个村(居民)组都有专人负责”，确保活动扎实推进。截至6月19日，街办下属18个村(社区)都已经召开了活动动员会，组建了工作专班，为活动的深入开展提供了有力保障。

(二)广泛开展宣传发动工作，营造良好活动氛围。为了争取广大群众对“七清七落实”百日专项整治活动的理解和支持，辖区各村(社区)将“双七清”的宣传发动工作作为近一阶段头等重要工作来抓，纷纷大张旗鼓宣传“双七清”活动。方山路沿线的九个村(社区)都在公路沿线醒目位置悬挂了“双七清”宣传标语，另外9个村则在村委会打出宣传横幅，同时各村(社区)向群众发放宣传单1000多张，形成了“上天，入地，进家门”的立体宣传格局，以多样化的宣传手段为“双七清”活动的开展营造良好氛围。

(三)加强技术指导，及时给予反馈。6月16日街道计生办在“双七清”动员会后即对各村(社区)计生专干进行了技术培训，主要对9类人员的清理清查重点、人口基础信息统计口径、各项清理清查报表的填报、汇总数据的上报等方面进行了详细讲解。同时，街道计生办通过在QQ上建立的花果计生群收集各村(社区)在活动开展过程中遇到的各种问题，经研究之后通过花果计生群统一进行解答，实现问题当日解决，确保活动顺利开展。

二、存在的主要问题

从督导检查的情况看，各村(社区)都能在动员会后，认真贯彻街办“七清七落实”百日专项整治活动动员会会议精神，但也存在一些薄弱环节。

(一)部分单位活动开展进度较慢。主要是几个东风公司移交的新社区在动员会之后，没有在第一时间开展宣传发动工作，宣传标语没有及时安装到位，从而影响了活动的整体开展。

(二)人员配置不够。主要是参与创卫工作的社区人口数量多，尤其是流动人口数量多，仅仅依靠社区工作人员来进行流动人口清理清查是远远不够的，需要社区增强人员配置，增加流动人口协管员的数量。

三、下一步工作要求

(一)进一步提高思想认识，切实加强组织领导。“七清七落实”百日专项整治活动是街办近期的主要工作，各单位要进一步提高思想认识，切实加强组织领导，把学习领会胡锦涛总书记4.26讲话精神贯彻到实际工作中。

(二)认真开展自查清理。各村(社区)要严格按照街办的安排部署，在辖区内认真开展自查清理工作，摸清人口计生工作底数，为全面落实整改打好基础。

(三)规范档案管理。各村(社区)要在活动开展过程中，将收集的资料完整留存，建立规范的“七清七落实”档案资料。

【实训考核】

通报实训评分表

小组：　　　　　　　　　　　　　　　　　　　　　　　　　　　学生：

内容	操作标准	分值	得分
标题	发文机关名称+事由+文种	5	
	事由+文种	5	
主送机关	规范地标注主送机关名称	5	
	如属周知性的通报可省	5	

续表

内容	操作标准	分值	得分
正文	发文缘由：发文的意义、根据，机关对事件的态度	8	
	通报事项：或通报突出先进事迹，或通报错误事实，或介绍情况或者传达重要精神。说明何时、何地、何人、何事、何因、结果	8	
	或评价意义、重要性、经验等；或分析根源、危害性、教训等；表明意见和态度，对相关事实的分析中肯，有说服力	8	
	表彰通报、批评通报有通报的决定事项；传达通报没有	8	
	要求与希望：学习或引以为戒；提出指导意见，以指导全局工作	8	
结尾	发文机关署名	8	
	成文日期	8	
	加盖发文机关公章	8	
语体风格	符合下行文主体风格，有指令性、指导性语言效果	8	
	能规范使用特定的公文用语	8	
总分			

【相关知识】

领导类公文，是用于颁布法律法规、规章制度与政策，组织、指挥、指导与布置工作，阐明领导指导工作的原则与办理意见，奖惩有关机关与人员，说明具体行动方案、措施与要求的公文。此类公文的共同特点有：

内容的指令性，即公文内直接指示或指引下级组织的管理行为，如基于上下级隶属关系向下级组织下达工作指令、任务、执行目标，提出工作行动方案、意见和要求，被领导与被指导的下级组织应服从上级的工作安排，切实贯彻执行。

执行的强制性，即公文对受文者的行为具有不同程度的强制约束力，有关组织和人员接到文件后必须认真遵行，否则，将会追究有关组织和人员的责任，造成严重后果的，还会追究相应的法律责任。

行文的随机性，即公文所针对的是有关工作开展过程中不断出现的特定事项、人员的问题，是随着工作的进展随机产生的，领导部门不能预先设定行文的时间与内容。

办理的时限性，即公文内容大多是领导指导现实工作的决定、意见、要求等，公文效用有严格的时限要求，旨在保证现实工作向前推进，办文单位如超过了办文时限，就失去了公文对现实工作的指导效用。

领导类公文的种类多，用途广，在各级、各类社会组织系统中普遍使用。如命令、决定、决议、意见、批复、通报、通知等。

一、通告与公告的差别

1. 发布范围不同。公告广，广而告之；通告窄，面对特定群体。

2. 发布方式不同。公告通常以新闻媒体的形式发布，通告既可以新闻媒体的形式发布，也可以张贴。

3. 反映内容不同。公告涉及国家比较重大的事情，通告只涉及局部范围内的重要事情。

4. 发布机构不同。公告一般由国家各级政府机构发布，一般机关团体不得使用；不代表法定机构的团体或个人，不能随意发布通告。

二、决定与命令的主要差别

1. 依据不同。命令是国家行政机关行使重要职权的体现，其制发行为依据的是法律法规对命令的法定作者和制发内容的明文规定。而决定的主要依据是工作的重要程度。

2. 适用范围不同。就行政措施的强度和嘉奖等级而言，命令高于决定；就行文灵活性而言，决定可选择的空间更大。

3. 约束力不同。命令比决定的领导性、指挥性和约束力更强。

三、决定与决议的主要差异

1. 形成的程度不同。决议是经过重大的正式会议讨论表决通过后形成的文件，一般要履行法律程序，并以会议或一定的名义发布；决定要求不那么严格，可以是会议通过，可以是领导个人做出，以机关名义发文。

2. 公文内容的侧重点不同。决议的内容多是比较重大的、有关全局的重要决策事项，内容有比较强的原则性；决定是一般机关、企事业单位中的重要事项，内容相对比较具体。

3. 行文方式的不同。决议一般采用公开行文的方式公布出来，而决定既可以公布，也可以直接告知相关机构或人员。

四、意见与决定的主要差异

1. 行文方向不同。决定是下行文，一般只能主送下级机关，不能主送上级或平级机关；而意见具有多向行文的特点，可上行、平行或下行。

2. 内容不同。决定是对重要事项或重大行动做出的决策和安排，内容明确，针对性强，是具有决策性的领导指导性文件；而意见是对某一重要问题或工作提出见解、处理办法或者建议，内容根据行文方向的不同表现出指导性(下行)、呈请性(下行)、评估性(平行)等特点。

3. 执行的要求不同。决定具有鲜明的领导性和规定性，下级机关必须遵照执行，而作为下行文的意见，对下级机关的工作往往具有指导性。其中，对贯彻执行有明确要求的，受文单位要严格执行，如果没有明确要求的，大多由受文单位根据自身的实际情况参照执行。

五、批复与决定的主要差异

1. 公文的内容不同。决定是对重要事项或重大行动的安排，具有很强的指令性，内容比较全面、系统；而批复是答复下级机关的请求事项，答复事项具有限制性和针对性，所涉及的内容具体、单一。

2. 行文的自主性不同。决定一般是主动行文，可依照职权主动对下级机关的工作事项或重大行动进行积极筹划，合理组织，统一安排，做出指令性决策；而批复是被动的行文，发文机关不能主动对下级制发批复，而必须针对下级机关的请求做出具体回复，其内容必须直接针对来文请求的事项，不得答非所请。

3. 发送的范围不同。决定的发送范围通常比较广泛，因此多采用多级行文或公开行文方式发布；而批复的发送范围一般只针对一个或多个请示机关，如无特殊必要，一般不抄送其他下级机关。

六、通知与通报的主要差异

1. 行文时间不同。通知的行文目的是告知事项、布置工作、部署行动，需要受文单位周知为什么办、办什么、怎样办，并要求严格按照文件精神遵照执行，因而通知一般在某一事项或行为发生之前行文；而通报的行文目的主要是交流重要的工作情况，或者使有关单位了解正反面典型，使人们从中受到启发、教育，提高认识，因而通报一般在某一典型事例、重大情况发生之后才予以行文。

2. 公文内容不同。通知的内容宽泛，包括批转下级机关的公文，转发上级机关和不相隶属的机关的公文，传达要求下级机关办理和需要有关单位周知或者执行的事项，任免工作人员等；通报的内容比通知狭窄，包括表扬先进事迹、推广典型经验、批评违法违纪的组织和人员、传达上级重要指示精神以及指出工作中的重点或带有倾向性的重要情况、重点问题等。

3. 事项重要程度不间。通知的事项可大可小，可重要可一般；通报则要强调事项或事例的典型性、重要性和代表性。

4. 表达方式不同。通知的表达力式因通知类型不同各有差异，如事务事项性通知主要使用记叙的表达方式，简要叙述通知的内容，告知人们什么时间、什么地点、做什么；指示性通知主要采用议论与说明的表达方式，要进一步分析说明做什么和怎样做，简明具体，语言平实；通报的表达方式则常兼用记叙、说明和议论，简述事实经过，说明组织的决定与要求，分析原因或评价成绩等，具有较强的情感色彩。

七、多层转发标题繁化简

批转(转发)性公文，采用“通知”文种。其正文简单，可以采用格式化写作，但其标题的写作相对比较复杂。因其是复式结构，如机械套用一般公文标题“发文机关+事由+文种”的基本格式，往往出现如案例中两个乃至更多标题重叠的情况，造成“关于”“转发”“通知”的重复使用，繁琐冗长，不知所云。要使多层转发批转性公文标题化繁为简，可采用以下方法：

1. 简化。当转发层次较多时，可以省略中间环节，直接转发(批转)原公文，压缩介词“关于”和重叠文种，将删除后也不会影响题意的赘词或标点符号删去。

2. 合并。将多个被转发机关、被转发公文标题合并，因为在公文正文和附件中可以完整体现被省略的部分。

3. 重拟。建国之初，我国公文格式只有“事由”没有标题。近几年，一些地方政府在其公文处理实施细则中也已有明文规定：“转发上级机关的公文，如其标题过长，可按事由摘要转发。”只标明事由的标题在海外公文中也十分流行。

4. 直接翻印下发。按照《办法》第四十六条的规定，对于直接上级机关无密级来文，如果下级机关没有具体补充意见和执行意见，可以经过本机关负责人或办公室主任批准，直接将上级公文翻印下发。翻印上级机关公文必须作一些简单的技术性处理。

技术性处理的内容包括：(1)首页保留原文件文头部分；(2)文尾保留原发文机关印章，加上原发文机关落款；(3)版记去掉原发文机关版记，换成翻印机关的版记，发送栏标明印发范围，如“送或发：各地区各机关名称”，印刷版记改为翻印机关“××机关办公室××××年××月××日翻印”，注明翻印份数。这样加工整理后，翻印件就算经过了法定认证，可以作为正式公文执行。这种方式可避免层层照抄照转文件。

【拓展训练】

一、下面是一篇决定文稿，存在诸多错误，请按要求修改。

关于命名××省省级重合同守信用企业的决定

[2014]×政发114号

为了加强企业合同管理，规范经营行为，维护市场秩序，在1995年省政府首批命名省级重合同守信用企业的基础上(×政发[2012]103号)，今年经各省辖市人民政府推荐和省有关部门考核验收，同时对首批命名的企业进行了重审，省政府决定命名××百油化工公司等128家企业为××省省级重合同守信用企业(见附件一)，并继续确认首批命名的117家企业中的112家为省级重合同守信用企业(见附件)。

希望被命名的企业总结经验，发扬成绩，更好地依法组织生产经营，不断规范自身的合同行为……为我省国民经济持续、快速、健康发展作出更大贡献。

附件：××省省级重合同守信用企业名单(略)

二〇一四年十月十四日

二、下面是一篇通报文稿，存在诸多错误，请按要求修改。

××市人民政府办公厅通报

全体市民：

据反映得知，近日来本市部分地区有一种闹得人心惶惶的传说，称原流行于某国的恶性传染病××热已传入本市，并已造成十几人死亡。经本市防疫部门证实，这是完全没有任何事实根据的，本市至今从未发生过一起××热的病例。经核查证已查明，这一消息源于本市“晨报”二零一二年4月1日的一则“愚人节特快报道”。“晨报”这种不顾国情照搬西方文化极不严肃的做法是非常错误的，已经给全市人民的稳定生活带来了极其恶劣的影响。目前有关部门已对本报作出停刊整顿并令其主要负责人深刻检查等待纪律处分的处理。有关单位应汲取这一教训，采取措施以予杜绝。

特此通报。

三、修改下列批转通知的标题：

材料1：××县人民政府关于转发《××市人民政府关于转发〈××省人民政府关于做好防汛工作的通知〉的通知》的通知

材料2：××市政府关于转发《×省政府关于转发〈人事部关于为××同志恢复名誉后享受×级待遇的通知〉的通知》的通知

材料3：××市人民政府关于转发××省人民政府关于转发××部《关于汉族地区佛教道教寺观管理试行办法》的通知

上述三则转发性公文标题存在哪些问题？怎样使多层转发批转性公文标题化繁为简？

四、下面是一篇批复文稿，存在诸多错误，请按要求修改。

批　复

××县人民政府：

对你县的数次请示，经研究作答复如下：

其一，原则同意批准你县建立联合贸易公司，负责本县的内、外贸易工作。你县应尽快使联合贸易公司开始营业。

其二，你县提出试行"关于违反计划生育规定的处罚办法"最好不执行，因为这个办法违反上级有关文件精神。

其三，对你县提出要建一俱乐部活跃居民文化生活一事，予以批准，但规模要适当控制，量力而行。

其四，同意你县组团参加在上海举办的服装节和在服装节上进行引资促销活动。

××市人民政府

二〇一二年八月十六日

五、根据以下材料按公文格式要求拟一篇完整的会议通知。

苏州市政府要发一通知，该文在2014年9月1日制定，2014年9月2日印发，你拟写的是第33份。这是今年苏州市政府的第76个发送的文件，公文内容涉密程度的等级为秘密，保密时间为5年，送达和办理公文的时限要求为加急，发送对象为市属各单位，主题是市政府××公开电话系统资料库规范答案收集工作，该通知还需要知会苏州市委等单位。

该文的发文目的和依据主要包括：

1. 做好市政府××公开电话系统料库规范答案的收集工作；

2. 保证市政府公开电话的顺利开通及服务质量；

3.《江苏省人民政府关于印发各市××公开电话系统资料库管理暂行规定的通知》；

该文发文的主要事项是要求各单位了解以下内容：

1. 提供规范答案的单位；

2. 规范答案的内容及分类；

3. 规范答案的编辑要求；

4. 规范答案的录入和更新；

5. 时间和要求。

该文的附件包括有2个，分别是《市政府公开电话资料库规范答案分类示意图》和《市政府公开电话资料库规范答案样式》。

任务二：请报类公文

【实训目标】

1. 了解请报类公文的种类和共同特点。

2. 掌握请求、报告、议案等请报类公文格式与写作要求。

3. 熟练写作请报类公文的语体特征，掌握相关写作技巧。

【任务驱动】

上海远东集团总公司下设的嘉兴货运分公司的王经理，向集团张总经理汇报工作时的谈话如下：

王经理：张总，我们分公司成立已经有25年了，总装车间已经扩建过两次了，但还是觉得嫌小了。近几年长三角物流发展这么快，我们的业务量也越来越大，车间已经无法满足需要了。再说了，我们的设备也已经相当陈旧了。

张总：那你们有什么打算呢?

王经理：我们想再对总装车间扩建一下、改造一下。

张总：可以啊。

王经理：我们测算了一下，大约需要200万。我们呢，自己已经筹到100万，但还差100万元，想让总公司拨给我们，您看能否资助我们一下啊?

张总：那这样吧，你们发一份文件过来，我们需要上董事会讨论过才能确定。文件过来时要附上具体测算数据或预算表。

王经理：那好的，我们马上印一份文件发过来。

假如你是这个公司的业务员，如何较好地用一份请示来办理此事?

【方式与要求】

1. 熟练掌握行政公文的格式。

2. 坚持“一文一事”原则，避免分散主题，以至于延误公文办理。

3. 请示的理由要充分、客观，事项要明确、清晰，所请示的问题应经过周密细致的调查研究，做到建议中肯，方案周全，切实可行。同时，请求的内容必须是确需上级部门批准或指示的事项，不得事无巨细事事请示。

4. 两个或两个以上单位联合制发请示时，必须在事前确定主办单位，并由主办单位召集商谈，取得统一认识后方可会签发文。

5. 请示的语言应准确、谦敬、得体，不得使用强制语气。

6. 根据给定的材料来完成相应的训练。

【实训提示】

1. 请示的目的是请示批示或批准。应将请示的背景、缘由说足说透。将请示的具体事项、办理的具体方案说具体、清晰，便于领导审定。

2. 请示是法定公文，因此主送机关不能用尊称，也不能给领导者本人。

3. 结尾常用惯用语简要地表明请示的愿望。

【实训内容】

嘉兴货运分公司关于调拨资金的请示

上海远东集团总公司：

我分公司已成立25年，总装车间虽已扩建两次，但近几年长江三角洲物流发展迅速，使得我分公司业务量不断加大，同时机器的数量不足和使用年限之久，已使公司的业务受到影响。

因此我公司计划对总装车间扩建改造，经初步预算所需资金约200万元，目前我分公司筹到100万元，希望总公司能拨款100万元。

妥否，请批示。

嘉兴货运分公司

2016年3月1日

【实训考核】

请示实训评分表

小组：　　　　　　　　　　　　　　　　　　　　　　　　　学生：

内容	操作标准	分值	得分
标题	发文机关名称+事由+文种	6	
	事由+文种	6	
	标题中文种不得使用“申请”“请求”“请示报告”	6	
主送机关	规范地标注主送机关名称	6	
	主送机关必须是有隶属关系的直接上级，且只是一个	6	
正文	请示理由充分，陈述清楚	6	
	直截了当地写明请求上级机关指示或批准的事项	6	
	相关的文字说明、技术参数、解决方案以独立材料形式随附	6	
	以简短的语言强调行文的目的和要求	6	
	有“当否，请批复”“请审核批示”“以上事项，当否，请示”作结束语	6	
	主体内容符合格式要求，逻辑清晰，表达流畅	10	
结尾	发文机关署名	6	
	成文日期	6	
	加盖发文机关公章	6	
语体风格	符合上行文主体风格，语言准确、谦敬、得体	6	
	能规范使用特定的公文用语	6	
总分			

【相关知识】

请报类公文，是汇报工作、反映情况、答复咨询、提请审议事项、请求指示与批准的公文。此类公文是有关机关请求解决现实问题、汇报工作情况的重要工具。

此类公文具有如下特点：

一是行文对象的规定性。请报类公文一般是依据有关法规、组织职权划分以及请示报告制度等有关规定来确定行文对象，发文机关不能自主随机选择行文对象，因而此类公文具有相对稳定的主送对象，并大多采用逐级行文的方式来规范行文。

二是内容的呈请与汇报性。请报类公文的内容往往针对本单位主要职能活动中的主要问题与困难、工作方案与意见建议、业务进展现状和运作情况、工作调查研究分析等，目的在于呈请上级机关审议、批准、指示，或者汇报工作、答复咨询，属于上行文。

请报类公文主要包括议案、请示、报告等。

一、议案与提案的差异

1. 适用范围不同。议案适用于人民代表大会，是由有关国家机构或达到法定人数的人大代表团体根据法定程序向同级人民代表大会及其常务委员会提交审议的事项；提案主要适用于各级政协会议、企事业单位职工代表大会等会议，如参加人民政协的各党派、人民团体、专门委员会、政协委员等向政协提意见或建议。

2. 性质不同。议案是有关国家机关或者人民代表行使法定职权的一种形式，处理议案的机构是行使立法权的各级人民代表大会及其常务委员会，议案一经审议通过就具有法律效力，承办机关必须努力组织实施；而提案不具有法律的约束力，如政协提案就是政协组织及其代表行使政治协商、民主监督、参政议政的一种形式，其提案转交有关单位根据实际情况研究处理。

3. 内容不同。议案的内容必须是人民代表大会及其常务委员会职权范围内的有关事项；而提案的内容范围较宽，如政协提案，既可以针对人民代表大会及其常务委员会的工作，也可以针对人民政府等其他国家机构的工作提出意见和建议。

4. 提出时间不同。议案必须在人民代表大会及其常务委员会会议期间提出，并受截止时间的限制；提案时间限制不严格，可在会议期间集中提出，也可会后提出。

5. 办理方式不同。议案须由法律规定的国家机构或一个达到法定人数的人民团体提出，经过人民代表大会或人大常委会审议表决通过；而提案一般则由提案委员会审查后转交有关单位办理。

二、请示与议案的差异

1. 适用范围不同。议案适用于有关机构根据法定程序向同级人民代表大会及其常务委员会提请审议的事项；请示适用于向上级机关请求指示和批准的事项。请示比议案的适用范围更宽。

2. 行文主体不同。议案的行文主体是由法律明文规定的，而请示的行文主体资格相对比较宽泛，凡是同一组织系统中具有领导与被领导、指导与被指导工作关系的机构，下级机关根据工作需要均可向上级机关制发请示。

3. 针对内容不同。议案的内容常是涉及国家改革、发展和稳定的重大问题，以及与人民群众切身利益密切相关的重大事项，其内容一经同级人民代表大会讨论通过，就具有法律约束力，须认真执行。请示的内容并不一定要求是重大事项，凡下级机关履行职能过程中遇到的自身职权范围内无法解决的问题或困难等，均可作为请示的内容。

4. 处理程序不同。议案办理的程序是法定的，办文程序严格；而请示的办理程序通常没有明文规定的法定程序，一般按照常规的公文处理程序办理即可。

三、报告与请示的差异

1. 行文目的不同。报告主要是汇报情况、反映问题等，使上级机关阅知，为其决策提供参考，并不要求上级就其内容作出回复，通常是单向行文；请示则主要是向上级机关请求批准、指示、解决问题等，要求上级能及时批复，请示与批复构成针对同一问题的有密切联系的问复性文件。

2. 处理方式不同。报告属阅件，可不回复；请示属办件，需要办理、批复。

3. 提交时间要求不同。请示应在事前行文，即“事前请示”。在事项办理之前行文请求指示或批准，待上级批准后方可按其指示意见处理。如果先斩后奏，事后请示，往往会打乱上下级之间的职权分工，破坏既定的组织办事规程；报告一般是报告办理结果或有关情况，即“事后报告”。对于一些重要工作或者时间较长的工作，也可以在事前、事中、事后分别行文汇报。

4. 内容要求不同。请示一般一文一事，并只写一个主送机关；报告则不必一定如此，它可以是专题性的，也可以是综合性的，有成绩、有问题、有建议，比如一次时间跨度较大的工作完成之后的总结性报告，等等。

【拓展训练】

一、分析这份请示的错处并予以纠正。

关于请求增拨办税大厅基建经费的请示报告

××省人民政府、×××省长：

××年11月，我局派出调查组到广西柳州市国税局学习考察其办税大厅的建设情况。调查组认为，办税大厅功能较齐全，适应税收征管模式的改革，方便纳税人缴纳税款。为此我局于××年决定建办税大厅，并得到省人民政府的支持，在×府〔××〕××号文“关于拨款修建办税大厅的批复”中，拨给我局一百五十万元，此项资金已专款专用。但由于建筑材料涨价，原预算资金缺口较大，恳请省人民政府拨给不足部分，否则势必影响办税大厅的竣工及我省税收任务的完成。

特此请示报告

××省地方税务局(印章)

二〇〇三年十月十日

二、指出下面这份工作报告的不当之处。

关于×××公安局破获一起伪造、印刷、贩卖客运票据重大团伙案件情况的报告

我局根据市政府领导的批示认真组织××公安局等有关单位，对非法使用伪造小公共汽车票据一案进行了突破。8月26日到9月3日，××公安分局民警根据线索，经过8个昼夜的艰苦工作，终于查清了这起我市近年来罕见的团伙伪造印刷贩卖客运票据案件。初步查证，这起案件涉及我市××县和××省×市数十人，现已上缴伪造的客运票据价值60多万元，赃款赃物合人民币4万余元，已抓获人犯8人，目前正在进一步深挖和审理中。

这起案件的侦破，对于推动当前我市交通运输市场的整顿，打击扰乱市场秩序的非法行为，具有重大意义。为此我们的意见是：

第一，案情查清后，对案犯从快从重公开进行处理，以巩固交通运输市场的大好形势；

第二，建议由我单位对此案的宣传进行广泛宣传；

第三，请给予公安局有关单位和人员记功授奖。

特此报告

×市公安局

二〇一五年九月十五日

三、对下面这份议案进行评析

关于开办农村住房抵押贷款解决农民贷款难问题的建议

去年末，江北区委、区政府制定了《关于建设城乡一体发展综合配套改革试验区的实施意见》，重点实施以优化土地使用制度、农村住房制度改革等为突破口的“五改五进”，作为《实施意见》的重要内容，为解决区内农民创新创业的资金瓶颈问题，将开展农村住房抵押贷款试点列入了议事日程。根据区委、区政府工作部署，市区信用联社作为地方性农村合作金融机构被列为农村住房抵押贷款的试点金融机构，将配合政府落实此项工作。为了顺利推进此贷款的试点工作，通过走访有关街道、基层农村、农户，就开展农民住房抵押贷款提出以下建议。

一、“农村住房抵押贷款”的基本模式

农村住房抵押贷款以农村住房所有权人为服务对象，辖内符合条件的自然人，为满足生产、经营资金需求，以本人或第三人的农村住房做抵押向农村信用社申请贷款。信用社经审核，并到政府相关部门进行价值评估，然后办理抵押登记手续，由政府相关部门出具登记证明。申请人可从信用社获得信贷资金用于创业和发展再生产。

二、合作开展农村住宅抵押贷款的必备要素

1. 江北区政府和市区联社签订开展农村住房抵押贷款业务合作协议。

2. 建立江北区农村住房管理中心，并在街道、镇设立分中心，统筹管理农村住房。

3. 农民申请以其住房为抵押的贷款时，要将住房权证在街道、镇的分中心办理登记手续，并出具登记证明。

4. 贷款出现无法偿还时，信用社向“农村住房管理中心”提出回购申请。其负责回购，并与分中心协商处置该房产。

三、贷款的风险控制建议

1. 政府应明确相关政策。对用于贷款抵押的农村住房，需经农房所在地的集体土地所有权单位(村民委员会)作出同意住房抵押和流转的承诺后，按照“地随房走”的原则，在办理房产抵押登记之后，允许集体土地使用权和房产在同村范围内流转变现。移民安置、下山脱贫新村的农房有流转时限限制的，在不改变农房土地性质的前提下，允许农房的土地使用权和房产在同村范围内流转变现。对属于国有划拨土地的抵押农房，在限制流转的期限届满后流转处置的，所变现的价款按规定交纳土地出让金后，优先偿还贷款。

2. 贷款发放要加强风险评估。为提高抵押农房的流转变现能力，在贷款方式上，可根据借款人资信状况和抵押物变现条件等具体情况，采取农房抵押加同村村民保证的方式。在推进农房抵押贷款的步骤上采取先试点后推广的做法，先在经济较为发达的街道(镇)、村选择试点，待各项配套机制和管理办法完善后，再向一般农村地区推广。

3. 进一步完善农村住房政策性保险制度，分散农房抵押贷款风险。区政府要建立农房抵押贷款财政贴息和风险补偿制度，每年安排一定的财政资金用于农房抵押贷款贴息，减轻农民融资成本。对按照农业贷款风险补偿办法规定未能享受风险补偿的农房抵押贷款，由区财政建立农房抵押贷款专项风险补偿资金，参照农业贷款风险补偿办法和标准予以风险补偿，提高信用社办理农房抵押贷款业务的积极性。

任务三：告知类公文

【实训目标】

1. 了解告知类公文的种类和共同特点。
2. 掌握公报、公告、通告等告知类公文格式与写作要求。
3. 熟练写作告知类公文的语体特征，掌握相关写作技巧。

【任务驱动】

1. 贵阳市公安局交通警察支队。

2. 2013 中国贵阳避暑季开幕式晚会期间航天大道实行临时交通管制。

3. 2013 年中国贵阳避暑季开幕式晚会将于 2013 年 5 月 5 日在乌当区举行。

4. 为确保晚会顺利进行，根据《中华人民共和国道路交通安全法》第三十九条规定，实行临时交通管制。

5. 管制时间：5 月 5 日 17 时至 23 时。

6. 管制范围：航天大道(新添大道至蓬山路段)。

7. 临时交通管制期间，小型车辆请从新添大道、蓬山路、育新路、岐山路绕行；大型车辆请从 S104 省道、火炬大道、水东路、环城高速绕行。

8. 航天大道(新添大道至蓬山路段)临时中断交通，禁止一切车辆通行。

9. 请广大机动车驾驶人员注意交通标志变化，服从交通民警的指挥。

10. 通告结束用语：特此公告。

11. 通告发布时间：2013 年 5 月 1 日。

请根据上列材料写一份规范的通告。

【方式与要求】

1. 熟练掌握行政公文的格式。

2. 坚持“一文一事”原则。一份通告只公布一件专门事件或事项，使主题集中。要根据有关法令、政策行文，使通告具有针对性和合法性。

3. 语言准确、简明，忌用冷僻生涩词语，以方便公文的传播、贯彻执行。

4. 表达方式上多用说明的方式，主要说明公布的事项，而不对通告的事项进行具体的解释或评议。

5. 能熟练使用专用的公文术语。

6. 根据给定的材料来完成相应的训练。

【实训提示】

1. 制约性通告，内容涉及有关政策和法律、法规。在起草过程中，必须查证有关依据，并对有关情况有比较全面的透彻的了解。制定的政策措施等必须实事求是，切实可行；既符合国家的法律、法规和党的路线方针政策，又符合人民的根本利益和人民的意志，以增强通告的针对性和可操作性。

2. 知照性通告，涉及人们社会生活和日常生活的具体事项，内容具体实在，开门见山，简洁明了。

3. 通告的执行要求，主要有：一要提出执行的要求；二要明确提出执行的时间、执行的范围和有效期限；三要对所有受文对象进行号召和希望。

4. 结尾常用惯用语简要地表明请示的愿望。

【实训内容】

贵阳市公安局交通警察支队
关于 2010 中国贵阳避暑季开幕式晚会期间航天大道
实行临时交通管制的通告

2013 年中国贵阳避暑季开幕式晚会将于 2013 年 5 月 5 日在乌当区举行。为确保晚会顺利进行，根据《中华人民共和国道路交通安全法》第三十九条规定，决定 5 月 5 日 17 时至 23 时，对航天大道(新添大道至蓬山路段)实行临时交通管制。现将相关事宜通告如下：

一、航天大道(新添大道至蓬山路段)临时中断交通，禁止一切车辆通行；

二、临时交通管制期间，小型车辆请从新添大道、蓬山路、育新路、岐山路绕行；大型车辆请从 S104 省道、火炬大道、水东路、环城高速绕行；

三、请广大机动车驾驶人员注意交通标志变化，服从交通民警的指挥。

特此通告

贵阳市公安局交通警察支队

2013 年 5 月 1 日

【实训考核】

通告实训评分表

小组：　　　　　　　　　　　　　　　　　　　　　　　　　　　　学生：

内容	操 作 标 准	分值	得分
标题	发文机关名称+事由+文种	6	
	事由+文种	6	
	文种正确	6	
正文	简要交待发布通告的背景、根据、目的、意义	6	
	交待通告的内容，如对象、过程、结果、原因、时间、地点或有关政策	6	
	对受文者的基本要求	6	
	对违反通告内容的处置办法	6	
	另起一行，前空两格，以“特此报告”结束正文	6	
	内容单一的通告，采用篇段合一结构	6	
	内容复杂的通告，采用条分项列的写法	6	
	主体内容逻辑清晰，表达流畅	10	
结尾	发文机关署名	6	
	成文日期	6	
	加盖发文机关公章	6	
语体风格	符合下行文主体风格，语言庄重、平实	6	
	有符合文种要求的特定开头、结束用语	6	
总分			

【相关知识】

告知类公文，主要用于直接公开发布或传达公文内容，使一定范围内的社会组织以及公民知晓，以便正确地处理各种事务。

告知类公文的特点：

一是内容的周知性。此类公文的内容一般涉及一些比较重要的或重大的事件、政策性规范，和广大人民群体切身利益相关的事项。这些内容需要被多数人周知，尤其是那些要求社会组织与公众严格执行的事项，否则文件的规范与约束作用就无法实现。

二是发文方式的公开性。此类公文的内容无保密要求，一经形成即通过一定方式公开发布，让受文者及时、快捷地获知公文内容。公文发布方式多种多样，既可以通过逐级行文上传下达，也可以采用报刊、电视、广播、网络等媒介发布，或采用政府公报以及公文张贴等方式发布。由于受文者广泛，一般情况下可省略公文的主送机关。

告知类公文主要包括公报、公告、通告等，其各自的功能不同，适用于不同的领域。

一、公报与通报的差异

1. 适用范围不同。公报适用于公开发布重要决定或重大事件，以及社会普遍关注的重要公共信息；通报适用于表扬先进、批评错误、传达重要情况。

2. 侧重点不同。公报侧重的是对重大决定、事件或重要公共信息的公布，侧重于结论与结果的公布，便于人们知悉；通报侧重的是交代典型人物与重要情况的出现与产生的经过、原因以及对此的认识与评价，便于下属机关从中学习经验，汲取教训。

3. 发文方式不同。公报的主送对象是社会公众，无需标明主送对象，一般直接借助于报纸、电视、广播、网络等媒介以公开行文的方式发文；通报的主送机关为发文者的下属机关，一般需要明确标注主送对象，多以逐级行文的方式发布。

二、公告与公报的差异

1. 适用范围不同。公报适用于公布党组织的重要会议内容、外交工作中的重要议定事项，以及社会普遍关注的公共信息等；公告适用于宣布重要事项或者依照法定程序公布法定事项，使用领域比公报更加广泛。

2. 内容详略不同。公报侧重于陈述事项的主要内容，内容较具体，篇幅较长；公告侧重于直接说明告知事项，内容简明，篇幅较短。

3. 发文机关不同。公报的发文机关主要是党组织的高层机关，部分行政机构如外交部门、统计部门、环境部门等宣布重大事项或重要公共信息时也可发布公报；而公告的发文机关多是各级人民代表大会、行政机关、人民法院等国家机构以及其他公共管理部门，凡宣布重大事项、法定事项均可发布公告，公告比公报的行文宽泛。

三、通告与公告的差异

1. 告知范围不同。公告面向国内外广大公众，接受的人越多越好，其告知面广泛；通告一般只是面对一定范围内的公众，其告知面相对较窄。

2. 制发者不同。公告的制发者多是党和国家重要领导机关或其他一些被授权的组织；通告的制发者可以是各级党政机关和企事业单位、人民团体等各级、各类机构，其制发者的范围比公告更宽泛。

3. 内容的重要程度不同。公告所涉及的内容多是重要事项或重大事项，或者是法律、法规规定的须依法公开的事项；通告的内容可以是重大事项，也可以是一般性事项，内容没有公告那么严肃。

4. 行文要求不同。公告的内容比较重要，一般需要受文者知晓但并不要求其必须办理或执行，兼有消息性和知照性的特点；通告的内容可大可小，通常需要有关受文者遵守或办理，执行性、约束性强。

5. 发布方式不同。公告要求公开传播，适用范围广泛，采用报刊、网络、广播、电视等传媒方式发布；通告大多面向一定范围内的公众，多采用广泛张贴或者逐级行文方式定向发布，必要时也可借助媒体来发布。

四、通告与通报的差异

1. 适用范围不同。通告适用于公布各有关方面应当遵守或者周知的事项；通报适用于表扬先进、批评错误、传达重要情况。

2. 行文目的不同。通告旨在让一定范围内的公民、法人以及其他组织周知或遵守有关事项，其告知性与规范性特点更明显；通报旨在通过具有代表性与典型性的人、事，旗帜鲜明地表达发文机关的态度，其指示性、宣传教育性更明显。

3. 行文时间不同。通告用于发布需要遵守或周知的事项，需要在事前行文，以便有关组织或人员对即将展开的工作进行安排；而通报则是针对发生的典型人、事来行文，在事后或事情发展过程中行文。

4. 告知对象不同。通报发放的对象都是特定的；通告没有特定的主送单位，收文单位有不确定性，可以面向单位，也可以面向公众个人。二者性质不同。通报的发文单位和收文单位之间有直接的上下级关系；通告的发文单位与收文单位没有隶属关系。

5. 发放渠道不同。通报需按组织系统或专业系统逐层下达，有一定的保密性；通告不涉及任何秘密，制成之后往往张贴出来直接公之于众。

【拓展训练】

一、指出下面通告文稿的错误，并进行修改。

本渡口是清香河上最大的渡口，过往车辆行人很多，等候时间往往较长，为了减少等船时间，加强渡口管理，特作如下规定：

1. 凡需乘渡船过河者必须购票，机动车每辆 5 角，非机动车 3 角，行人每人 2 角(一米以下儿童免票)，不买票者，不得乘船。

2. 乘客必须听从工作人员指挥，按顺序上下船，各种车辆要按指定位置排放，以保证渡船安全。

3. 不得携带易燃易爆、腐蚀性强的物品上船，违反规定、擅自带上船被查出者，没收所带物品，并酌情处以五元至二十元的罚款。

4. 凡牵引牲畜渡河，要放到指定位置，并购票，每头(只、匹)3 角，放在筐篮等容器内携带的家禽、仔猪免费，但数量不能过多。

5. 渡船开动后，乘船者不要来回走动，机动车必须熄火，牲畜必须有人看守。

6. 乘船者必须爱护渡船及其设备，损坏要赔偿。

7. 违反规定或者在渡口上无理取闹，不听指挥，妨碍渡船正常运行者将被重罚。情节严重的扣送公安机关依法惩处。

清香河渡口管理处

二〇一二年十月十日

二、指出下面公文的不当之处，并予以纠正。

××大学优秀论文奖励公报

根据《××大学科学技术奖励条例》，经专家评审，拟推荐下列 45 篇论文获 2015 年度校优秀论文。其中一等奖 11 篇，二等奖 34 篇，现予以公布。自公布之日起至 2015 年 6 月 5 日前，如有异议者请向评审办公室(科技部)提交书面材料，由学术委员会裁决。

附件：××大学2015年优秀论文获奖论文(略)

××大学科技部

二○一五年六月十五日

三、根据下列材料，以××市税务局的名义撰写一份公告。

××市地方税务局将2014年一季度全市欠税达200万以上的15户纳税人的欠税情况予以公告，旨在进一步增强纳税人的纳税意识和清缴欠税的主动性。《中华人民共和国税收征收管理法》和国家税务总局《欠税公告办法(试行)》(国家税务总局令第9号)规定，对于有欠缴税款情形的纳税人、扣缴义务人及纳税担保人必须进行欠税公告。

任务四：商洽类公文

【实训目标】

1. 了解商洽类公文的种类和共同特点。
2. 掌握商洽函、问复函、请批函、知照函等商洽类公文格式与写作要求。
3. 熟练写作领导类公文的语体特征，掌握相关写作技巧。

【任务驱动】

关于印发《××年全国干线公路养护与管理检查注意事项》的函

交公便字〔××〕225号

各省、自治区、直辖市交通厅(委)，天津市市政工程局，上海市政工程局：

根据“××年全国干线公路养护与管理检查准备会”会议精神，我司起草了《××年全国干线公路养护与管理检查注意事项》(附后，以下简称《检查注意事项》)。

现将《检查注意事项》印发给你们，请在全国检查过程中遵照执行。

附件：

1. ××年全国干线公路养护与管理检查注意事项
2. 全国公路检查管理规范化评分系统

交通部公路司(印)

二○一五年九月七日

结合上述材料，思考下列问题：

1. 文种“函”与“函的形式”是否一回事？
2. 印发文件应该使用什么文种？

【方式与要求】

1. 熟练掌握信函公文的格式。
2. 商洽事项必须清楚明确，使人阅后便知来函的原因、目的和主题。
3. 商洽的用语要得体，语言要平和礼貌。

4. 如是发函，要开门见山，说明主题，将请求对方办理、协作或支援的事项直截了当地写出来；如是复函，要在正文开头援引来函的标题（或有关事项）后，立即用明确的语言写出解释和说明，给出答复事项。

5. 商洽函不得使用命令语气，强人所难。

6. 根据给定的材料来完成相应的训练。

【实训提示】

1. 文种要正确，不要用错文种。

2. 坚持一函一事，避免一函中夹杂需要几个部门办理的多个事项，降低公文办理效率。

3. 函是平行文，写作商洽函要用语平和，措辞得体。既然与对方商洽事宜，就要讲究用语。写作者既不必谦卑恭顺，又不能盛气凌人。用语平和，可使人感其平等；措辞得体，可使人感其诚恳。

4. 直陈事项，言简意赅。函最忌拉杂繁冗、客套铺排。最好的办法就是开门见山，有什么事说什么事，以便突出主旨，利于对方处理答复。

【实训内容】

本例文涉及文种“函”与特定公文格式之一信函式（函件格式）相混淆的问题。

（一）本例文是以“函的形式”在行文

本例文发文机关交通部公路司是内设机构，按规定不能对外正式行文，只能以函的形式行文。《国务院办公厅关于实施〈国家行政机关公文处理办法〉涉及的几个具体问题的处理意见》（国办函〔××〕1号）解释，“部门内设机构不得向本部门机关以外的其他机关（包括本系统）制发政策性和规范性文件，不得代部门审批下达应当由部门下达的事项；与相应的其他机关进行工作联系确需行文时，只能以函的形式行文。”从本例文的发文字号“交公便字〔××〕225号”可见，本例文即是一份以内设机构资格，用函的形式发出的业务联系性行文，属于系统内行文。

（二）本例文应该使用印发性“通知”

1.“函的形式”不是指文种必须使用“函”。“函的形式”亦称函件格式、信函式格式，是国家标准《党政机关公文处理工作条例》中规定的特定公文格式之一，一般适用于事务性公文中的下行文和平行文。在使用函件格式行文时，发文主体照样可以按照行文目的和内容选用相应的下行或平行文种，包括“函”“通知”“批复”“意见”“通报”等，所以本例文的文种并非必须使用“函”。

2. 本例文应该改“函”为“通知”。按照《办法》，“函”作为国家行政机关法定公文文种之一，适用于“不相隶属机关之间商洽工作，询问和答复问题，请求批准和答复审批事项”；而本例文内容是印发公文并要求收文者“遵照执行”，文种应选用“上级传达要求下级机关办理和需要有关单位周知或者执行的事项”的印发性通知才符合行文目的。例文标题应该改为《关于印发〈××年全国干线公路养护与管理检查注意事项〉的通知》。

3. 成文时期“二〇一五年九月七日”也是错误的，应改为“2015年9月7日”。

【实训考核】

商洽函实训评分表

小组：　　　　　　　　　　　　　　　　　　　　　　　　　　　　学生：

内容	操作标准	分值	得分
标题	发文机关名称+事由+文种	6	
	事由+文种	6	
主送机关	规范地标注主送机关名称，且只是一个	6	
正文	开头部分交待来函的缘由、依据、目的等	6	
	复函引用来函的标题、发文字号，再交待根据，说明理由	6	
	用“现将有关事项说明如下”“现将有关问题函复如下”过渡	6	
	具体说明需要沟通、协调、商洽事项的主要内容	6	
	复函要针对来函所提出的商洽事项予以答复，表态明确	6	
	结尾部分向对方提出愿望或请求，希望对方提供支持与帮助	6	
	用“请即函复”“特此函商”“请予以大力协助为感”等结束语	6	
	主体内容逻辑清晰，表达流畅	10	
结尾	发文机关署名	6	
	成文日期	6	
	加盖发文机关公章	6	
语体风格	符合平行文主体风格，用语得体，语气委婉，语言简洁明了	6	
	有符合文种要求的特定开头、结束用语	6	
总分			

【相关知识】

商洽类公文，是不相隶属的机关之间商洽工作、询问和答复问题、请求批准和答复审批事项的公文。其主要作用在于联系工作，商洽事宜，沟通信启，询问、答复有关业务问题，请予批准以及回复审批事项等。

商洽类公文的主要特点：

一是主体的平等性。商洽类公文的行文主体与行文对象是不相隶属的机关。这包括两个方面的含义：或指一个组织系统内部的平级机关；或指属于不同组织系统的机构，双方在行政或组织上没有领导与被领导的关系、业务上没有指导与被指导的关系，无须考虑双方的级别高低。在不相隶属的机关之间，级别高的一方不能向级别低的一方制发指挥、指导性公文(知照性通知除外)，级别低的一方也无须向级别高的一方制发请示和报告。

二是适用范围的广泛性。商洽类公文对发文机关的资格要求很宽松，无论高层机关、基层单位，还是党政机关、社会团体、企事业单位，均可向其他不相隶属的机关制发各种商洽类公文。这类公文的内容和格式也比较灵活，其应用领域十分广泛。

三是内容的单一性。商洽类公文的内容一般要求一文一事。不需要在原则、目标、意义等方面进行深入阐述，通常只需务实地直接说明商洽事项即可。

四是行文的往复性。商洽类公文通常针对某一具体事项进行洽商、协调、沟通，往往围绕同一问题有问有答，有来有往，形成具有很强指向性且密切相关的两份或两份以上的来往函件。

商洽类公文的主要文种为“函”，它在党政机关、企事业单位、人民团体等各级、各类组织机构中广泛使用。根据不同的分类标准，函可分为不同种类：一是按照函的格式划分为公函与便函，公函是正式的公文，要求严格按照公文的通用格式或特定的信函格式撰写制作；便函的格式可以比较随意，一般采用书信格式，可不拟文件标题，只有主送对象、正文、发函机关和日期，不编文件号，发文时可盖公章，也可签个人姓名。二是按照行文方向划分为发函(又称问函)和复函(又称回函)，发函是主动制发的函件，复函是被动回复对方发来的函件。三是按照行文内容划分，可分为商洽函、问复函、请批函、知照函等。

批复与复函的异同：

复函即答复性函，是专为答复问题而制发的函。批复同复函虽然都属于回复性公文，但毕竟是完全不同的两个文种。二者的区别主要体现在两方面：

一是行文方向有所不同。批复的行文方向单一，均为上级机关发给下级机关的下行文；而复函的行文方向灵活，它通常是同级机关或不相隶属机关之间使用的平行文，有时则是下级机关发给上级机关的上行文或上级机关发给下级机关的下行文。

二是重要程度有所不同。批复往往用于答复比较重要的事项，而复函则可用于答复一般性问题。

【拓展训练】

一、修改下面病文。

公　函

××大学校长办公室：

首先，我们以××省财经学校的名义，向贵校致以亲切的问候。我们以崇敬和迫切的心情，冒昧地请求贵校帮助解决我校当前面临的一个难题。

事情是这样的：最近，经与某某学院磋商，我们决定派×位老师到该院进修学习。只因该院恢复不久，在“文革”中大部分房屋遭到破坏，至今未能修盖完毕，以致本院职工的住房和学生的宿舍及教室破旧拥挤。我校几位进修教师的住宿问题，虽几经协商，仍得不到解决。然而举国上下，齐头并进，培养人才，时不我待，我校几位教师出省进修学习机会难得，时间紧迫，任务繁重，要使他们有效地学习，则住宿问题亟待解决。

为此，我们在进退维谷的情况下，情急生智，深晓贵校府高庭阔，物实人齐，且具有宽大为怀、救人之危的美德。于是，我们抱着一线希望，与贵校商洽，能否为我校进修教师的住宿提供方便条件。但不知贵校是否有其他困难，如有另外的要求和条件，我校则尽力相助。若贵校对于住宿一事能够解决，我校进修教师在住宿期间可为贵校教学事务做些义务工作，如辅导和批改作业等，这样可以从中相得益彰。我们以校方的名义向贵校表示深深的感谢。

以上区区小事，不值得惊搅贵校，实为无奈，望谅解。并希望尽快得到贵校的答复。

此致

敬礼

××省财经学校(公章)

20××年×月×日

二、根据下列材料，以××市机动车交易市场的名义向中国汽车流通协会(旧车行业)撰写一份问函。

××市旧机动车交易市场在工作过程中遇到了两个无法解释与处理的问题：一是买卖合同问题，在旧机动车交易过程中没有到旧机动车交易市场进行交易和办理过户手续，发生纠纷后法院判定交易合法有效；二是旧机动车作为特殊商品，未到交易市场和车管部门办理过户手续，是否可以引用最高人民法院、最高人民检察院、公安部、国家工商行政管理局《关于依法查处盗窃、抢劫机动车案件的规定》的通知中有关条文，将其视为非法车辆。特行文询问该事项的政策解释与处理办法。

三、根据下列材料，以××大学名义撰写一份告知函。

国家助学贷款作为一种信用贷款，体现了国家对广大低收入家庭子女的关爱和鼓励，为每个优秀的学生都能够顺利完成学业提供了强有力的支持。××大学也为考入本校的学生提供了国家助学贷款的相关申请服务，以便广大新生家长了解国家助学贷款信息。

四、根据下列材料，以××管理学院、××公司名义撰写发函与复函。

为贯彻落实教育部关于安排高校毕业生实行毕业实习的有关规定，为毕业生提供自我检验、自我提升的平台，提高学生实际管理能力，××工商管理学院拟与一些公司联系商洽建立接受该院毕业生实习的合作关系。

任务五：会议类公文

【实训目标】

1. 了解会议类公文的种类和共同特点。
2. 掌握会议纪要、领导讲话稿、会议简报等会议类公文格式与写作要求。
3. 熟练写作会议类公文的语体特征，掌握相关写作技巧。

【任务驱动】

七月中干会议纪要

会议时间：2012年7月26日上午

会议地点：公司大会议室

会议主题：如何打造公司执行系统之流程设定

会议主持：X总

参会人员：除唐x请假，其余13名中层干部均按时参加会议

违规人员：伊XX(电话未调振动)、黄XX(擅自接电话)、陈XX(擅自外出)

会议内容：

一、关于“如何打造强大执行系统”培训的总结。

X总：1. 如何制定合适的流程。流程的制定需要符合部门客观工作需要，在保证质量、效率的基础上设定。公司现有的流程至少有上千条，具体的执行怎么样？是否需要进一步明确及完善？

2. 流程制定后，执行力的落实如何。关于员工执行力的培养及塑造，主要依靠部门领导去带领，去作表率。员工以什么样的心态去做，想不想做，都是影响流程执行效果的重要因素。

3. 执行力是招聘出来的。面试官的具体考核工具欠缺，如何对人才做客观的评价，是否有个公正的评判标准，这些都是亟待完善的部分。

4. 从流程里面定制度，找问题。先定好流程，在执行过程中发现问题，再用制度去完善。管理要做到有规划地进行，而不是总以打补丁的方式解决。

二、以人事行政部为例，各部门共同探讨流程的制定。

1. 关于招聘流程

目标——路径——面试工具(人员)——评估(走、留)

关于招聘流程，会议认为：(1)在招聘信息中，没有突出体现公司发展所能提供给员工的平台，精英需求传达不够，仅凭高薪吸引不到具有行业优势的人；(2)在招聘目标中要求不具体、不到位，除了吃苦耐劳等条件外，还需要把职业规划要求、储备干部要求等指导性话语注明；(3)较薄弱的问题还体现在面试环节上，面试官缺乏有效的招聘工具，而且要具备发现人才的眼光，注重性格对工作岗位的影响，对于应聘人员的标准要高于自然标准，严格考核。会议还肯定了内部招聘途径。

2. 关于入职培训流程

对象——课程——讲师——评估(走、留)

关于新员工入职培训流程，会议认为：(1)关于入职培训流程，会议强调培训内容针对性有待加强，培训后的考核制度有待完善；(2)对新进业务员工的培训要注重实际操作，在轮岗实习后各部门要有针对性的考试，培训及实习结束后所有内容要重新考核，加强对培训内容的了解；(3)会议强调新进业务员工在下片区实习的过程中，也要学习流程化，目标阶段化，由新进员工在工作中发现问题，区域经理协助解决问题。

3. 关于员工提升培训流程

对象——方式——课程——实施——评估(通过、再学习)——实施——评估(走、留)

关于在职人员培训流程和考核流程，会议认为：(1)考核机制要贯穿新入职员工

及在职员工，还要区分业务人员及内勤人员的考核方式来完善评估机制；(2)各部门可制表格，用打勾等形式代替繁多的文字，进行量化考核；(3)如将出错记录、批评/表彰通报结果进行统计等，归入管理和提拔档案，对在职人员除了满意度调查外，还要对职业能力、个人发展空间进行考核；(4)明确培训及考核流程与薪资挂钩的方向。

4. 关于考核流程

对象——方式——实施——评估(降、平、升)

会议认为，在这些流程中，亟待解决的是工具和考核这两个问题，而重中之重是考核机制的完善。会议强调，中层干部要高度重视公司文件政策和岗位管理，要保持对自身能力、职位的紧迫感，将完善考核机制作为今后的管理工作重点，认真执行公司管理制度，坚持贯彻和评估，以新心态、新思维、新气魄迎接新年度的挑战。

二〇一二年七月二十六日

【方式与要求】

1. 熟练掌握会议类公文的格式。

2. 做好会前准备和会议记录。这是写好会议纪要的基础。作者最好在会议之前，先领会会议有关文件和材料的精神，把握好会议的中心与主旨。同时要认真做好记录，以便全面准确地把握会议情况。

3. 要抓住要点，真正“纪”其“要”。“纪要”重在“要”字，要突出会议主旨，择要表述。对记录的材料，要去粗取精，删繁就简，选取典型事例和准确的数据反映会议的概况、主要精神和议定事项。

4. 要尊重事实，实事求是。忠实会议内容是会议纪要的客观要求，作者可以对与会者的发言进行概括和提炼，也可适当删节，但绝不可弄虚作假，凭空增添内容或篡改原意。

5. 会议纪要时间性较强，应及时整理。一般在会议一结束就应该撰写成文，及时送有关领导审核，同意后签发。

6. 注意其特定的格式，规范制发。会议纪要作为一种法定公文，可用“通用格式”印发，或以通知、函等文种的附件形式制发，作为附件时其法定效用由正文的印章予以确认。一些常规的例会，常常用“纪要格式”制发，其法定效用一般由会议主持人签名确认。此类会议纪要不加盖印章。

7. 文字要简洁明快。会议纪要应做到简明扼要，条理清晰，语言表达宜简洁、通俗，切忌长篇大论。

8. 根据给定的材料来完成相应的训练。

【实训提示】

1. 突出纪实性。纪要必须如实地反映会议的内容和议定的事项，起到传达会议精神、为有关单位提供工作依据、指导有关工作的作用。

2. 要突出会议要点，提纲挈领，抓住关键。概括主要精神，归纳主要事项，体现出中心思想，使人一目了然，易于把握会议精髓。

3. 突出约束性。会议纪要一经下发，有的要求遵守、执行，有的要求周知，有的要求保存备查等，对与会单位和有关人员具有不同程度的约束力。

4. 会议纪要一般采用第三人称写法。会议纪要由于反映的是与会人员的集体意志和意向，常以“会议”作为表述主体，“会议认为”“会议指出”“会议决定”“会议要求”“会议号召”等就是称谓特殊性的表现。

【实训内容】

上面案例中主要存在的问题有三方面：一是对会议情况的表述类似于会议记录；二是培训总结部分不符合议定事项的写作要求；三是对讨论事项的概述不够精练到位。修改后的会议纪要如下：

二〇一二年七月中层干部会议纪要

2012 年 7 月 26 日上午在公司大会议室召开中层干部会议，会议首先对刚刚结束的“如何打造强大执行系统”的培训进行了总结，并重点就如何打造公司执行系统之流程设定进行了认真研究，会议由×总主持。本次会议主要讨论研究了两大方面的事项：

一、对“如何打造强大执行系统”培训进行了总结，要求公司上下……

（一）……（总结参加本次培训的中层干部的学习纪律遵守情况、听讲情况、学习态度等）。

（二）……（总结本次培训的内容与公司实际工作的针对性、适用性和启发性）。

（三）……（提出今后工作的要求，明确今天开会的目的）。

二、会议探讨了公司工作流程的制定，确立了打造强大执行系统的突破口。

会议以人事行政部为例，针对招聘流程、新员工入职培训流程、在职人员培训流程和考核流程进行了具体深入的研究，达成了以下共识（或议定了以下事项）：

（一）招聘工作要扎实推进，信息传达要准确到位。

1. 在招聘信息中，没有突出体现公司发展所能提供给员工的平台，精英需求传达不够，仅凭高薪吸引不到具有行业优势的人才。

2. 在招聘目标中要求不具体、不到位，除了吃苦耐劳等条件外，还需要把职业规划要求、储备干部要求等指导性话语注明。

3. 较薄弱的问题还体现在面试环节上，面试官缺乏有效的招聘工具，今后要培养发现人才的眼光，要注重性格对工作岗位的影响，对于应聘人员的标准要高于自然标准，严格考核。

4. 会议肯定了内部招聘途径。

（二）入职培训要严格考核，要有针对性、操作性，强化流程。

1. 培训内容针对性有待加强，培训后的考核制度有待完善。

2. 对新进业务员工的培训要注重实际操作，在轮岗实习后各部门要有针对性地考试，培训及实习结束后所有内容要重新考核，加深新员工对培训内容的了解。

3. 新进业务员工在下片区实习的过程中，也要学习流程化，目标阶段化，由新进员工在工作中发现问题，区域经理协助解决问题。

（三）员工提升培训要完善评估机制，要与薪资和个人发展结合起来。

1. 考核机制要贯穿新入职员工及在职员工，还要区分业务人员及内勤人员，以此考核方式来完善评估机制。

2. 各部门可通过制作表格、打勾等形式代替繁多的文字，进行量化考核。

3. 将出错记录、批评/表彰通报结果等进行统计，归入管理和提拔档案，对在职人员除了满意度调查外，还要对其职业能力、个人发展空间进行考核。

4. 培训及考核结果都与薪资挂勾。

（四）考核流程要完善考核工具和考核机制，中层干部要增强紧迫感。

会议认为，在考核流程中，亟待解决的是考核工具和考核机制这两个问题，而重中之重是考核机制的完善。会议强调，中层干部要高度重视公司文件政策和岗位管理，要保持对自身能力、职位的紧迫感，将完善考核机制作为今后的管理工作重点，认真执行公司管理制度，坚持贯彻评估，以新心态、新思维、新气魄迎接新年度的挑战。

2012年7月26日

【实训考核】

会议纪要实训评分表

小组：　　　　　　　　　　　　　　　　　　　　　　　　　　学生：

内容	操作标准	分值	得分
标题	会议名称+纪要	5	
	发文机关名称+事由(会议名称)+纪要	5	
	正标题揭示会议主要内容或精神，副标题点出会议名称和文种	6	
	使用“纪要”制发的，标题标注在版头中	5	
正文	开头部分交待会议的基本情况，如时间、地点、与会人员等，简明扼要	5	
	开头部分通常由一个段落构成	5	
	用“现将会议内容纪要如下”“现将会议议定事项纪要如下”过渡	5	
	主体部分应该分主次、有重点地写出会议的情况和成果	5	
	指示性纪要主要交代会议的重要指示意见或要求	5	
	决策性会议纪要主要记载会议具体的议定事项	5	
	研讨性会议纪要主要记载与会人员的研讨情况并归纳出相应的意见	5	
	按条项式结构正文，分列表达问题和议定的事项	5	
	按综合式结构正文，对会议内容或议定事项进行综合概括	5	
	按摘要式结构正文，将与会人员的代表性、典型性发言要点摘录	5	
	结尾部分，可以提出贯彻会议精神的相关要求或注意事项	5	

续表

内容	操 作 标 准	分值	得分
结尾	发文机关署名（“纪要格式”标注于版头中间）	5	
	成文日期（“纪要格式”标注于版头中间）	5	
	熟练使用表达会议内容、议决事项、执行要求的常用词句	5	
	使用“通用格式”制发的，正文需要加盖公章	5	
	使用“纪要格式”制发的，不加盖公章	5	
总分			

【相关知识】

会议类公文，通常是指在各种会议活动中使用与形成的公文。其主要作用在于保障会议的顺利召开与会议任务的顺利完成，同时也能够使会议议定的事项或形成的决议得以传达、执行。

会议类公文具有以下主要特点：

一是广泛性。会议类公文用途广泛，在党政机关、企事业单位、社会团体等各级、各类组织中被普遍使用。上到最高国家权力机关，下到基层社会团体，在召开各级、各类会议时，都会写作并形成相应的会议类公文。

二是针对性。会议类公文是专为保障各种会议的顺利召开和会议的圆满完成而写作和使用的公文，因此，具有非常明确的针对性。

三是种类繁多。从文种的功用上看，有的属于知照性公文，如会议通知、会议安排；有的属于告知性公文，如会议公报；有的属于领导决策决定性公文，如会议决议、会议纪要；有的则属于礼仪性公文，如欢迎词、欢送词、开幕词、闭幕词等。从会议类公文形成的时间上看，可涉及会议前、会议中、会议后各个环节，主要包括会议召开前的会议安排、会议通知；会议进行中的会议讲话稿、会议记录、会议决议；会议结束后的会议纪要、会议公报、会议简报等。

会议纪要与会议记录的主要差异有：

一是对象和方法不同。会议记录一般是有会必录，记录随着会议的进程进行，会议结束，记录终止；会议纪要则主要记述重要会议的情况，而且必须在会议结束后形成。

二是写法不同。会议记录要按照会议的自然发展顺序记述，要求详细记载会议的组织情况和与会人员的具体发言情况，具有文秘的素材性和档案的资料性；会议纪要需要对会议讨论的意见和议定的事项进行综合分析，条理清晰地集中反映会议精神，具有高度的概括性和鲜明的政策性。

三是作用不同。会议记录不具备指定性的指挥功能，一般不公布，只作资料保存；会议纪要则具有指挥功能，可以公布。

四是适用范围不同。会议纪要可以对外发出，可用于同一组织系统的上下级之间、平级或不相隶属的机关之间传达会议精神与议定事项；而会议记录多在某一机关或单位内部使用。

会议纪要与决定、决议的异同：

这三种公文都与会议有关，都要求下级机关贯彻执行，但他们之间也有区别，主要表现在：

1. 决定、决议主要反映会议的重要事项和会议的结果，会议纪要所记的内容有轻有重，展现的不只是会议的结果，而是会议的全貌。

2. 决定、决议反映的是某一权力机关的意见，代表整个大会的观点，观点和意志单一集中；会议纪要往往要反映与会单位和人员的不同意见，可以非常灵活地同时写几个毫无关联的观点。

3. 决定、决议形成和发布的过程有严格的程序；会议纪要只要经主管部门或主要领导审阅批准即可发布。

会议纪要的三种写法：

一是集中概述法。对会议的基本情况、讨论研究的主要问题、与会人员的认识、议定的有关事项(包括解决问题的措施、办法和要求等)用概括叙述的方法进行整体阐述和说明。多用于召开小型会议，讨论的问题集中单一，意见比较统一。

二是分项叙述法。大中型会议或议题较多的会议，采取分项叙述的办法，即把会议的主要内容分成几个大的问题，以小标题分项来写。这种写法侧重于横向分析，内容相对全面，包括对目的、意义、现状的分析，以及对目标、任务、政策措施等的阐述。一般用于需要基层全面领会、深入贯彻的会议。

三是发言提要法。将典型性、代表性发言加以整理、提炼出内容要点和精神实质，按照发言顺序或不同内容，加以阐述说明。这种写法能比较如实地反映与会人员的意见。某些根据上级机关布置，需要了解与会人员不同意见的会议纪要，可采用这种写法。

【拓展训练】

一、根据下列提示撰写一份会议纪要。

20××年×月×日全天，××公司召开第××次总经理办公会议，研究公司在全球金融危机的形势下关于产业转型、人力资源储备、产品营销等方面的问题。会议由××副总经理主持，××总经理做总结讲话，参加者为总公司全体领导、部门经理、分公司经理等。

二、根据下列提示撰写一份领导讲话稿。

20××年6月，××大学将召开毕业典礼，届时该校刘××校长将代表学校党政领导发表讲话。讲话中该校长将对本科毕业生四年在校学习生活进行简要的评价，重点分析当前职场的就业形势，鼓励毕业生认清职场环境，积极融入社会，努力自主创业，避免好高骛远，从小处做起，力争把在校所学用于职场实践中去，使学有所用、学用结合，并祝愿广大毕业生能够在未来的职场中创出佳绩，为社会作出更大贡献。

三、根据下列提示撰写开、闭幕词各一份。

电子科技产品是××市的龙头企业，经过多年的努力，××市的电子科技事业已经取得了飞速发展，工业产值大幅提高，相关产品占据了国内同类产品市场的较大份额，部分产品还远销国外，获得多项国内科技奖励，受到国内外业界的好评。为了进一步推进全市科技事业的发展，××市将在20××年底召开为期1周的全市科技产品展览及科技成果表彰大会。会议由市科技局和科技协会共同主办，要求全市各科技企业积极参与，并邀请省级主管科技的副省长和多位科技专家莅临指导。大会期间，市长××同志将亲自到会，并在开幕式与闭幕式上致辞，欢迎上级领导、订货商代表及展览观众参加，感谢大家对该市电子科技产品的厚爱及支持，鼓励本市科技企业继续创新。

项目三：文书处理训练

任务一：收文处理训练

【实训目标】

1. 能够掌握收文处理程序的流程、运行规律及其相关注意事项。
2. 能够熟练运用文件办理技巧，开展机关单位或公司的收文处理工作。
3. 能够掌握公文审核、传阅的要求和方法。

【任务驱动】

1月5日，××公司办公室收到×市房产局发来的一份会议通知，为了加深了解，尽快熟悉收文办理程序，办公室王芳主任要求刘秘书独立完成这份文件的收文办理任务。如果你是刘秘书，你将如何按程序做好这项工作？

【方式与要求】

1. 明确签收前应清点、核查的内容。
2. 熟练逐项登记收文内容。
3. 利用业余时间制作出收文处理程序必备的各种表单。
4. 以组为单位分配角色，撰写与案例所示“收文处理程序”内容相一致的情景演示脚本。
5. 了解承办、催办等内容。

【实训内容】

刘秘书接到了一份×市房产局发来的通知后，首先做的工作是登记，特别是重要文件，要逐项登记，登记清楚后，取出文件处理单，填上基本内容，交给王华主任拟办，然后将文件处理单附在原件上，并用文件夹夹好，根据拟办意见交给单位相关领导批办，等领导审批之后，刘秘书按批办意见又将文件夹转给相关人员，之后要注意催办。文件处理单上填好了办理结果、办理日期等内容后，要和原件一起进入立卷归档阶段。

【实训提示】

1. 学习收文处理程序等有关知识。
2. 掌握流程、运行规律及其相关的注意事项。
3. 了解承办的急件、要件优先办理的原则。
4. 做好催办工作。
5. 收到文件后第一项工作就是核查，防止文件递送出错。
6. 收文登记是监控的重要环节，是文件信息注册和收文注册的监控点。

7. 填写《文件办理单》是文件办理过程的信息载体和办文依据，也是文件办理的必要前提条件。

【实训考核】

收文处理实训评分表

小组： 学生：

内容	操作标准	分值	得分
文件签收	对外收发收文，能核查、签收、向办公室传递	5	
	对内收发收文，能核查、启封、签收	5	
收文登记	加盖收文章	5	
	在《收文登记簿》上登记相关信息	5	
收文初审	是否由本机关办理	5	
	是否符合行文规则	5	
	文种、格式是否符合要求	5	
	来文涉及的相关部门是否已经协商会签	5	
	对不合规定的来文能及时清退	5	
收文承办	秘书或办公室主任对来文提出初步办理意见，供领导批办	5	
	领导对秘书部门的拟办进行批办	5	
	秘书部门将领导批办意见交由承办部门办理	5	
	承办部门按领导要求具体落实办理	5	
收文传阅	据领导批示或工作需要将公文及时送达传阅对象阅知或批示	5	
	熟练掌握传阅技巧，提高传阅效率	5	
收文催办与查办	能运用催办手段，对及时掌握本机关承办文件的办理情况	5	
	办公室主任能负责对上级来文办理督促检查	5	
回复与注办	承办单位能及时将办理结果回复来文单位	5	
	承办人员能在《文件办理单》上注明办理结果	5	
收文清退	对办毕的来文，能及时清退并填写《文件清退通知单》	5	
总分			

【相关知识】

公文办理：包括收文办理、发文办理、整理归档。

收文办理：指秘书对来自单位外部的文书所实施的处置与管理活动。

收文办理主要环节：签收、登记、初审（分办）、传阅、催办、回复等环节。

一、收文

一般由机要秘书或指定的专人负责。

1. 签收：收文处理的第一步，由机关收发室负责。

2. 启封：凡标有“亲启”“亲收”字样的一般不得启封，除非有领导授权。

3. 登记：采用“收文登记簿”，在文书右上方加盖“公文管理标识”——“收文章”。

收文章式样

收文	××　县人民政府
	××　收字 15-01
	2011 年 10 月 3 日

收文登记簿

收文日期			来文机关	来文编号	秘密等级	件数	文件标题或事由	编号	处理情况	卷号	备注
年	月	日									

4. 初审（分送）：视来文情况分送有关领导或承办人员，或退回。

上级来文：填写“文件分发单”，办公室主任阅签后分送领导人和内部有关部门阅知、办理。

下级或其他单位来文：秘书根据部门分工，提出处理意见，报经领导审批后，分送相应部门办理。不规范或错误的来文退回。

收文分送登记簿

分送		发文编号	来文单位	文件标题	简报期号或函件号	收文号	收件人签字	清退时间	备注
姓名/部门	时间								

二、办文

1. 拟办

秘书部门根据来文提出初步办理意见，并提供必要的背景材料，送领导批示。

程序性、常规性拟办：指定承办部门或人员，明确办理日程，供领导定夺。

实质性、承办性拟办：秘书直接办理。

拟办需注意：

（1）仔细阅读全文，弄清要求；

（2）提出具体可行的建议；

（3）做好事先协调工作；

(4)将相关材料一并报送领导；

(5)拟办意见填写在“文件处理单”上。

文件处理单

来文单位		来文字号		收文号		份数	
文件标题		承办时限		密级程度		缓急时限	
拟办意见							
批办意见							
传阅签字							
办理结果	承办部门： 承 办 人： 承办结果： 年　月　日						

2. 批办

单位领导对秘书呈送的拟办文书及拟办意见作出指示、处理意见。批办内容：一是指明文书处理的原则和方法，以及注意的问题；二是指明文书的具体承办部门或承办人；三是对急件和重要文书，应限定处理完毕的时限。

3. 承办

这是收文处理的核心环节。承办内容有两类：一是办事性的，主要落实文书内容所述事项；一是办文性的，办理文书本身就是完成了事项。

承办的处理意见或处理结果，应签在“文书处理单”上，同时承办人要签上名字与时间，然后将其退回秘书部门。

4. 传阅

根据领导指示和工作需要将公文及时送传阅对象阅知或者指示。公文传阅一般应有“文件传阅单”。

文件传阅单

来文单位		来文字号	
文件标题			
收文日期		收文号	
传阅者签名	月/日	传阅者签名	月/日
备注			

5. 催办

对领导已批办的文书承办情况进行督促检查，以防积压。催办方式：打催办电话、发催办函、发催办单。

公文催办函

××××（单位名称）：

关于×××××××××问题的批件，已于××月××日转给你们，请抓紧办理，并将结果于××月××日前函复我处。

×××（盖章）

××××年××月××日

6. 办复

领导批办的公文，办理完毕后，秘书要将办理结果连同原件向领导报送，提请领导指示结束办理。答复的形式有两种：一是外回复，向发文机关答复；另一是内回复，向本机关交办部门答复。

7. 注办

承办人员应在《文件办理单》或《文件传阅单》上注明办理结果。传阅文件应直接签字，承办文件应写明办理结果。

完成文书处理程序的文件或承办完毕的文件，应清退回文书人员处，并在《收文分送簿》上签具清退时间和姓名。带有秘密等级的文件，应按要求定期向各级公文交换站办理文件清退手续并填写《文件清退通知单》。

文件清退通知单

序号	发文字号	文件标题	密级	份数	上缴签字人	收件签字人	备注

【拓展训练】

公文传阅，这里是指文秘人员将需要领导阅知的公文集中在一起呈送给领导，让领导集中领会上级文件精神、掌握信息、交流认识、统一思想的过程。这是文秘人员的一项重要工作。公文传阅不仅仅是将文件呈送给领导阅毕再取回的简单过程，它还需要一定的方法和技巧。具体有以下四点。

1. 公文呈送要选择好时间

公文呈送，不是随便找个时间将文件放到领导办公室就可以了，它要求文秘人员必须掌握领导的工作规律和作息对间。比如，领导正在办公室开会，文秘人员突然冒失地闯了进去，虽然你送文件不错，但领导肯定会因此而打断思路，即便你走后，领导的思路也难以马上转移到会议的中心议题上来。由于文秘人员的不经心，会给领导造成不必要的精力浪费。因此，给领导呈送公文一定要选择好时间。一般要选择领导不在的时间。

给领导呈送公文，还要考虑领导哪个时间具有最佳精神状态。领导一般习惯早晨来到办公室先看文件。因为这段时间，领导注意力最集中，精力最充沛，所以阅读文件的效果也最好，思维也能达到最佳状态。这就要求我们一定要及早地送文件，如果下午才将文件送到，那领导忙了一天了，即使有时间看文件，也远不如早晨的阅读效果好。当然，如果领导喜欢晚上阅读文件，那就不能等到第二天早上才将文件送到。

2. 公文要按内容的重要程度摆放

给领导送文件，不是将文件简单地放到领导办公桌上就算完事了，还要注意公文的摆放顺序。如果随意地摆放，领导即使看了，也不会达到最佳的阅读效果。那应该怎样摆，按什么顺序摆呢？一般是按文件内容的重要程度，将最重要的文件放在最上面，依此类推。因为，根据一个人的阅读习惯和特点，往往开始阅读时精力会很集中，时间一长，注意力就会慢慢减退。

那么哪些文件是最重要的呢？这就要求文秘人员先阅读一下文件的内容，将那些与本单位有直接关系的文件放在最上面，而那些关系不大，甚至没有多大关系的放在最下面。此外，如果一些文件的内容有内在的联系，比如，中央下达了如何减轻农民负担的文件，省里紧接着也有具体的实施意见和精神等，就应该将它们放在一起，这样领导阅读起来能够有所借鉴、对照、启发，能够达到最佳的阅读效果。

3. 公文要趁领导不在时取回

领导阅读完毕，文秘人员应及时地将文件取回。这里也有一个技巧的问题，那就是，还是要选择领导不在办公室的时间取。这样，也同样避免了打扰领导的工作。总之，一个原则，就是尽量不要去干扰领导的工作，除非有紧急情况。文件取回时，由于领导看完后顺序已经打乱了，因此，还必须将文件按以前的顺序重新整理后，再呈送给下一位领导。如果领导有批示意见，还要及时办理。另外，还要清点一下文件的份数是否和开始登记的一致。如果发现文件有缺失，还要及时问领导，追查下落，直到找到为止。

4. 公文传阅的其他技巧

除了以上所说的，还有其他的一些技巧也需要掌握。比如：领导的传阅顺序，如果遇有某位领导外出，要及时将文件传给下一位领导，待这位领导回来后再补传；如果后面的领导有批示意见，还要将文件再同传给前面的领导阅读；如果文件的内容比较具体，应先给分管的领导送阅，其他的领导再延续阅读；如果涉及具体部门办理的，应在呈送给领导阅读的同时，复印送有关部门办理。还有，如果这次的文件提到了以前文件的内容，还需要将以前的文件提前找出来，以备领导的查找，等等。这些问题需要文秘人员根据具体情况灵活地掌握，切忌过于死板，机械地、教条地、僵化地传阅。另外，还要注意一个实际问题，就是随着办公自动化程度的提高，复印机、计算机、网络等在办公室广泛应用，文件的网络化已成发展趋势。但这里要注意一点：千万不能图省事，将需要领导阅读的文件复印多份，或者通过网络，呈送给每一位领导。这样表面看是快捷方便多了，但却失去了文件传阅的意义和价值。因为这样做既无法集中领导的意见，也不利于领导之间的思想沟通（除非已经建成了规范的网上传阅系统）。

任务二：发文处理训练

【实训目标】

1. 能够掌握发文处理程序的流程、运行规律及其相关注意事项。

2. 能够熟练运用文件办理技巧，开展机关单位或公司的发文处理工作。

【任务驱动】

苏州市创新实业有限公司办公室秘书收到当地公文交换站送来的8份文件，履行了收文程序，经办公室王主任和公司李总经理拟办、批办后，相关科室应对收到的文件，做好下列工作：

1. 针对《苏州市统计局关于开展2015年度全市统计执法检查的通知》《苏州市工商联合会关于开展非公有经济发展情况调研工作的函》和《苏州市工商联合会转发苏州市政协常委会关于协助做好非公有经济普查工作的通知》《苏州市档案局关于开展企业档案达标评估验收工作的通知》。办公室需要拟写以下3份文件：

（1）《公司关于迎接2015年度全市统计执法检查开展自查工作的通知》；

（2）《公司关于迎接非公有经济发展情况调研和经济普查工作的通知》；

（3）《公司关于迎接苏州市档案局开展企业档案达标自查评估工作的通知》。

2. 针对《苏州市财政局关于财务人员参加2015年度业务培训的通知》，财务部需要拟写《关于公司财务人员参加苏州市财政局2015年度业务培训的请示》。

3. 针对《苏州市质量技术监督局关于填报工业企业质量指标统计报表的通知》，质检部应整理数据并填写《公司工业企业质量指标统计报表》。

4. 针对《苏州市质量技术监督局关于开展2015年江苏省政府质量奖申报工作的通知》，产品研发部和质检部应做好申报2015年江苏省政府质量奖的准备工作。

【方式与要求】

1. 上机制作通知、请示和统计报表3份文件。

2. 实训前学生应提前学习掌握发文处理程序及相关知识与技能，以便能顺利进行实训。

3. 课前制作出公文处理程序中的各种表单。

4. 以组为单位，分角色模拟三位副总经理阅办文件、布置发文任务；秘书人员拟制发文；承办人员接受具体工作、清退文件等发文处理工作程序和情景。

【实训内容】

针对当天收到的文件，王主任和几位副总分头进行了工作部署：

1. 王主任根据《收文办理单》的拟办、批办意见，布置李丽、王芸和张琴分别拟制《公司关于迎接2015年度全市统计执法检查开展自查工作的通知》、《公司关于迎接非公有经济发展情况调研和经济普查工作的通知》、《公司关于迎接苏州市档案局开展企业档案达标自查评估工作的通知》、《关于公司财务人员参加苏州市财政局2015年度业务培训的请示》和《公司工业企业质量指标统计报表》等文件。

2. 王芳先将《收文办理单》贴于收到文件的下半部分，再将8份文件用文件夹夹好，一并送呈李强、梁华、冯刚几位副总经理传阅并批办，3位副总经理分别在有关文件上签署了批办意见。

3. 3位副总经理分别布置了相应的发文拟写、发文办理工作。

4. 承办人员接受工作任务并认真办理后，将文件清退到办公室。

【实训提示】

1. 可将收文程序与发文程序作为一个内容进行情景演练。

2. 拟稿是办文的基础环节，直接关系到文书质量，拟稿的一般过程为：领导交拟，秘书领会、吃透领导的意图，收集、组织材料，构思起草、修改，送领导审阅。拟稿应在按统一标准制作的"发文稿纸"上书写。

3. 审核的内容包括：文字表述是否概念准确、简明扼要、条理清楚、语法规范，文种使用是否恰当，公文格式是否符合要求，传达范围是否合理等。

4. 签发是文书制发的生效环节，签发日期即是文书生效日期。签发时要在发文稿纸的签发栏批明意见，签署姓名，字迹端正，日期具体。

5. 发文登记一般为簿式登记，内容参见《发文登记簿》。

【实训考核】

发文处理训练评分表

小组：　　　　　　　　　　　　　　　　　　　　　　　　学生：

内容	操作标准	分值	得分
公文起草	秘书认真听取并领会领导交办的撰稿意图，不主观臆断	4	
	起草文稿，首页使用规范的"发文稿纸"	2	
发文修改	文件的修改多用消极修辞，少用积极修辞	4	
发文审核	文件送分管领导签发前，经过办公室主任初审	4	
	未经审核的公文，不得签发和用印	4	
发文签发	撰拟文件无任何修改后，提交领导签发	4	
	未签发的不得缮印和发出	4	
	《发文稿纸》签"发"和打印份数，或"不发"意见和理由	4	
	联合行文需要同级机关会签，方成定稿	4	
发文复核	发文复核能做到"六查"	4	
发文注册	能准确地给备发公文编注发文字号	4	
发文缮印	经过签发程序，无任何修改痕迹的文件，可缮印	4	
	填写《打印任务单》	4	

续表

内容	操作标准	分值	得分
发文校对	校对能使用唱校法	4	
	缮印文件经过严格的校对程序，几印几校	4	
发文用印	未签发的文件不得用印	4	
	印章与正文处于同一页	4	
	无“此页无正文”格式	2	
发文装订	发文左侧装订，不掉页	2	
	后背无散页明钉	2	
发文登记	如实填写《发文登记簿》	4	
发文封装	向外发出的装入信封内，结实封口	4	
	有保密或处理时限的文件，应在信封上标识密级和缓急程度	4	
发文递送	通过公文交换站递送，或专人送递，或收文单位派专人领取等	2	
发文催办	发文三日未见回音，电话催办	4	
	七日仍无回音的应填写《文件催办卡》，发出催办意见	4	
平时立卷	及时做好发文的平时归类，将发文存入预设的文件分类中	4	
发文归档	6月底前，将年终组卷的档案向档案室移交	2	
总分			

【相关知识】

一、发文处理

发文处理是各单位答复来文或根据需要向外单位主动发出文件的过程。发文办理的全过程分为两个阶段：第一阶段从草拟到签发，称为制文阶段，也是发文办理的重点阶段；第二阶段从编号到分发，称为制发阶段。

(一)制文阶段

1. 草拟

草拟也称拟稿，就是文件的起草过程，是制文阶段的起始环节。也是发文处理工作中一个关键性环节。草拟质量的好坏体现了文秘人员的基本功，反映了文稿法定作者即党和国家机关、企事业单位、社会团体发布政令、交流信息、开展业务的愿望和要求，因此是一项严肃的工作。

2. 审核

审核也称核稿，就是在公文送负责人签发前，由办公部门对公文的内容、体式、文字等进行全面的核对检查。这一环节通常是由办公厅(室)负责或由具有工作经验、水平较高的秘书人员承担。

3. 签发

签发就是单位领导人对文稿进行最后的审核并签署意见的工作。签发是发文处理过程中最关键的程序，是领导人行使职权的重要形式。

(单位名称)发文稿纸

<table>
<tr><td colspan="3">标题：</td><td>附件：</td></tr>
<tr><td>文号：</td><td colspan="2">密级：</td><td>急度：</td></tr>
<tr><td colspan="4">发送机关：</td></tr>
<tr><td>主办部门：</td><td>有关部门会签：</td><td rowspan="3">外机关会签：</td><td rowspan="3">领导人签发：

年　月　日</td></tr>
<tr><td>撰稿人：</td><td>办公室核稿：</td></tr>
<tr><td>负责人草签：</td><td>送签人：</td></tr>
<tr><td>打字</td><td>校对</td><td>印刷</td><td>份数</td></tr>
<tr><td></td><td></td><td></td><td></td></tr>
<tr><td></td><td></td><td></td><td></td></tr>
<tr><td></td><td></td><td></td><td></td></tr>
<tr><td></td><td></td><td></td><td></td></tr>
<tr><td></td><td></td><td></td><td></td></tr>
</table>

(共印××份)

(二)发文阶段

1. 编号

编号即指写编发文字号，同时也包括编文件的份数序号。发文字号即文件的编号，同一份文件只有一个发文字号，它是今后引用、检索文件的重要依据，必须按要求来编。

发文字号要能反映出该文件的制发机关、制发文件的年代和该文件在制发当年所发文件中的顺序。因此它的结构包括发文机关代字、年份、序号，年份、序号用阿拉伯数字标识，如湘商〔2010〕12 号。联合行文只标主办机关发文字号。

公文份数序号是指将同一文稿印制若干份时每份公文的顺序编号，通常称为“份号”，可编虚位最多可用 6 位数，如果文件只有个位数，不能写成“1”，应用“000001”表示。“绝密”“机密”级公文应当标明份数序号。此外文件印数较多时也要编份号，以便清点文件份数。

2. 复核

复核就是指在公文正式印刷之前，文书部门对文件定稿进行再次审核的工作。公文复核是公文正式印制前文秘部门进行的最后一次复审。

复核的重点是审批、签发手续是否完备，附件材料(在办理过程中是否有遗失或缺页)齐全，格式是否统一、规范，是否有错别字、漏字等。

3. 缮印

缮印是指对复核没有问题的定稿进行排版印制文件正本的过程。缮印文件一般都是通过打印、胶印、铅印或复印的方式来印制文件，必须严格按照国家标准《公文格式》的有关规定执行。

4. 校对

校对就是在缮印文件过程中将印制出来的文本清样与定稿从内容到形式进行全面对照检查的一道程序。校对的具体要求是：

(1)要采取“地毯式”检查的校对方法，即逐字逐句、逐个标点地进行校对。对数字、地名、人名等关键词语，更要反复校核。公文的发文字号、密级、紧急程度、标题、主送单位、抄送单位、日期、印刷份数、页码等尤须逐一校核。

(2)注意消灭和纠正排版错误，注意字体、字号、格式的统一。

(3)每次校对最好由不同的人员进行，以免先入为主和一些个人因素的局限。通常文稿不长，一校、二校即可；文稿较长或很重要，校对的次数则相对要多一些。

(4)应使用统一的校对符号进行校对，防止因校对符号不一致而发生误解。

(5)重要公文还应将校对后的清样送领导人审阅、修改。

5. 用印

用印是指在印好的文件正本的落款处，正确加盖单位公章，以示文件生效的过程。加盖单位公章是机关行使职权的凭证，是公文是否有效的标志，也是公文格式的一个组成部分。

6. 登记

即发文登记。它是在文件发出之前对文件的主要内容和基本要素的记录，以便对发出的文件进行统计、核查等管理。

发文登记簿

顺序号	文书编号	成文日期	文件标题	收文单位	份数	密级	其他

7. 分发

分发又叫封发。是指对印制完毕、需要发出的文件按分发的范围作分封和发送的过程。做好分发工作的总体要求是：份数准确，书写正确，封口牢靠，发送安全，确认收文。

（发文单位）发文对外催办卡

收文单位							
发文单位		发文字号		发文日期		催办日期	
文件标题							
未办原因							
联系人姓名			联系电话				
通信地址			邮政编码				
说明：请将未办原因填写后送回，或电话告知							

二、文稿审核时应着重注意“六查”

1. 审核是否确实需要行文

这是考虑行文的必要性和可能性。现实确实需要解决某问题而又具备了解决问题的条件，这样才能发文。

2. 有无矛盾抵触

审查文稿内容与党和政府的有关政策、法令以及上级的指示、决定等有无相互矛盾抵触之处，与本机关以前的发文有无前后不一致和自相矛盾之处。如发现问题则按有关程序解决。

3. 要求、措施是否明确具体和切实可行

检查文稿的内容政策界限是否写得清楚明确，有无笼统含糊、模棱两可、前后不一致之处，有无规定过于机械、繁琐之处，检查文稿中所提的措施是否可行等。

4. 处理程序是否完备

审核文稿在处理程序上是否妥善完备。如发文的名义是否合适，是否还需交一定的会议讨论通过，涉及其他部门或地区职权范围内的问题是否协商一致并经过会签或上级机关的批准等。

5. 文字表达

检查文字叙述是否通顺、简练、准确，是否合乎语法逻辑，有关数字是否已经核对，写法是否得当，标点符号是否正确等。

6. 文件体式

检查文种是否适当，标题是否达意，密级、处理时限定得是否妥当，主送机关和抄送机关是否符合规定等。

在审核中发现的问题，必须逐一加以纠正。一般性的问题，可直接修改，如需作较大的改动，应附上具体修改意见，退回草拟人或承办部门共同研究解决。

总之，文稿审核是一项十分严肃而重要的工作，审核中必须注意研究、认真对待。

【拓展训练】

一、根据下列材料制作通知和发文登记簿。

中国维行保险股份有限公司是一家全国性、综合性保险公司，经营范围包括各类财产保险、人身保险、国际再保险以及证券、信托业务等。公司总部设在广州，主要股东包括广州市投资管理公司、招商局佛山工业区有限公司、中国远洋运输(集团)公司、摩根亚洲投资有限公司、广盛有限合伙集团公司等。

中国维行保险股份有限公司是中国改革开放的产物，作为一家国有股份制保险企业，公司率先在两核系统通过ISO9001质量体系认证。公司成立以来，始终秉承“客户至上，服务至上”的经营理念，以繁荣经济和保障人民生活为己任，积极为社会提供高品质的保险服务，赢得了社会各界和广大客户的信赖和支持，各项业务发展迅速。截至1999年年底，公司资产总额已达人民币400亿元，在全国各地设立分支机构500余家，员工队伍达到12.4万人，当年保险收入达208亿元。

中国维行保险股份有限公司杭州分公司于1995年4月21日，由中国人民银行批准正式成立。从成立起，杭州分公司便着手建立科学明晰的组织架构、专业化的决策和规范化的风险控制体系，使公司在风险控制、投资管理、产品开发、业务拓展、服务体系等方面在同业中处于领先地位，业务得到了长足的发展。

中国维行保险有限公司在自身发展的历程中，始终坚持管理创新和技术进步的发展策略，经济与技术实力日益增强。公司十分注重学习、借鉴国外同行经验，积极引进国外先进技术和管理人才，先后与国外多家知名保险公司建立了友好合作关系。为了适应经济全球化和知识经济时代的挑战，增强公司的国际竞争能力，繁荣和发展中国民族保险事业，近几年公司还聘请国外著名专业顾问公司担任专业管理顾问，借以提高自身经营管理水平，加快与国际同业接轨，实现国际一流综合金融服务集团的发展目标，展望新的世纪，中国维行保险公司将继续勇于开拓、锐于创新，强化公司的各项经营管理，提升公司的核心竞争力，力争在两年内业务规模进入世界500强，业务品质进入全球400优。

为响应总公司号召，早日实现维行进入“规模500强，品质400优”的目标，中国维行保险股份有限公司杭州分公司决定从2002年6月1日起开展“扎实基础、提升品质，促进杭州产险持续快速发展”活动。主要活动是头脑风暴会、主题演讲会和合理化建议征文。各部门和各分支机构必须在2002年7月28日前上报活动开展情况。按照活动方案要求：头脑风暴会是指每月邀请著名专业顾问前来讲座；演讲会每月一个主题，全体员工必须积极参与；合理化建议活动全体员工必须参与，每月评选出3篇优秀征文上报；按期上报活动组织和进展情况。

根据上述内容，杭州公司要制发一份通知，分组完成4个场景演示。每组4人分别扮演刘秘书、王总、小郭、办公室另一人员。

1. 2002年5月12日，杭州分公司总理经理王某将秘书刘某叫到办公室，对她说明了这次活动的目的要求，让她马上写一份通知，发到分公司各部门和杭州各分支机构，告知有关活动事项。刘某用记事本将王总经理的话记录下来，走出经理办公室，回到自己办公室，立即开始拟写通知，请演示领导交拟和秘书撰写通知的过程，并请制作出通知的初稿。

2. 初稿完成后，刘秘书将这份通知写在统一的发文稿纸上，拿给王总经理审核，王总看完后签字同意发出。请演示领导审核签发的过程。

3. 刘秘书将这份通知编上发文号，即“苏维保〔2002〕10号”，写在发文稿纸的相应栏内，再检查一遍通知的正文内容，确定无误后，把这份发文稿拿到文印室，交给打字员小郭打印成正稿，打印份数为30份。小郭让刘秘书明天下午2：00来取。请演示秘书编号印制文件的过程。

4. 5月13日下午2：30，刘秘书将打印好的通知正稿从文印室取回，逐一盖章，并在发文登记簿上填写好内容，再分别将每份通知用信封套好，封上口。请演示秘书发文登记和装封的过程。

二、下列材料中涉及请示文种的用法、公文生效程序等问题，请加以评析。

某省A县太行市场原由该县工商局和众多商户联合兴建，而仅凭副县长在工商局的请示报告上签“同意”之后，市场就被所在村庄的村民拆掉。近日，负责异地审理此案的B县人民法院依法判决：仅有副县长的签字是不够的。

A县太行市场兴建于1985年，当时A县工商行政管理局与商户签订协议，由商户投资建商铺，场地产权归工商局，商铺产权归商户。当年12月，市场建成后，在各方的努力下，生意异常火爆，但众商户多次要求办理房产手续均未能如愿。

××××年1月10日，A县工商局向该县主管领导呈交了请示报告，请求允许将太行市场的拆迁改造开发管理权移交给市场所在的C村，主管副县长在请示报告上签字“同意”，另一位副县长也签字“按政府意见办”。1月11日，A县工商局发出关于将太行市场的拆迁改造开发管理权移交C村的公告；同时，A县人民政府拆迁管理办公室下达拆迁冻结公告。随后C村有关人员几次进场拆迁，与商户发生冲突。无奈之下，75名商户将A县工商局和A县人民政府拆迁管理办公室起诉到法院，请求法院判令两单位收回公告成命。此案由该省B县人民法院异地审理。

B县人民法院经审理认为，A县工商行政管理局未得到该县政府的正式决定，而仅凭一份有两位副县长签字的请示报告，便将太行市场移交给所在的C村，其做出该移交公告行为的主要证据不足。据此，B县法院做出一审判决：撤销A县工商行政管理局关于将太行市场改造开发管理权移交给C村的公告和A县人民政府拆迁管理办公室涉拆字〔××〕2号拆迁冻结公告。请思考：

1. 本案例中A县工商行政管理局的几次行文存在什么问题？

2. 请示文种的用法以及对于请示的批准形式。

项目四：归档文件整理训练

【实训目标】

1. 掌握归档文件整理立卷的工作原则和工作技巧。
2. 熟知秘书岗位的归档文件整理、立卷的工作步骤和程序。
3. 熟悉归档文件整理、立卷工作的相关法规与规章。

4. 掌握归档文件分类、编目、排列、装订、装盒的工作原则、要求、方法和工作技巧。

任务一：归档文件平时整理、鉴定归卷训练

【任务驱动】

苏州市创新实业有限公司办公室秘书王芳前一段时间参加了档案局的文书立卷工作业务培训，了解了平时归卷的重要性。她准备今天运用一下刚学到的业务知识。每天她要负责外机关单位的来文接收和本机关文件对外发出和对内发布的工作，她还负责分管公司公章的保管与使用、发文稿纸和发文号的管理工作。因此，每天早晨一上班是她最忙的时间。今天又是她第一个来到办公室，她简单地打扫了一下卫生，然后打开电脑，查看公司领导是否在公司网络管理系统中给她留言。办公室李明主任昨天下班前给她与李丽布置了文件撰写任务：

1.《创新实业有限公司文书档案人员业务培训方案》；

2.《创新实业有限公司文书档案工作制度》；

3.《创新实业有限公司关于开展文书档案工作培训的通知》。

大约9:30，邮递员送来3封信件和2封特快专递以及9份文件：

1. 王刚总经理亲启的挂号信；

2. 两封发给销售部的客户反馈意见信件；

3. 苏州市档案局关于规范企业归档文件整理工作业务培训的通知；

4. 苏州市地方税务局转发上级机关《关于企业所得税减免税管理实施办法》的通知；

5. 苏州市地方税务局转发上级机关关于实施高新技术企业所得税优惠文件的通知；

6. 苏州市工商局转发江苏省工商局关于2015年省级百强民营企业推荐申报工作的通知；

7. 苏州市工商局转发上级机关《关于注册商标专用权质权登记程序规定》的通知；

8. 苏州市工商局关于企业2015年度工商营业执照催检的公告；

9. 苏州市财政局关于开展会计人员从业资格年检的通知；

10. 苏州市工商联合会转发省工商联关于开展2015年度省级上规模民营企业调研的通知；

11. 苏州市科协关于举办世界电子产品前沿科技研讨会的通知；

12.《江苏省巨龙商贸公司订购公司产品订货单》的特快专递邮件；

13.《江苏省南京市盛大灯饰装饰有限公司销售代理合作咨询函》的特快专递邮件。

大约9:40，王芳处理完收文后，召集李丽等上网查看李明主任布置的工作任务，并分头开展拟写工作。

大约11:00，王芳想起来，陈副总经理和研发部的杨经理上周去上海参加第X届中国国际新光源与新能源照明展览会暨论坛、第X届国际电子测试与测量研讨会(由

中国电子器材总公司和中国电子企业协会联合举办)应该已经回来。他们开会带回的文件应及时索要回来，以便及时立卷归档。请思考：

1. 王芳怎样用 NTL 工作分类法(工作任务轻重缓急分类法)对上述文件进行分类？

2. 王芳找来李丽后，进行了发文处理程序哪些环节的工作？

3. 王芳将文件报领导批阅前，首先开展的是哪一个收文处理程序？她是怎样做的？

4. 王芳是怎样将上述文件分别夹入文件夹报李主任拟办或批办的？

5. 王芳将李主任拟办的哪些文件递交王总批办？

6. 王芳按照批办意见将哪些文件分送到哪些部门？

7. 王芳当天对公司哪些发文进行了平时归卷工作？她是怎样做的？

8. 一周之内，王芳催办了哪些文件？

9. 一周后，王芳收到了承办文件部门清退回来的哪些文件？她是怎样注办这些文件的？

10. 王芳将哪些承办文件进行了平时归卷工作？她是怎样做的？

11. 王芳对账外文件是如何及时立卷归档的？

【方式与要求】

1. 上机操作，完成《创新实业有限公司文书档案人员业务培训方案》《创新实业有限公司文书档案工作制度》《创新实业有限公司关于开展文书档案工作培训的通知》3 份文件的起草。

2. 文件起草要求格式正确，语体规范，语言简练，用词准确，无语法和逻辑错误，标点符号正确。

3. 实训用表单应提前做好，收发文用表单符合规范，必填项目应在情景演示中正确填写，且格式正确、项目完整，并在实训中能发挥作用。

【实训提示】

平时归档是公文办理的最后环节，也是档案工作的初始环节，包括文件整理、立卷归档工作两方面，只有平时文件收集齐全，才能确保单位档案的质量，最终完成上年文件档案的归档工作。

1. 平时应做好归档文件卷夹预留工作，给应归档文件一个临时归宿。

2. 应归档文件不仅包括办理了登记手续的收文和发文这类账内文件，还包括账外文件。

【实训内容】

1. 演示王芳上网查看公司管理系统并召集李丽接受工作任务时的工作程序和情景；

2. 演示王芳接收邮件时的工作程序和情景；

3. 分别演示王芳、李丽起草文件的情景；

4. 演示王芳收文后，开展收发文处理的工作程序和情景；

5. 演示李明主任接到呈报文件后，对收文拟办和批办时的工作程序和情景；

6. 演示王总经理接到拟办文件后，对收文批办时的工作程序和情景；

7. 演示王芳依据批办意见分送文件时的工作程序和情景；
8. 演示一周后承办文件部门办结、清退并注办文件时的工作程序和情景；
9. 演示王芳预设应归档文件卷夹的工作情景；
10. 演示王芳完成文件注办后，开展平时归卷的工作程序和情景；
11. 演示王芳对账外文件的收集与立卷归档的工作情景。

【实训考核】

归档文件平时整理、鉴定归卷训练评分表

小组：　　　　　　　　　　　　　　　　　　　　　　　学生：

内容	操作标准	分值	得分
平时归卷	年初按立卷计划预设当年应归档文凭空卷夹(盒)	4	
	用铅笔在空卷夹(盒)填写分类类别名称	3	
	将处理完毕的文件随时或定期收集起来	4	
	进行初步分类，将文件放入类别相同或相近的卷夹(盒)	3	
	定期检查卷夹(盒)，检查归档文件的完整性及科学性	3	
	卷夹(盒)内文件数量多于200页时，应调整卷夹(盒)	4	
	对已办结且无新文件产生的卷夹(盒)可先行立卷	3	
归档文件整理	每年1~6月，文书部门将上一年办理完毕的文件组卷	3	
	承办和处理文书的办公室和业务部门文书人员负责立卷归档	4	
	归档文件整理、立卷的方式恰当(集中式、分散式、混合式)	3	
	能准确区分文件的归档范围	3	
	归档文件按年度、保管期限区分	3	
	归档文件的修整处理	3	
归档文件的收集工作	对应归档文件的收集，重点是本机关形成的材料	4	
	对零散文件的收集，重点是领导或工作人员尚未退回的材料	3	
	注意对账外文件的收集	3	
	根据立卷范围和分类，将应归档文件收集齐全、完整	3	
	能按《收文登记簿》和《发文登记簿》的文号收集	4	
	及时询问领导及相关人员有无会议带回或未入账的文件	3	
归档文件的鉴定工作	正确鉴别判定档案保存价值	4	
	准确划分档案的保管期限	4	
	对一时分不清价值的档案采用弹性处理方法	3	
	将有保存价值的文件分为永久(Y)、定期(D)(10~30年)两种	3	

续表

内容	操作标准	分值	得分
归档文件的整理工作	遵循文件形成的规律，保持文件之间的有机联系	4	
	反映机关工作的历史面貌	3	
	区分文件的不同保存价值	3	
	区分文件形成的年度	3	
	区分不同的载体	3	
	区分不同的问题	3	
	准确判断归档与不归档文件范围	4	
总分			

【相关知识】

根据国家的规定和本单位的具体情况准确地确定文书材料的归档范围和不归档范围，是非常重要的。

一、不归档的文件材料

(一)上级机关的文件材料

1. 上级机关任免、奖惩非本机关工作人员的文件，普发供参阅、不需办理的文件材料；

2. 上级机关发来供工作参考的抄件；

3. 上级机关征求意见未定稿的文件。

(二)本机关的文件材料

1. 重份文件；

2. 无查考利用价值的事务性、临时性文件；

3. 未经会议讨论，未经领导审阅、签发的未生效文件、电报草稿，一般性文件的历次修改稿(重要法规性文件，定稿除外)、铅印文件的各次校对稿(主要领导人亲笔修改稿和负责人签字的最后定稿除外)；

4. 从正式文件、电报上摘录的供工作参考的非证明材料；

5. 无特殊保存价值的信封，一般性表态、访问、提供一般建议或意见的人民来信；

6. 机关内部互相抄送的文件材料，不应履行公文的行文、介绍信等；

7. 本机关负责人兼任外机关职务形成的与本机关无关的文件材料；

8. 为了参考而从各方面收集的文件材料。

(三)同级机关和非隶属机关的文件材料

1. 参加非主管机关召开的会议不需要贯彻执行和无查考价值的文件材料；

2. 非隶属机关抄送的不需办理的文件材料。

(四)下级机关的文件材料

1. 下级机关送来参阅的简报、情况反映、不应抄送或不必备案的文件材料；

2. 越级抄送的一般的、不需办理的文件材料；

3. 下级机关抄报备案的一般性文件材料。

二、归档的文件范围

凡是本单位工作活动中形成的、办理完毕的、具有保存价值的各种文件，包括党、政、工、团以及人事、保卫、财会等工作中形成的各种形式和载体的文件材料，均属归档范围。概括地说，凡是反映本单位主要工作职能和历史发展面貌的文件材料均有保存价值，均应归档。应归档文件包括 4 个部分：

1. 上级来文。具体包括需要贯彻执行的上级重要会议文件；上级主管部门的法规性文件；上级视察工作形成的文件资料；代上级草拟并被采用的文件；上级单位转发本单位的文件。

2. 本单位形成的各种文件。

3. 下级报送的文件，包括下级单位报送的重要工作计划、报告、总结、典型材料、统计报表、决算等文件；下级单位报送的法规性备案文件。

4. 相关文件，包括各种普查工作中形成的文件材料；按有关规定应归档的死亡干部的文件材料；需要执行的法规性文件；有关业务单位对本单位工作检查形成的重要文件。

三、文件档案价值鉴定工作

（一）档案价值鉴定工作

1. 文件归档鉴定。这是各组织对处理完毕的文件所进行的划定归档范围的工作。归档鉴定所依据的原则是国家档案局关于《机关文件材料归档和不归档的范围》的规定。各个组织也可以根据国家的规定确定本组织的归档范围。这项工作由组织的文书人员或秘书人员承担。

2. 划定文件的保管期限。由于各种因素的影响，同属于一个归档范围的文件常具有不同的保管期限，为此，在确定归档范围之后还需要对文件划定具体的保管期限。这项工作也由组织的文书人员或秘书人员承担。

3. 档案价值复审。除了永久保存的档案外，其他定期保存的文件在保管期满之后，需要对其价值进行复审，以确定是继续保存还是予以淘汰。档案价值复审主要采取以下两种形式。

（1）到期复审。到期复审是指对于短期或长期保管的档案，在保管期满后重新审查其是否确实丧失了保存价值。对保管期满档案的复审周期可以逐年进行，也可以若干年度进行一次。这项工作由档案室（馆）承担。

（2）移交复审。移交复审是指档案室向档案馆移交档案时，档案室人员和档案馆接收人共同对所移交档案的保管期限进行的审查工作。

4. 销毁无价值档案。对于经归档鉴定和价值复审确认为没有保存价值的档案，应按照规定的手续和方法予以销毁。这项工作通常由档案部门承担。

（二）鉴定档案价值的标准

档案价值的鉴定标准有以下两项。

1. 档案属性标准。档案属性标准包括档案的来源标准（即档案的形成者），档案的内容标准（指档案所记载的事实、现象、数据、思想、经验、结论等，它是决定档案价值最重要、最本质的因素），档案的形式标准（指文种、形成时间、稿本和外观类型等），相关档案的保管状况标准(指档案的完整程度与内容的可替代程度)等。

2. 社会利用标准。社会利用标准主要指档案的利用方向与利用面。

(三)鉴定档案的基本方法

直接鉴定法是鉴定档案的基本方法。这种方法要求鉴定人员直接地、具体地审查每一份文件，从其作者、内容、文种、时间、可靠程度、完整程度等各方面进行考察，然后根据鉴定原则和标准判定其保管期限。不能仅根据文件的题名、文种、卷内文件目录、案卷题名或案卷目录等去确定档案的价值。在鉴定档案时，以下情况需要加以注意。

1. 如果在鉴定时对一些文件是否保留存有疑义，则不要匆忙下结论。一般应掌握以下原则：保存从宽，销毁从严；孤本从宽，复本从严；本组织文件从宽，外组织文件从严。

2. 对于介于永久、定期之间两可的文件，可采取“就高不就低”的处理方法。

3. 在具有密切联系的一组文件中，如果只有一两件文件的保存价值较短，而其他文件均具有较长久的保存价值，则可合并立卷，从长保管。

在剔除保管期满的档案时，一般以卷为单位，以短从长，尽量不拆卷。如果一卷中只有个别文件需要继续保存，可以将其挑选出来，其他文件则剔除；如果一卷中只有个别文件失去保存价值，可暂不剔除，原卷继续保留。

【拓展训练】

一、鸿业集团成立于2008年10月，是一家小型的房地产公司，其档案管理工作由办公室秘书小王一人负责。什么时候收集、什么时候整理、按什么原则进行分类等工作都是小王一个人自行决定。因为开始公司规模较小，只有6个部门，工作量不大，一般就是收集和整理各部门的档案。所以她采用“机构组织——年度——保管期限”的分类方法。随着公司业务量的不断扩展，公司的规模逐渐变大了。去年领导决定做一些部门调整，由最初的6个部门变为10个部门。后来又经历了一些人事调动，换了新领导，新官上任后对公司重新进行规划，公司最终确定了8个部门。小王比较心细，有丰富的秘书工作经验，因此一直在领导左右，但是她依旧使用以前的档案分类法。一天，查3年前公司刚刚成立时的一份文件，小王知道老总要的文件是关于市场调查方面的，但由于短时间内公司部门频繁的调整和变动，使得小王记不清那份文件所属的部门了。没办法，她抱出小山般的档案文件，一个个换着翻，但是这样找起来真如大海捞针。最后，她向以前一起工作过的跟这份文件有关系的同事讨教了一下，才找到老总需要的文件。

请同学到档案室，根据案例的情况进行文件归档整理，并填写归档文件目录。

二、宏达公司在年末进行文件归档鉴定时，鉴定人员对于一些文件的保存价值产生了不同看法和争论。有的人认为，直属上级部门是本公司的直接领导，因此，归档应该主要保留上级部门发给本公司的文件，本公司的文件不需要重点保存，下属公司的文件则更没有保存的价值。而有的人则认为，凡是本公司的文件都是重要的，都需永久保存；外来的文件则可以少保存或不保存。还有的鉴定人员提出，凡是对本公司没有查考利用价值的文件都应剔出，作为准备销毁的文件。为了统一鉴定人员的认识，档案员王晨找来《机关文件材料归档范围和文书档案管期限规定》等文件和一些资料，供大家在鉴定过程中作为标准掌握。有了文件的指导，这些鉴定人员对档案价值的判断有了依据，认识得到了统一，圆满地完成了鉴定任务。

按照实际情况演练档案价值的鉴定。

任务二：归档文件年终定卷、编目、归档训练

【任务驱动】

年终将至，苏州市创新实业有限公司办公室秘书王芳心里有点着急，这一段时间因工作较忙，年终定卷工作还没落实。12月25日，她先电话询问了各部门目前的归档文件平时归卷的类目情况，随后向李明主任汇报，年底前应集中各部门的文员，开展年终定卷工作，以便在来年6月前完成公司上一年度文书的立卷归档工作。李主任让她先拟写一份公司归档文件年终定卷的工作进度安排表，由她牵头，集中三天时间完成年终定卷工作，并在年后五月份前完成归档文件的编目、排列、装订、编号等工作；同时让王芳通知所有部门文员当天下午开会布置工作任务。

1. 王芳首先拟制了一份《创新实业有限公司归档文件年终定卷、检查工作进度安排表》。

2. 王芳电话通知各部门文员下午3点钟到办公室开会，布置公司年终定卷、检查工作。

3. 会上，李主任详细询问了各部门、平时归卷工作情况，大部分文员的工作都能如期完成。但是研发部的林美玲因病休息半年，刚来上班才几天，别人临时替她干了半年，平时归卷工作根本没做。

4. 李主任根据大家反馈的情况，作了如下布置：由王芳负责，大家集中三天时间依据《工作进度安排表》按时完成年终定卷工作，并临时抽调办公室张丽协助林美玲完成工作任务；同时要求大家与王芳沟通协商，明年5月前完成档案文件整理、立卷、归档工作。

5. 李主任要求王芳与大家协商后制定明年的档案整理、立卷计划。

【方式与要求】

1. 分组开展情景演练。

2. 教师给各组评分并点评。

3. 上述实训内容应作为一个整体情景进行演示。

4. 实训发文应提前做好，且格式正确、语言规范、用词准确，无语法和逻辑错误，标点正确，并在实训中能发挥作用。

5. 各类归档文件立卷用表单应填写工整、格式正确。

【实训提示】

1. 年终定卷工作是文件立卷归档的基础工作，定好的卷宗是形成公司档案的基础。

2. 归档文件整理方法是按文件形成的本来状况，以“件”为单位整理归档。

3. 按“件”为单位进行文件级整理。

4. 对年终定卷、编目和归档的程序和相关技术要求加以掌握。

【实训内容】

1. 演示王芳电话询问各部门平时归档工作的情景。

2. 演示李主任给王芳布置拟稿、负责牵头完成定卷、通知各部门文员开会等工作情景。
3. 演示王芳撰写《工作进度安排表》的过程。
4. 演示大家分头开展年终定卷工作的过程和情景。
5. 协助学校档案室完成年终定卷、编目等归档文件的整理、立卷工作。

【实训考核】

归档文件年终定卷、编目、归档训练评分表

小组：　　　　　　　　　　　　　　　　　　　　　　　　　　　　　学生：

内容	操作标准	分值	得分
年终定卷	对已经归卷的文件材料必须认真地进行一次全面的复查和调整	2	
	要全面彻底地收集文件材料	2	
	收集账内(收文簿、发文簿登记了的)的文件材料	4	
	多方收集账外文件材料	4	
	正确地确定文件材料的所属年代	4	
	按照文件材料自然形成的规律，保持文件材料之间的历史联系	4	
	根据档案保管期限和文件材料归档范围，准地判断文件的价值	4	
归档文件编目	编制归档文件“件号”和“档号章”	4	
	编制《归档文件日录》	4	
	编制《盒内备考表》	4	
	能据文件内容、形式等特征考证并填写责任者	4	
	填行文号项时应照实抄录，机关代字、年度、顺序号不能省略简化	4	
	文件题名完整、规范	4	
	填写文件的成文日期，如 210150419	4	
	填写一件文件的总页数，用于统计和核对	4	
	填写备注项，说明密级、缺损、修改、补充、移出、销毁等情况	4	
归档文件的技术处理与装订	拆除金属钉、针等金属物	4	
	对破损文件进行修补、托裱处理	4	
	对大于规定尺寸(A4 或 16 开型)的文件进行折叠、取齐、压平	4	
	将每份文件用缝纫机大针脚压缝在文件的三分之一装订	4	
	按顺序将缝好的文件装入档案盒，或用文件夹夹好后装盒	4	
	填写《归档文件登记表》《归档文件处理说明》	4	
	填写盒内备考表	4	
	按“年度——保管期限——机构”统一编号，有序装盒	4	
	按要求在盒脊上填写各项内容	4	
	依据案卷目录、卷内文件目录及卷文件数量检查	2	
	填写案卷移交清单，一式三份	2	
总分			

【相关知识】

一、归档文件分类法

全宗内档案分类指的是按照档案的来源、时间、内容和形式上的异同，将全宗内的档案分成若干层次和类别，构成有机体系的一项工作。包括选择分类方法、制订分类方案和档案文件归类，以便确定立卷、编目和案卷排列上架的具体方法。

分类方法很多，可归纳为 4 种类型：

1. 按文件的产生时间分类，有 2 种：

(1)年度分类法；

(2)时期分类法，即把文件按照立档单位在发展变化过程中形成的不同时期(或阶段)分类，而在较长的阶段内又可按年度分类整理。

2. 按文件来源分类，有 3 种：

(1)组织机构分类法；

(2)作者分类法，即按文件的作者(机关或个人)分类；

(3)通讯者分类法，即按与立档单位有来往通讯关系的机关或个人分类(收文按作者，发文存本和原稿按收文者)。

3. 按文件的内容分类，主要有 2 种：

(1)问题分类法；

(2)地理分类法，即按文件内容涉及的地区分类。

4. 按文件的形式分类，主要有 2 种：

(1)文件种类(名称)分类法，如账册、凭证、报表等；

(2)文件载体分类法，如影片、照片、录音带等。

以上诸分类法中使用较多的是年度分类法、组织机构分类法和问题分类法，而单纯采用其中一种的比较少，大多是结合使用，即复式分类法。通常由年度同组织机构或问题分层联合，构成如下 4 种复式分类法：

1. 年度——组织机构分类法，即首先把全宗内档案按年度分开，然后在每个年度下面再分组织机构。这种方法适用于立档单位内部机构经常变化但不复杂的全宗，现行机关的档案采用较适宜。

2. 组织机构——年度分类法，即首先把全宗内档案按组织机构分开，然后在组织机构下面再分年度。这种方法适用于立档单位内部机构多年稳定或调整不大的全宗，一般多用于撤销机关的档案。

3. 年度——问题分类法，即首先把全宗内档案按年度分开，然后在每个年度下面再分问题。这种方法适用于立档单位内部机构变化复杂，或由于机构间分工不明确、文书工作不正规等原因而难以区分文件所属机构，以及没有内部机构或内部机构简单的全宗。

4. 问题——年度分类法，即首先把全宗内档案按问题分开，然后在每个问题下面再分年度。这种方法多适用于撤销机关档案和历史档案。

二、以“件”为单位进行文件调整

国家档案局对文件立卷工作进行了改革，《归档文件整理规则》中取消了作为实体保管单位的“案卷”，将归档文件整理的基本定义到“件”，进行文件级整理，“件”作为归档文件的整理单位，即一份文件为一件。其具体含义为：

(1)单份文件。一份文件为一件。

(2)复体式文件。发文正本与定稿、收文正本与文件处理单、正本与副本、正本与复制本、正文与附件、转发件与被转发文件分别作为一件。

(3)来往文件。来文与复文、请示与批复、问函与复函作为一件。

(4)重要法规性文件的历次修改稿作为一件。

(5)成套性文件。会议文件、工程文件，每次(期)为一件。

(6)簿册类文件报表、名册、图册等，可分别以一册为一件。

(7)跨年度的请示与批复。如果未能作为一件，也可分别归卷，但应在备注栏说明。

三、归档的步骤

1. 归档前，秘书要根据归档制度，确定归档范围。

2. 提前编制分类方案。就是在分类之前先确定分类的级次，以及每一级采用什么样的分类方法或每一级的主要内容，然后把各个类目的名称一一列举出来，形成一个大纲。主要按保管期限、组织机构和问题三种方法进行分类。经常会用复式分类法，如保管期限——年度——组织机构分类法等。

3. 做好归档文件的平时整理，即文书人员依据文件的分类方案及时收集已经处理完毕的文件材料，以“件”为单位进行装订，并按有关类目随时归整，装入案盒，到年终或第二年年初再严格按归档的要求进行调整。

4. 归档文件应收集齐全、完整，符合归档质量要求。

5. 按照《归档文件整理规则》进行系统整理，主要包括确定案盒内归档文件(通过检查调整，将案盒内的文件进行准确分类、排列、编号)、填写案盒(归档文件目录、备考表、案盒封面、盒脊)。

盒内归档文件登记表

年度	保管期限	件数	保管		接收		备注
			部门	姓名			

四、案盒内归档文件的排列

归档文件的排列是指在分类方案的最低一级条款和条目内，根据一定的方法确定归档文件先后次序，并以“件”为单位进行排列的过程。归档文件的排列方法有下列四种。

1. 按事由结合时间排列。文件排列一般应将相同事由的文件排列在一起，然后将相同事由的各“件”结合时间进行排列，即时间早的排在前，时间晚的排在后。这里的“时间”主要是指文件形成的时间，有些文件也可依据文件的处理时间，如工作计划等。

2. 按事由结合重要程度排列。首先将相同事由文件排列在一起，再把重要职能活动或重要活动形成的文件排列在前，其他工作形成的文件排列在后，或将综合性工作形成的文件排在前面，具体业务性工作形成的文件排在后面。

3. 按事由具有的共同属性分别集中排列。例如成套的文件像会议文件、统一报表等，应将会议文件依次排列在一起，各种统一报表集中一起，然后结合时间或重要程度进行排列。不可将成套文件同其他文件混排在一起，但某份文件内表格除外。

4. 短期保管的文件可按办理完毕后归档的先后顺序排列。

案盒内归档文件经过系统排列后，应依分类方案和排列顺序逐件编号，以固定位置、统计数量，并便于保护文件和方便查找利用。归档文件编号方法是在文件首页上端的空白位置加盖归档章。

归档章式样

全宗号	年度	室编件号
机构/问题	保管期限	馆编件号

归档章各项目的填写方法是：全宗号，填写同级国家综合档案馆给立档单位编制的代号。年度，填写文件的形成年度，以 4 位阿拉伯数字标注公元纪年，如“2009”。保管期限，标注“永久”“定期”，或使用其简称“永”“定”或代码（Y、D）。室编件号，填写文件在同一保管期限内的排列顺序号。一般的组织在同一年度里、同一机构（问题）、同一保管期限下从“1”开始逐件编流水号。永久保管文件较少的组织，永久和长期保管的档案可以从“1”开始混编成一个流水号，按进馆要求编写。按组织机构分类的，填写形成或承办该文件的组织机构全称，如机构名称太长，可使用机构内部规范的简称。按问题分类的，直接填问题的类名。

五、填写案盒

1. 填写案盒内归档文件目录。在盒内文件排列完毕后，归档文件应依据分类方案和室编件号顺序编制归档文件目录，用于介绍盒内文件的成分和内容。归档文件应逐件编目，内容一般包括：件号、责任者、文号、文件题名、日期、页数和备注。

（1）件号，即每件编一个号，填写室编件号；来文与复文作为一件，只对复文进行编号。

（2）责任者，填文件的署名者或发文机关，责任者名称过长，可写通用的简称。

（3）文号，填写制发机关的发文字号，文号一般由发文机关代字、年度（用六角括号“〔　〕”插入）、顺序号 3 部分组成。

（4）文件题名，填写文件标题，对于原无标题的文件应根据内容补拟后填写，自拟标题外加方括号，以示与其他标题的区别。

（5）日期，即文件的形成时间，用 8 位阿拉伯数字来标注年月日，如 20150306，此号的含义即为 2015 年 3 月 6 日。

（6）页数，填写每一件文件的总页数，文件中有图文的为一页，空白页不计数。

（7）备注，填写文件的变化和要说明的情况及问题。

归档文件目录

件号	责任者	文号	文件题名	日期	页数	备注

归档文件目录应装订成册，一般一年一本，并编制封面。目录封面可视需要设置全宗名称(立档单位名称)、年度、保管期限、机构(问题)等项目。

这里要说明的是，归档文件目录统一制作完成后，案盒内应存放本案盒的文件目录，并置于案盒文件最前面以方便查找。同时另备一份，同其他盒内目录按"件"号顺次装订成总目录，以供文件的检索利用。检索项目为：全宗号——年度——机构(问题)——保管期限——件号。

归档文件目录式样

归档文件目录

全宗名称 ____________

年　　度 ____________

保管期限 ____________

机　　构 ____________

2. 填写备考表。案盒的备考表放在案盒文件最后，说明盒内文件的状况，如该盒内文件缺损、移出、补充、销毁以及其他需要说明的问题等。并填写登记日期及归档文件整理完毕的日期、整理人、检查人。整理人，即负责整理文件的人员姓名；检查人，即负责检查归档文件整理质量的人员姓名。备考表由整理人填写。

备考表

盒内文件情况说明

整理人：

检查人：

年　　月　　日

3. 填写案盒封面、盒脊。调整后的归档文件按档案审编件号顺序装入档案盒，并需要填写档案盒封面、盒脊。档案盒的外形尺寸为 310 毫米×220 毫米(长×宽)，盒脊厚度可视情况制作，厚度一般为 20 毫米、30 毫米、40 毫米。档案盒采用的材料必须经久耐用，一般应采用无酸纸制作。

档案盒一般根据摆放方式的不同，在盒脊或底边设置全宗号、年度、保管期限、起止件号、盒号等项目。起止件号填写盒内第一件文件和最后一件文件号，中间用“—”号连接；盒号即档案盒的排列顺序号，在档案归档移交时填写，或以后由档案室填写。

案卷盒封面参考样式

第

号
全
宗

第

号
目
录

第

号
案
卷

全宗号	
目录号	
案卷号	

（机关名称）						
（组织机构名称）						
（案卷标题） 文书处理号：						
自	年	月	日起至	年	月	日止
卷内共	件	张	保管期限：			

盒内归档文件目录

案卷号	公文处理号	案卷标题	起止日期	卷内文件张数	卷内张数	保管期限	库橱(格)号	备注

盒内目录封面参考样式

全宗号	
目录号	

××××××××××案卷子目录

二○××年

(保管期限)

年　月　日编

(16开纸横排印刷)

盒内目录备考表参考样式

备　考　表

本卷目录共　　　张，其中包括　　　个案卷，一式　　　份。

情况说明：

移交单位(盖章)　　　　　　接收单位(盖章)

移交人(签字)　　　　　　　接收人(签字)

年　月　日

【拓展训练】

从一个实例看案卷标题的修改

某省人民政府卷宗中，有这样一个案卷标题：本府及办公厅关于恢复主席集体办公、秘书长联合办公、拍发电报、资料供应、党政机构合并、西北行政委员会关于政策文件处理等的通知及办公厅支部、省参事室工作总结。

这个案卷标题拟写的如何呢？研究了案卷文件的情况后才能说清。下面是这个案卷的原卷目录登记顺序，照样抄出：

顺序号	文件作者	文件标题	文件日期
1	省府办公厅	通知恢复主席集体办公制度	1954. 4. 30
2	省府办公厅	关于各单位提请行政会议讨论的议题、拍发有关政策原则性电报等问题的一些规定	1954. 3. 24
3	（无署衔）	关于秘书长联合办公的几项规定	（无年）11. 22
4	省人民政府	关于省级机关统计资料供应与使用办法	1954. 7. 10
5	省人民政府	关于省府机要室与省委机要处合并的通知	1954. 9. 1
6	省人民政府	各专区重视与加强机要交通的领导	1954. 9. 6
7	政务院秘书厅	关于党政机构合并后电报管理和销毁问题的批复	1954. 9. 14
8	省政府办公厅	边境证发西北行委撤销后《关于西北区现行法规、条例和重要政策性指示的处理意见》通知	1954. 11. 19
9	西北行政委员会	函告西北行委第一次会议上有关你省工作的一些问题和意见	1954. 1. 26
10	省人民政府	关于甘肃工作中一些问题的报告	1954. 3. 18
11	省人民政府	函告中民委转马绍文关于东乡县工作中一些反映和问题	1954. 9. 23
12	省人民政府	关于在政府机关中开展工间操和其他体育活动的通知	1954. 4. 24
13	省人民政府	关于机关干部吵架斗殴事件的调查情况和处理意见的通报	1954. 9. 29
14	省人民政府	为请示×××被杀案的判决如何执行函	1954. 7. 9
15	国家建委	请进行郝家川的城市规划工作	1954. 12. 27
16	省政府	关于兰州市总体规划图的几点意见	1954. 12. 26
17	国家建委	对兰州市初步规划的审查意见	1954. 12. 11
18	省府办公厅	千万以上、以下、百万以下人员处理登记表	1954（无月/日）
19	省府办公厅	中共省府办公厅支部工作总结	1954. 7. 24
20	（无署衔）	四总支一年五月零十天的工作总结	1954. 7. 31
21	省府参事室	一九五四年工作总结	1955. 8. 16

从上列文件作者、文件标题、文件日期和排列顺序可以看出，这个案卷标题存在的主要问题有：

1. 概括不全面。案卷共 21 份文件，作者有 8 个，案卷标题却只标出 5 个，政务院秘书厅、国家建委和四总支部没有标出；涉及问题即内容有 11 个，案卷标题却只标出 5 个，城市规划、机要交通、人员处理、案件判决、工作反映、体育活动没有标出；文件名称有 11 个，案卷标题却只标出 2 个，规定、办法、批复、请示、通报、报告、意见、函、登记表没有标出。

2. 排列不规则。卷内文件顺序只是碰到什么排什么，案卷标题中出现的文件作者、问题、名称，都没有按逻辑顺序或重要程度或习惯顺序排列。

3. 结构不规范。文件作者、问题和名称，都没有按类别相对集中，各个组成部分被相互隔开。

4. 时间不相符。卷文件起止时间，原标自 1954. 1. 26—1954. 12. 27 止，实际有一份文件日期为 1955 年 8 月 16 日。

出现上述问题的原因，主要是两个：一是文件在组卷时分类不专不细，大杂烩造成了内容庞杂，致使案卷标题繁琐冗长。这个案卷反映的问题即内容，基本是三大类，即城市规划、党支部工作和机关秘书事务工作。前两类问题比较集中，后一类内容庞杂，将它们分开组卷，就会显得简明扼要，现在混杂在一起，当然繁琐冗长。二是案卷内文件排列时，没有逻辑意识、整体观念，信手排来，杂乱无章。拟写标题也依此照录，自然不系统，遗漏多。

请你根据上述分析，对原案卷标题进行修改。

【本模块主要参考文献】

1. 张小慰主编：《秘书岗位综合实训》，重庆大学出版社 2015 年版。
2. 吴良勤、雷鸣主编：《秘书实训指导与案例分析》，北京大学出版社 2010 年版。
3. 楼淑君主编：《秘书综合实训教程》，浙江大学出版社 2009 年版。
4. 葛红岩主编：《新编秘书实训》，高等教育出版社 2015 年版。
5. 杨霞主编：《公文写作规范与例文解析》(第二版)，北京大学出版社 2013 年版。

【秘书办会岗位训练】

项目一：会前筹备实训

任务一：拟定会议筹备方案

【实训目标】

1. 会正确理解领导意图，能准确地表述会议议题。
2. 会根据实际情况，合理安排会议议程。
3. 会运用 Excel 或 Word 软件编制会议议程表。
4. 能合理分配会议筹备任务，做好会前的各项事务工作。
5. 会编制要素完整、表达流畅的会议筹备方案及应急方案。
6. 能够正确拟制各种会议文书。

【任务驱动】

苏州新创公司按照工作安排，年底将召开公司年会。为确保年会开展的顺利有序，公司希望总经办能提出详细的筹备方案，并提交公司董事会讨论通过。对于年会的基本内容，公司有一些指示：要求公司职工代表参加，时间在 3 天左右。总经办秘书王芳被要求在一周之内完成会议筹备方案，请协助王芳完成工作。

【方式与要求】

1. 熟练掌握会议筹备的一般原则；
2. 熟练掌握会议筹备方案的主要内容；
3. 熟练掌握会议筹备方案的撰写格式。
4. 概括叙述秘书王芳完成这项任务的步骤。
5. 能够编写会议筹备方案。

【实训提示】

1. 分组模拟演练，展示出会议筹备工作的关键问题和基本问题，以及解决问题的方案。

2. 完成本任务之前，宜先对策划方案的写作进行学习，阅读相关会务工作专业书籍，利用课余时间参与学校各级各类会务工作，或者到企事业单位观摩或参与会务工作。

3. 拟制会议筹备方案是会前一项重要工作，应掌握会议筹备方案的主要内容和工作技巧，根据具体情况设计筹备方案。

【实训内容】

王芳首先对会议筹备方案的内容进行了比较全面的了解，如会议任务、与会人员、会议议程、会议召开办法、会议筹备工作分工、会议经费以及其他相关内容；其次，对上级比较明确的内容可以直接在方案中列入，比如会议参加人员、会议时间等，对于部分不明确的事项，应进行汇总，并提出解决方案，提交总经办主任批准，经批准后，分工进行操作；再次，根据从各方面收集的信息，参考2014年年会筹备方案，进行2015年年会筹备方案的撰写。方案撰写完成后，报公司董事会讨论通过后执行。

附：

苏州新创公司××公司2015年年会筹备方案

××公司领导：

根据公司2014年×月×日会议决议精神，为了使我公司2015年的工作跨上一个新台阶，适应新的国内外发展形势，经研究决定，于2015年12月22日—24日，在公司会议厅召开2015年公司年会。

现将筹备方案报告如下：

一、会议任务。总结2014年公司的全面工作；讨论并通过2014年公司决算报告和2015年公司预算报告；研究2015年公司发展的总体战略与策略。

二、与会人员。公司全体职工代表。

三、会议议程与日程安排。12月22日，由公司总裁黄可做《苏州公司2014年度工作报告》，并交大会审议；12月23日，财务总监张平做《苏州公司2014年财务决算报告》和《苏州公司2015年财务预算报告》，并提交大会审议通过；12月24日，讨论公司在新形势下的发展战略，以部门为单位讨论，再进行大会发言。开幕式、闭幕式为大会形式，讨论分为大会报告和小组讨论相结合。

苏州新创公司2015年年会议程安排

时间	内　容	责任人	地点
12月22日	《苏州新创公司2014年度工作报告》	黄可	会议厅
12月23日	《苏州新创公司2014年财务决算报告》《苏州新创公司2015年财务预算报告》	张平	会议厅
12月24日	讨论：公司在新形势下的发展战略	代表	分会场

四、会议筹备工作。拟组织会务组、接待组、秘书组三个小组。秘书组重点负责总裁工作报告的起草和所有会议文件的印制、校对、分发，做好会议记录，做好会议的宣传、简报工作；会务组负责会务组织、场地布置、财务工作等；接待组负责食宿安排、交通安排、生活服务。预、决算报告由财务部起草。大会各项准备工作需于12月20日前完成。

苏州新创公司2015年年会会务工作分工表

工作机构	内　容	责任人	备　注
秘书组	负责总裁工作报告的起草和所有会议文件的印制、校对、分发，做好会议记录，做好会议的宣传、简报工作	王　芳	
会务组	负责会务组织、场地布置、财务工作等	李高	预、决算报告由财务部起草
接待组	负责食宿安排、交通安排、生活服务	董丽	

苏州新创公司2015年年会会务日程表

日期	时间	内容	地点	参加人	主持人
月　日	上午8：30—9：50				
	上午10：00—11：30				
	下午14：30—16：30				
	下午16：40—18：00				
	晚上20：00—22：00				

五、会议经费。会议经费总计10万元，由公司行政经费拨出(经费预算见附件)。

六、会议的生活服务和后勤保障。会议代表统一安排在公司招待所，伙食标准为每人每天100元，自助餐形式。24日晚安排会餐，然后安排联欢会。

七、开幕式中拟请上级有关领导×××讲话．闭幕式中由公司总裁做总结报告。

附：会议经费预算(略)

总经理办公室

2015年11月7日

【实训考核】

会前策划项目训练评分表

小组： 学生：

内容	操作标准	分值	得分
会议方案评价	会议名称能揭示会议性质或会议内容	4	
	会议的预期目标清晰、具体	4	
	会议议题安排符合要求，主题集中、明确	4	
	会议召开的日期、会期的长短符合要求	4	
	考虑会议内容需要、接待能力、会议成本因素	4	
	会议规模符合实际工作需要	4	
	与会人员的组成体现出合法性与必要性	4	
	会议所需的设备和工具齐全、完整	4	
	能围绕会议主题拟制会议文书并分装到资料袋	4	
	会议住宿与餐饮安排到位	4	
	会议所需经费与来源符合要求	4	
	筹备工作机构完整，分工明确	2	
会议筹备工作方案	具体、周密分解会议筹备工作	4	
	体现时间的先后顺序	4	
	每一项筹备工作都落实到部门或人	4	
	明确工作要求和完成时间	4	
	对突发事件事先有预案	4	
会议议程表	议题设计完整清晰	4	
	列明每项议题的起止时间、内容、有关人员	4	
	编制会议指南	4	
会议日程表	具体活动完整、详细	4	
	环节衔接紧凑，又时间充裕	4	
	列明活动起止时间、内容、有关人员及负责人	4	
会议经费预算	体现节约、合理原则	4	
	包括住宿、餐饮、交通、场地、设备租用、礼品、文件制作、拍摄、娱乐等项目	4	
	机动费用	2	
总分			

【相关知识】

一、会议筹备的内容

1. 会议筹办方案需确定的内容：会议的主题与议题；名称；议程；时间和地点；所需设备和工具；文件的范围；与会代表的组成；经费预算；住宿和餐饮安排；筹备机构。

2. 检查会务的筹备情况：会议准备是否充分；会议期间能否排除各种干扰；环境条件与用品准备；文件材料的准备情况；会场布置情况的检查；会议保卫工作的检查；检查的其他内容。

3. 会议应急方案的制订程序：预测情况，准备应对备选方案，讨论会议紧急情况，确定会议应急方案。

4. 提示会议按计划进行的程序：了解议题和议程，准时宣布开会，有效引导议题。

5. 会议经费使用的程序：申请经费，主管领导审批，财务人员提取现金或填写支票，经费支出，审核会议经费支出。

6. 处理会中突发事件的程序：向领导报告，启动会议应急方案，实施应急方案，必要时向公共应急机构请求支援，善后工作。

7. 会议总结的工作程序：对会议征询意见，拟就工作总结稿；向领导报告会议结论；印发；归档；组织全体工作人员进行总结。

8. 会议经费使用的主要方面：文件资料费；邮电通讯费用；会议设备和用品费；会议场所租用费；会议办公费；会议宣传交际费；会议住宿补贴费；会议交通费；其他。

9. 获得设备使用权的方式及其优缺点：购买：优点：设备归购买者所有，使用方便。缺点：一次性付款费用较高，而且过了保修期之后，需要额外支出设备的维护与修理费用。另外，设备还可能过时。租用：优点：最初的费用较低，费用可以由不断货的利润进行补偿，一般租用的协议都包括了维护与修理的费用，另外，在新的设备上市时，可以随时进行更换和升级。缺点：如果租期较长，支出的费用将会较多，甚至超过购买的费用，另外，如果在租赁合同到期之前终止合同，违约金将会很多。

10. 发布会议新闻报道的方法：邀请新闻记者到会，由新闻记者直接报道新闻；召开记者招待会，发布会议新闻；会议部门自己撰写新闻稿件，提供给新闻记者丰富而具体的各种资料、数据，准确反映会议精神。

二、检查会议筹备与方法

1. 会议筹备情况主要内容

(1)会议准备是否充分。必须逐项检查会议准备的具体事项，件件落实。

(2)会议期间能否排除各种干扰。如通讯干扰、来访干扰，有无应对措施。

(3)环境条件与用品准备。环境是否符合会议要求，用品是否准备齐全。

(4)文件材料准备情况。文件是否按要求事先拟制好，并分装入袋。

(5)会场布置的检查。会标、主席台、座次安排等是否符合规范，相关的照明、通风、音响等设备是否调试好。

(6)会议保安工作检查。

(7)检查其他内容。

2. 会议筹备情况形式

(1)书面形式；(2)口头形式；(3)协调会形式。

3. 会议筹备情况方法

一是听取会议筹备组的人员汇报；二是提前做好现场检查。

三、会议策划应主要做好以下几项工作

1. 明确会议目标，确定会议议题

会议议题通常就是指会议所讨论的内容、中心、会议主题。围绕会议目标，科学合理地确定议题是保证会议质量的重要因素之一。会议的议题必须鲜明、直接、聚集，且是当时必须而有可能立即解决的问题，议题数量应有一定限制，议题过多，则容易走过场，讨论不深入，而且会拉长会议的时间，使与会者因疲劳而分散注意力，反而降低会议质量。

2. 确定会议相关人员

会议相关人员包括会议主办者、承办者及与会人员。一般而言，主办者即承办者，但有时也有区分。承办者要具体承担各项会务工作，并对主办者负责。与会者一般可以分为四种资格，分别是正式会员、列席会员、嘉宾及工作人员。正式会员有发言权和表决权，全面行使会员权利、承担义务；列席会员无表决和选举权；嘉宾由主办者专门邀请，如上级单位的领导、社会知名人士等；工作人员则是会议的服务人员。

3. 选择会议时间与地点

会议时间指会议的起止时间和时间跨度。会议时间与会议议题、会议规模等有关。有两个术语要弄清楚：一是会期，指会议从开始到结束的时间跨度，会议效率越高，会期越短；二是会议周期，指同一性质和同一系列的两次会议间的时间跨度，如公司的定期股东会一般是一年一次。另外，会议每一项议程的持续时间也要合适。心理学研究表明：成年人能集中注意力的平均时长为45~60分钟，超过这个时间人就会精力分散；超过90分钟，人就会感觉疲劳。如果确需延长，则应安排中途休息。

一般情况下，企事业单位的会议和行业系统内部的会议，会场都选在本单位或本系统内部的会议室举行。规模大的也可以在酒店的会议厅举行，或者设置主会场和分会场。随着科学技术的发展，现代会议的手段也日新月异，会议地点也出现了许多新的形式，如电视电话会议、网络会议等，会议地点的观念也随之发生了很大的变化。

4. 安排会议议程，分配相应的会务工作

安排会议议程时，要注意三点：一是围绕会议目标安排议程，确保议程符合会议中心议题；二是围绕重点人物和重点议题安排议程，安排议程时，保证关键人物的时间，确保其能出席会议，几个议题同时讨论时，要把最重要的议题列在最前面；三是科学安排开会时间，上午8:30—11:30、下午15:00—17:30是人们精力最旺盛、思维能力及记忆力最佳的时间。

安排会议议程和日程时可以将全体会议安排在下午，分组讨论则安排在下午。为了保证会议议程的顺利进行，还应做好相应的会务工作，在会前要成立会议筹备组，具体处理会务工作。会务工作主要有会前准备工作、会议期间的协调服务工作和会议善后工作。

会议经费预算是会议前期准备工作中的一项重要工作。会议经费预算必须考虑到会议内容、会议时间、会议规模、参会人数等因素，经费预算方案必须本着节约的原则。

(1)会议收支预算项目。会议预算包括会议收入预算和会议支出预算两大部分，预算方案需要经领导审核批准。会议经费支出一般要考虑：会场费用，包括场地租金、设备租金、茶水饮料费等；资料费用，包括会议所需要的办公用具和印制资料、手册所需要的费用；食宿费用，有些会议食宿由正式会员自行承担；交通运输成本，包括会议期间接送与会人员所发生的车辆相关的费用；营销支出，用于会议宣传、新闻发布、通信联络等费用；其他杂费，包括会议发言人报酬、会议合影、会间娱乐或旅行活动、会议纪念品、工作人员等所需要的费用。

会议收入一般来自会议主办者批拨、正式会员交来的会务费、商业赞助或捐赠等几个渠道。

(2)会议经费预算原则。遵循经济办会的宗旨，严格控制各项费用，根据实际需要合理分配各项开支，把有限的经费用在刀刃上，争取用最少的钱办最高效的会；要留有余地，充分考虑意外因素，比如天气原因、市场价格变化等。

(3)会议成本控制办法。比较选优。大到会场租金小到胸花、办公用具的费用，不同的地方价格不一，要学会比较，选择价廉物美的服务和资料、物品。从大处着手，也不忘小处的节俭，有效控制会议成本。

因地制宜，要充分利用当时当地的资源为会议所用。例如，请会员或当地人做演讲人，经常与多面手合作，或让你的演讲人在会议现场销售其图书、CD或其他产品，以换取他们在演讲费用方面的让步。

充分利用现代技术手段。可以把会议资料刻在CD上，或者放在网上供大家下载，这样做不单有降低成本方面的作用，对有环保意识的参会代表也很有吸引力。尽量通过电子邮件开展会议营销工作，这样可以节省邮寄费用和印刷费用。复印纸的两面尽量都使用，以节省纸张费用和运费。充分利用网络、电子技术等现代技术手段节省会议成本。

四、会议策划流程

会议策划工作可分为确定目标、设计方案、评价选优和实施反馈四个阶段。会议目标要明确，可以解决实际工作中的问题，不走过场。策划方案一般应有两种以上以便进行综合权衡，择优选用。选择方案时要运用全局的眼光，从方案的可行性、效益性角度进行比较选择。在方案实施过程中，还要注意随时修正或作局部调整，以便达到会议的最优效果。

【拓展训练】

对以下这份会议筹备方案进行评析，对不合理之处进行修正，形成一份规范、完整的筹备方案。

××有限公司年度表彰会筹备方案

一、年度表彰会主要目的

(1)通过本次活动，促进员工之间的交流，也可以促进更深厚的友谊，让员工之间能够相互沟通，以便更好地解决一些在以后的工作中可能出现的难题，提高工作效率。

(2)通过本次活动，可以让员工之间有更好的交流，重点表彰在过去工作中有突出贡献的、有作为的员工，并且让大家都能有一次放松心情的机会。

小组	成　员	责　任
筹备组	办公室主任：公司副总经理 副主任：工会主席	总策划、协调、指挥
会务组	组长：人力资源部经理 成员：政务秘书 1 人 工会人员 2 人	①确定工作人员、与会者、会场会期、发送通知、安排日程 ②准备证件用品、安排座次、布置会场 ③组织迎送签到 ④分发文件、文书归档立卷
文件组	组长；人力资源部副经理 成员：政务秘书 1 人 工会干部 1 人	起草制作与会议有关的所有文件 起草主题词、开幕词、总经理讲话 制作评比结果及奖励名单
宣传组	组长：综合办公室主任 成员：文档秘书 1 人	①大会相关活动准备 ②大会礼仪
后勤组	组长：事务秘书 成员：综合办公室 1 人	①接待、膳食、用车 ②财务预算、管理
保卫组	组长：公司保卫部经理 成员：公司保安 2 人	①负责会场与会者的安全 ②用电、防火、财务、车辆的安全检查

(3)通过本次活动，对公司的现状进行讨论→分析→总结，对公司存在的普遍问题、未发现的重点问题进行详细的分析，并提出有效的解决方法，查漏补缺，取其精华，去其糟粕。

二、会务工作机构设置、人员配置和职责方案设计

会务工作机构设置、人员配置和职责方案见表。

会务工作机构设置、人员配置和职责方案

三、会场布置方案设计

设计主题：稳定人才队伍，再创八方辉煌。

会场氛围：热烈、喜庆、温馨、和谐。

背景图案：公司办公大楼投影。

坐席安排：由发言席和六排坐席构成。发言席前和坐席前摆放鲜花。坐席前两排安排公司领导和来宾就座，三、四排安排先进员工就座，后二排安排单位工作人员就座。

签到处布置：签到处设在单位会议厅门前右侧，分发会议资料，接待引导来宾和领导。

礼仪布置：礼仪队安排在会议厅大门处，欢迎与会人员、提供帮助。

职工座席另作安排。

四、会前检查方案设计

检查组成员：会议筹备组全体成员。

核实与会人员会议当天的出席情况。

五、会议流程编制方案设计

乐队开始演奏迎宾乐曲，礼仪小姐迎宾。

秘书组接待来宾，做好登记、纪念品发放事宜。

欢快的乐曲声中礼仪小姐引导贵宾至主席台。

会议开始，主持人开场。

主持人介绍嘉宾，宣读各界贺词。

公司总经理及相关领导发言回顾公司在过去的一年中的业绩及展望。

总经理与嘉宾给优秀职工颁发证书、奖品。

进行文艺表演，其中穿插互动游戏(游戏可以采取“采集法”，由各部门建议)。

主持人宣布优秀职工表彰大会完满结束；领导来宾及部分员工到预定餐厅就餐。

六、会议结束后安排

会场里安排一张集体照，全公司人员拍照留念。

会议纪念品的发放。

表彰大会结束后，服务员应站在门口，微笑着向客人道别，并请会务组人员签单。同时安排与会者返程，及时调派车辆，送别与会者，并进行会场清理。

七、资金预算、用余金额

会议场地租用费：2000 元

购买请柬：100 元

印制传单：100 元

舞台背景布置：1800 元

节目酬谢费：2000 元

租用节目演员服装道具：1000 元

演员化妆：500 元

用餐费：20000 其他支出：800 元

总计：28300 元。预支：30000 元，余：1700 元。

任务二：预算及核定会议收支

【学习目标】

1. 掌握会议经费预算的原则和方法。
2. 能对大中型会议的经费进行常规预算，会编制经费预算申请表。

【任务驱动】

深圳宏运医疗器械生产有限公司在全国设有 200 多个代理商，为了让代理商更多地了解公司的现状和发展远景，全面了解即将上市的新产品的性能，共同研讨如何拓宽产品销售渠道、提高市场占有率等问题，公司决策层决定于今年 10 月 12 至 14 日在深圳召开第四次全国代理商会议。由公司总经理介绍企业基本概况及发展远景；研发部经理介绍并演示新产品的性能和优势；销售部经理就销售策略及开展销售竞赛评比活动等事项进行说明。同时，选择东北、西南、华东的 3 家代理商代表进行专题发言，介绍经验，在会上还要表彰 20 家优秀代理商。会议期间，还要组织各代理商参观生产车间，举办一场轻松、愉快的联欢晚会，安排到会的代理商代表游览深圳市内的几个景点。

公司决定会议地点、食宿都安排在深圳福田香格里拉大酒店。各部门抽调人员组成大会筹备处，由副总经理负责。总经理强调，既要本着节约的原则来办会议，又要让代理商感觉到公司的诚意，让他们吃好、住好、玩好。

根据总经理的指示，副总经理即从各部门抽调人手成立了大会筹备处，并召开筹备会议，对会议准备工作进行了分工和部署。

【方式及要求】

1. 熟悉会议成本预算的类型。

2. 熟练掌握会议预算编制的原则与方法。

3. 分组模拟演练，制定会议预算和会议日程表。

4. 设计一张适用于一般会议的经费预算表。

5. 以会议筹备小组的名义提交一份会议经费预算申请报总经理审批。

【实训提示】

1. 经费预算是根据会议级别、规模及议程等做出的，为了更准确地预算会议所需经费，需要先对三天的日程进行初步安排。

2. 经费预算要考虑三个层面的问题：一是是否有会议收入部分；二是要把握会议经费支出的一般项目，包括会议费、资料费、食宿费、交通费、宣传联络费及其他杂费；三是相关支出项目会议期间的价格情况。

【实训内容】

1. 第四次全国代理商会议日程表(供经费预算用)。

第四次全国代理商会议日程表

时　间		地　点	内　容	备注
10月11日	12:00—16:00	福田香格里拉大酒店	报到	
	18:00—20:00	福田香格里拉大酒店	晚餐	
10月12日	9:00—11:30	公司会议室	新产品推广会	
	12:00—13:00	公司餐厅	中餐	
	13:30—16:30	公司生产车间	参观考察生产基地	
	18:30—20:30	福田香格里拉大酒店	晚宴、联欢晚会	同时进行
10月13日	9:00—11:30	公司会议室	优秀代理商表彰会	
	12:00—13:00	公司餐厅	中餐	
	14:00—17:30	世界之窗	游览世界之窗	
	18:00—20:30	美食街	晚餐	
10月14日	8:30—11:30	东部华侨城	游览东部华侨城	
	12:00—13:30	福田香格里拉大酒店	午餐	

日程安排的几点说明：

(1)入住、欢迎宴、欢送宴均安排在五星级酒店，充分体现对代理商的诚意和重视。

(2)安排的两个景点是深圳众多景点中较具代表性的景点，13 日晚餐安排在景点附近的美食街，让代理商感受到公司对代理商的细心体贴。

(3)会议地点和 12 日、13 日的中餐均安排在公司，既提高了效率，又节约了成本，也能使代理商更加了解公司的情况。

2. 会议经费预算表样式

会议经费预算表

<table>
<tr><td colspan="4">会议名称</td><td colspan="2">举办日期：　月　日至　月　日</td></tr>
<tr><td>收入项目</td><td>金额/元</td><td colspan="2">支出项目</td><td>金额/元</td><td>备注</td></tr>
<tr><td rowspan="3">与会者交费</td><td rowspan="3"></td><td rowspan="8">组织费</td><td>办公费</td><td></td><td></td></tr>
<tr><td>广告宣传费</td><td></td><td></td></tr>
<tr><td>设备租赁费</td><td></td><td></td></tr>
<tr><td rowspan="3">单位自筹资金</td><td rowspan="3"></td><td>资料费</td><td></td><td></td></tr>
<tr><td>印刷费</td><td></td><td></td></tr>
<tr><td>差旅费</td><td></td><td></td></tr>
<tr><td rowspan="3">外单位赞助</td><td rowspan="3"></td><td>会议场租费</td><td></td><td></td></tr>
<tr><td>专用材料费</td><td></td><td></td></tr>
<tr><td rowspan="3">接待费</td><td>交通费</td><td></td><td></td></tr>
<tr><td rowspan="3">其他收入</td><td rowspan="3"></td><td>住宿费</td><td></td><td></td></tr>
<tr><td>餐饮费</td><td></td><td></td></tr>
<tr><td rowspan="3">劳务费</td><td>会间娱乐活动费</td><td></td><td></td></tr>
<tr><td rowspan="6">合计</td><td rowspan="6"></td><td>嘉宾(发言人)报酬</td><td></td><td></td></tr>
<tr><td>临时人员经费</td><td></td><td></td></tr>
<tr><td rowspan="2">设备购置费</td><td>办公设备购置</td><td></td><td></td></tr>
<tr><td>专用设备购置</td><td></td><td></td></tr>
<tr><td colspan="2">其他费用</td><td></td><td></td></tr>
<tr><td colspan="2">合计</td><td></td><td></td></tr>
</table>

说明：每一次会议经费情况各有不同，可以以上表作为参考，进行适当调整。

3. 第四次全国代理商会议经费预算申请表

第四次全国代理商会议经费预算申请表

会议名称：第四次全国代理商会议　　举办日期：10月12日至10月14日

支出项目		标准说明	金额/元	备注
组织费	资料费	资料数量30册，单价5元	150	
	印刷费	印刷数量30册，单价20元	600	
接待费	交通费	公司、宾馆、景点间接送包车	3000	
	住宿费	20人住3天，每天300元(公司协议价)	18000	
	餐饮费	酒店餐3000元/桌×3桌；公司自助餐30元/人；美食街50元/人	30300	
	礼品费	公司纪念品成本200元/人	4000	
其他费用	餐间娱乐活动费	节目道具、抽奖奖品、音响设备租用费等	5000	
	旅游费	景点门票(旅行社折扣票)	3500	
不可预见费			5000	
预算总计(大写)		陆万玖仟伍佰伍拾圆整		
筹备小组组长签字			总经理审核意见	

【实训考核】

会前筹备训练评分表

小组：　　学生：

内容		操作标准	分值	得分
会议日程安排		能围绕会议议题安排具体内容	5	
		时间、地点、内容、活动方式清晰、明确	10	
		顺序得当，无本末倒置现象	5	
		议程安排数量适当	5	
		议程明确具体，可操作性强	5	
		时间安排留有余地，以防突发情况	5	
会议显性成本预算	会议收入	与会者交费	5	
		单位自筹	5	
		企业赞助	5	
		其他收入	5	
	会议支出	组织费(资料、印刷、场租、设备租用等)	10	
		接待费(交通、住宿、餐饮、礼品)	10	
		其他费用(娱乐、活动、旅游)	10	
		不可预见费用	5	
隐性成本预算		能按科学公式进行测算	10	
总分				

【相关知识】

一、制定会议预算的原则

1. 树立全局观念，搞好综合平衡。举办会议不能只依靠某一部门，必须由多个部门共同协调完成，因此在预算上也必须考虑到各部门的具体情况。在保证整体目标的前提下，兼顾部门内部的预算目标。

2. 先进、经济、合理。会议预算的方式和方法要先进合理，采用各种预算表格、控制表格是必不可少的，注意各种财务指标和数据，在会议召开的过程中不要随时更改预算方案，使之更为合理、经济。采用科学的财务模型已成为未来商务会议预算的趋势。

3. 量入为出。在总收入既定的情况下，根据举办方和承办方的利润目标来调整费用支出，通过缩减可变成本等方式提高会议的经济性。

4. 分清轻重缓急，精打细算。诸如差旅费、宣传材料费、电话传真等是召开商务会议时必不可少的开销，应当优先支出，诸如奖品和纪念品、观光等是商务会议的附属支出，可以根据利润目标进行弹性收缩。既要保障必需的支出，也要根据具体情况精打细算、厉行节约。

二、会议经费的类型

1. 与会人员缴费。包括与会人员缴费及非与会人员、陪同人员的缴费。其计算公式：

与会人员缴费=预期的与会人员人数×缴费额+预期陪同人数×缴费额−缴费折扣

2. 参展商缴费。

(1)联合主办者缴费。

(2)广告、赞助和捐助。

(3)公司划拨。

3. 其他收入项目。主要包括：(1)会议发言录像录音、展览会录像、会议记录和报告出版等可以公开发售，作为会议的收入。(2)会议期间提供的各种旅行服务、特色或高档餐饮服务等，都可以向与会人员收取一定比例的费用。

三、会议的经费使用

会议经费的使用主要在以下方面：

1. 文件资料费。

2. 邮件通讯费。

3. 会议设备和用品费。

4. 会议场所租用费。

5. 会议办公费。

6. 会议宣传交际费。

7. 会议住宿补贴费

8. 会议伙食补贴费。

9. 会议交通费。

10. 其他开支。

四、会议经费使用的监督方法

1. 报告和会议。由具体的会议操作部门向预算管理办公室提交预算执行报告；会议策划委员在会议期间定时定期召开预算控制例会，对预算执行情况进行分析。

2. 授权与自我控制。成本控制权由会议策划委员会从上往下层层授权、层层监督，由会议的具体操作部门按预算进行自我控制、自我监督。

3. 质量。如果成本在预算的范围内，检查酒店、会议室(场地)的结构、布置、配套设施、接待服务、房间安排、会议资料发放、VIP 客人的接待、会后考察线路的安排、返程交通等诸多细节是否按原定计划执行。

4. 损益平衡表。比较各项成本的预算和实际值，在损益预算结算表中计算出二者差额，并对该差额进行说明。

5. 比率分析。计算用于控制财务预算的各指标，用于分析成本对利润的贡献率。

6. 审核时，要逐项细审。一是要让起草人员将部分费用的细目表一并呈上，如设备租用费，都租用了哪些设备，设备租用的行情是怎样的，不同型号、功能的费用差距有多大。主审秘书都应了然于胸。二是对经费的把关不可太松，否则会造成浪费；也不可太紧，否则会影响会议质量。

五、会改经费使用的程序

申请经费——主管领导审批——财务部门审批——财务人员提取现金或填写支票——经费支出——审核会议经费支出

六、监督会议经费使用工作注意事项

1. 会议经费使用中和各种票据管理。

2. 会议经费预算的制定是控制会议成本、提高会议效率、节省时间和资金的重要手段。

3. 一些费用的名称要具体规范。

4. 购买会议用品要充分考虑各种用品、耗材的性价比，力求价廉物美。

5. 遵守公司零用现金、消费价格和用品报销的各种财务制度和规定。

6. 有些会议用品或纪念品要在预算后附上详细的物品报价表。既要降低成本，又要留有余地，以备特殊之需。

【拓展训练】

杭州某旅行社打算承接一次商务会议，会议委托方要求提供如下服务项目：

1. 免费代订酒店、餐厅、会议室；

2. 免费提供24小时的会务服务(包括代表签到、资料整理、酒店工作协调等工作)；

3. 免费接送参会代表，免费代订返程飞机票；

4. 提供外语翻译、摄像、礼仪和文秘服务；

5. 提供会议所需的设备；

6. 根据会议课题要求，邀请专家授课；

7. 为 VIP 客人提供特殊照顾和服务；

8. 安排参会代表会后考察；

9. 礼品的安排和发放；

假设你是旅行社财务部门主管，你将如何制订预算计划？

任务三：编写、发送会议通知

【学习目标】

1. 熟练掌握会议通知的写作格式与写作内容。

2. 根据实际情况选择适当的通知形式，了解通知过程中的注意事项。

【任务驱动】

中国物流学会简介：中国物流学会由承担物流教学、研究任务的各类院校、科研单位和社会团体、物流企业，从事物流教学、研究和管理工作的专家、学者和实际工作者自愿组成。以研究在社会主义市场经济条件下物流经济理论、物流管理科学和物流科技现代化为主要内容的全国性非营利性的学术团体。

中国物流与采购联合会简介：中国物流与采购联合会是在国务院政府机构改革过程中，经国务院批准设立的中国唯一一家物流与采购行业综合性社团组织，总部设在北京。联合会的主要任务是推动中国物流业的发展，推动政府与企业采购事业的发展，推动生产资料流通领域的改革与发展，完成政府委托交办的事项。

中国物流学术年会召开信息：中国物流学术年会由中国物流学会和中国物流与采购联合会主办，从2002年开始每年召开一次。2011年的年会将于11月12日至13日在湖南省长沙市世纪金源大饭店举行。要求与会者提前一天报到，11日晚即开始开会。所有的会员、特约研究员、理事、常务理事、会长、副会长均参加会议，另外，所有提交了论文、课题、案例参评的人员也参加会议，会议还欢迎政府相关部门、科研院所、高校的相关人员参加。人数估计1000余人。

会议期间需要完成的事项如下：召开中国物流学会第五届二次理事会；邀请国内外物流领域产学研各方面专家做专题演讲，重点介绍物流领域新理念、新方法、新技术、新案例、新趋势及新政策；根据与会代表上报的讨论主题安排20场（分两批，每批10场）分论坛；同期还要举行亚太物流联盟工作年会；会议期间还要评选会前提交的优秀论文、优秀课题和优秀案例；并邀请本会专家学者及优秀成果获奖者代表，就当前物流领域重点、难点、热点问题做主题演讲；为了调节紧张的会议气氛，会议还要安排参观考察。

【方式及要求】

1. 概括叙述完成这项任务的步骤。

2. 能够编写会议通知和会议指南。

3. 能够掌握发送会议通知的方法与手段。

4. 分小组按角色进行情景模拟演示。

【实训提示】

1. 掌握常用应用文体的写作知识和一般的写作技巧，掌握通知的写作格式和基本内容。

2. 为了更好地完成本任务，建议课外阅读几则类似的会议通知，从中把握共性信息。

3. 利用课余时间走访某个部门，收集该单位一个编写会议通知的实例，了解会议通知编写和改善的基本套路。

【实训内容】

根据以上材料，编写一份会议通知，并附会议回执和报到地点导引图。

一、撰写会议通知

会议一旦决定召开，就要及时通知与会者。会议通知一方面起到通知的作用，即让与会者了解会议的要素；另一方面起到备忘作用，提醒与会者按时参加。此外，还能起到凭证作用，可作为与会者进入会场的凭证。

撰写会议通知时应注意以下几点：

1. 不要忘记写会议内容。

2. 日期、时间、场所要准确无误，写明上午还是下午，写明具体会址和联络电话，给外部人员的通知最好附地址简图。

3. 议题要尽量详细具体。

4. 有附加资料时，要写明资料名称及页数。

5. 会议通知写好后需交上司审阅、批准并复印。

6. 会议通知的发送要选择正确的发送形式。

会议通知没有法定的格式，不同的单位会议通知可能会不一样，同一单位的内部会议通知和外部会议通知也不一样。

1. 内部会议通知

内部会议通知一般先印好统一的通知格式，常见的有便函式和卡片式两种。

便函式会议通知

会 议 通 知

××先生：

兹定于××月××日(星期×)下午1:30在公司会议室召开部门经理会议，讨论下半年的工作，请准时参加。

××公司总经理办公室

××年××月××日

卡片式会议通知

× × 会 议

目的：讨论明年公司发展计划

时间：××月××日(星期×)上午9:30

地点：公司会议室

如您无法出席，请于××月××日前打电话告知李××。

电话号码：8995××××

2. 外部会议通知

外部会议通知和内容要比内部会议通知详细、正规。格式如下：

××会议通知

××所属各单位：

为了×××，经研究决定召开××××××会议。现将有关事项通知如下：

一、会议内容：×××××××××××××……

二、参加人员：×××××××××××××……

三、会议时间：×××××××××××××……

四、会议地点：×××××××××××××……

五、要求：×××××××××××××……

×××××单位

×× 年 ××月 ××日

二、发送会议通知

发送会议通知、资料是会议筹备阶段的重要内容，会议的议题、时间、地点等一旦确定，就要设法及时通知会议参加者，并发送相关资料，以便让会议参加者做好准备。

会议通知的发送形式多种多样，如口头通知、电话通知、书面通知，其中书面通知最为正式。尽可能采取书面通知形式。会议通知的发送不宜太早也不宜太晚，应以让与会者接到通知后，能从容做好赴会准备，并能准时到达会议场所为宜。需要答复的会议通知需要早些发送给对方。国际大型的学术会议一般考虑发送 3 次以上会议通知。

附：

关于召开第十次中国物流学术年会的通知

中国物流学会会员、中国物流与采购联合会会员单位、物流产学研有关单位：

中国物流学术年会是我国物流业界产学研结合、国内外交流的年度盛会。为交流物流领域最新研究成果，探讨前沿理论，推广优秀案例，推进产学研结合，中国物流学会、中国物流与采购联合会定于 2011 年 11 月第二个周六、周日，在湖南省长沙市召开第十次中国物流学术年会。现将有关事项通知如下。

一、会议时间、地点

时间：2011 年 11 月 11 日(周五)报到，12 日至 13 日开会。

地点：湖南省长沙市世纪金源大饭店(开福区金泰路 199 号　电话：0731　××××××××)

二、会议主要内容及日程安排

1. 11 日晚 21:00：中国物流学会(以下简称学会)五届二次理事会。听取工作报告，增补部分理事、常务理事。要求学会理事、常务理事、副会长按时参加。如有特殊原因不能参加，需要履行请假手续并派代表出席。

2. 12 日上午：大会演讲(同声传译)。邀请国内外物流领域产学研各方面的专家，重点介绍物流领域新理念、新方法、新技术、新案例、新趋势及新政策。

3. 12 日下午：专题分论坛(限 20 场以内，分两批、每批同时举办 10 场左右)。由参会单位自主申报(申报截止期为 10 月 21 日)，学会按照申报顺序及主题综合平衡后设立。代表自由选择参加。每个分论坛设一个主题，时长不超过 100 分钟。

4. 12 日下午：同期举行亚太物流联盟工作年会。

5. 12 日晚上：颁奖授牌晚宴。颁发优秀论文、课题和案例获奖证书(以上成果征集 9 月 15 日截止)、特约研究员证书，向新一批产学研基地授牌(申请截止时间为 9 月 30 日)。

6. 13 日上午：专题讲座(5~6 场)。请本会专家学者及优秀成果获奖者代表，就当前物流领域重点、难点、热点问题做主题演讲，参会代表互动交流(可推荐、自荐演讲专家及主题)。

7. 13 日下午：参观考察(全部活动在 17:30 左右结束)。

三、参会人员

1. 中国物流学会会员、特约研究员、理事、常务理事、副会长、会长(参会情况记入本人积分考核)。

2. 本次年会参评论文、案例作者，分论坛申请人，产学研基地(申请)单位代表，2011 年学会研究课题承担单位代表。

3. 各地政府物流工作牵头部门，物流及相关行业协会、学会、研究院所代表；从事物流教学与研究的大专院校、科研咨询机构代表；各地物流企业(园区、港口、场站)、工业和商贸企业物流工作人员等。

欢迎中国物流与采购联合会会员单位参会，欢迎各地政府物流工作牵头部门、行业协会、院校组团参会。

四、会议联络及其他事项

1. 预计本次年会参会人数将超过 1000 人。为做好会议筹备与接待工作，希望参会代表及早报名，提前汇款。报名截止日期：2011 年 10 月 31 日。

2. 会议食宿统一安排，费用自理(详见《参会指南》)。

3. 会议联络

中国物流与采购联合会(中国物流学会)研究室

联系人：吕杨(1381111××××)　周志成(13866136××××)

黄萍(1330138××××)

电话：(010)5856××××转 137、135、133

传真：(010)5856××××(010)5856××××转 137

E-mail：yajiushibj@ vip. 163. com

中国物流与采购联合会官方网站将及时发布会议筹备工作进展情况，并接受网上报名(http：//www. Chinawuliu. com. cn)。

附件 1：《参会指南》

附件2：《参会回执表》

附件1：参会指南

参会指南

一、报到

11月11日全天报到。学会理事、常务理事、副会长请于当日20:00前报到，参加学会五届二次理事会。

会议报到地点：世纪金源大饭店

地址：湖南省长沙市开福区金泰路199号　电话：0731-8595××××

二、交通

1. 机场至长沙世纪金源大饭店

路线1：乘出租车，约40分钟到达酒店，费用100元左右；

路线2：乘机场大巴至民航酒店，转乘出租车至酒店，时间约60分钟，总费用50元左右。

2. 火车站至长沙世纪金源大饭店

路线1：乘出租车约20分钟到达，费用25元左右；

路线2：乘113路公交车至烈士公园西门站下，转乘12路至马厂站下，步行940m至酒店，时间约40分钟，费用4元。

3. 火车南站(高铁)至长沙世纪金源大饭店

路线1：乘出租车约30分钟到达，费用60元左右；

路线2：乘348路公交车至伍家岭南站下，转乘807路至福城路口站下，步行520 m至酒店，时间约1小时40分钟，费用4元。

三、住宿

本次会议预定了不同档次的两种酒店，请代表在填写回执表时，注明详细信息。若指定酒店，建议提前汇款，预留房源；未收到汇款的，按照报到顺序和当时房源现选酒店。

11日晚20点以后报到的代表，请于当日16点前以短信方式与会务组吕杨(电话1381111××××)联系留房。当天未联系者，视当时房源情况安排住宿。

四、收费标准

会议费(含参会费、资料费、餐费及参观费)：每位代表1900元；中国物流学会会员、中国物流与采购联合会会员单位代表每位1500元。

现场入会的物流学会新会员，交纳会费后，本次会议费即可享受会员待遇。学会会员会费收费标准：一届(五年)300元；学生100元。

尚未交纳会费的老会员，需要重新交费注册，继续享受会员待遇；截至本次会议仍未续交会费的会员，本次会后将停止一切会员服务。

五、交费方式

现场交现金或提前汇款。提前汇款开具中国物流学会发票，代表报到时领取。

请于10月30日前办理汇款，将汇款底单传真给我处，并注明发票抬头、项目名称和联系人姓名。收款单位：中国物流学会。开户行：工商行北京礼士路支行。账号：02000036090881l××××。

附件2：参会回执表(略)

【实训考核】

会议通知编写、发送训练评分表

小组： 学生：

内 容	操作标准	分值	得分
会议通知编写	会议通知时间、地点、内容等要素符合要求	10	
	会议通知的格式符合应用文写作规范	5	
	能根据活动性质选择内发或外发会议通知模板	5	
	重要会议通知有回执格式	5	
	通知正文表述清晰、无语法、文字错误	5	
会议指南编写	会议概括清晰、准确	5	
	会议的流程安排明确、具体	5	
	嘉宾信息准确	5	
	会务信息详细	5	
	会议手册的编写流程符合规范	10	
	会议手册的封面应出现会议的主办方、承办方的信息	5	
	会议手册的审核、校对符合标准	5	
会议通知发送	采用符合会议性质的通知发送形式	10	
	会议通知发送两次	5	
	能按照会议通知模板发送会议通知，并设回执	5	
	将会议通知抄送给秘书，由其转发	5	
	两次邮件通知主题分别注明：会议通知和提醒	5	
总分			

【相关知识】

一本资料丰富、信息完善的会议手册是一个会议公司必备的东西，它能记录所有这场活动的详细资料，能解答会议期间遇到的所有问题，也能给执行工作人员带来方便、减少许多工作。它是任何一个会议执行公司必须用来完成整个会议细节的重要工具。

一、会议手册的主要内容

会议手册的编写需要进行大量的文字撰写、编排和设计工作。需工作人员保持头脑清醒，思路清晰，避免不必要的错误。一般会议手册应包含以下内容：

1. 会议概况：会议宗旨、会议主题、时间、地点、主办单位、承办单位、支持单位等；

2. 会议议程：会议注册以及会议当天的流程安排，以表格的形式呈现为佳；

3. 嘉宾介绍：提供详细的演讲嘉宾的信息及发言摘要；

4. 采风活动安排：明确列出行程安排、路线以及景点或者活动的具体介绍；

5. 组织机构介绍：会议各相关单位机构的介绍；

6. 参会嘉宾名单：列出确定出席会议的嘉宾名单，方便互相了解；

7. 会务信息：酒店、会场地址，交通、食宿、天气情况，会务组成员信息等。

二、会议手册的编写流程

1. 列出手册大纲。根据手册需要包含的内容，在全面了解会议整体情况的前提下，列出会议手册的大纲。在大条目下注明需要的材料，做到整体上完整、清晰。

2. 在大纲的基础上，进行具体内容的完善。编写相应章节的内容和图片，分类存好。

3. 初步交稿。

三、确定设计风格

一本设计大方、契合主题、装帧精美的会议手册将会带给参会者良好的第一印象。在确保手册内容编写无误的情况下，良好的设计无疑会锦上添花。

1. 文案人员与设计人员提前沟通，将会议的类型、宗旨、主题等关键信息交代清楚，并将手册内页每页所包含的文字、图片等资料交给设计人员进行总体的基调把握。

2. 设计人员根据会议要求，熟悉会议背景资料，设计风格要能体现会议主题。

3. 由于嘉宾信息、会务信息等会不断变动，因此，在手册设计期间，要保持与设计人员的沟通，确定最后的定稿时间，以提供最准确的信息，保证手册内容的准确性。

4. 注意会议手册的封面或封底上一般应出现会议的主办单位、承办单位等信息。

5. 根据手册内容的多少选择合适的开本。如果预算充足，使用铜版纸彩色印刷可以高质量地呈现手册图文。

四、会议手册的校对

文字校对是会议手册最后也是至关重要的一环。在编写及设计排版过程中，不可避免地会出现各种错误。通过认真仔细的校对，可以有效地减少甚至避免错误的发生。

手册全部整理出来后一定要拿给负责这次活动的执行经理审阅并签字同意通过，才能把手册打印出来分发到所需工作人员的手中。

【拓展训练】

××大学原定于2012年10月12日下午在其附近的宾馆召开中层干部理论培训会，邀请当地教育局的两位领导做专题报告，由于这段时间工作太多，校办秘书在会前2天才联系要做专题报告的两位教育局领导。

开会当天，领导专车提前30分钟到了宾馆，却一直未找到理论培训会的会标，邀请书上所写的地点正在举行一家公司的客户联谊会。经问宾馆负责人被告知××大学根本没有预订过会议室。于是联系了校领导，才知道改在了学校的报告厅。原来校办秘书通知前忘了租用会议室，临会前一天联系宾馆会议室已租给一家公司了，而且也没有别的可租用的会议室了，于是临时改到学校的报告厅。改了地点后又忘了通知教育局的领导。事后领导非常不快，觉得学校在管理上存在一定的问题。

请对上面案例进行分析，指出在会议通知环节存在的问题并提出修改意见。

任务四：会场布置

【学习目标】

1. 掌握会场座位的摆放方法、主席台的座次排列、会场的装饰、检查调试会议设备。

2. 能够编制会议会标、证件、桌签等，根据会议的性质、规格、规模来设置主席台、排列座位、装饰会场。

3. 能够辨别不同会议场所的利弊，根据实际工作要求编制会场安排方案。

【任务驱动】

苏州科技大学决定在2014—2015学年的第二学期教学工作结束之后，召开一次教学工作研讨会，对本学年的教学工作进行全面总结，进一步加大教学改革力度，完善课程教学体系，适应市场的人才需求。会期拟安排2天，时间为2015年7月14日至15日；参会人员除校领导、各二级学院负责人外，还有教务处、教学督导室成员，共45人，会议筹备工作由教务处负责。6月21日，教务处处长××将筹备这次会议的任务交由教务处行政秘书王芳负责，要求拟制会场安排方案并布置会场。

【方式及要求】

1. 概括叙述完成这项任务的步骤。

2. 能够编制会场安排方案。

3. 能够考虑教学研究会议特点来布置会场。

4. 分小组进行模拟演示。

【实训提示】

1. 会场布置主要包括会场内主席台的布置、会场内座位的布置、会场的装饰等。

2. 会场布置的基本要求是庄重、美观、舒适，体现出会议的主题和气氛，同时还要考虑会议的性质、规格、规模等因素。

3. 主席台的布置：一要讲究对称；二要讲究简洁。

4. 会场的装饰应讲究艺术性。根据会议的需要，应做好主席台的装饰、会场背景的装饰和色调的选择。

5. 秘书要根据会场的大小和会议的目的，选择适宜的桌椅及摆放方式。

6. 训练前布置学生查找资料、咨询相关人员，探讨会场布置方案，模拟会场布置。

【实训内容】

秘书王芳接到任务后，根据会议规格和要求，打电话咨询若干酒店，在对几个会场地址进行环境评估及价格比较后，将会址选在学校学术交流中心，并制订出会议日程安排，确定了与会人员名单。然后，秘书王芳向教务处处长作了汇报，在得到认可后．

开始制订会场安排方案。王芳根据会议日程安排和与会人员名单，与学校学术交流中心进行电话联系，确知会议室情况并预订所需会议室，最后编制完成了这次会议的会场安排方案。

附：

苏州科技大学教学工作研讨会会场安排方案

一、会议主题：教学工作研讨会

二、会议时间：2015 年 7 月 14 日—15 日

三、会议形式：全体大会与分组讨论两种形式，讨论分为两组

四、与会人数：45 人

五、会址：苏州科技大学学术交流中心

1. 苏州科技大学学术交流中心情况简介：

苏州科技大学学术交流中心位于风景秀丽的石湖风景区内，是一家别墅式三星级宾馆。宾馆占地面积 189 亩，建筑面积 3.5 万平方米，有床位 483 张，客房楼和古色古香的四舍院内设有高档的套房和单、双人间，也有普通间。院内建有卡拉 OK 歌舞厅、保龄球馆、游泳馆、网球馆、羽毛球馆、射箭馆、大中小会议室、餐厅等配套设施。

2. 实地考察结论：食宿价格适中，环境秀丽，空气新鲜，是适合教工工作休息的好场所。

3. 地址：石湖风景区宝带西路××号。

六、会场必备条件及落实情况

1. 会场必备条件

全体大会需要 1 个会场，应能容纳 60 人，主席台应不少于 5 个坐席，必须有电脑、投影仪、投影屏幕、麦克风、音响等设备。

小会场需要 2 个，均应能容纳 20 人，不设主席台，采用圆桌形式，必须有电脑、投影仪、投影屏幕、麦克风、音响等设备。

2. 会场落实情况

苏州科技大学学术交流中心拥有各种规格的会议室，完全可以满足这次会议的场地需求。按照这次会议的场地需求条件，具体落实情况如下：

预定可容纳 60 人的大会议室 1 间，使用时间为 7 月 14 日 10:00—12: 00 和 7 月 15 日 10:15—12:00，房号为 B 会议室，面积 100 平方米，可容纳 65 人，主席台有 6 个坐席，提供实施有空调、电脑、投影仪、投影屏幕、幻灯机、讲台、音响、麦克风、写字板等。

七、会场布置示意图

1. 全体大会会场布局示意图(略)

(1)主席台设 5 席。在主席台上就座的有校长、教学副校长、教务处长、学校督

导室主任、副处长(主持)。

(2) 与会人员坐席按部门分行就座，部门负责人坐在前排。

(3)大会发言者到发言席。

2. 分会场布局示意图(略)

八、会标及桌签制作要求

1. 会标制作要求

会标标题：苏州科技大学教学工作研讨会

会标形式：600cm×40cm，为华文新魏体字，蓝底白字，悬于主席台上方。

2. 桌签制作要求

桌签样式：15cm×10cm，为华文新魏体字，白底黑字，用于全体大会及分组讨论会场，置于座位上正前方。桌签共45个，具体名字如下(略)。

【实训考核】

会场布置实训评分表

小组： 学生：

内容	操作标准	分值	得分
主席台布置	主席台座次按领导人职务高低编排，报主管上司审核执行	5	
	桌签的位置应放在座位前左侧	5	
	主席台排座次安排符合单(双)数排列要求	5	
	主席台后悬挂横幅，上面写有会议名称	5	
	会议主持人主席台前排边座，便于主持	5	
	桌签姓名书写正确，无错别字	5	
	主席台正面台面落地、平整	5	
	主席台座位前摆放花盆	5	
	主席台上座位前摆放矿泉水、话筒	5	
会场布置	根据会议的规模选择整体布局的类型	5	
	会场布置能做到庄重、美观、舒适	5	
	体现出会议的主题和气氛	5	
	考虑会议的性质、规格、规模等因素	5	
	将会场整体划分成若干区域	5	
	分会场布置采用圆形、回字形、方形等中小型会议摆法	5	
会场装饰	会场的装饰与会议主题相适应，有艺术性	5	
	会徽能体现会议活动的宗旨	5	
	会标醒目，台幕符合会议属性	5	
	抬头标、回头标能突出会议主题	5	
	音响能根据会议进行的不同时段播放相应的音乐	5	
	旗帜、花卉能体现出会议的类型	5	
总分			

【相关知识】

一、布置庆典大会会场

1. 明确会议规模、性质和规格。本次庆典大会属于中大型会议，参与人数约300人，因此，必须选择大礼堂或大会堂作为办会地点，会议应尽量庄重、大气、喜庆。此外，本次会议有市领导及行业专家等社会各界人士参加，规格非常高，要按照高规格来进行布置。

2. 渲染会议气氛。作为大型庆典型会议，应以热烈喜庆为主，在会场外，最好有拱门与彩旗、彩色气球等，并适当布置鲜花。在会场内部，应有红色横幅。会场内的布置以鲜亮颜色为主。适当放置鲜花与绿色植物。

3. 会议主席台座位安排。根据座位安排规则，按与会者的地位高低来安排座位。市领导和行业领导地位最高，应该居中靠右。本方总经理应该居左。

4. 主席台话筒名签等摆设。根据出席人员名单，在其座位桌面上摆好名签。同时，在会议主持者及发言者的桌面上，都要摆好话筒，并事先调试好。

5. 发言台布置。庆典大会应专设发言台，位于主席台靠内一侧。发言台最好摆设小盆鲜艳的花朵。预先调试好话筒。

6. 大会座位布置。作为大型会议，为维持会场的秩序，保证各项活动的顺畅进行，会场预设功能区，分为ABCD各区，让记者、退休人员、外宾、领奖人员都有专门的功能区，一般职工则按部门划分功能区。

二、布置报告会会场

1. 明确会议规模、性质和规格。报告会属于中小型会议，参与人数约100人，应选择中等会议室。同时，报告会应该保证一个绝对的中心，会场可以选择教室式布置。本次会议属于系列会议之一，因此，会议应尽量严肃和庄重。本次会议由两位专家主讲，会议应属于对等规格会议，本公司可安排副总出席。

2. 渲染会议气氛。报告会会外应该张贴海报，对本次会议进行宣传。在会场内部，应有红色横幅，条幅少而精，置于会场中心位置。会场内的布置以鲜亮颜色为主。

3. 会议主席台座位安排。以两位专家为中心，为会议主持人(公司副总)安排座位；其他人员不宜坐在主席台上。

4. 主席台话筒名签等摆设。根据出席人员名单，在其座位桌面上摆好名签。同时，在会议主持者及发言者的桌面上，都摆好话筒。事先调试好。

5. 发言台布置。庆典大会应专设发言台，位于主席台靠内一侧。发言台最好摆设小盆鲜艳的花朵。预先调试好话筒。

6. 大会座位布置。会议可根据参与部门分出区域，按“近高远低”“右高左低”安排座位。

三、布置研讨会会场

1. 明确会议规模、性质和规格。研讨会属于小型会议，参与人数为30多人，应选择小型会议室。

2. 渲染会议气氛。在会场内部，颜色以素色为主，可采用蓝、绿等冷色调来布置会场。会场不宜摆放鲜花，可在屋角摆放绿色植物。

3. 会议座位安排。会议以面向门为客方，背对门为主方。居中者为地位较高的领导或专家。

【拓展训练】

一、东启公司最近获得了省里授予的百强企业称号，准备召开庆功表彰会。办公室主任马晓萍检查会场，她发现秘书小叶的座次安排为：董事长的位置安排在前排最右边，副董事长、总经理、副总经理，所有领导按职务高低从右向左，后面是受表彰的人员。秘书小叶的安排有哪些不当？请予以指出并纠正。

二、本专业部要召开技能节表彰大会，表彰在校第五届技能节上获奖的教师和学生。会场设在阶梯教室，参加会议的人员为本专业部内全体师生共200余人，主席台就座的人员有分管教学工作的副校长、专业部主任、专业部副主任、获奖教师代表、获奖学生代表。部主任把本次会议的会场布置工作交给文秘班的学生，你作为文秘专业学生，怎么进行会场布置？

三、公司即将召开客户联谊会，开会之前，总经理肖涛让秘书夏炎对会场进行布置和整理，以便会议正常进行。如果你是秘书夏炎，你应该如何去布置会场？

四、9月1日，学校要在操场举行开学典礼，届时主席台就座的人员有校长、校党委书记、副校长兼副书记甲、副校长乙、教师代表、学生代表共6人。到操场参加典礼的学生为2012级新生，人数约为1500人。2010级、2011级学生在教室观看现场直播。请你根据以上内容，结合所学的知识，设计一个合理的会场布置方案。

项目二：会议服务实训

任务一：会议接站与报到

【学习目标】

1. 掌握会议接站应有的礼仪规范。

2. 会合理布置报到现场。

3. 能周全考虑会议的接待与报到工作，有较强的组织协调能力，能处理报到现场的突发事件。

【任务驱动】

中国信息经济学会2015年年会于12月9日至11日在广东省广州市中山大学举办，中山大学为此次年会的承办单位。年会的主题为“信息经济与国民经济增长方式的转变”。会议参加对象为学会会员，也欢迎非会员包括学者专家、高校和科研院所从事教学与科研的人员、政府官员、企业管理者、博士后、博士等参会。

大会主要议程：2015年12月9日全天报到，晚上20点召开中国信息经济学会常委理事会，请学会常务理事按时参加；10日大会学术活动，请全体与会人员参加；11日外地考察，请全体与会人员参加。

会务费标准与收取：中国信息经济学会会员400元；非会员600元。交通和住宿费用自理。会务组将统一安排住宿，住宿预计安排在中山大学校内，具体酒店待定，费用约为每人每天100元，会务组将在确认函中通知安排的酒店。报名参会以收到汇款或报名回执为准。

到报名截止日期为止统计的与会人数为200人，分别来自全国各地的不同系统、不同行业。会期临近，大会组委会开始具体布置会议接待与报到工作。

【方式与要求】

1. 起草一份会议接站与报到工作安排表。
2. 制作一份报到注册表。
3. 搞好接站与报到工作，安排工作人员，并明确分工。
4. 布置报到现场。
5. 分组模拟演练。设立接待站，并分组模拟演示接站的过程；分组模拟演练会议报到、引领、签到。

【实训提示】

1. 要完成本任务，应掌握接待礼仪，并具有一定的组织协调能力，善于调配与安排人手。
2. 建议换位思考，以与会者的角度来衡量接站与报到工作应达到的具体要求。
3. 到自己参与组织的大会或所在学校主办或承办的会议的接待与报到现场进行实地观摩，吸取经验，在此基础上完成本任务则会事半功倍。

【实训内容】

1. 报到注册表

中国信息经济学会2015年年会报到注册表

2015年12月9日

序号	姓名	性别	单位	地址	职务	联系电话	电子邮箱	房间号码	代订返程票信息	备注

2. 接站与报到环节的人员分工

中国信息经济学会2015年年会会议接站与报到工作安排表

责任人	工作职责	具体要求	备　注
王××	报到现场布置	引导牌醒目，报到处桌台周围无障碍，设置与会人员休息区	
徐××、陈××	接站	与待接站来宾保持联系，随时掌握到站信息	四位重要来宾需要接站
柳××	组织填写报到注册表 分发资料袋	和与会者交流礼貌、得体、耐心 资料袋分发仔细、不遗漏	

续表

责任人	工作职责	具体要求	备　注
赵××	收费、开票	收款、开票仔细认真，不出差错	
张××	房间安排	征求与会者意见并尽量满足要求	
叶××、陆××	现场引导、咨询	仪态大方、态度温和、引导规范	

3. 报到现场布置的要点

(1)建议将报到处设在与会人员入住的酒店大厅，长桌台作为工作台，按填写注册表、领取资料袋——收费、开票——安排房间这一顺序安排工作人员座位。

(2)设置路标：在酒店门口附近、大厅入口处设置醒目路标，导引至报到处。

(3)酒店入口处醒目位置安排引导人员就位引导，提供咨询。

(4)酒店门口悬挂横幅，标明会议名称。

(5)报到所需资料或材料提前一天应到位。

【实训考核】

会场布置训练评分表

小组：　　　　　　　　　　　　　　　　　　　　　　　　学生：

内容	操作标准	分值	得分
接站工作	能提前核对好到站人员的信息，防止漏接	10	
	竖立醒目的接站标志	5	
	掌握与会人员抵达的时间、车次(航班)	10	
	制定好接待方案，确定合适的接待规格	10	
报到工作	报到处设在与会人员入住的酒店大厅	5	
	核对与会人员身份，填写注册表	5	
	发放会议资料袋(包括餐券、会议指南、会议文书等)	10	
	报到所需资料或材料提前一天一应到位	5	
	预收会务收费、开票	5	
	安排房间，发放门卡	5	
	在酒店门口、大厅入口处设置醒目路标，导引至报到处	5	
	酒店门口悬挂横幅，标明会议名称	5	
会议引导	酒店入口处醒目位置安排引导人员就位引导，提供咨询	10	
	引导人员仪态大方、态度温和、引导规范	5	
	会议签到规范有序	5	
总分			

【相关知识】

一、安排报到与签到

(一)接站要点

会议接站是会议报到工作的第一步。一般而言，只有跨地区的会议接待才有接站工作。对于中型会议，参会人数较多，因此，秘书要充分重视并对接站工作做相应的准备。会议接站的步骤如下。

1. 组成接待小组并完善接站信息

对于参会人员比较多的会议，为了保证接站不会出现错漏的情况，要专门成立相应的接站小组，有专人负责，形成统一的指挥调度系统，并安排好信息、车辆、人员分工的工作。

(1)完善接站信息。在完善接站信息的工作上，要根据与会代表的回执，查找相应飞机、火车、轮船抵达的准确时间，将其编制成一目了然的表格，并要掌握与会代表的联络方式，拟定《会议代表接站安排表》，注明代表姓名、单位、职务、联系方式、车次/航班、到达(出发)时间、随行人数、接站司机和车号、接站工作人员、接站领导、接站出发地点和时间。

(2)确保车辆安排。在车辆安排上，要根据单位车辆的实际情况(或外租车辆的情况)，以及参会代表的参会时间，合理进行分配。

(3)完善人员分工。在人员安排上，要根据会议筹备小组的分工，并结合嘉宾、与会者到达的方式，进行必要的调整和安排，保证各项工作顺利进行。

(4)提供详细路线图。对于无需接站，自行参会的本地以及外地与会人员，要事先制作详细的报到路线图，通过邮件、传真或打电话的形式告之。

2. 接站工具

准备好车辆、会议代表接站安排表、手提式扩音器、工作证、胸卡、醒目的接站条幅和接站牌等接站标识物品，还要有一张急救电话号码表，应包含主要航空公司、出租车公司和会议有关方的电话号码。

接站牌有两种最基本的形式，一种是为团体和一般客户接待所准备的接站牌，一种是为重要客户单独准备的接站条幅。

准备车辆时，要根据参会人员身份、职务级别的高低，在坚持平等原则的前提下，适度有所区分。对一般或团体客户，可提供商务车或面包车接站；对重要客户或者嘉宾，则必须提供轿车，最好有一定级别的领导参与接站。

3. 接站

接站时，要注意把握以下几个方面。

(1)对提前远道而来的客人，应主动到车站、码头、机场迎接。一般要在班机、火车、轮船到达前15分钟赶到，这样会让经过长途跋涉到达目的地的客人不会因等待而产生不快。在出口处比较醒目的地方，高举接站牌等待客人到来，客户一出站就能看到接待牌。

(2)服饰穿着要整齐、大方，体现出公司的形象与风貌，不可过于随意。

(3)接到客户后，首先核实客户身份，以免错接。在确认客户身份以后，指引或者带领客户在休息地点先休息，或者带领客户上车。

(4)做些力所能及的事。与到站的嘉宾简短寒暄后，应主动帮嘉宾把行李搬上汽车，车辆返途中，可以选择合适的话题跟嘉宾交流。

(二)会议报到

会议报到是针对需要集中住宿的大中型会议而言。报到组织工作的主要内容包括以下几项。

1. 设置报到处和路标。要设置专门的报到处，并设置会场指引路标，以方便与会者更快找到目的地。

2. 查验证件。确认与会人员的资格，包括会议通知单、单位介绍信、身份证等有效证件。

3. 登记信息。会务人员事先准备报到登记表，与会者配合填写自己的基本信息资料。登记注册工作不可少，既可以统计到会人数，又便于安排住宿，也为会后的通讯制作提供原始材料。

4. 接收和发放材料。会务人员接收与会者应提交的材料，同时分发为与会者准备好的会议期间所需的各项资料和物品等。

5. 预收费用。有些会议会向与会者收取会务费、材料费等，所有这些费用应在报到时向与会者收缴，并出具发票。

6. 安排住宿。会期在一天以上的，应安排与会者的住宿问题。根据与会者的身份和要求，在现有条件下合理安排，尽可能满足与会者的需求。

报到结束后，会务人员应向会议负责人汇报报到的情况。报到过程中，也应适时报告报到的阶段情况，以便会议负责人随时掌握到会情况。

大中型会议，报到手续繁杂，稍有疏漏就会有后患，因此对注册报到人员的安排就要考虑得细致周到些，要挑选善于与人打交道、有较强解决问题的能力、有耐心且体力好的人。注册报到人员一般需要这几类人员：文书工作者，主要负责会议资料的收发工作；出纳员，负责现场收费出票；电脑操作者，负责调取资料，录入信息；引导员，与会者不熟悉会场，需要有人引导；翻译人员，召开国际会议时需要；咨询人员，有些会议会专设服务台，有些会议会由其他工作人员负责咨询的工作。

(三)会议签到

与会者参加每一项会议活动进入会场前都要签到。签到是为了及时、准确地把握到会人员和人数，如实反映会议实际缺席情况。有些正式的会议要求到会人数达到一定的比例才能召开，这类会议的签到就变得更为重要。

会议签到的形式一般有以下几种。

一是表式或簿式签到。这是传统的签到方式，事先备好空白的登记表或登记簿，与会者在簿册上签名以示到会。

二是卡片式签到。会务人员事先将印制好的卡片分发给每位与会者，卡片上标注会议名称、日期、姓名或编号(编号与姓名对接，一个号码对应一个与会者)。与会者进入会场时将签到卡交与现场会务人员即可。

三是电子签到。事先给与会人员分发磁卡，到会时与会者将磁卡插入或靠近读卡器或感应器即为签到。会务人员可以通过读卡器即时统计到会人数与缺席人数。这种形式成本大但效率高。

四是秘书点名，即由秘书在预先拟好的报到册上点名，做记号。会议报到册应包括序号、姓名、工作单位、职务、备注等栏目。这种方法适用于单位内部的小型会议和工作例会，秘书对人员比较熟悉。

根据不同规模、不同性质的会议要选择合适的签到形式，既要考虑签到的费用问题，又要考虑签到的效率，特别是采用纸质载体签到时可以采用分头、分片签到，以免签到处拥挤堵塞。

【拓展训练】

一、两名德国客户第二天要来天海汽配有限公司考察，决定是否建立长期合作关系。公司总经理要求公关部做好接站工作，并为他们安排住宿。公关部王经理决定自己与部门员工李小姐一起负责这项工作。李小姐大学毕业刚参加工作，王经理从原则到细节、从衣着到言谈详详细细地叮嘱了一番。假设你是王经理，你会怎样叮嘱李小姐，才不至于到时有所疏漏而影响客户对公司的评价。

二、学校承办全国文秘专业学生技能比赛，此次比赛参赛学校多、人数众，给接站与组织报到工作带来了压力。由于准备工作有很多疏漏之处，导致报到当天出现以下状况：实际报到人数超出预计人数近 20 人，而预订的酒店已没有空房间；天气突变，下起了大雨，接待点设在学校大门口，没有遮挡；工作人员再次清点资料时，发现印发给参赛选手的资料少了 10 份；工作人员得到消息，评审专家乘坐的飞机原定 12 点到，由于天气原因延误了，什么时候到还不知道，而开幕仪式计划定于下午 3 点举行。如何应对以上突发状况？此次会务工作中存在哪些问题？

任务二：会间文字工作

【学习目标】

1. 熟练掌握会议记录的要素、顺序和记录技巧。
2. 熟练掌握会议简报的要素和写作方法。
3. 能根据会议记录，用正确的格式编写会议简报。

【任务驱动】

苏州创新股份有限公司将于 12 月 26 日召开本年度年会暨最新研发成果展示会。前一段时间，大家都在忙会议筹备阶段的事情，现在准备工作基本就绪，与会人员也将于 12 月 25 日陆续到达，会议筹备组组长方明召集会议筹备组的工作人员，布置落实会中工作，李云和张丽负责会议报到和签到工作，要做好接站工作，与会人员乘坐的交通工具有飞机、火车和汽车，到达时间是早晨 6 时至晚上 11 时，与会人员中有 10 位是领导和贵宾，要派专车一一去接。车队的司机和车辆要全力保证。另外，与会人员进入会场时也要有专人负责引领，同时注意会中的协调，保证会议顺利进行。这次会议很重要，会中要按值班表的安排 24 小时值班，还要保证会议的信息通畅。通过这次会议要进一步加强对企业的宣传，宣传组尽快落实新闻媒体并负责接待。张丽作好会议记录，秘书处王芳负责会议简报。最后，方明再次强调了会议工作的重要性，要保证万无一失。

【方式与要求】

1. 会前准备相关资料，了解会议记录、会议简报的相关知识。
2. 掌握会议记录、会议简报写作的格式。
3. 能够叙述完成会议记录、会议简报的步骤。
4. 分组模拟演练，制作会议记录和会议简报。
5. 上机操作。

【实训提示】

1. 作会议记录要准备好必要的用具和资料，分别使用录音笔和会议记录簿作会议记录。要真实反映会议过程。
2. 会议简报包括报头、报核、报尾。实训时要制作报头，简报要素要齐全。
3. 将班级学生分成若干小组，以小组为单位进行会议记录和会议简报的拟写。
4. 各小组成员必须有明确的分工，责任到人。
5. 此项任务可以在配有计算机的会议实训室进行。
6. 在实训过程中，注意保存会议记录和会议简报的内容，根据要求整理归档。

【实训内容】

1. 张丽根据任务要求作了一份完整的会议记录。

苏州创新股份有限公司工作会议记录

时间：2012年9月7日下午

地点：行政楼608会议室

出席人：总经理方明、副总经理李明、公关企划部长周义、研发部部长张行、各部门负经理

缺席人：无

主持人：副总经理李明

记录人：张丽

主要议题：苏州创新股份有限公司年会暨最新研发成果展示会

发言记录：

一、主持人发言：苏州创新股份有限公司工作会议工作例会正式开始，下面有请总经理方明发表重要讲话……

二、领导发言：……

三、决议：……

四、与会者发言：……

散会(会议于×时×分结束)。

主持人(签名)：李明

记录人(签名)：张丽

(本会议记录共×页)

2. 王芳根据任务要求作了一份完整的会议简报。

密级

苏州创新股份有限公司工作会议

简　报

(第×× 期)

总经理办公室编　　××年××月××日

按语：××。

×××××(标题)

导语：××。

主体：××。

结尾：××。

送：×××××、××××、××××　　共印××份

【实训考核】

会间文字工作训练评分表

小组：　　学生：

内容	操 作 标 准	分值	得分
会议记录	会议记录组织情况完整	10	
	记录会议的内容详略得当	10	
	会议记录的重点在讨论的观点、决议、决定	10	
	能自觉使用录音笔等辅助记录工具	5	
	会议记录方法选择符合实情	5	
	会议记录无语法错误及错别字	5	
	事先能安排好合适的场合进行会议记录	5	
	会议记录后经记录人、主持人签字	5	

续表

内容	操作标准	分值	得分
会议简报	能根据会议需要选择会议简报类型	10	
	能按照简报格式规范写作	5	
	能准确反映会议实际情况、交流会议经验、沟通信息	10	
	能及时反映会议的新情况、新问题、新见解	5	
	能将会间代表提出的建议意见快速提交领导	5	
	简报的编发事先经过领导审核	5	
	简报字数不超过 1000 字	5	
总分			

【相关知识】

一、会议记录

会议记录通常有详细记录和摘要记录两种。这两种记录，采用哪一种，要根据会议的性质和内容来定。不管哪种方法，会议记录应包括以下内容：

1. 记录会议的组织情况，它包括会议的名称、开会时间、开会的地点、缺席和列席人员、主持人的姓名、记录人的姓名；有些会议还要写清楚会议的起止时间(年、月、日)。

2. 记录会议的内容，它包括发言人的姓名、发言的内容、讨论的内容、提出的建议、通过的决议等。做会议记录时，应注意以下几点：

(1)会议记录的重点应放在记录讨论的观点、决议、决定；

(2)即使要求详细记录，也不是有言必录，对一些与会议主题无关的发言可以不记；

(3)如果当时漏记了内容，可事先做出记号，然后对照录音修补。

二、会议简报

会议简报一般由会议秘书处或主持单位编写，用来交流会议进展情况，记载会议领导的重要讲话或与会代表讨论研究的决策性的问题。这种简报，随开会而用，随会议结束而终止，它密切配合会议的内容，刊出速度很快。

会议简报主要有以下类型：

1. 综合型简报。根据会议主旨，多角度、多方位反映问题，将有关信息综合起来编写。

2. 专题型简报。根据会议的讨论情况，分行业、分系统、分部门收集资料并编写成文。

3. 实录型简报。摘录领导的讲话、会议报告、其他与会者的发言的简报。

会议简报的内容：会议简报要迅速反映会议实际情况、交流会议的经验、沟通会议的信息，要反映出会议的新情况、新问题、新经验、新见解、新趋势，以更好地对会议起到指导和沟通作用。会议中代表们的建议意见应让领导及时地掌握。

会议简报的格式：报头+报核+报尾。

1. 报头

报头包括简报名称、期号、编印单位和印发日期。

(1)简报名称一般用套红印刷的大号字体。如有特殊内容而又不必另出一期简报时，就在名称或期数下面注明“增刊”或“××专刊”字样。秘密等级写在左上角，也有的写“内部文件”或“内部资料，注意保存”等字样。

(2)期号，写在名称下一行，用括号括上。

(3)编印单位与印发日期，两者在同行，前者居左，后者居右。

在下面，用一道横线将报头与报核隔开。

2. 报核

报核，即简报所刊的一篇或几篇文章。简报的写法是多种多样的，因此，它的形式也较灵活。大多数是消息，包括按语、标题、导语、主体、结尾和穿插在叙述中的背景材料。除了消息，还有别的文体，所以，不是每篇简报都有这几项内容。

(1)按语，即对整个会议情况大概的说明。

(2)简报的标题类似新闻的标题，要揭示主题，简短醒目。简报正文标题在报头横线之下居中书写，如果需要，也可以使用副标题。使用两个标题时，正标题是虚题，用以概括全文的思想意义或者内容要点，副标题是实题，用以交待单位及事件，对正标题起补充说明的作用。

(3)导语通常用简明的一句话或一段话概括全文的主旨或主要内容，给读者一个总的印象。导语的写法多种多样，有提问式、结论式、描写式、叙述式等。导语一般要交待清楚谁(某人或某单位)、什么时间、干什么(事件)、结果怎样等内容。

(4)主体用足够的、典型的、有说服力的材料，把导语的内容加以具体化。写作时要注意合理地划分层次。一般来说，主体层次的划分常有两种：一是以时间先后为序，把材料按照事件由发生、发展到结局的过程，逐层予以安排。这种写法多用于典型事件及一次性全面报道某一会议的简报，其优点是时序清楚、一目了然；二是按事物之间的逻辑关系，从材料的主从、因果、递进等关系入手，安排层次，这种写法的优点是便于揭示、表现事物的内在本质，突出主要内容和思想意蕴。

(5)结尾或总结全文内容、点明文旨，或指明事情发展趋势，或提出希望及今后打算。是否要结尾，要根据简报内容表达的需要而定。如果简报内容较多，篇幅较长，读者不易把握，就应在结尾概括一下；如果简报内容单一，篇幅较短，且在主体部分已把话讲完，就不必另写结尾。

(6)背景，即对人物、事件起作用的环境条件和历史情况。背景可以穿插在各个部分。

3. 报尾

在报最后一页下部，用一横线与报核隔开，横线下左边写明发送范围，在平行的右侧写明印刷份数。

会议简报的编写要求：快捷迅速、新颖生动、真实准确、短小精悍。

【拓展训练】

一、由于公司产品滞销，销售业绩大幅度滑坡，公司决定12月18日至21日在青岛金达宾馆召开客户联谊会，听取客户对公司产品的意见和建议，并确定次年产品订购情况。总经理让秘书小燕负责此次会议期间会议记录和会议纪要的制作。

请问小燕在制作中应注意哪些内容？

二、华荣公司2012年6月6日在公司会议室召开公司各部门主任参加的项目会议，会议由公司副总经理江翎主持，办公室秘书高华记录。假如你是公司办公室秘书，在召开会议期间，总经理安排给你的主要工作是做会议记录。

根据实际情景，演练会议记录过程。

三、海天公司总经理办公室的王芳由于字迹清秀而被安排承担会议记录工作。小王很高兴，她觉得是自己受到领导信任才被委以如此重任。但是办公室主任在几次会议的记录后很直截了当地批评了她，因为她的记录不完整，有许多重要的话没记上，会议中跑题的内容却记上了。主任告诉她可以采用速记方法，会后再作整理。可是小王从来未学过速记，就想了一个自以为聪明的办法：用录音机，然后再依据录音整理会议记录。没想到第一次用就闯了祸，那次会是董事会研究部门负责人的职务调整，董事长一见小王带着录音机，就让办公室主任立即换人记录。小王不明白，为什么自己被换掉了呢？

从会议信息的保密性要求来看，小王被换掉的原因是什么？

任务三：会间突发事件处理

【学习目标】

1. 掌握会议突发事件的类型和处理方法。

2. 能事先组建相应应急机构，及时处理会间突发事件。

【任务驱动】

8月16日，广大公司客户联谊会正在进行中，突然会场一片混乱，秘书王芳赶紧到现场了解情况，原来，参加会议的兄弟公司宏大公司的销售副总晕倒了。出现这种意外情况后，负责客服的陈副总经理要求秘书李明赶快去处理这件事情。

【方式与要求】

1. 分组模拟演练，举行事故分析会，模拟演示处理过程。

2. 查阅相关突发事件类型及处理知识，设置专门的应急机构，负责突发事件的协调与处理。

3. 重点演练主持会议，应对突发事件。

【实训提示】

1. 突发事件包括人员问题、设备问题、场地问题、资料问题、健康安全问题、行为问题。

2. 在会议进行中，要预设各种形形色色的突发事件发生，考验学生的应对能力。

【实训内容】

1. 根据实际情况，演练处理突发事件的过程。

2. 熟练运用紧急事件处理办法。

3. 及时向领导汇报，争取领导指示，并力争第一时间赶往现场。

【实训考核】

会间突发事件处理训练评分表

小组：　　　　　　　　　　　　　　　　　　　　　　　　　　学生：

内容	操作标准	分值	得分
人员问题	发言人无法到会发言，安排内部人员演讲相关主题	10	
	会议参加者或关键代表的缺席，导致投票受阻	5	
场地问题	内部会议地点某种原因不可使用，能寻找其他房间替代	10	
	公司外部会议地点变换，由对方提供相关场所	5	
	从原定会议周边寻找适合的会场	5	
设备问题	内部会议，技术人员能在会间待命	5	
	外部会议，应提供租方联系，替换原有设备	5	
资料问题	随身携带一份活动安排及活动文件原稿，可随时复印	10	
	会议资料未及时送到，立即解释情况，并告知替代方案	5	
健康与安全问题	大中型会议要事先安排好医护人员进场	10	
	对会议期间的饮食安全措施到位	5	
	派专门人员负责管理安全通道	5	
	加强会议值班，安排应急车辆	5	
行为问题	加强对发言人以往情况的审查，提前进行沟通	10	
	一旦出现异常情况，可使行为不当者离开会场	5	
总分			

【相关知识】

一、会议应急方案内容

会议应急方案内容包括会议举行过程中可能出现的人员问题、场地问题、设备问题、资料问题、健康安全问题、行为问题及解决问题时负责解决的会务人员和职责。

1. 人员问题。如演讲者、参加者或关键代表不能到会，或登记参会的代表数量不足，从而影响会议的规模以及财务收支和公共关系等。

2. 场地问题。如重复预订房间造成的冲突，取暖或通风系统出现故障等。

3. 设备问题。如缺少合适的设备或设备在使用过程中发生损坏。

4. 资料问题。如宣传材料不足或短缺，或资料没有送到会议地点。

5. 健康与安全问题。会议中有时会出现意想不到的情况，如突发性火灾等各种灾害的发生，或某位代表患有严重或高度传染的疾病，或因某种原因导致与会人员出现食物中毒等。

6. 行为问题。会议中偶尔会出现发言人行为不当或与会代表行为不当。

在会议筹备方案中，应当明确各小组成员组成情况和各人工作职责。在会议应急方案中，也应明确在会议筹备和举行过程中，出现各种紧急和意外情况时负责解决问题的工作，并在会前协调中落实到人，一旦出现问题时负责解决的会务人员应立即到场。

二、会议应急方案实施的原则

1. 思想上充分重视。要使应急方案发挥作用，会议的组织人员一定要在思想上重视，认识到安全问题无小事，要注重细节，从小处入手。

2. 在人、财、物方面措施到位。应急方案要对人、财、物采取保障措施，如应急车辆、应急经费等。

3. 在实施过程中要坚持检查。要根据会议筹备和召开的具体情况及时发现问题，并及时调整。

三、会议应急方案的制订程序

1. 预测不可预知的情况。会议应急方案的制订首先要根据会议的具体情况认真分析此次会议哪些地方容易出现问题，并能确切地知道筹备者可以采取哪些措施缓解问题和解决问题。

2. 提前准备应对各种问题的备选方案，考虑好备选人员，准备好备选的场地、备用的设备和资料等，并在会议的筹备阶段不断对各种突发情况进行复查和调整。

3. 会议正式召开前，要组织一次专题性的筹备检查会，重点讨论会议中可能出现的紧急情况和危机。

4. 在应急方案的制订过程中可以举行有关人员的头脑风暴会，大家把问题考虑得越全面，措施制定得越有创造性，会议成功就越有保障。

四、处理会议突发事件的方法

1. 处理人员问题。应根据会议的类型，采取不同的备用人选。如果外部发言人缺席，可以安排内部演讲者就相关主题演讲。

2. 处理场地问题。如果内部会议地点因某种原因无法使用，可用其他房间替代；公司外部会议地点若临时改变，则问题严重，特别是在很难通知参会人的情况下，可以先和会议地点的管理人员协商，由他们提供替换的会议室。如果不得不换地方，则应从较宽范围的会议地点来考虑，例如附近的大学、休闲场所、剧院等都可能有适合的大厅、讲座会场或会议室。

3. 处理设备问题。如果是内部会议，秘书应该掌握企业内可用的音像类型和存放位置的信息。如果是外部会议，需要事先了解活动当场可以租用到设备的公司及活动当地的文具和设备供应商名称、地址和电话号码，例如投影机的灯光供应商等，并备有紧急维修工程师的姓名、地址和电话号码。

4. 处理资料问题。秘书可以采取下列备用措施来弥补材料的不足：永远带一份活动安排及活动中需要使用的文件的原稿，以便在活动地点可以重新复印。如果准备的材料没有及时送到会议地点而对参会代表产生影响时，秘书应该向大家解释情况，并告知大家替代方案正在进行。

5. 处理健康与安全问题。秘书可以提醒负责会议筹备的相关领导或组织组成专门的安全小组来负责相关事务，加强会前的安全检查，必要时要组织应对火灾等突发事件的演习，要派出专门人员负责把守安全通道，有条件的地方要充分利用好会场所在地的摄像监控系统，随时掌握会场方方面面的情况。同时，大中型会议事先要安排好医护人员在会场应急。另外，要加强会议值班工作和应急车辆的安排。

6. 处理行为问题。要防止出现发言人行为不当或与会代表的行为不当。一方面，要加强对发言人以往情况的审核，并加强发言前的沟通；另一方面，提前作好准备，避免这种情况出现，如请行为不当者暂时离开会场等。

五、处理会议突发事件的工作程序

1. 对会议中出现的突发事件及时向领导报告。

2. 启动会议应急方案的各项措施。

3. 调动会议有关人员及时进行补救和处理。

4. 必要时，向公共应急机构请求支援。

5. 处理好突发事件的善后工作。

六、处理会中突发事件的注意事项

1. 会议期间的后勤服务工作牵涉面广，涉及的人员较多。因此，要有综合管理、统筹安排的意识。要树立后勤服务保障“一盘棋”的观念。

2. 会议期间要增强责任意识，做到有备无患，事先做好应对各种突发事件的备用方案。

3. 加强岗位责任制，建立会议期间的严格值班制度。做到事事有人问，各项服务热情周到，想与会人员之所想，急与会人员之所急。

【拓展训练】

广大公司在新产品发布会期间，拟于12月25日18：30在某娱乐城举办与会人员联欢会。可当12月25日17：00，与会人员兴高采烈地来到娱乐城时，秘书预订的能容纳50人的大包厢已为嘉裕公司所用。

这是怎么回事呢？明明一个月前就已预订的房间，怎么会被他人所占？广大公司的秘书很纳闷，经过询问才知道，原来娱乐城只有一间能容纳50人的大包厢，广大公司秘书预订时，嘉裕公司已经预订，但嘉裕公司正与娱乐城联系欲变更原先预订的时间。当时大堂负责人对广大公司秘书承诺：“若嘉裕公司更换了时间，则广大公司使用，不再通知。若嘉裕公司活动时间与广大公司时间冲突，会及时通知广大公司。”事后，工作人员由于疏忽，忘记了将嘉裕公司活动的时间与广大公司活动时间相冲突的情况告知广大公司。

结果广大公司秘书与娱乐城的工作人员就这一问题发生了争执和冲突，造成被邀请来参加联欢会的50名客人滞留在大堂半个多小时，最后交涉未果，不得不再包车前往附近的另一娱乐中心进行活动。联欢会还是在当天18：00开始了，但与会人员的兴致普遍大打折扣。

就此事分析一下，秘书在突发事件处理中的得与失。

项目三：会后落实工作训练

任务一：会后文书工作

【学习目标】

1. 了解会议文件清退的程序，能够清退会议文件资料。
2. 掌握会议文件资料收集整理的基本要求，能够收集整理会议文件资料。
3. 了解会议纪要的分类和作用，掌握会议纪要的拟写方法和要求。
4. 明确会议文件资料整理归档的范围。
5. 了解掌握会议总结的方式、内容及要求。能够对会议进行总结并评估。

【任务驱动】

苏州创新股份有限公司的年会终于圆满结束了，办公室主任李明召集大家开会，总结工作，布置任务。李主任说："这次年会开得不错，现在要抓紧落实会议精神，王总经理要求我们，一定要拟写好会议纪要，落实会议精神，做好传达贯彻，及时反馈信息。会后我们任务还很艰巨，要做好会议文件资料的整理归档，完成会议经费的结算，再好好总结一下本次会务工作，大家按照分工分头行动吧。"李主任安排好任务，秘书王芳、李华按照分工，拟写会议纪要、整理会议文件、完成会议经费结算工作，并对会议进行了总结。

【方式与要求】

1. 按照要求，根据会议记录拟制会议纪要。
2. 分组调查并进行总结，写出会议总结报告。
3. 结合以前实训拟制的会议经费预算方案演示会议经费结算过程。
4. 收集整理的前几次实训形成的会议文件资料，向同学们汇报文件资料的整理归档情况，并进行讨论。
5. 分组模拟演练，个人上机操作，小组相互评分。

【实训提示】

1. 拟写会议纪要应注意会议纪要和会议记录的区别。
2. 要掌握结算会议开支费用的基本程序。
3. 掌握会议范围、要求与程序。

【实训内容】

一、会议纪要的类型

会议纪要的类型主要有以下两种：一是例行会议纪要，如经理办公会议纪要、厂长办公会议纪要，这种类型的会议纪要将会议形成的决议下发，或让上级了解会议的精神，因此要求简明扼要；二是工作会议纪要，是指各机关、部门或地区就重大工作问题召开专门会议，交流情况，统一口径，研究政策措施之后，需要整理出会议纪要，上报下发，或请求上级批转。

二、会议纪要的格式和内容

会议纪要由标题和正文组成。在格式上不写主送单位和落款，成文时间多写在标题下方，也有的写在文章最后。

1. 标题。通常由“会议名称+会议纪要”构成，例如：“××公司第五届职代会会议纪要”。

2. 正文。会议纪要的正文由导言、主体和结尾三部分组成。

(1)导言。导言主要用来记述会议的基本情况，包括召开会议的名称、时间、地点、主持人、主要出席人、会议主要议程、讨论的主要问题等。导言不需写得太长，应简明扼要，让人们对会议有个总体的了解。

(2)主体。主体是会议纪要的核心部分，会议的主要精神、会议议定的事项、会议上达成的共识、会议上布置的工作和提出的要求、会议上各种主要的观点等，都在这一部分予以表达。主体的写法一般有以下四种。

①分项标题式。这种写法适用于篇幅较长的会议纪要。有的会议开的时间很长，研究的问题很多，需将会议讨论的内容依其内在联系和逻辑关系等归纳成几个方向，分项撰写并冠以合适的小标题。

②新闻报道式。这种写法有点类似于新闻写作中的消息写作，适用办公会议等日程工作例会的纪要。内容包括会议进行程序、会议概况、会议议题、讨论意见、决定事项等，依次写出即可。

③记录摘要式。这种写法就是对会议记录的摘要整理，其特点是平直易写，有点像流水账。这种写法可以使每个人的意见得到比较明确、充分的表达，便于事后查考，有些为解决纠纷而召开的协调会会议纪要一般采用这种写法。

④指挥命令式。这种写法主要用于写会议决定事项，会议情况应一笔带过，简练明快，多用于安排部署重要工作的会议。一般都这样写：“会议决定：……”，“会议同意……”，“会议通过了……”。

3. 结尾。结尾一般写对与会者的希望和要求，也有的会议纪要不写专门的结尾用语。

三、撰写会议纪要的注意事项

1. 纪实。纪实就是实事求是，忠于会议实际。为此，必须以会议记录为依据。对与会者的发言可以进行概括、归纳、提炼，但绝不能增添与篡改内容。

2. 纪要。纪要就是抓住要点，对会议的中心议题和围绕议题所做的决定进行集中概括，去粗取精，集中归纳最有说服力的典型事例，引用最精彩的情节和语言，使全文突出重点。

3. 条理清楚。会议纪要要条理清楚、层次分明，使人一目了然，切忌层次混乱。

【相关知识】

一、引导与会人员离场、送别与会人员

会议一结束，秘书人员就要与会务人员一道引导与会者有秩序地离开会场。

在通常情况下，都是主席台上的领导离场后，与会人员再离场。如果会场有多条离场通道，领导者和与会者可以各行其道。大型会议还要注意散会后引导车辆迅速、有序地离场，必要时可派专人指挥。

会议结束后，与会者要返程，秘书人员要提前摸清情况，谁什么时候走，怎么走。一般情况下有以下四项工作要做：

1. 进行会议费用结算。会议结束时，应协助与会人员对会务费用、住宿费用等进行结算。

2. 对于参加会议的外埠（或外国）人员，应事先登记，并为其提前购买返程机（船、车）票。当机（船车）票送到会议秘书处后，秘书人员要把票妥善交到订票者手中，并请其在领取单上签字。

3. 组织送别与会人员。与接站工作相同，要掌握与会者各自乘坐的交通工具、时间、车次，制作成表，便于协调安排送站的车辆和时间。与会者离去时，要安排好车辆，将与会者送至机场或车站，身份较高者应由领导亲自到机场或车站送别。

4. 对于个别需要暂留的与会者，要妥善安排好他们的食宿。

二、会议文件和收集整理

1. 会议文件收集、整理的范围

（1）会前分发的文件，包括指导性文件、审议表决性文件、宣传交流性文件、参考说明性文件、会务管理性文件等。

（2）会议期间产生的文件，包括决定、决议、议案、提案、会议汇录、会议简报等。

（3）会后产生的文件，包括会议纪要、传达提纲、会议新闻报道等。

2. 收集会议文件的要求

（1）确定会议文件资料的收集范围。会前分发的保密文件要按会议文件资料清退目录和发文登记簿逐人、逐件、逐项检查核对，以杜绝保密文件清退的死角。

（2）收集会议文件资料要及时，确保文件资料在与会人员离会之前全部收集齐全。

（3）选择收集文件资料的渠道，运用收集文件资料的不同方式方法。

（4）与分发文件资料一样，收集会议文件也要履行严格的登记手续。认真检查文件资料是否有缺件、缺页的情况，及时采取措施补救毁损的文件资料。

（5）收集整理过程中要注意保密。

3. 会议文件资料的立卷归档

会议结束后，要及时做好会议文件的立卷归档工作。会议文件资料的立卷归档是指会议结束后依据会议文件的内在联系将其加以整理、分门别类地组成一个或一套案卷，归入档案。这是将现行会议文件转化为档案的重要步骤，是档案工作的基础。

三、会议经费结算的方法

1. 收款的方法和时机

会议经费开支主要有两种方式：一种是由会议主办方直接承担全部会议费用，与会人员不需要支付任何费用；还有一些会议是由与会人员向主办方支付一些必要的费用，如资料费、培训费、住宿费、餐饮费等。对于要向与会人员收取相关费用的会议应注意以下事项：

（1）应在会议通知或预订表格中，详细注明收费的标准和方法；

（2）应注明与会人员采用的支付方式（如现金、支票、信用卡等）；

（3）如用信用卡收费，应问清姓名、卡号、有效期等；

(4)开具发票的工作人员事先要与财务部门确定正确的收费开票程序，不能出任何差错。另外，如果有些项目无法开具正规发票，则应与会议代表协商，开具收据或证明。

2. 付款的方法和时间

会议结束后，应对会议期间发生的费用进行统计，将应该由公司支付的费用根据公司相关规定，及时支付给对方，会中一般需要支付的费用有场地租借费、设备租借费、场地布置费、专家咨询费、餐饮费等。

【拓展训练】

2014 年 3 月 26 日，武宁分公司召开会议，传达井下作业公司领导干部会议精神，来自该公司各单位负责人、机关全体员工参加了会议。公司秘书徐建传达了井下作业公司领导干部会议精神，通报了分公司 2014 年一季度生产经营情况，对近期工作作了部署。徐建总结了武宁分公司 2013 年质量、安全、环保方面的工作，安排布置了该公司 2014 年质量、安全、环保工作，并结合钻井大提速提出了要求：一是安全工作要大提速，要强化安全生产；二是认真抓好设备的维护和修保工作，确保设备随时处于待命状态；三是加强生产信息的收集，加强生产组织、指挥和协调工作；四是要转变观念，要牢固树立后勤保障前线的思想，要转变服务态度，严把质量关。

根据上述材料，编写一份会议纪要和会议简报。

任务二：会后总结工作

【学习目标】

1. 了解会议总结工作的内容与方法。
2. 能够收集、反馈会议精神的落实情况。
3. 能够进行会议总结。

【任务驱动】

苏州科技大学人文学院于 2015 年 4 月 25 日召开了人文学院产学研结合会议，此次会议由久扬秘书事务所的成员负责。会上章校长和人文学院院长汪华先后发表讲话，肯定了成绩，指出了未来发展之路，号召大家下半年再接再厉，争取更好的成绩。会后，请久扬秘书事务所的成员撰写一份详细的会议总结。假设你是久扬秘书事务所的秘书王芳，你将如何完成此项任务？

【方式与要求】

1. 本实训课选择在模拟会议室进行。
2. 实训应分组进行，模拟角色和任务。
3. 每个同学在演练过程中一定要严肃认真，言行符合规范。
4. 每个同学最好都能按照实训内容设计演练的脚本(包括情节和台词)，并为本小组成员分派角色。
5. 各组调查填写会议评估相关表格。
6. 在同学们演练时，组织其他的同学对表演进行评论。

【实训提示】

1. 撰定会议总结要及时、全面、科学。

2. 要了解会议评估工作的基本要求。

3. 会议总结，主要是肯定成绩，找出经验教训，并妥善解决会议的遗留问题，使会务工作圆满结束。

4. 在实训过程中，注意将会议总结的内容进行保存，根据要求整理归档。

【实训内容】

秘书王芳根据提供的内容及时完成了会议总结的拟写。

2015 年人文学院产学研结合会议总结

2015 年来，我校各学院召开了产学结合会议以增强各专业的学术研讨。为了让各位专家对我院专业有进一步的了解，我校在 4 月 25 日召开了人文学院产学研结合会议。现将有关内容总结如下。

一、基本情况

此次会议基本上由久扬秘书事务所的成员负责。他们在教师的带领下，积极主动地完成了本次会议的准备、接待、服务及善后工作，取得了一定的成绩。在会议过程中，他们充分利用在课堂上学的理论知识来指导实践，例如接待中的礼仪、摄影中的技巧、服务中的周到，在各方面都体现着作为文秘专业学生的素养与气质。

会议开始时，由章校长介绍了我校新老校区的建设问题，讲述了学校的办学历程，同时介绍了我校各专业的发展情况及特色。他进一步地讲到我校在 2015 年下半年即将迎接的对高等教育学校的评估。我校将继续保持与各企业的友好联系，向企业学习，培养适应市场需求的优秀人才。相关产业成为我们专业的培训基地，产学结合是一种实施途径，希望我们紧密、友好地合作，共同完成任务，更好地为企业吸收有用人才，达到共赢的目的。同样，章校长诚恳地希望各位专家不吝赐教，你们宝贵的经验对我们的教育工作有很大的促进作用。

接下来，由汪华院长介绍了有关人文学院的具体情况，并进一步说明了人文学院实施的是一种“双证制”教学，此外，学生还可以参加学校与驾校联合开办的驾驶培训，获取驾驶证。

二、经验与不足

总体来说，此次会议在教师和同学们的共同努力下，取得了圆满成功。让同学们运用所学的专业知识，在实践中得到了锻炼，也使同学们更进一步地了解自己以后将从哪些方面更加努力学习，以增强对理论知识的掌握、提高自身素质和修养。但是在实践操作过程中，也存在一些问题：

1. 会前检查工作没有到位；

2. 会议服务中材料准备不齐全；

3. 摄影过程中对新设备操作不熟练；

4. 接待中突发事件处理不及时。

总之，本次会议让每一位同学都受益匪浅，在以后的工作中，同学们将会努力做得更好。

久扬秘书事务所

2015 年 4 月 26 日

【实训考核】

会后落实工作训练评分表

小组：　　　　　　　　　　　　　　　　　　　　　　　　学生：

内容	操作标准	分值	得分
与会代表离会与送别	向与会者提前发放预订的回程票	5	
	结清会议费用	5	
	安排足够车辆送站	5	
	安排相应级别人员送站	5	
	检查是否有物品遗落	5	
会场善后工作	取走通知牌和方向标志	5	
	清理会场内其他物品	5	
	归还所借物品，损坏物品赔偿	5	
	结清会议开支	5	
	通知会议室相关人员切断电源、锁门	5	
整理会议文件	整理分发会议记录	5	
	形成会议决议、简报和会议纪要，并分送到有关人员	10	
	填写会议管理工作、会议主持人和会议工作人员评估表	5	
	向上级汇报会议情况	5	
	收集会议材料，汇编会议文件，并分类、立卷、归档	5	
会议总结与反馈	召集会务组相关成员讨论撰写会议工作总结	10	
	个人小结、会务部门小结，大会交流表彰	5	
	对会议成果落实情况，产生的影响或结果向会议主办方通报	5	
总分			

【相关知识】

一、会议总结工作的目的

进行会议总结的目的，主要有以下几个方面：

1. 检查会议目标的实现情况。
2. 检查各个小组的分工执行情况。

3. 将员工自我总结和集体总结相结合。

4. 总结经验、激励下属、提高工作。

二、会议总结的内容和方式

会议结束后，秘书要对会务工作进行及时、认真的总结，一方面总结经验、肯定成绩、表彰先进；另一方面发现问题、找出不足、分析原因，为以后的会务工作提供借鉴和动力，不断提高办会水平。

1. 会议总结的主要内容

(1)会议准备工作情况；

(2)会议方案所制订的各项会议工作的准确性和全面性；

(3)会务工作部门之间的协调状况以及会务工作人员的工作状态；

(4)与会人员数量的合理性、信息交流的有效性；

(5)会议目标的实现情况；

(6)在提高会议效果方面需要改进的地方。

2. 会议总结的方式

(1)会务工作人员个人进行总结；

(2)各会务工作部门分别进行小组总结；

(3)由领导组织有关人员进行总结；

(4)必要时进行大会交流、总结、表彰；

(5)有质量的书面总结可以用简报的形式散发并收集、整理、归档。

三、对会议效果进行评估

要做好会议的总结工作，则首先对会议进行评估。会议评估程序如下：

1. 明确会议评估对象，主要包括对会议总体管理工作、对会议主持人和对会议工作人员的评估三个方面。

2. 确定会议评估方案：

(1)会议总体管理工作评估覆盖会议工作的方方面面，包括会议目标、会议方案、会场情况、时间、与会者范围、食宿安排、会议经费、会议文件资料和其他各项活动内容。秘书应根据会议的性质和类型决定评估问题的内容。

(2)会议主持人评估，主要侧重于对主持人的主持能力、修养、业务水平、工作作风、会议进程的控制能力和引导会议决议形成能力的评估。秘书可请与会者填写事先设计好的表格。

(3)会议工作人员评估，主要侧重于对工作人员的行为表现、工作态度、业务水平和工作效果的评估。

3. 设计评估表格，收集评估数据。设计评估表格应注意表格的长度、问题的相关性、提问的方式、填写的难易程度、分析数据的方式等。

4. 分析数据、得出结论。秘书应根据会议的类型和分析的目的，去获得分析数据并得出结论，以形成分析报告。要采用科学的数据分析方式，与会者较多时，可采用计算机分析数据，并以显易的方式整理和展示会议评估所获得的数据，如柱形图、饼形图、散点式图等。

四、撰写总结汇报

秘书在编制会议总结报告时，应将评估数据和分析结果写入总结报告中去，并将形成的分析报告递交上司审核，形成备忘录。撰写会议总结必须了解总结的格式，了解各部分的写作要领、写作方法和写作的注意事项。

主持人行为表现评估表

主持人行为	次数	引言或例句	分值	得分
组织、安排会议			10	
确定检查目标			10	
遵守时间			8	
鼓励发表见解、提出建议和问题			10	
澄清事实			10	
检查理解程度和意见是否一致			10	
引入正题还是离题太远			5	
使人们对决策制定具有责任感			5	
过早结束，结果未明			5	
加快会议进展速度还是放慢速度			5	
控制过严还是过宽			5	
处理冲突、解决争端			10	
检查进程或作出总结			5	
结束会议			5	

会议效果评估表

会议阶段	评估项目	评估内容				分值	得分
会前准备	会议目标	明确	不明确	太多	太少	10	
	会议议程	已确定	未确定			10	
	与会人选	恰当	不恰当	太多	太少	10	
	会议时间	恰当	不恰当			10	
	会议通知	详细	不详细	提前	未提前	10	
	会议地点	恰当	不恰当	不太恰当		10	
	会议场地	非常好	一般	不好		10	
	与会者准备工作	充分	不充分	没有准备		10	
	会期时间安排	合理	不合理	不太合理		10	
	与会者对会议态度	积极	不积极	不太积极		10	

续表

会议阶段	评估项目	评估内容	分值	得分
会中服务	在会议中交谊活动	有　没有　较多　较少	8	
	外界的干扰	有　没有　较多　较少	8	
	与会者离题	有　没有　较多　较少	8	
	主持人离题	有　没有　较多　较少	8	
	无关人员滞留会议	有　没有　较多　较少	8	
	资料不足，决策偏颇	有　没有　较多　较少	8	
	少数人垄断会议	有　没有　较多　较少	8	
	与会者之间交头接耳	有　没有　较多　较少	8	
	与会者不表明态度	有　没有　较多　较少	8	
	与会者之间争论	有　没有　较多　较少	8	
	与会者与主席争论	有　没有　较多　较少	5	
	视听器材发生故障	有　没有　较多　较少	5	
	与会者欠缺热心	有　没有　较多　较少	5	
	会议超出预定时间	有　没有　较多　较少	5	
会后总结	会议时间是否理想	是　否　不能确定	10	
	主持人准备是否良好	很好　还可以　准备不够	10	
	主持人引言是否有激情	是　否	10	
	对与会者热情所起作用	极佳作用　一般作用　不起作用	15	
	与会者能否保持良好状态	是的　状态一般　完全不进入状态	10	
	结束会议的方式如何	极优　良　差　极差	15	
	与会者对会议是否满意	很满意　满意　说不上　不满意	15	
	会议目标实现程度	完全实现　基本实现　未实现	15	
总分				

注：上述表格对会议效果测评项目总分÷3=会议效果得分值。

【拓展训练】

根据下面的实训背景要求，将学生分成10人一组，在小组内部进行分工，分别扮演主持人万红、程副市长、张总经理、公关部刘经理、首席设计师、承建单位代表及记者，按要求进行演示。

宏意汽车城坐落在B市新经济开发区。该汽车城总投资10亿元，总建筑面积30万平方米，是B市最大的汽车城。为了进一步打响宏意汽车城的品牌，宏意汽车城定于20××年12月25日在京都大酒店举办新闻发布会，向社会介绍宏意汽车城的建设情况，届时到会的有市里主管工业的领导、各大汽车生产厂商、社会知名人士、汽车城业主代表等。在新闻发布会上，宏意汽车城的张总经理介绍了宏意汽事城的筹备与建设情况以及今后的经营规划；公关部刘经理向与会人员介绍汽车城开幕式的筹备情况；B市程副市长到会祝贺，他对宏意汽车城所取得的成就予以充分肯定；汽车城的首席设计师和建设工程承建单位的代表介绍汽车城的设计和建设情况。新闻发布会上，记者提问十分活跃，对汽车城领导人就汽车行业前景发展进行了采访。本次新闻发布会，由宏意汽车城行政部经理万红主持。

任务要求：

1. 请列出该汽车城新闻发布会的程序。
2. 根据实训情景提示，模拟演示新闻发布会的场景。
3. 要求每位发言人都以相对应的角色身份发言，每位记者都应提问。
4. 新闻媒体的名称由同学自拟。采访用的话筒、身份牌由学生自行准备。
5. 发言材料及提问根据情景材料设计，允许在此基础上做适当的延伸和扩展。
6. 实训结束后，将新闻发布会照片与录像，在班里播放，进行评价。

【本模块主要参考文献】

1. 楼淑君. 秘书综合实训教程[M]. 杭州：浙江大学出版社，2009.
2. 陈江平. 秘书综合实训[M]. 武汉：华中科技大学出版社，2013.
3. 张小慰. 秘书岗位综合实训[M]. 重庆：重庆大学出版社，2015.
4. 吴良勤，雷鸣. 秘书实训指导与案例分析[M]. 北京：北京大学出版社，2010.
5. 葛红岩. 新编秘书实训[M]. 北京：高等教育出版社，2015.

【秘书办事岗位实训模块】

项目一：电话的接听与拨打训练

【实训目标】

1. 了解电话在管理工作中的重要作用与相应缺陷。
2. 能够按照规范流程和礼仪进行电话接打。
3. 能够灵活应对电话接打过程中的特殊情况。

【任务驱动】

你是苏州久扬文化传媒有限责任公司的秘书张笑，以下是你遇到的接打电话的情景：

情景一：浙江某话剧团最近想在苏州大剧院上演一个剧目，需要和公司李总经理联系洽谈具体事宜，希望予以安排。

情景二：对方要找公司票务部王芳，秘书告知王芳不在的情景。

情景三：对方喋喋不休地要求演出票价有更大的折扣，秘书应对的情景。

情景四：秘书通知财务部、人事部、市场部经理下午3点在公司第一会议室开会，会议主题是有关上季度员工绩效考核的事宜。

情景五：顾客投诉和抱怨电话的应对。

【方式与要求】

1. 电话前做好心理、物质准备。
2. 整个过程要求礼仪规范。
3. 能够利用电话提高办事效率。
4. 能够“听话听音”，准确判断对方的真实用意。
5. 分组讨论并绘制电话接打流程图。
6. 电话接打情景的模拟演练。

【实训内容】

情景一：秘书张笑在电话铃声响过两声后拿起话筒：“你好，苏州久扬文化传媒有限公司办公室，请讲。”她仔细询问了对方的要求和基本信息，做好了相关记录，然后说：“您的要求我已做了详细记录，我会立即向赵总汇报，今天下午内一定给您回复，这样可以吗？”

情景二：秘书张笑在电话铃声响过两声后拿起话筒：“你好，苏州久扬文化传媒有限公司办公室，请讲。”了解对方需求后，秘书应说：“王芳现正在开会，请问您的事情我可以转告吗？”(或用其他回应方式)

情景三：回应时秘书应注意不断地替对方总结和梳理，必要时可委婉地拒绝。

情景四：电话通知是应注意按照5W1H原则：原因(何因 Why)、对象(何事 What)、地点(何处 where)、时间(何时 When)、人员(何人 Who)、方法(何法 How)的要点进行通知。

情景五：应注意按如下步骤来进行投诉和抱怨电话的处理：热诚地表示愿意协助对方解决问题，告知对方自己的名字以示负责，并让对方放心；多倾听对方的不满，贴心地回应(表示正在听，并体谅他的感受)；一定要记录下来(对方的资料、不满)；告知对方你的处理方法，并确认对方了解；自己无法回答的问题，请示主管后再回答，或请负责部门回答；再次告知自己的姓名及联系电话，并再跟对方确认他的联系电话及姓名，并告知有谁(或自己)会在何时回电。

【实训提示】

1. 教师有意将接听电话的情景布置得不合常规，如有噪音环境中接听电话，在忙乱的环境中接打电话等，由每组同学各自演练。

2. 教师可从每组中随机抽取几个同学现场接打电话，其他人观摩，平均分记为小组得分。

3. 重点演练与日常生活中接听电话的不同之处。

4. 可要求小组自设简单场景，分角色演练，侧重于业务的可行性、职业态度的考核。

【实训考核】

电话接打评分表

小组：　　　　　　　　　　　　　　　　　　　　　　　　　　　　　　　　学生：

内容	操作标准	基本要求	分值	得分
接听电话	语言规范、语气温和、语速适中	铃响两声接听	5	
	根据来电要求落实相应事项	能够筛选电话	5	
	记录并核对对方告知的内容要点	关键信息主动核对	10	
	认真填写《来电登记表》	电话礼仪得当	5	
拨打电话	选择拨打电话的时间	态度友好，礼仪得当	5	
	事先拟定底稿，并将可能用到的资料事先准备好，保证内容无遗漏	为避免有误，可重述或请对方复述告知内容	10	
	确认所找之人后再次礼貌问候	遵循尊者先挂电话礼仪	5	
	和对方商量事情时能考虑双方是否方便		10	
	关键信息能否及时记录并核对		5	
注意事项	巧妙地核实对方身份、职务并登记		10	
	能从电话中听出对方的意图		5	
	注意公共场所接电话的音量		5	
	能将电话留言及时转告		5	
	通话信号中断，由主拨方重新拨号		5	
	传真机传送资料	输送前后均需电话通知	10	
总分				

【相关知识】

接听电话要遵守四个基本要求：

第一，态度礼貌，友好。要尽量使用礼貌用语，及时向对方问候。

第二，声音积极自然。要微笑着接打电话，语速、音量适中。

第三，通话简洁、高效。一般通话尽量控制在 3 分钟之内。

第四，熟悉业务。接听电话时要熟悉业务，以便能够在最短的时间内解决问题或找到解决问题的办法。

接打电话的基本礼仪包括如下几点：

第一，要口齿清楚，且不忘附和。

第二，不随便岔开对方所说的话题，但也不要有什么问题就直截了当地问对方；一定要在听对方讲完之后，自己才发表意见。

第三，自己说话时，如果太长，就要不时停一会，听听对方的反映，要替对方考虑，不要只顾自己说话，要给对方提问的机会。

第四，不管什么人打电话过来，都要认真接听；即使是客户投诉电话打到这里，也应用冷静的态度与人说话。

第五，一般来说，谁拨电话谁先挂机，但是，如果对方比自己地位高，需要等对方挂机后再挂机。

【拓展训练】

一、如何用电话安排上司的约会？

宏达公司和立太公司就某项业务达成了初步的意向。王总经理打算约立太公司的李总经理作进一步商谈。这天一上班，王总经理就交待秘书王芳，让她尽快电话预约此次会谈。

秘书在为上司安排约会时应注意以下几点：

1. 配合上司的时间表

在以下这些时间不要为上司安排约会：

(1) 上司快要下班的时候；

(2) 上司刚出差回来；

(3) 节假日过后上司刚刚上班；

(4) 上司连续几天召开重要会议或活动；

(5) 上司的身体状况不是太好的时候；

(6) 如果安排了这次会谈，上司进入下一项预定的工作时间将十分紧迫。

2. 分清轻重缓急

秘书为上司进行电话预约，要分清事情的轻重缓急，应将重要的急需办理的事项放在前面。

3. 酌留弹性

秘书在给上司预约安排时，每个约会之间要预留时间 15 分钟左右。

4. 处理好变更的约会

一旦约会变更后，秘书人员应立即做好相关善后工作，如立即通知对方，说明理由，主动代领导道歉，确定下次约会的具体时间、地点，表达合作的意愿。

二、上司约会改变如何处理？

“取消约会”可指两种情况：一是取消原定的约会，而且在可以预见的将来也不再举行这个约会；二是取消原定的约会，但是这个约会在几天、几周或几月后举行。

1. 主动取消约会

(1) 及时通知对方。“提前量”一般应有二、三天。

(2) 向对方致歉。秘书必须明确，无论是什么原因，主动取消约会都是一种失信的行为，所以必须无条件地向对方致歉。言辞要简洁、得体。

(3) 解释取消的原因。解释要简洁、得体。在解释取消的原因时点到为止，不要展开。

2. 被动取消约会

(1) 表示感谢。感谢对方及时来电通知取消约会。

(2)表示谅解。一家负责的公司对取消约会这种严肃的事情是不会持轻率的态度的。现在对方既然已经决定取消约会，总是有原因的，甚至还有着难言之苦。

(3)表示合作。这个表示仅适用于对方再次提议安排约会的情况下。对方如在取消约会之后提议再次安排约会，秘书决不能一口回绝，否则就是一种严重的失职行为。

项目二：接待事务训练

【实训目标】

1. 熟知日常接待礼仪。
2. 能够根据情况确定接待规格，制作科学合理的接待方案并做好接待工作。
3. 能够了解涉外接待的原则，认真做好涉外接待工作。
4. 能够做好接待经费的预算。

【任务驱动一】

一天，两位来访客人走进苏州市新创有限公司办公室，王芸秘书正在复印一份文件，他向客人点点头，并伸手示意客人先坐下，之后王芸向他们作了自我介绍并了解两位客人到访的基本情况。经询问，两位客人并不是同事，一同进入办公室只是时间上的巧合。王秘书还了解到其中一位客人与张志总经理是有预约的，另一位则是找人事部经理的。问他是否与人事部经理有约，来人说没有，并介绍他曾是某公司电声产品研发技术工程师，听说贵公司发展不错，希望在此能找到一份合适的工作。

1. 当王秘书见到客人进入办公室时，是否应该停下手头的复印工作？
2. 当得知两位客人分别要见两位经理，王秘书是否要分别接待，接下来她该怎么做？

【方式与要求】

1. 讨论上述两个问题。
2. 分组模拟演练相关情景。
3. 搞好接待室环境布置、卫生、接待用品的检查。
4. 秘书与两位客人相互介绍并握手的礼仪合乎要求。
5. 秘书对待有约客人、无约客人、被访者愿意接待的客人、被访者不愿意接待的客人都能够有针对性地妥善处理，体现接待工作的原则和要求。

【实训内容】

1. 接待的准备工作。通过训练，使学生能够准备各种接待，如日常接待、重要客人接待、外宾接待、团体接待的准备工作。能够做好接待环境的准备、物质准备和心理准备。

2. 日常接待工作的基本程序。通过设计不同的场景，训练学生亲切迎客、热情待客、礼貌送客的最基本的接待程序。同时，训练学生做好各种日常接待工作的能力，如接待预约客人、接待未预约客人、接待被访者愿意接待的客人、接待被访者不愿意接待的客人，秘书能够有针对性地妥善处理。

3. 制订接待计划。设计一些重要的接待工作团体的接待场景，让学生分角色扮演，训练他们能够根据接待对象，确定接待规格，制订接待计划，制作接待日程安排表，具体安排各项接待工作。

【实训提示】

1. 王秘书与两位客人相互介绍并握手时，要讲究礼貌和礼节。

2. 对两位客人的接待要区别安排有约与无约的接待方式。

3. 对接待环境需要作精心准备。

【实训成果】

当王秘书见到客人进入办公室时，应该停下手头的复印工作，接待两位客人，这是基本的礼貌。

在查核预约登记，弄清来访者是有约来访或是无约来访后，王秘书可区别安排接待：

1. 已预约的接待程序

(1)若是如约前来，应立即通知被访者。

(2)来访者早于约定时间前来，应请对方在休息区稍候，递送快报以排遣时间，或轻松地与其交流，使对方感到不被冷落。

(3)来访者迟到，应亲切地表示问候及关心、体贴、谅解；请宾客稍作休息后再引导其与被访者见面。

(4)请来访者登记，发放宾客卡，并提醒来访者离开前返还宾客卡。

(5)向被访者通报有来访者到来。

(6)引领来访者到办公室或会客室。

(7)做好来访记录。

(8)礼貌送别来访者。

2. 未预约的接待程序

(1)以站立姿态面带微笑致意并问候。

(2)核实对方身份并询问来意。

(3)请对方稍候，通报被来访者办公室。

(4)请求被访者是否方便接待或看被访者在不在。若被访者不在而来访者要求当下见面，应设法联系，按预约来访者的工作程序进行。若被访者无法当下与来访者见面，向来访者说明情况，主动请对方留言或留下联系方式，尽快地安排会见时间并通知对方。

(5)根据来访者需求机敏应对。如果来访者要见领导，而领导又不愿意见，秘书需要找借口委婉打发，或请示领导能否指定他人代替，并予以安排；也可请来访者留下电话和会面时间要求，表示将及时转告领导，领导决定后立即通知来访者。如果是秘书职权范围内的事，秘书应该直接处理。

(6)进行接待备案(后同已预约接待程序)

3. 预约登记表与接待登记表

会见会谈预约登记表

日期	时间	预约时间	访客姓名	职务	单位或部门	被访人	来访事宜	备注

会见会谈接待登记表

日期	时间	客户姓名	客户单位	来访事由	接待部门	接待人	接待情况	备注

【实训考核】

接待准备工作实训评分表

小组： 学生：

内容	操 作 标 准	基本要求	分值	得分
环境准备	绿化环境：恰当摆放花卉或绿色植物	整洁、舒适、布局合理	6	
	空气环境：温度、湿度、流通与气味好		6	
	光线环境：自然光源不足时，以适当的照明补充，光线亮度适宜		6	
	声音环境：室内保持安静		6	
	办公室布置：前台接待及接待室等接待区布置合理		6	
物质准备	足够的桌椅或沙发，并保持干净、整洁	物品齐全、整洁	7	
	茶具、茶叶、饮料齐全		7	
	放有最新的书报、公司简介的书报架		7	
	电话、衣帽架		7	
心理准备	热情周到	时时处处体现出“服务意识”	7	
	温和有礼		7	
	和蔼可亲		7	
	举止大方		7	

续表

内容	操作标准	基本要求	分值	得分
注意事项	一般客人可用一次性纸杯，重要客人需用正规茶具		7	
	不管遇到何种情况，秘书都要沉着冷静、态度友善、耐心沟通		7	
总分				

日常接待工作实训评分表

小组： 学生：

内容	操作标准	基本要求	分值	得分
亲切迎客	见到客人，能做到“3S”	1. 热情大方 2. 言谈得体 3. 处理得当	5	
	了解客人情况及来访目的		5	
	招待客人稍候		5	
	积极妥当帮助客人联系		5	
	如需等候，妥善招待		5	
	发放贵宾卡		5	
热情待客	引导客人前，收拾好文件	处处为客人着想，以客人方便为首要任务	5	
	向客人提示前往何处		5	
	走在客人右前方，侧身招呼客人		5	
	乘坐电梯、走楼梯符合礼仪规范		5	
	开门、引座礼仪规范		5	
	介绍他人的礼仪		5	
	招待茶水		5	
礼貌送客	起身相送	起身、微笑相送	5	
	主动为客人取衣物		5	
	走在领导和客人稍后		5	
	在客人要离开视线后，再返身回来		5	
注意事项	3S(Stand 起立/Smile 微笑/See 注视)		5	
	秘书人员要重视正确的引导礼仪		5	
	切忌边工作，边与客人说“再见”		5	
总分				

【相关知识】

在接待时，不管是有预约还是无预约，秘书都应礼貌热情、细致周到、照章办事。既要满足客人的需求，又要树立和维护组织的形象和利益。秘书在接待过程中，应该遵守交际活动中的基本礼仪规范：迎客礼节、介绍礼节、握手礼节、交换名片礼节、送访礼节。

区别不同情况接待来访客人

客人要求	接待秘书处理情况	领导对来访者受访情况	接待秘书分情况的处理方法
求见部门负责人	通知上司或相关人员	同意马上见	安排接待
		同意晚些时候见	安排客人等候或做预约
		让他人代理	讲清情况，安排他人接待
		不愿意接待或没时间	建议他人代理或找借口婉拒
	无法通知上司	不在单位或联络不上	记录客人姓名、要求、联络方法，日后答复
有问题不知找谁	根据情况通知或婉拒		安排接待并记录客人姓名、要求、联络方法，做预约

【任务驱动二】

重庆同声速记服务有限公司近期需要接待北京索恒速记服务有限公司的领导和相关人员，共同交流两地速记服务事宜，洽谈购买速录机事宜。北京索恒速记服务有限公司是索恒速录机的全国总代理商，公司的陈副总经理和办公室王主任、秘书郭涛前来重庆。双方已在电话里进行了沟通，本次由重庆同声速记有限公司的张总负责接待，将安排一天的时间进行交流访问、一天的时间进行会谈和签约、一天的时间进行参观考察。如果你是重庆同声速记服务有限公司的王秘书，应该怎样拟订本次活动的接待方案呢？

1. 概述秘书完成这项任务的步骤。

2. 制订出合理可行的接待方案并模拟演练。

【方式与要求】

1. 讨论上述两个问题。

2. 成立接待小组，在充分讨论的基础上，形成接待方案。

3. 分组模拟演练相关情景，要将场景补充完整，包括前期准备、接待实施和送行等环节。

【实训提示】

1. 区分接待对象，掌握确定接待规格的依据，确认接待规格。

2. 熟悉制订接待计划的内容，拟订接待计划要有针对性与可行性。

【实训内容】

王秘书接到任务后，立刻与北京索恒速记服务有限公司秘书取得联系，请对方将来访的事宜用公函方式通过传真或电子邮件发给本公司进行确认。公函中应体现来访的日期、主要事项、来访人数、职务、性别、交通工具、住宿要求、费用承担、返程票预订、禁忌及注意事项等相关内容。收到邮件后，王秘书开始拟订团队接待方案，在方案中明确了接待规格、接待日程安排、接待经费、接待事项、责任人等内容，并送交总经理审批。获得总经理批准后，王秘书开始填写客户来访通知单(邀请函)，然后组织相关接待人员召开接待工作动员会，在会上明确了接待人员的工作任务，并对有关人员进行了接待培训。

北京索恒速记服务有限公司接待计划表

序号	工作项目	工作内容	责任人	工作人员
1	与对方联络	接收函件，确认来访者基本信息、来访目的、要求及主要内容	王秘书	
2	制订接待计划	确定接待规格、制定接待日程表及经费预算	王秘书	
3	申请经费	根据接待计划对接待经费预算进行审批及核实	财务部负责人	
4	车辆、住宿、会议场地的预订，会场的布置	公司宣传资料的准备、接待气氛的营造、会场布置、参观考察路线的设计、参观场地的预约等	接待组肖彬	张三，后勤工作；李四，资料准备；王五，宣传标语、横幅；李六，交流会、会谈及签约会场布置；黄七，参观考察活动安排
5	印发接待及邀请函	将接待计划印发数份，1份存档，相关部门负责人1份，对方公司1份	王秘书	王五负责接待计划的印刷及分发、邀请函的制作及邮寄
6	接待事项落实	落实准备事项，并组织实施接待	王秘书、项目负责人	各项目组成员

北京索恒速记服务有限公司接待日程表

时间安排			内容安排	地点	陪同人员	备注
月日	上午	11:30	接站	重庆江北国际机场	王秘书、司机	公司奥迪轿车迎接
	中午	12:00	用餐	××餐厅	张总、办公室王主任、王秘书	
		13:30	休息	××宾馆××房间(四星)		陈副总住商务单间,王主任、王秘书住标间
	下午	15:30—16:30	观摩公司培训部同声速记培训	公司××房间	培训部陈主任、办公室王主任、王秘书	
	晚上	16:40—17:50	观摩公司同声速记项目服务并与项目部人员交流	公司××房间	项目部申主任、办公室王主任、王秘书	
		18:30	晚餐	××餐厅	张总、王主任、王秘书	
月日	略					

接待经费预算：

1. 资料及打印费：1000 元
2. 餐饮费：10000 元
3. 会务费：2000 元
4. 交通费：2000 元
5. 接待工作费：1000 元
6. 礼品费：2000 元
7. 参观、娱乐费：5000 元
8. 其他：3000 元

合计：26000 元

【实训考核】

重要宾客及团体接待工作实训评分表

小组：　　　　　　　　　　　　　　　　　　　　　　　　　　学生：

内容	操作标准	基本要求	分值	得分
接待规格	根据来宾的身份与实际需要，正确确定接待规格	能正确使用高规格、对等规格和低规格接待	5	
	接待规格临时改变要及时通知对方并致歉，征求对方意见后再作进一步安排。		5	
接待形式	去机场、车站、迎接客人	接待形式要充分考虑客人的习惯	5	
	是否举行仪式、是否送鲜花		5	
	宴请时是中餐还是西餐		5	
接待日程	充分的工作安排	时时处处体现出“服务意识”	5	
	周到的生活安排		5	
	必要的娱乐活动安排		5	
接待经费	工作经费：材料制作、住宿费等	接待经费要遵循：科学合理、总量控制、确保重点、精打细算、留有余地的原则	5	
	工劳务费：讲课费、加班费等		5	
	娱乐活动经费：参观、娱乐等		5	
	礼品费		5	
	宣传公共费		5	
接待事项安排	了解来宾情况	认真安排好每一个细节，细节决定成败	5	
	拟订接待计划		5	
	确认接待日程安排		5	
	安排好用车、食宿		5	
	安排好参观、旅游和娱乐		5	
	互赠纪念品或合影留念		5	
	准备好接待经费		5	
	安排好送行事宜		5	
总分				

【相关知识】

一、接待计划

1. 接待工作计划：确定接待规格+搞好日程安排+做好经费预算+安排好来宾生活+工作人员配备。

2. 拟制具体接待计划内容：主要陪同人员+接待组成员+住宿地点、人数、规格+宴请地点、人数、规格+会见或会谈地点、参与人员+参观游览地点、陪同人员等。

二、接待工作程序

1. 了解来宾来访的目的。接待之前，秘书应该根据所获得信息，全面分析、判断来访者的真实目的，这样作出的计划和准备工作才更具有针对性。

2. 了解来访人员的基本情况。为使接待工作万无一失，秘书事先要掌握来访者的基本情况，如单位、人数、姓名、性别、年龄、身份、职务、宗教信仰、生活习俗、健康状况、抵离时间、抵离方式及其他背景资料。

3. 领导审批。秘书应将收集到的来访者的基本信息加以分析，明确来访者的目的及来访者成员情况，向领导汇报，听取领导对接待工作的指导意见。

4. 与本单位相关部门沟通情况。

5. 与来访者沟通情况，征求对方意见。

6. 制订接待计划并报领导审定。

7. 实施接待计划。

三、涉外接待原则

1. 不卑不亢

2. 依法办事

3. 内外有别

4. 尊重个人

5. 女士优先

6. 入乡随俗

【拓展训练】

王主任忙碌的一天

王华是苏州美尔雅服饰有限公司办公室主任，这天早上，他陪同张总经理刚走进办公楼大厅，就听到一阵吵闹声，只见一群人围在一起拉拉扯扯。

原来，小张兄妹俩是昆山分公司的外来务工人员。小张兄妹俩工作快半年了，但工资一直拖欠着，于是他俩来公司讨要工资。早上，公司前台黄华正整理着文件。这时，小张兄妹手里举着“拖欠工资”的牌子，吵着要见总经理。黄华抬头打量着这兄妹俩，衣衫破旧，还脏兮兮的，散发着一股油烟味。她不禁皱起眉头，用手在鼻子前扇了扇，“真晦气，大清早撞见鬼啦！”边想边不耐烦地说：“总经理不在。”挥手让他们离开。小张兄妹不信，吵着就往里面闯，黄华急得大喊保安，大厅里乱成一团。

看到这种情形，张总经理赶快让办公室主任过去看看发生了什么事，自己从侧门上楼梯到自己的办公室。办公室主任疏散了无关人员，请小张兄妹二人到会客室，并让黄华倒茶。王主任向小张兄妹了解了情况，并看了两人的劳动合同与相关证件。王主任请他们稍等，然后走出会客室，给他们的昆山分公司打电话核实了解情况。昆山分公司经理说最近资金周转不开，暂时拖欠了他们的工资，这个月底一定付清，请王主任放心。王主任送小张兄妹到公司门口，小张兄妹非常感谢王主任的帮忙。

王主任回到办公室，给总经理打电话汇报了处理情况。王主任打电话让前台黄秘书到他办公室。黄华一进来，就开始抱怨这兄妹俩的"野蛮"行为。王主任告诉黄华，作为前台秘书应该提高自己的服务意识，以礼相待所有的客人，碰到问题要与相关人员沟通，做事情讲究方法策略等。小黄听后恍然大悟，原来前台还有这么多学问。她承认了自己的过错，并向王主任保证以后会努力，妥善处理好前台工作。

下午，王主任接到张总经理电话，有两件事需要他准备：第一，下周一总裁、副总裁一行5人来公司视察工作，要他制作接待日程安排，并做好相应的接待准备工作；第二，下周五，深圳天堂服饰批发公司采购部经理来公司洽谈代理本公司新产品事宜，请他做好相应的准备工作。

要求：

1. 以小组为单位，演练上述案例，可适当增加情节，但上例中所有内容都要以适当的形式展现出来。

2. 本拓展训练为接待模块综合训练，要求将接待准备、日常接待和重要宾客与团体接待三个单项训练融会于本演练之中。

项目三：印信使用与保管训练

【实训目标】

1. 了解印章、介绍信的意义。
2. 熟练掌握印章、介绍信的保管、使用程序。

【任务驱动】

根据鳄鱼服饰有限公司的安排，秘书王芳负责发文与韩国方圆百货公司联系合作事宜。现在，韩国方圆百货有限公司已经来文表示愿意与鳄鱼服饰有限公司合作。为了能充分了解合作对象，了解韩国市场，公司决定派市场部经理张明、公关部经理祁亮和精通韩语的秘书王芳前往韩国方圆百货有限公司考察并详谈合作事宜。

1. 假如你是鳄鱼服饰有限公司的总经理助理黄云，请为前往韩国考察的市场部经理张明一行开具介绍信，并做好介绍信管理工作。

2. 请在经过审核并打印好的商洽函上用印，并做好印章管理工作。

【方式与要求】

1. 印信管理规范、手续完备。
2. 正确使用印信。
3. 能正确设计、填写介绍信。
4. 印信使用能履行领导审批程序。

【实训内容】

王芳接到任务后根据要求拟写出访人员的单位介绍信，然后主持出访人员填写用印申请单，并进行用印登记。

介 绍 信

韩国方圆百货有限公司：

兹介绍我公司市场部经理张明、公关部经理祁亮和秘书王芳三位先生(女士)前往贵公司洽谈有关合作具体事宜，请予以接洽为盼。

此致

敬礼！

鳄鱼服饰有限公司(印章)

年　月　日

介绍信发放登记表

编号	发放时间	用途	前往单位	有效期限	使用人	批准人	领取人	备注

用印申请表

<table>
<tr><td>文件标题</td><td colspan="3"></td></tr>
<tr><td>发往机关</td><td></td><td>份 数</td><td></td></tr>
<tr><td>用印日期</td><td></td><td>用印申请人</td><td></td></tr>
<tr><td>批准人</td><td></td><td>备 注</td><td></td></tr>
</table>

用印登记表

顺序号	用印日期	文件标题	发往机关	份数	用印人	批准人	备注

【实训提示】

1. 学生搜集并设计介绍信格式和用印申请表、登记表、介绍信发放登记表，演练完毕后交指导老师，作为考核依据。

2. 分角色扮演总经理助理黄云、市场部经理张明、公关部经理祁亮和秘书王芳前往韩国方圆百货有限公司考察并详谈合作事宜。轮流演示秘书盖章、开具介绍信的全过程。

3. 注意加盖印章时的技术要求。盖印位置应在年、月、日的中间骑年盖月，使用的印油要均匀，颜色要正红，用力要适度，盖出的印章端正、庄重、清晰。

4. 要求学生现场撰写介绍信的内容。介绍信有两种：一是手写式介绍信，二是带存根的印刷式介绍信。介绍信如有存根，应在存根与正件连接处用中文大写数字填写介绍信序号并加盖骑缝章。

【实训考核】

印信管理与使用评分表

小组：　　　　　　　　　　　　　　　　　　　　　　学生：

内容	操作标准	基本要求	分值	得分
印章管理	用印要经过审批	印章要专人管理、确保安全、防止污损	15	
	用印要做好登记	盖章时要审核手续是否完备	10	
	盖印位置正确：骑年跨月	填写用印登记表	10	
介绍信	严格履行审手续	具体事实清楚明确	15	
	格式规范、字迹清楚	遵守约定俗成的格式	10	
	内容填写完整，不留空白	存根内容与介绍信正文相符	10	
	要填写有效时间	管理人员对开具的介绍信负责	10	
	专人管理，与印章一样	按顺序编号使用	10	
	填写持信的真实姓名和身份	禁止用铅笔、红色墨水笔或圆珠笔书写	10	
总分				

【相关知识】

印章和介绍信是企事业单位及相关政府机构对外联系的标志和行使职权的凭证管理。

现代印章是指代表机关、组织和个人权力的图章。印，指单位的公章；章，指领导人的签名章。秘书部门掌管的印章主要有三种：一是单位印章(含钢印)；二是单位领导人“公用”的私章；三是秘书部门的公章。其中单位印章是单位对外行使权力的标志。

介绍信是用来介绍被派遣人员的姓名、年龄、身份、接洽事项等情况的一种专用书信，具有介绍和证明的重要作用。严格按照规定使用印章和介绍信是秘书部门和秘书人员的重要职责。

印章管理与使用要求：1. 专人负责；2. 确保安全；3. 防止污损。

印章使用的程序：1. 申请用印；2. 正确用印；3. 用印登记。

【拓展训练】

一、天地公司秘书黄苗因出差在外，印信管理工作暂交由小张秘书代办。这天和张秘书一起进入公司的同事小李来办公室，自称要盖一个单位公章，张秘书随手把公章交给了小李，小李把公章拿出了办公室。不久，小李过来还公章，并请张秘书开介绍信，张秘书二话不说，撕了一张公司统一印制的介绍信，盖了章就交给小李。因为此事，张秘书被办公室主任狠狠地批评了一通，并要求她深刻反省在公司公章和介绍信使用中的错误行为。

假如，你是张秘书，你觉得自己在哪些方面违背了公司印信管理与使用的规定？

二、江华是通江公司经理秘书，某日他高中时的一位同学林某来找他，告诉江华说自己有一笔好买卖，但他是个人身份，以个人身份签合同不如以公司身份签合同方便，想借用通江公司的名义，让江华出具一份通江公司业务介绍信，等合同签完后就还通江公司，并给江华数目可观的报酬。江华应允后，林某利用从通江公司得来的业务介绍信，以通江公司业务经理的身份和通江公司名义与东信公司签订了一份钢材购销合同，骗取了东信公司价值一百多万元的钢材。林某将钢材卖掉后，携款潜逃。这件事情给通江公司造成了信誉和财产上的损失。

请问，江华在办公室介绍信的管理工作中要吸取什么样的教训？

项目四：值班安排训练

【实训目标】

1. 掌握值班工作的相关方法与技巧。
2. 能够熟悉值班工作的主要内容。
3. 能够编制值班表格。

【任务驱动】

星期一上午刚上班，宏达公司销售部经理就接到总经理的电话，总经理在电话中很生气，说有个老客户昨天打电话到公司销售部咨询，可是接电话的值班人员一问三不知，过了一会再打过来，就没人接了。这个客户很生气，将这个情况反映给了总经理。总经理让销售部尽快查清此事。销售部经理叫秘书小王马上查清此事，并制订出严格的值班制度、值班表格，落实值班期间的责任。

小王考虑了一会儿，便动手设计出各种值班表格。

【方式与要求】

1. 概述完成此项任务的步骤。
2. 应完整体现值班工作的任务和要求。
3. 训练前布置学生复习值班事务工作内容及注意事项。

【实训内容】

王秘书接到工作任务后，首先收集相关资料，回忆总结平时值班工作的内容，拟定出值班表的编制流程和主要应填入的内容，然后制作出相关表格，最后将材料送领导审核。

1. 值班表的编制流程、主要内容和编制方法。值班表的编制流程为：确定值班时间、确定值班人员、确定值班工作主要内容、编制值班表、提请领导审定。其中，确定值班时间包括确定值班期间和每天的起止时间。值班确定要区分临时值班、节假日值班和突发事件值班等情况；确定值班人员指确定与值班工作有关的人员。确定值班人员要做到：部门齐全、人员准确。对于节假日和突发事件值班，一般要安排领导带班；确定好值班人员后，要及时统计有关人员的联系方式；值班工作的主要内容包括常规工作和特殊工作。常规工作包括接听电话，收发信件、传真，接待来访，日常安全检查，填写值班记录等。特殊工作包括对突发事件的处理、领导临时交办的工作等。值班工作主要内容应以文字的形式写清楚，以明确职责；拟定好的值班表应提请领导审定，并根据领导审定的意见及时做出调整。如需要领导带班的，要事先征求有关领导的意见。

2. 各种值班安排表

×××公司国庆期间值班安排表

日期	值班人			带班人	
月　日	姓名	所在单位	电话	姓名	电话

×××公司值班电话处理单

编号：

时间：　　年　　月　　日　　时　　分到　　时　　分			
来电单位		发放人姓名	
来电号码		值班受话人姓名	

通话内容摘要：

领导意见：

处理结果：

值班人签字：

×××公司外来人员登记表

序号	姓名	性别	单位	职务	办理事项	进入时间	离开时间	备注

×××公司接待记录表

来访人员		来访单位	
接待时间	年　月　日　时　分到　时　分		
内　容			
拟办意见			
经理意见			
处理结果			

×××公司值班日志

编号：

时间	日　时　分到　日　时　分	值班人	
记事		待办事项	
承办事项		接班人签字	
处理结果			

×××公司值班报告

<table>
<tr><td colspan="2">报告事项</td><td colspan="4"></td></tr>
<tr><td colspan="2">来人、来电、来函单位</td><td colspan="2"></td><td>时间</td><td></td></tr>
<tr><td>姓名</td><td colspan="2"></td><td>职务</td><td>电话</td><td></td></tr>
<tr><td colspan="5" rowspan="2">内容摘要：</td><td>拟办意见：</td></tr>
<tr><td>经理批示：</td></tr>
<tr><td colspan="6">处理结果：</td></tr>
<tr><td colspan="6">报告单位：</td></tr>
</table>

【实训提示】

1. 分组以情景训练的方式进行，以3~4人为1组。
2. 事先查阅各种值班表格，在编制时注意参考并优化。

3. 利用业余时间走访一两家企业，收集这些企业真实的值班事务工作案例。

【实训考核】

值班事务评分表

小组： 学生：

内容	操作标准	分值	得分
值班管理工作程序	制作值班制度与值班规定	5	
	编制值班安排表	5	
	通知并给领导班子发放值班表	5	
	值班人员做值班记录	5	
	重大事件作值班报告	5	
	值班结束交接班	5	
值班实务处理的方法与技巧	做好公务接洽并做好接洽记录	5	
	掌握汇报情况的技巧	5	
	处理突发事件、紧急情况	5	
值班安排表的制作	值班时间、地点、内容清楚	5	
	值班人、带班人联系电话清楚	5	
	值班任务清晰、注意事项明了	5	
	事先能将值班表发到每位领班及值班人手中	5	
值班内容的记录	值班日志齐备	5	
	重大事件的值班报告	5	
	来人登记与接待记录完整	5	
	重要来电的记录	5	
交接班	交接班当面，不委托他人	5	
	交清值班记录，说明班内问题及处理方法	5	
	值班人在值班记录上签名，确认记录内容	5	
总分			

【相关知识】

苏州鹏飞包装印刷厂的产品涉及纸张、PVC 等大量易燃物品，为进一步加强公司的安全及消防管理，公司总经理责成秘书王芳建立公司突发事件处理机制。

王芳接到任务后，先成立工作小组，召开工作会议，在充分征求领导意见的基础上明确了组内成员的分工，最后形成了公司突发事件处理机制文本，领导审阅后很满意。具体措施如下：

1. 事前做好应急计划。以防为主，以治为辅。利用高科技产品，如监控装置、检测检验设备、物流设施、高科技通讯设施等，加强监管，将问题处理在苗头阶段。

对各类突发事件分别制定应变办法，安排好突发事件中和突发事件后处理各种问题的合适人选。让他们事先了解面对不同突发事件时应如何采相应的措施。

2. 处理突发事件的策略与程序。突发事件的应对一般分为四个阶段：预警环节、紧急处置环节、善后环节、评估环节。每个环节的内容与侧重点各不相同。

3. 成立突发事件处理小组。由公司总经理、部门经理及办公室主任等构成。

4. 确定一个发言人。当突发事件发生后，由发言人代表企业对内对外介绍事件真相和企业所做的努力。

5. 对内的沟通。加强对内部员工的沟通，说明和传达公司的态度，避免员工私下议论，影响士气或不当言论造成内部混乱及紧张不安的情绪。

6. 对外做好与媒体的沟通。借助媒体来稳定事态，满足群众的知情权。

7. 安慰受害者及家属。让他们对事件的真相有一个明确的了解，并安抚他们的情绪。

8. 事先与可能救援部门建立联系。一旦有突发事件发生，使救援部门能准确及时地向企业提供所需的帮助和支持。

9. 在具体行动中迅速修改应急预案。

10. 事件最终处理结果向社会通报。

【拓展训练】

苏州文化传播有限公司将在今年国庆长假期间安排办公室有关人员和司机值班，采取领导带班制。每天各安排两名行政办公人员和一名司机值班，请绘制这七天的值班表。

项目五：沟通与协调训练

【实训目标】

1. 掌握沟通与协调的基本程序和要求，强化沟通与协调意识。

2. 能准确地分析出沟通与协调出现的问题。

3. 能够有针对性地使用合适的方法与技巧进行沟通协调，提高沟通协调能力。

【任务驱动】

案例 1：苏州达能公司总经理秘书王小明，刚刚应聘到单位，工作非常努力，也很出色，获得领导的赞赏，常常被领导委以重任，这招来了一些人的嫉妒。单位另一秘书李刚，虽然参加工作较早，但能力一般，未能受到领导重用。于是李刚在背后到处说王小明的坏话，说他骄傲、轻狂，不把领导放在眼里。这话传到总经理那里，使领导对他的态度出现了细微的变化。

王小明对此并未逢人就解释，而是默默地承受着。一方面，自己进行反思，看看自己确实有哪些做得不好的地方，对同事采取积极接近的态度；另一方面，他并未对李刚采取报复措施，反而主动帮助他完成任务。这样单位里对他的舆论好起来了，一些人开始在领导面前替他说好话，李刚虽有成见也不好再说什么了。

总经理对王小明的态度有所缓和，他觉得应该找个机会向领导申诉了。有一天午休时间，他和总经理打乒乓球，于是他一方面显示自己的实力，另一方面又恰到好处地让领导赢球，让领导在竞争的感觉中赢球，领导高兴地说："小王，球技不错呀。"王小明说："哪里，还是王总的技术好，是不是以前专门练过?"王总笑着说："我可是全靠自学的，没事打着玩。"王小明就说："是吗？我看您都是准专业水平了。我都拿出看家本领了。"领导说："是呀，小王，你打球还是比较厉害的。"王小明乘机说："我这个人就是实在，打球的时候我就想着好好打球，所以有的人说我打球的时候不给人家留面子，说我工作的时候也这样。其实和打球一样，我没想别的，就是想把事情做好。不过，我以后一定要注意，因为不是每个人都像王总一样了解我。"领导听完秘书的一席话，哈哈大笑："这些话我也听到过，我当时就告诉他们，年轻人嘛，有干劲是好的，好好做工作，别管别人怎么想。我就喜欢你的实在劲儿。你不知道，公司好多人打球总是让着我，没劲，让我的球技总是得不到提高。"从此以后，总经理喜欢叫王小明一起打球。

案例 2：有一天，党委书记把工会秘书小张叫到办公室，问道："听办公室的同志说，就差你们工会的学习计划没有报上来。刚才打电话找你们的工会主席也找不到，上次常委扩大会议工会主席也没有出席，你们工会这样拖拖拉拉的作风要改一改。"

小张心想，工会主席最近因为儿子出差、小孙子患病住院，没有参加上次会议，也没有及时报学习计划。小张在书记面前不便解释，只好回去向工会主席汇报："党委书记批评我们工作拖拉，还说上次没有参加会议，计划也没交。"工会主席听了以后心中十分不快："我小孙子住院一个多星期的，我也向党委办公室老李请了假，怎么党委书记迄今还不知道？他太官僚了！"

【方式与要求】

1. 了解沟通与协调的类型。
2. 掌握沟通与协调的基本方法与策略。
3. 掌握沟通与协调的步骤。
4. 掌握沟通中的语言艺术与协调艺术。
5. 分小组进行情景模拟。

【实训内容】

1. 沟通工作。通过情景模拟强化学生的内部及外部、横向及纵向的沟通技能。重点训练学生基本的沟通方法与技巧，使学生认识到信息沟通、认识沟通和感情沟通的重要性。

2. 协调工作。通过情景模拟强化学生对上关系协调、对下关系协调、上下关系协调的知识与技能。重点训练学生的基本协调方法与技巧。

【实训提示】

1. 各小组长提前一天从指导老师处抽取题目。
2. 以案例情景为基本材料，演练沟通与协调工作的各个环节。
3. 结合教材掌握沟通与协调的基本知识。
4. 熟悉沟通与协调工作的步骤与程序。

【实训考核】

协调关系实训评分表

小组：　　　　　　　　　　　　　　　　　　　　　　　　　　　　　　学生：

内容	操作标准	基本要求	分值	得分
对上关系协调	树立全局意识	对上级的政策、指示，要全面贯彻执行	10	
	尊重和服从上级	准确领会并执行上级机关领导的意图	10	
	融洽和上级的关系	完成上级布置的任务，并及时汇报	10	
	能替上级分忧	局部利益与整体利益保持一致	10	
	主动与上级沟通	熟悉机关职责分工，掌握处理问题程序	5	
对下关系协调	倾听下级的意见和要求	主动了解下级各方面情况，及时汇报	10	
	科学决策，有效贯彻	准确下达领导决定、指示	10	
	决策前深入调查征求意见	建立与下级单位领导、群众的良好关系	10	
	决策中出现问题及时汇报	与下级单位沟通，不擅自作主，不轻率表态，不随声附和	10	
	决策后协调考核与总结	在领导形成决策前，深入基层调查研究	10	
	对下关系协调方法得当	注意协调方法，多听取下级的意见和困难	5	
总分				

【相关知识】

一、协调工作原则

1. 从属原则。从属于领导意图。

2. 调查研究原则。弄清事实，找出症结。

3. 按政策办事原则。不拿原则做交易。

4. 平等协调原则。协调者与协调客体平等相待。

5. 分级负责原则。将不协调的问题解决在相应的管理层级。

6. 整体性原则。突出整体利益最大化原则。

二、秘书协调的类型与内容

类型：包括对上协调、对下协调、同级协调、横向协调四种。

内容：

1. 政策协调。制定和贯彻方针政策过程中的协调。

2. 决策协调。决策往往涉及许多机构、许多工作和许多人员的切身利益。

3. 计划协调。协调编制和执行工作计划过程中的各种关系。统筹兼顾，综合平衡，以调理各方面的关系。

4. 办文协调。这对保证文件精神的顺利贯彻落实起着重要的作用。

5. 办事协调。事务性协调是秘书协调与领导协调的主要不同之处。

6. 办公会协调。领导者研究问题、讨论决策、指挥部署、组织安排等一系列工作，大多通过会议的形式。

7. 关系协调。办公室是人际交往最频繁、最集中的部门，联系、协调各方面人事关系是秘书的重要工作之一。包括上下关系协调、左右关系协调、内外关系协调、党政关系协调。

【拓展训练】

一、新时期秘书协调工作的要求

1. 立足“勤”字——立足前沿。在任何一个单位，工作运转的矛盾是普遍存在的，这就要保持协调的经常性，发现问题及时协调调整，使各项工作始终处于最佳运转状态。立足于勤，就是通过工作的规范化、制度化来促进工作的开展。

2. 把握“快”字——快速反应。“快”是对协调工作时效性的要求。要把问题处理在萌芽状态，最大限度地避免或减少其对工作的不利影响，使之不致发展成严重的问题。拖延的结果，往往是问题越来越多，矛盾越闹越大，情况越发展越复杂，最终形成“剪不断、理还乱”的局面，不但增加协调的难度，更重要的是影响了单位工作的正常运转。

3. 坚持“准”字——一针见血。所谓“准”，就是增强协调工作的严密性，减少随意性。秘书人员对工作中发生的问题，要准确地找出症结所在，抓住主要矛盾，问题才能迎刃而解。如果不在工作准确性上下功夫，只抓住表面现象或枝节问题，事情就会纠缠不清，无法协调成功。

4. 突出“稳”字——确保成功。秘书人员解决矛盾，首先要保证协调扎实有效，这就要考虑到有关方面的利益和实际情况，考虑自己提出的意见是否能被各方接受，考虑采取何种措施既能解决问题，又能使各方愉快信服，从而为今后开展工作创造良好的人际关系，等等。深思熟虑后再去协调，解决问题就有了稳定的基础。

二、秘书应该有“过滤术”

案例2中秘书小张就因为不加过滤地传达领导的批评，结果是工会主席对党委书记的批评产生抵触情绪，一定程度上影响了领导意图的贯彻执行。

秘书在工作中如遇到领导批评下级，在传达时就要加以过滤。党委书记在不了解实情的情况下批评工会主席，根据上面介绍的情况看来：这种批评显然是失当了。

但是秘书在这时候不能够把党委书记的原话一五一十地向工会主席传达，而应该换一种方式。例如，他可以向工会主席说：“书记问你上次怎么没有出席会议，显然他不知道你已经向党委办公室请了假，你有机会可以向他说明一下。至于书记催交的工作计划，听说就差我们了，这几天我会抓紧时间把计划定下来。”

这样的工作方法才真正是秘书应该做到的工作方法，它既传达了书记的意见，又不至于加深误解、激化矛盾，这就是所谓的“过滤术”。

1. 传达领导对下级的批评。很多时候领导批评下级是恰如其分的，但有时候也会由于种种原因而造成批评失当。这时候，秘书就应该做一点调查研究，了解情况，然后淡化领导批评时的情绪化色彩。如果将领导带有浓重感情色彩的批评甚至有明显失当的批评照样传达，势必会给贯彻领导意图带来困难。

2. 传达领导对另一领导的评论。领导有时候会在秘书面前议论另一领导，遇到这种情况，秘书不要随声附和，更不要“坚决地站在领导一边”。最好三缄其口，避而不谈。如果确需将领导的意见转达给另一领导时，必须进行适当的“过滤”，有选择性地传达，不必也不能过细地陈述具体意见，更不能添油加醋、大加渲染。

3. 向领导汇报下属的意见。下属的意见，特别是对领导的批评性和对工作建议性的意见，只要是善意的，都要及时地向领导反映，让领导掌握情况，适时调整工作对策，改变工作作风。

项目六：商务活动安排训练

【实训目标】

1. 了解商务旅行的准备工作、谈判、签字和庆典活动常识。
2. 掌握商务旅行计划、日程安排的制作。
3. 掌握随从领导出差的日程管理和相关事务要求。
4. 掌握办理出国商务旅行的有关事务。
5. 掌握商务谈判的流程和秘书辅助谈判工作内容。
6. 掌握商务旅行计划、谈判方案协议、商务合同等的撰写。
7. 掌握商务谈判、签字、庆典活动中礼仪的运用。
8. 熟练运用商务谈判策略及技巧进行商务谈判。
9. 能够撰写庆典活动的程序、策划庆典活动。

【任务驱动一】

商务旅行

3月19日星期一上午，北京某玩具贸易公司总经理刘某收到一封来自广东省玩具行业协会副秘书长的邀请函，邀请他参加4月15日的中国玩具产业年会，会期3天，年会主要讨论今年全国玩具销售及出口、行业经验技术的交流、行业企业的整合等问题。

刘总把邀请函拿给了秘书小王，要求王秘书根据邀请函和他近期的工作安排，为他拟订去广州参加中国玩具产业年会的有关事宜。一同六人行的还有总经理助理潘某(男)，会后刘总与潘助理将顺路飞到大连拜访客户，预计停留一天，再从大连乘火车返回北京。

小王立即与年会的筹备处取得联系，向对方了解到这次年会的各项情况如下：

大会的会务费，每人3800元。

4月14日晚上19:30，会议承办方广东省玩具行业协会举办欢迎晚宴。

4月15日上午9:00，会议正式开始，在花园酒店3层的绣球厅举行开幕式。

4月15日晚上19:00，刘总与本公司所搭档品牌厂家于先生和李先生共进晚餐。

4月16日，参加各个专项事务讨论会，地点在花园酒店3层法国厅；上午，刘总作为第二发言人介绍北京玩具行业现状。

4月17日白天，参观广州玩具文具批发市场，晚上游珠江。

4月18日下午14:30分，搭乘广州飞往大连的南航班机。

在大连，仍住在有长期合作关系的辰熙速8酒店。

小王考虑到刘总近期工作安排，为刘总制订了一份为期6天的出差行程计划，有关时间、工作事项、地点、食住行等的安排以及经费预算都清清楚楚。为使刘总对行程安排有进一步了解，小王还准备了有关花园酒店和广东省玩具产业现状等背景资料。

假设你是秘书小王，请设计并制定出“刘总经理2015年4月14—19日的商务旅行计划”，要求包括商务旅行行程表、经费预算、花园酒店资料、广东省玩具产业现状有关资料等。

【方式与要求】

1. 了解商务旅行的基本内容。
2. 掌握制定商务旅行行程表的基本方法。
3. 熟悉准备工作的内容。
4. 概述秘书完成此项任务的步骤。

【实训内容】

1. 领导出行，秘书进行准备工作。
2. 制定领导商务旅行计划和日程表。

商务旅行秘书准备工作项目表

序号	工作项目	工作内容	注意事项
1	接受任务	明确上司旅行的意图	注意倾听
2	确定日期和时间	包括出发和返回的日期、时间、旅行中各项活动或工作的时间，其间的餐饮和休息时间	旅行区域的天气状况，休息时间、飞机起飞时间
3	确定地点	包括目的地、旅行中各项活动或工作的地点、食宿地点	抵达目的地需要中转的中转站或中转机场
4	明确交通工具	包括往返交通工具、商务活动中使用的交通工具	
5	明确具体工作事项	包括商务活动内容，如访问、洽谈、会议、宴请、娱乐活动等；私人事务活动、会晤人员的名单及背景，会晤主题等	在当地需要注意的一些风俗习惯和礼仪等
6	携带资料	文件、合同、样品及其他资料	
7	其他	上司或接待人员的特别要求	

领导商务旅行的日程安排表

日期	具体时间	交通工具	地点	事项	备注
4月14日	上午				
	下午				
	晚上				

【实训提示】

1. 查找相关资料，并利用业余时间走访各个企事业单位，了解领导商务旅行工作的案例及秘书准备工作项目材料。

2. 分组讨论如何设计上司外出商务旅行的行程表及注意事项。

3. 通过网络或电话查询北京至广州、广州至大连的飞机票价和大连到北京的火车票票价、花园酒店和辰熙速8酒店的标准间住宿费用。

4. 利用网络搜索花园酒店和广东省玩具行业现状的相关资料。

【实训考核】

商务旅行安排实训评分表

小组： 学生：

内容	评价关键点	分值	得分
商务旅行行程安排	出差时间、启程时间	5	
	返回时间	5	
	接送站安排	5	
	出差路线	5	
	住宿安排	5	
	会晤计划(人员、地点、日期、具体时间段)	10	
	会议安排(人员、地点、日期、时间)	10	
	交通工具及种类	5	
	需要携带的文件、资料和其他物品	5	
出差经费预算	往返机票	5	
	火车票	5	
	住宿费	5	
	会务费	5	
	餐饮费	5	
	机动费用	5	

续表

内容	评价关键点	分值	得分
背景资料	花园酒店资料	5	
	机场到花园酒店的路线图	5	
	广东省玩具产业现状资料	5	
总分			

【相关知识】

一、商务旅行内容

在制订商务旅行计划前，首先要掌握差旅费用、交通、食宿等级标准范围的有关规定及程序等。

1. 出差的时间、启程及时期、接站安排。

2. 出差的路线、终点及途经地点和住宿安排。

3. 会晤计划，包括人员、地点、日期和具体时间。

4. 交通工具的选择：飞机、火车、轮船、大巴或轿车，要列明飞机客舱种类及停留地的交通安排。

5. 需要携带的文件、合同、样品及其他资料，如谈判合同、协议书、产品资料、演讲稿与目的地的交通指南、民情风俗等。

6. 上司或接待人的特别要求。

7. 上司旅行区域的天气状况。

8. 行程安排、约会、会议计划、会晤人员的名单及背景、会晤主题等。

9. 差旅费用，包括现金、兑换外币、办理旅行支票等。

商务旅行计划制订完后，要向上司报告，遵照上司指示进行修改，最后确定旅行计划。

二、制作旅行日程表

安排完订房、订票的工作后，就要着手制作旅行日程表(简称“旅程表”)。旅程表是按预定的日程对商务旅行计划进行细化。秘书要将每日的日程表打印在纸上并按时提供上司使用。

1. 时间、日期。出发及返回的时间、日期，包括目的地的抵达和离开时间日期和中转时间日期；开展各项活动的时间日期；就餐、休息的时间日期等。

2. 地点。上司本次出差的目的地(包括中转地点)；旅行过程中开展各项活动的地点、食宿地点。

3. 交通方式。出发、返回时使用的交通工具；停留地的交通安排等。

4. 事项。商务活动内容，如访问、洽谈、会议、宴请、娱乐活动及私人事务活动。

5. 备注。记载提醒上司注意的事项，如抵达目的地需要中转的中转站或中转机场、休息时间、休息地、起飞时间，旅客提供的特殊服务；如在车外，还应包括当地需要注意的一些风俗习惯和礼仪等。

旅程表除了旅行，还应将必要的信息尽量详细写入：旅馆名、所在地、电话号码；当地人、地址、电话号码；海外出差时当地的中国大使馆所在地及电话号码等。

三、外出期间秘书工作

1. 负责携带、照看相关物品。
2. 听从上司安排，及时与公司保持联系，处理相关事务。
3. 照顾上司饮食起居，确保商务旅行计划的顺利实施。

【任务驱动二】

商务谈判与签字仪式训练

苏州恒大天地置业有限责任公司在市中心地段开发了一处高端商务办公楼恒大天地国际新城，目前已经投入使用，并正在进行物业出售和招租。为了顺应企业规模不断扩大和业务发展的需要，万方集团有限公司准备将办公地点从城郊搬迁到市区，经过市场调研部门的调研和对比分析，拟选址在恒大天地国际新城，并与开发商恒大天地置业公司就购买整层物业事宜进行了多轮接触和洽谈。

5月6日，万方集团有限公司与苏州恒大天地置业有限责任公司进一步就物业购买问题进行谈判。恒大天地置业公司的会议室内，客方坐对门一排，主方坐背门一排。谈判双方人数均等，各6人。室内绿叶常青，干净利落。

恒大天地置业公司李总经理："我们今天的谈判按照有关规定进行。关于付款方式和付款办法，我们已经写在新的合同条款中。现在讨论一下，希望我们能够合作愉快。汪助理，你把合同分发一下。王总，我这碰巧还有个会，我去下面关照一下，就回来。"

客方万方集团公司王总朝李总点了点头。王总："首期付款高了点，能不能降低到40%，校招办公场地搬迁、装饰装修所需的费用也很高啊，我们前期投入比较大，有些难度。"

恒大天地置业的总经理助理汪林："王总，我们这次修改条款考虑到了您那边的要求和困难。您看，我们已经把第二期付款的时间往后推迟了三个月，这样双方都可以缓解自己的困难。"

最后，王总看看合同："那……只好这样吧。"

谈判结束后，众人退去。汪林敲门进入李总经理办公室，向李总汇报谈判的有关情况。李总："嗯，今天谈得不错，越来越接近我们的预想了，你怎么知道他们急于搬迁？"

汪林："他们的网站论坛上有不少帖子都在说这些问题。许多客户都在提出抱怨或建议，称他们公司办公地点太偏僻了，离市区太远，常常因为找不到地方或花在路上的时间太长而影响业务合作洽谈等工作，我们了解到他们还有一大堆订单没拿下，现在特别急于搬迁办公场所……"

这时，汪林手机响起。汪林："对不起，李总，我接个电话。"(按键在座位上接听)

"你好，我是汪林，噢，第三稿修改好了。好，前两稿的文本注意保存好，打印数量和昨天一样。对，准备签字仪式的用具和场地，签字后的用餐就按我昨天说的办。”

回到办公室，汪林拿起桌上的电话，拨打办公室杨秘书电话：“小杨啊，因为时间紧，一、二楼韩国医疗美容整形医院的租赁谈判方案要尽快定下来，正月初对方韩国公司总部将派人过来谈判。我看可以用“头脑风暴法”，让各部门人员大胆参与，提出建议……对，要有专门的时间和会议地点，找人组织一下……好，我会抽时间来参加，再见。”

5 月 30 日，万方集团与恒大天地置业公司签订物业购置协议。

【方式与要求】

1. 分组讨论，按角色进行情景演示训练。
2. 收集有效信息，制作谈判方案。
3. 布置好谈判会场、掌握谈判程序。
4. 有完整的谈判记录。
5. 签约仪式的准备工作充分。
6. 签约仪式的程序正确。
7. 签约仪式座次安排正确。
8. 服饰得体、礼仪规范。

【实训内容】

1. 汪助理在谈判中坚持了有效商务谈判的哪些原则？运用了哪些谈判策略和技巧？分组讨论。

2. 双方在谈判中有哪些正确和不妥之处？要求从谈判环境、谈判语言、谈判准备、谈判策略与技巧等方面进行判断。

3. 请以天地置业公司办公室杨秘书的身份，准备一份商务办公物业购买合同文本，并提交公司领导进行评审。

4. 请以天地置业公司办公室杨秘书的身份，协助汪林助理组织好各部门人员进行“头脑风暴法”会议，之后形成一份关于天地国际新城、韩国医疗美容整形医院的物业租赁谈判方案，以备 6 月初与韩国公司人员谈判。

5. 与韩国公司的商务谈判在即，按照李总的要求，请你以总经理助理汪林的身份，将涉外谈判注意事项整理后供领导参考。

6. 提交一份与韩国医疗美容整形医院会谈备忘录。

7. 展示签字场地布置成果。

8. 演示签字仪式座位安排。

附：

苏州恒大天地置业有限责任公司与万方集团有限公司
购置天地国际新城 23 层物业项目签字仪式方案

一、时间：2015 年 5 月 30 日

二、地点：苏州恒大天地有限责任公司会议室签字厅

三、参加对象

1. 签字人：恒大天地公司副总经理张斌，万方集团公司副总经理李高。

2. 领导人：恒大天地公司董事长印天堂，万方集团公司董事会主席李青。

3. 致辞人：恒大天地公司董事长印天堂，万方集团公司董事会主席李青。

4. 主持人：恒大天地公司总经理助理汪林。

5. 见证人：参加项目谈判的人员。

6. 助签人：恒大天地公司秘书杨丽。

四、文本准备

本次签字仪式的文本用中文印刷。

五、现场布置和物品准备

1. 签字桌椅：(略)

2. 国旗：

3. 文具：

4. 文本：

5. 参加人员位置：

6. 讲台：

7. 香槟酒：

六、签字仪式程序

1. 签字双方参加人员在工作人员的引导下进入预定的位置；

2. 主持人介绍签字各方的主要领导以及其他贵宾；

3. 主持人宣布签字仪式开始；

4. 签字人签字；

5. 双方签字人起立，相互交换文本并握手致意；

6. 主持人请各方领导先后致辞；

7. 礼仪姐端上香槟，举杯祝贺。

总经理办公室秘书处

2015 年 5 月 27 日

【实训提示】

1. 商务谈判是指人们为了满足各自的需要、协调彼此之间的利益关系，在一定时空条件下通过协商对话达成交易的行为和过程。

2. 商务谈判是受谈判利益主体的需求驱动而发生的，谈判各方是既合作又竞争的关系。

3. 商务谈判的基本要素包括：谈判的主体、谈判的客体、谈判的目的、谈判的结果。

4. 签约仪式的程序正确。

5. 签约仪式的准备工作充分。

6. 签约仪式座次安排正确。

7. 服饰得体、礼仪规范。

【实训考核】

商务谈判与签字仪式实训评分表

小组：　　　　　　　　　　　　　　　　　　　　　　　　　学生：

内容	评价关键点	分值	得分
商务谈判	收集资料情况	10	
	拟写谈判方案	10	
	谈判会场布置	10	
	谈判现场记录	10	
	谈判策略与技巧运用	10	
签字仪式	准备合同（协议）文本	5	
	布置签字场地	5	
	准备签约用具	5	
	安排签字座次	5	
	签字仪式礼仪合乎规范	5	
	签字人正式签署合同文本	5	
	签字人交换经由各方正式签署的合同文本	5	
	双方领导致辞	5	
	共饮香槟酒互相祝贺	5	
	礼仪小姐引导各位嘉宾相继进入现场、有序退场	5	
总分			

【相关知识】

一、商务谈判知识点

1. 收集谈判资料。乙方核心信息资料、基本信息资料、其他信息资料。

2. 拟写谈判方案。谈判方案内容：谈判主题+目标+谈判议程+谈判时间+地点。

3. 会务工作。在商务谈判中的会务工作内容：确定好谈判人员名单、时间、地点，并及时通知对方；布置谈判场地，安排谈判双方座位，必要时准备双方的国旗；准备并调试好各种扩音设备、打印设备、通讯设备以及必要的文具；准备谈判所需的资料，及时分发到谈判人员手中；安排好各种仪式，包括谈判开始仪式、签约仪式、礼赠仪式等。

4. 做好谈判记录。谈判记录要全面、准确，必要时应与谈判班子核对，有时需双方过目、签字。会后应立即起草详细的备忘录，给对方一份，要求其书面确认备忘录所表述内容。

5. 做好翻译工作。翻译工作要做到准确、全面，忠于原文，不能擅自增减谈话内容或掺杂个人主观意见。译文打印好后，要认真校对，避免差错。

6. 做好谈判的善后工作。商务谈判结束后，秘书要主动做好各项善后工作，如：回收资料，上报材料，清理并报销有关账目，协助总结谈判，收拾谈判场所，做好谈判结果公布前的保密工作，等等。

二、签字仪式的准备工作与程序

准备工作包括：确定工作人员→预备待签合同文本→落实签约场所→签约仪式现场布置→规范服饰。

签字仪式的程序：

1. 参加签字仪式的双方代表及特约嘉宾，按时步入签字仪式现场，相互握手致意。

2. 签字者在签约前入座，其他人员分主、宾各站一边，按其身份自里向外，依次由高到低，列队于各自签约者座位之后。

3. 双方助签人员分别站立在自己签约者的外侧。

4. 签字仪式开始后，助签人员翻开文本，指明具体的签字处，由签字人员签上自己的姓名，并由助签人员将己方签了字的文本递交给对方助签人员，交换对方的文本再签字。

5. 双方保存的协议文本都签好字以后，由双方的签字人自己，郑重地相互交换文本，同时握手致意祝贺，双方站立人员同时鼓掌。

6. 交换文本，服务员用托盘端上香槟酒，双方签约人员举杯同庆，增添欢乐气氛。

7. 签约仪式结束，双方可共同接受媒体采访，退场时，可安排客方人员先走，主方送客后自己再离开。

【拓展训练】

一、12月25日，苏州科技大学人文学院院长一行三人来到苏州创新实业公司，因从昨天的电话中得知，张院长今天来公司就校企合作意向，与王总进行进一步的洽谈，王芳主任早早地等在大门口，告诉他们王总正在办公室等他们，并将他们引入了王总的会客室。正说话间，王总笑吟吟地从里间办公室走了出来，从容落座。双方在友好的气氛中进行了充分协商，并达成了一系列共识：

1. 创新实业公司对学院14级文秘专业20名学生实施“订单式”培养。

2. 充分合理地利用双方资源，学校、企业在各自的场所建立合作基地，并分别挂牌为“创新实业公司电声产品人才培养及项目研发基地”和“苏州科技大学教学实践和毕业生实习基地”，公司向学院提供最新的产品及教学与培训的相关资料，学校为公司提供新产品研发的技术支持。

3. 学院聘请创新实业公司领导为专业客座教师，参加专业咨询委员会，为学院专业建设提供技术支持。

4. 公司承担学院教师挂职锻炼时所应提供的条件和场所，定期对学院教学人员进行技术培训，与学院教学人员共同编写专业课教材和各种教学设备的实训指导书等。

王总还表示，“校企合作”是公司领导在企业科学发展中达成的共识，学校是公司培养技术人才的大本营和基地，在今后的企业发展过程中还要不断地探索、交流，在实践中不断地完善，推进，走向成熟，全面实现“双赢”的局面。

假如你是王芳主任，你将如何准备谈判文件、布置谈判会场？

二、2013年元月，创新实业有限公司与美国康立集团经过多轮磋商，达成合作意向，他们决定2月5日上午10点在上海宾馆举行正式的签约仪式，公司总经理将准备工作交给了办公室秘书谢洪负责。谢洪最近工作比较忙，所以准备签约仪式的时间比较紧张。2月5日，谢洪提前半小时到达了会场，突然发现合同文本忘记在办公室里，他赶紧请办公室文员小王拿上合同，从后勤处要了一辆车火速赶往签约现场。幸好当天交通状况较好，合同在会议开始前五分钟送到了，谢洪悬着的心终于落下来了。可就在主持人宣布签约仪式开始时，谢洪才发现他忘记安排助签人了，所以他自己临时上阵担任助签人，而他的着装与签约仪式的气氛不协调，导致现场场面有点尴尬。

出现签约仪式场面尴尬的原因在于谢洪的准备工作不到位，如果是你，你会从哪些方面做准备呢？

【任务驱动三】

庆典与剪彩活动策划

苏州万隆企业管理咨询服务公司经过一年的筹备，已做好各个方面的准备。公司将在2015年12月18日正式开业。公司张总经理非常重视此次开业典礼，要求公司办公室全权负责开业庆典事宜，并指出作为管理咨询服务公司，开业庆典必须有序、规范。办公室对开业庆典活动进行了分工，王芳的任务是写出开业庆典活动的策划。李明、王晓丽的任务是组织庆典活动的具体安排。

【方式与要求】

1. 概括秘书王芳完成这项任务的步骤，掌握庆典活动的基本程序。主题明确，任务具体，人员安排到位，可操作性强。
2. 熟悉庆典活动的组织要领，撰写庆典活动方案。
3. 按角色演示训练，完成开业庆典活动的情景模拟。
4. 会场布置能够做到热烈、喜庆，分区合理。
5. 细致地做好会场准备工作，能够掌握各环节要求。
6. 庆典仪式演示程序正确、过程顺畅。
7. 礼仪服务周全、符合规范。
8. 有应急预案。

【实训内容】

王芳在接受任务之后，首先对庆典活动策划方案的各项内容进行排列，在确认具体项目符合公司基本要求后，开始进行详细策划。由于领导的指导思想是有序、规范，因此在策划过程中，环节一定要考虑周到，体现有序、规范的特点。在策划完成后，需要请主管领导认可，在主管领导认可方案之后，王芳再进行任务分解，对每一环节任务必须指定专人负责，以确保开业庆典活动万无一失。

附：

苏州万隆企业管理咨询服务公司开业庆典策划方案

一、预期目标

目标一：不管是从前期策划还是后期执行上，都要力争使实力增强。

目标二：增加内部员工对公司的信心。

目标三：在同行业中居上，成为行业内又一匹黑马。

二、开业庆典的目的

1. 对内作用：通过此次开业庆典的隆重举行，可以增加员工对公司的信心，加强公司的凝聚力。

2. 对外作用：此次开业庆典的举行，既可以让更多的群体了解到公司的开业情况，还可以加强公司在消费者心中的形象，同时还可以利用此次机会和媒体多一些联系。

3. 同时通过此次开业典礼的举行，提升行业内的知名度。

三、开业庆典的主题

一个好的主题不仅是这场活动是否成功的关键因素，而且对于活动所产生的效应也有着重要的作用。本次策划结合公司领导的意见综合而成，目的在于展现实力、广交朋友。

四、时间

2015 年 12 月 18 日

五、具体安排

1. 公司简介(中、英文)。进行广告设计、宣传单的制作。

2. 活动流程图。在开业当天，我们的活动流程图会详细到每一分钟，力求做到准备充分，“不打无准备之仗”，这一活动流程图会让公司的相关人员做好充分的心理准备。

3. 公司出席庆典人员的胸花和开业中所用的桌牌等必需品的制作。

4. 邀请嘉宾在出席开业庆典中所需要使用的物品制作(如剪彩的绸缎、剪刀、托盘等)。

5. 媒体的邀请。

6. 会场的布置。

7. 拍照、摄像(留作资料)。开业庆典进行全程拍摄，完成后期制作，留作纪念。

8. 庆典活动整理(制作成彩封纪念册，编辑刻录成光盘)。一则可以留作纪念，二则可以将光盘赠送给嘉宾或是放在会议室中进行演示。

六、活动具体分工

序号	任务	完成时间	项目负责人	备注
1	方案完稿并审核	11 月 18 日	王芳	主管领导批准执行
2	公司简介设计	11 月 23 日	李明	主管领导批准执行

续表

序号	任务	完成时间	项目负责人	备注
3	公司出席庆典人员确定	11 月 24 日	王晓丽	主管领导批准执行
4	嘉宾确定	11 月 24 日	王晓丽	主管领导批准执行
5	媒体确定	11 月 24 日	王晓丽	主管领导批准执行
6	嘉宾邀请	12 月 10 日	王晓丽	
7	媒体邀请	12 月 10 日	王晓丽	
8	活动流程图确定	12 月 13 日	王芳	主管领导批准执行
9	公司简介印刷	12 月 14 日	李明	
10	会场布置	12 月 17 日	王芳、李明	
11	拍照	12 月 18 日	李明	
12	摄像	12 月 18 日	周洁	
13	庆典活动整理	12 月 30 日	李明	

七、典礼活动程序

典礼活动的程序就是项目的实施顺序。典礼活动主要有下列内容：

1. 主持人宣布庆典开始；

2. 全体起立，奏乐；

3. 宣读重要嘉宾名单；

4. 领导致贺词，来宾致贺词：

由上级领导和来宾代表致贺词，主要表达对开业单位的祝贺，并寄予厚望。由谁来致辞要事先定好，以免当众推来推去，扰乱氛围。

本公司经理致辞。主要内容是向来宾及祝贺单位表示感谢，并简要介绍本公司的经营特色和经营目标等。

5. 邀请嘉宾揭幕剪彩。由本公司负责人和一位上级嘉宾代表揭去盖在牌匾上的红布(或由礼仪小组引导剪彩)，宣告企业正式成立。

参加典礼的全体人员应鼓掌，在非限制燃放鞭炮的地区还可以燃放鞭炮庆贺。

6. 参观考察。

【实训提示】

1. 开业庆典是现代商业活动中，各类企业、商场、酒店等成立或开张时，精心策划，并按一定程序专门举行的庆祝仪式，通常包括庆典的筹备和开业的相关工作。

2. 剪彩仪式是指商界有关单位为了庆祝公司成立、企业开工、宾馆落成等而隆重举行的一项礼仪性活动。

3. 此项训练是对学生综合技能的考查，需要学生对企业的庆典活动有一定的了解，并要求学生有一定的策划活动的能力。

4. 各组在演练时，要将庆典情景补充完整，包括对筹备、庆典的进程和后期工作进行系统考核。

【实训考核】

庆典与剪彩活动策划实训评分表

小组： 学生：

内容	评价关键点	分值	得分
准备阶段	拟定出席人员名单无遗漏	10	
	对来宾接待有详细预案	10	
	庆典活动现场布置热烈、喜庆	10	
庆典工作	庆典活动程序正确、规范	10	
	讲话稿措辞得体，长短适宜	10	
	礼仪得当，尤其是方位礼仪正确	10	
	剪彩仪式所需物品准备充分，操作规范有序	10	
	有多家本地媒体参与报道	10	
后期工作	视需要安排餐饮活动	10	
	礼品馈赠	10	
总分			

【相关知识】

一、开业典礼

(一)开业典礼的筹备

开业典礼的筹备要遵循“热烈、节俭、缜密”三原则。

1. 作好舆论宣传。宣传的内容多为开业典礼的日期、地点、开业之际对顾客的优惠、开业单位的经营特色等。

2. 拟定邀请来宾名单。开业典礼影响的大小，实际上往往取决于来宾地位的高低与数量的多少。在力所能及的条件下，要力争多邀请一些来宾参加开业典礼。

3. 做好场地布置。开业典礼多在开业现场举行，一般不设置主席台或坐椅。为了表示隆重，可在来宾站立之处铺设红色地毯，并在场地四周挂横幅、标语、气球等，提前安装并调试音箱、照明等设备。

4. 做好来宾的接待服务。在举行开业典礼的现场，一定要有专人负责来宾的接待服务工作。若来宾较多时，必须为来宾准备好专用的停车场、休息室，并为其安排饮食。

5. 做好礼品馈赠工作。应选择具有宣传性、纪念性、独特性的礼品赠送给来宾。

6. 程序拟定。从总体上看，开业典礼由开场、过程、结束三大基本程序构成。

(二)开业典礼的程序

典礼成功的标准是内容紧凑、仪式简洁、喜庆效果好。主要环节有：

1. 迎宾。接待人员在会场门口接待来宾，并请来宾签到后，引导来宾就位。

2. 典礼开始。主持人宣布开业典礼开始，全体来宾起立，奏国歌，宣读重要来宾名单。

3. 致贺词。事前确定祝贺词的人选。一般由上级领导和来宾致祝贺词，主要表达对开业单位的祝贺。对贺电、贺信等不必逐一宣读，但对其署名的单位或个人应予以公布。

4. 致答词。由本单位负责人致答词，其主要内容是向来宾及祝贺单位表示感谢，并简要介绍本单位的经营特色和经营目标。

5. 揭幕或揭牌。由本单位负责人和上级领导或嘉宾代表揭去盖在牌匾上的红布，宣告企业的正式成立或活动正式开始。参加典礼的全体人员鼓掌祝贺。

6. 参观。如有必要，可引导来宾参观，介绍本单位的主要设施、特色商品等。

7. 迎接首批顾客。迎接首批顾客，可以采取让利销售或提供各种优惠服务来吸引客户；也可邀请具有代表性的消费者座谈的方式，虚心听取他们的建议，以拉近与消费者的距离。

二、剪彩仪式的基本知识

剪彩仪式包括剪彩准备及剪彩人员安排、剪彩程序及剪彩做法等内容。

(一)剪彩准备

剪彩准备包括场地布置、环境清洁、灯光与音响准备、媒体的邀请、人员的培训等，准备工作要求认真细致，精益求精。

1. 剪彩物品。剪彩仪式上所用物品，包括红缎带、新剪刀、白手套、托盘及红地毯。

2. 剪彩人员。剪彩人员由剪彩者与助剪者构成。剪彩仪式档次高低，同剪彩者身份密切相关。

(二)剪彩程序

剪彩仪式宜紧凑，所用时间为15~50分钟。仪式通常为6项基本程序：

1. 来宾就位。剪彩仪式开始时，敬请剪彩者、来宾和本单位负责人按安排好的顺序就座。一般情况下，剪彩者应就座于前排。

2. 宣布仪式正式开始。主持人宣布仪式开始后，乐队应演奏音乐，现场可燃放鞭炮，全体到场者应热烈鼓掌。此后，主持人应介绍到场的重要来宾。

3. 奏国歌。此刻，全场起立。随后，可演奏本单位标志性歌曲。

4. 发言。发言顺序应为东道主单位代表、上级主管部门代表、地方政府代表、合作单位代表等。其内容应言简意赅，每人不超过3分钟，重点应分别为介绍、道谢与致贺。

5. 剪彩。其间，全体与会者应热烈鼓掌，还可奏乐或放鞭炮。剪彩前，应提前介绍剪彩者。

6. 参观。剪彩后，主人应陪同来宾参观被剪彩之物。仪式至此宣告结束。随后，东道主单位可向来宾赠送纪念礼品，并以自助餐款待来宾。

【拓展训练】

宏达商业集团公司拟于下月10日举行宏达集团新区店开业庆典。宏达商业集团公司总经理决定由办公室李明全面负责本次庆典活动的策划、组织工作。在审阅李明上交的开业庆典活动预案时，宏达商业集团公司总经理肖钢认为可以将庆典搞得更正式、更隆重些，决定增加一个剪彩环节，拟邀请苏州市王宝强市长出席剪彩仪式。请你按照肖总思路调整庆典方案并完成相关工作。

项目七：信息的管理技能训练

【实训目标】

1. 掌握信息收集的方法、渠道及要求，能够采用有效的方法收集各类信息。
2. 掌握信息筛选、整理的一般方法。
3. 掌握信息传递的方法、途径和方式，并能够迅速、准确地传递信息。
4. 掌握信息存储的方法，了解信息存储的各个环节，能用各种工具和设备系统存储信息。
5. 了解信息开发、利用的类型，熟悉信息开发、利用的主要形式，掌握信息开发、利用的工作程序。能根据特定需要，确定信息开发、利用的主题，围绕主题进行信息开发、利用。
6. 掌握信息反馈的形式和程序，能够采用有效的形式和正确的程序反馈信息。

【任务驱动一】

信息收集与整理训练

案例1：比亚迪汽车有限公司为了开拓新的市场，根据节省能源、科学利用自然资源的指导思想，拟开发新一代纯电动汽车生产项目。公司为此专门召开办公会议，讨论开发新一代纯电动汽车的优势及可行性。从节省能源和环保的角度看，新一代纯电动汽车生产项目是很有优势的，但产品应用的可行性和市场前景如何，还须根据有效的市场信息进行综合分析和科学预测，才能作出正确决策。

于是，秘书王芳马上着手收集相关信息。

案例2：王芳在苏州邦达玩具有限公司当秘书，很重视国内外玩具市场的信息的收集，并将这些信息收集整理好，及时传递给公司总经理。根据这些市场信息，该玩具公司不断地调整生产经营策略，根据市场需要生产适销对路的玩具，并对产品进行改进创新，使公司的产品在国内外的市场占有份额不断扩大。

以下是王芳这几天收集到的国内外有关玩具标准、行情、特色、警情等方面的信息。

"鼠年将近，卡通米老鼠走俏国内市场"——鼠年未到，米老鼠产品走俏市场。

"鬼节未到而商家先'闹鬼'"——万圣节(又称鬼节)前10多天，许多商家已经把各种各样的鬼节玩具"请"了出来。

"澳门首家北京奥运会特许专卖店销售良好"——国外游客对印有北京福娃的T恤、帽子、徽章等特许商品争取购买。

"美国对玩具产品进口的新规定"——所有出口美国的玩具产品必须符合统一的

安全标准。……瑞午的玩具标签规定对于标签的各类、大小、形式、所贴位置均有明确的指引，并规定幼儿玩具上必须附有“慎防误吞，梗塞咽喉”的警告标志。

“立陶宛对中国产两种玩具提出“快速预警通报”——立陶宛本周在欧盟的快速预警通报系统中通报了中国产的玩具小狗玩具，不达玩具指令和相关欧盟标准。

“圣诞节礼品‘西方不亮东方亮’”——今年的圣诞节礼品，国内市场销售好于国外市场，出现了“西方不亮东方亮”情形。

【方式与要求】

1. 具备信息收集的场所，如计算机网络、图书馆、校外实训基地。

2. 安排好时间，要让学生有充足的时间进行信息收集实训。

3. 指导老师事先设计信息收集项目的情景，明确收集信息的主题、收集信息的目的，提出明确要求。

4. 将亟待整理的信息打印成书面材料，根据实训小组的数量准备相应的份数。

【实训内容】

一、围绕新一代纯电动汽车生产项目开发的可行性收集有关信息：

1. 在网上收集有关新一代纯电动汽车生产项目发展前景的信息，并标出信息来源的网址。

2. 设计一份调查问卷，向消费者收集各种品牌电动汽车的使用意见，并进行统计分析。

3. 向有关部门了解新一代纯电动汽车生产项目的开发成本，同时向本公司技术开发部了解新一代纯电动汽车的使用成本。

4. 到电动汽车经销商处进行，收集各类电动汽车的销售价格，向商家了解各种牌品电动汽车销量及消费群体。

5. 写出行业调查报告和信息收集的总结，并制成 PPT，由各小组推荐一名同学向全班汇报。

二、围绕一定的玩具销售情况主题整理相关信息：

1. 将所收集到的信息进行筛选，从中选出对本公司业务具有借鉴价值和参考作用的信息。

2. 对信息进行分类，使信息条理化，以方便查找利用。

3. 选择一条有疑问的或者较重要的信息，对其出处进行校核。

4. 选择一条有价值的信息，整理成一篇 500 字左右的信息稿。

【实训提示】

1. 秘书人员可以通过检索工具、搜索引擎、调查、购买等多种方式和渠道来获取信息。

2. 掌握观察法、阅读法、询问法、问卷法、网络法、交换法等信息收集方法。

3. 秘书对信息的整理就是对原始信息进行分类、筛选、核实，使其变成价值信息的过程。

4. 掌握信息分类、筛选、校核的方法。

【实训考核】

信息的收集与整理实训评分表

小组：　　　　　　　　　　　　　　　　　　　　　　　　　　　　　学生：

内容	评价关键点	分值	得分
信息收集	及时收集与业务相关的各种信息	10	
	养成留意标题的习惯，准确掌握信息要素	10	
	明确目标，能利用剪报、复印、标记说明等方式系统收集信息	10	
信息整理	准备不同类别的文件夹、文件盒	10	
	利用颜色、标签区分类别	10	
	确定分类体系，确定分类层次和各层次的分类标准	10	
	把信息归入最符合其实际内容的类别	10	
	信息真实、系统、实用，富有逻辑性	10	
注意事项	注重平时积累，敏锐捕捉信息	10	
	及时对信息进行分类整理	10	
总分			

【相关知识】

一、信息收集工作的程序与方法

1. 明确信息收集范围。以服务公司各项工作为目标，确定信息收集的范围，按照工作活动的需要有针对性地收集原始数据信息。坚持及时、准确地从大量信息中选取真实、适用、有价值的信息，为公司各项工作提供信息支持。

2. 熟悉信息来源。信息的来源非常广泛，渠道众多，但可信度不一样。秘书要根据工作的目的确定信息的来源，选择权威的信息来源，确保信息的真实准确。

3. 选择信息收集方法和渠道。

4. 查找信息。根据要查找信息的主题、内容和用途，利用各信息渠道提供的信息介绍、信息目录、信息咨询或其他的信息查询途径，找出所需要的信息。

5. 建立通讯联系索引卡。在工作中，秘书经常会与相关单位或人员打交道，这些都是外部信息来源渠道。秘书应将业务往来多的单位、个人或客户的信息制作成卡片，便于能快速查找到其通讯联系方式，并及时进行业务联系。

信息收集的方法。包括观察法、阅读法、询问法、问卷法、网络法、交换法、购置法。

二、信息收集的要求

1. 价值性。收集信息时必须辨别真伪，去伪存真，去粗取精，力求信息的真实、准确、可靠，保证信息的价值性。

2. 时效性。信息收集必须及时、适时、敏锐，使有价值的信息在有用的时效内发挥作用。

3. 层次性。从不同来源、不同层次、不同渠道收集信息，从不同的深度加工信息，针对不同对象开发利用信息，使收集的信息更具体，更能发挥作用。

4. 针对性。所谓针对性，一是服务对象的针对性，要明确服务对象的特点和需要；二是信息内容的针对性，要针对实际需要，根据工作性质、任务、目的，进行信息收集。

5. 全面性。尽可能全面采集各方面需要的信息，保持信息的历史联系和专业内容联系。既要收集与本部门业务活动直接相关的信息，又要收集对本部门有间接影响的各类信息。

三、信息筛选的工作程序与标准

1. 看来源。从多种信息来源中把握信息的重要程度。

2. 看标题。根据信息标题确定信息价值的大小。

3. 看正文。判断信息内容的完整性和准确性。

4. 决定取舍。择取能满足工作需求、对工作具有借鉴作用和参考价值的信息，舍去不真实、无价值的信息。

信息筛选时，如何决定信息取舍？

1. 突出主题思想。与业务主题无关的信息，要剔除。

2. 要注意典型性。从大量原始信息中挖掘出能提示工作本质的典型信息。

3. 要富有新意。尽可能抓住能反映企业业务新动态的信息。

4. 要具有特点。从各种工作的实际情况出发，有所侧重地选用相关信息。

四、信息分类与校核方法

信息分类的方法：

1. 按记录方法分，可分为字母分类法、地区分类法、主题分类法、数字分类法、时间分类法等；

2. 按分类方法分，可分为来源分类法、问题分类法、年度分类法、组织机构分类法等。

信息校核的方法：

1. 溯源法。从源头找出信息的真假。

2. 比较法。从同一信息的矛盾表达中找出真假。

3. 核对法。利用权威的载体核实信息的真伪。

4. 逻辑法。通过逻辑分析，找出事实中不合逻辑之处，辨别真伪。

5. 调查法。到现场查看验证信息的真伪。

6. 数理统计法。对原始信息中的数据和定性分析，运用数理方法进行计算鉴定。

【拓展训练】

随着5G时代的到来，使得手机应用日益普及。手机由于携带方便，成为人们日常必带的随身用品，同时因信号覆盖广、操作便捷，使得大家对其给予了越来越高的期望。大家期待各种常见的或是重要的信息化系统、互联网应用可以被移植到手机上同步使用，使用户无论在何时何地，都可以连线精彩的网络世界，登录信息系统。为此，如何进行手机开发，如何在手机上催生各种多姿多彩的精彩应用，日渐成为创新实业有限公司关注的焦点。公司2017年拟投资1000万元用以研制开发5G手机，为了使公司的决策更有针对性，公司要求产品研发部及销售部进行广泛深入的市场调研，了解市场需求信息。

产品研发部及销售部接到任务后，经理与秘书一起完成了如下工作：

1. 制订调查方案及设计问卷。

2. 两部门拟写调查报告。

3. 田秘书与陈秘书进行问卷调查，并将收集到的信息资料进行整理。

请分组演练案例中的情景，掌握信息收集与整理技能。

【任务驱动二】

信息传递与存储训练

案例1：科泰电源有限公司是一家生产柴油发动机的企业，产品远销国内外市场，而钢材是该公司的主要生产原料。有一次秘书小王收到驻海外机构发来的一批最新信息，她查阅这批信息，并将重要信息及时传递给公司总经理及有关负责人。公司领导立即召开会议讨论应对策略，作出果断决策，使公司避免了数百万美元的经济损失。

以下是小王获得的信息：

1. 钢铁涨价之风再度强劲，全球原材料供应不足——宝钢、攀钢昨天涨价，新日铁与CVRD设定铁矿石价格。

2. 日本钢厂出现历史上最大的涨幅——上周，日本最大的钢铁商新日铁与全球最大的铁矿石商巴西淡水河公司达成协议，从4月1日起铁矿石价格大涨71.5%。

3. 攀钢、宝钢再度提价——此次宝钢二季度价格再次大幅上涨，普遍每吨400~500元。

案例2：李敏是苏州新创贸易有限公司办公室秘书，该公司主要从事家用电器的营销。她在整理公司以往保存的信息时，发现公司以往对信息资料是有一份保存一份，但没有任何次序，查找起来很不方便。为此，她对下列信息资料进行了有序存储。

下面是未经有序存储的信息材料：

1. 市场活动信息；

2. 市场情报；

3. 目标完成情况；

4. 市场统计分析；

5. 订单统计分析；

6. 客户验收报告；

7. 客户服务通知；

8. 客户服务统计；
9. 客户投诉报告；
10. 客户反馈信息；
11. 退货清单；
12. 客户联系人；
13. 客户统计分析；
14. 经销商资料；
15. 科研机构资料；
16. 最新动态。

【方式与要求】

1. 按要求准确传递信息，采用不同方式，完成信息传递的任务。
2. 撰写用文字传递的信息摘报。
3. 学生将上述信息资料通过分类存储后，以书面形式交给老师批改。
4. 将计算机存储、电子化存储的计算机上，发给老师批阅。

【实训内容】

一、信息传递(案例1)

1. 模拟演示用语言传递的方式将信息传递给公司总经理。
2. 将上述信息加工整理成一则信息摘报，用文字传递的方式传递给公司总经理。
3. 演示将信息稿通过公司局域网发给公司各部门。
4. 说明信息传递中应注意的问题。

二、信息存储(案例2)

1. 请将上述信息资料分类存储。
2. 将上述信息资料进行手工存储。
3. 将上述信息资料进行计算机存储。
4. 将上述信息资料进行电子化存储。

【实训提示】

1. 安排学生模拟召开公司会议，分别扮演秘书、业务经理和总经理角色，演练秘书通过语言传递方式将信息传递给经理和总经理。

2. 学生将上述信息加工成信息简报，用文字方式、电子邮件方式传递给总经理(老师)。

3. 对每份信息进行个别登记，建立信息完整记录。

4. 将信息资料分类编码(上述信息可分成3类：市场信息、销售信息、客户信息，此3类信息均可采用分组进行编码)。

5. 按信息分类结果进行有序的存放排列。

6. 对信息资料按类别编制目录及索引卡，以便日后检索。

7. 将上述信息资料录入计算机中，并在计算机中编排存储，作好备份。

8. 利用电脑记录功能，将分类信息分别存储在光盘上。

【实训考核】

信息的传递与存储实训评分表

小组： 学生：

内容	评价关键点	分值	得分
信息传递	利用企业内部刊物、通知、告示、简报、备忘录等进行信息内向传递	10	
	利用信件、消息、通信、信息发布会、声明、邮件等方法进行信息外向传递	10	
	选择正确的、恰当的传递渠道	5	
	区别对象，按需要传递信息	5	
	及时准确地传递信息内容	5	
	对重要信息能做到即时传递	5	
	信息传递程序完整	5	
	能处理好信息传递中的公开与保密的关系	5	
信息存储	信息存储过程规范、科学、完整	5	
	个别登记	5	
	分类编码	5	
	存放排列	5	
	编制目录及索引卡	5	
	计算机存储	5	
	电子化存储	5	
	能选择最佳编码方法	5	
	保存原件与制作备份相结合	5	
	保证信息的安全、完整和使用寿命	5	
总分			

【相关知识】

秘书能够运用适当的信息传递方式，按照信息传递的要求，及时、准确、有效地传递信息。

一、信息传递的程序

1. 确定传递信息的内容。确定必须进行传递的，过滤不需要进行传递的内容。

2. 选择并确定传递信息的形式。传递信息的形式主要有：信件、备忘录、报告、通知、企业内部刊物、传阅单、新闻发布会、声明、邮件等。

3. 确定信息传递方法。主要有语言传递、文字传递、电讯传递和可视化辅助物传递。

4. 进行信息传递。将一定形式的信息，按照选择的传递方法，及时准确地传给信息的接收者。

5. 确认信息传递质量。对于传递出去的信息，应该确保接收者能够接收。秘书可能通过反馈或检查来了解接收者的反应和接收效果。

二、传递信息时应注意的问题

1. 区别对象，按需要传递信息

高层决策者需要综合性和预测性信息，基层管理者主要需要具体的业务信息。秘书要针对不同对象的不同要求，因人因事而异，进行信息传递，提高信息的利用。

2. 做好全套信息传递工作

信息工作是秘书工作的重要组成部门，信息的上传下达都要经过秘书。为此，秘书要做到：每天要将当天的邮件、信函及时转交；向上汇报前一天交办事项的执行情况；定期编写内部资料，发布有关信息。

3. 加强非例行信息的传递工作

决策者急需某些信息时，秘书要及时收集有关信息并进行及时传递。

4. 收集到的信息中发现重要情况要立即传递

下列信息属重要情况：本公司生产原料的国际价格即将上涨；公司发行的股票突然被人大量买进；由本公司独占的市场，突然有其他外公司企图涉足的迹象等。一旦发现这类信息，秘书必须尽快向决策者或有关部门传递。

三、信息存储的程序

1. 登记。登记要建立信息的完整记录，系统地反映信息的存储情况。

2. 编码。登记信息要进行科学的编码。信息由字母或数字组成基本数码，再由基本数码结合成组合数据。信息编码的方法有顺序编码法和分组编码法。

3. 排列。对信息要进行有序化的存放排列。常用的排列方法有：时序排列法、来源排列法、内容排列法、字顺排列法(包括形序法、音序法、号码法)。

4. 保存。保存的主要方法有：手工存储、计算机存储、电子化存储、缩微胶片存储。

5. 保管。有序化保存的信息要进行保管，做到防火、防水、防潮、防高温、防虫害，防失密、泄密、盗窃，定期或不定期进行清点，及时剔除失去保存价值的信息，及时存储更新，不断地核对，建立查阅、保管制度，实施科学管理。

【拓展训练】

近年来，信息安全事件“层出不穷”，商业泄密案更是“触目惊心”，个人信息“唾手可得”，网络犯罪“蒸蒸日上”。一系列泄密事件，已经引起一场轩然大波。刚迎来2013年不久，数据泄露事件就接连不断：香港八达通卡泄密，富士通ipad2后壳设计图泄密，RSA公司SecurID技术及客户资料被窃取和索尼公司的PlayStation用户数据外泄等。

2013年10月12日，一份由国内安全漏洞监测平台乌云发布的报告激起千层浪。报告称，国内大批酒店的住宅开房记录因被第三方存储和系统漏洞而泄露，被牵扯其中的酒店都使用了浙江慧达站网络有限公司开发的网络系统。对此，华住、如家酒店集团都向记者发来声明，如家方面承认“中招”，已第一时间检查漏洞，并迅速恢复；华住则表示纯粹“躺枪”，旗下品牌汉庭与慧达驿站的合作早已终止。

据了解，此前华住酒店旗下的某个类型客房的电脑硬件设施的确与慧达驿站有过合作，但是酒店早已没有此房型，与慧达驿站的合作也早已终止。华住在声明中表明，乌云的报告纯属个人臆测和虚构，存在误导行为，华住酒店集团将保留进一步追诉的权利。而直接被报告截屏的如家酒店集团则承认，如家的无线信息技术服务供应商为浙江慧达驿站网络有限公司，将与无线信息技术服务供应商以及第三方安全监测机构加强合作，建立长效监测机制，提升和加强信息安全的管理。

请阅读并分析上述信息存储中出现了安全问题的案例，找出信息存储中存在的问题。

【任务驱动三】

信息开发与利用训练

案例 1：宏达贸易有限公司是一家从事进出口贸易的企业，经营的范围为除国家专营专控商品外的一切商品。公司总经理助理王芳，很重视有关信息的开发，积极从各种渠道获取信息，翻阅各种国内外经济报刊，从报刊上收集市场信息，并进行剪贴，汇集成册，供自己和公司使用。通过对剪报内容的分析，她掌握了国内外市场消费者需求的变化情况和发展趋势，为公司领导把握市场行情，进行市场开拓决策提供了有力的信息支撑。

案例 2：某公司有一笔资金需寻找投资项目。公司负责人谢总从某造林公司获得如下信息："只要投入 2 万元，8 年后可收回最低 10 万元"，"5 万投入，等待 6 年，18 万的收益，安全无比的零风险保证(保险公司投保)"，"负责办理《林权证》，以确保一切经营在合法情况下进行"。

谢总因怀疑该公司资信度而不敢贸然投资。2006 年春节期间，中央电视台黄金时段播出了该公司老总代表"××大造林公司给全国人民拜年"的广告，认为中央电视台的广告不会错的。谢总又产生了将那笔资金投资于该造林公司的想法，并要求秘书提供参考资料。

秘书李明接受任务后，三天后给谢总送来一份 30 余页的《关于"××大造林公司"及国家林业政策的资料汇编》，材料有：

1. 国家林业局 2004 年下发的《关于合作(托管)造林有关问题的通知》，针对某些公司吸收社会资金合作(托管)造林现象而发；

2.《新京报》题为《没有真正胜利者的博弈——一百万亩沙漠圈地真相》的新闻调查；

3. 央视 2004 年 11 月《焦点访谈》：《警惕"托管造林"陷阱》的文字材料；

4."××大造林公司"和类似企业融资广告的资料；

5. 秘书写的《关于"××大造林公司"有关资料的初步分析》；

6. 中央电视台播出的几则不实广告："××冰箱每天的耗电只有 0.48 度，仅相当于一节小电池"、"××牌食用油(1：1：1)经过食品监督局检测，其实际含量是 0.27：1：1"等。

谢总在认真看了秘书提供的资料后，打消了向"××大造林公司" 投资的念头。还表扬小李说："你提供的资料很有用，不但避免了一次投资风险，还懂得了中央电视台播出的广告也不可全信。"

案例 3：为期十几年的大型工程就要全面竣工了。工程局上上下下正忙着准备盛大的竣工庆典。据说中央领导人要来出席指导，国际上还有不少专家和知名人士也要来表示祝贺。局领导像儿子娶媳妇、女儿出嫁一样忙得整天乐呵呵的，局机关充满了节日的气氛。为了总结成绩，表彰先进，局办公室秘书班子的人员忙着下基层调查，写总结，印典型材料，忙得不亦乐乎。

秘书李玲跑了几个工区后发现，职工们在胜利竣工的喜悦中，似乎还有不少忧虑。有的认为全面竣工后，生产任务不可低估。她左右为难。后来她心想，这类问题是思想工作"软任务"，不像施工质量、工期要求、安全性能那些硬指标，迟几天待竣工庆典后再汇报也不迟。于是，她把写好的情况汇报放进了自己的抽屉里。

调查情况的汇报会上，老局长听完汇报后十分高兴地说："好哇，大功告成，英雄辈出！没有辜负中央和全国人民的殷切期望啊！不过，你们说的尽是成绩、功劳、经验，就没有了解到一点缺点和问题吗？"

各调查组的人都没有作声。

老局长脸上的笑容消失了。他说："人长了两只耳朵，就是要听各方面的情况，兼听则明嘛！在高兴的时候，如果听不到一缺点和问题，心里就不能踏实，不是觉得在做梦，就是感到反常。"老局长紧锁眉头，会场寂静无声。

李玲不忍心再瞒住这位可敬的老领导了，她拿出了那份情况反映材料说："老局长，本想竣工庆典后再交的。现在，我知道错了……"她双手把材料呈递给了老局长。老局长接过材料，仔细地看了一遍，然后对李玲说："小李呀，可真要谢谢你！"接着，他对办公室主任说："请通知今晚七点开局党委会，讨论李秘书的情况反映材料，研究当前的工作要点。"

晚上，会议室里静悄悄的。党委委员们正在专心地读李玲写的情况反映材料。老局长请他们先读两遍再开会。

"同志们，"老局长讲开场白了，"数十年工作经历使我懂得一个规律：凡是有喜就有忧；凡是报喜没报忧时，心里就发虚，往往就预感到可能要出什么问题。这份情况反映是否能使我们在喜庆的日子里头脑更清醒一点儿呢？"

接着，党委委员们进行了讨论，一致认为，材料反映的情况是客观存在的，如果任其发展和蔓延，势必会涣散军心，削弱战斗力。会议决定，在总结成绩、表彰先进、迎接胜利竣工的同时，要大力宣传企业的前途和长远目标，做好思想工作，迎接新的任务，并且要求下属各单位，保持清醒的头脑，制定今后工作的要点。

最后，老局长说："我还要再次表扬李秘书。她那份情况反映，写得及时，针对性强，给了我们一针清醒剂，真正起到了参谋助手作用……"

【方式与要求】

1. 分组讨论、进行情景演练。
2. 能从信息的表象背后分离出信息的价值，判断基础信息与高层次信息的差异。
3. 掌握正负反馈的途径与要求。
4. 注重调查研究，力争通过实地调查获取第一手信息。
5. 通过各种渠道，全面、及时地获取信息。
6. 运用信息开发技巧，充分利用信息网络开发信息。

7. 加强对信息的综合分析、提炼概括，努力开发出有预测性、利用价值大的高层次信息。

【实训内容】

1. 掌握信息的收集、开发与利用程序。

2. 学会判断一次信息、二次信息、三次信息的价值不同。

3. 注意信息反馈中的正反馈与负反馈。

4. 模拟成立公司，自行设定公司业务及经营特点，针对需求较大的商品信息进行信息开发、二次信息开发和三次信息开发。

【实训提示】

1. 根据情景一，确定信息开发的主题为"国内外市场上需求量较大的商品信息"。围绕主题进行一次性信息开发。运用剪报、文摘等形式，从各种渠道获取国内外市场上需求量较大的商品信息。

2. 秘书李明对相关信息进行二次信息开发。对选取的信息按一定的标准汇集在一起，编写信息目录。在此基础上对信息进行综合分析、概括提炼，用简明扼要的语言写成简讯，报道最新动态，完成三次信息开发。

3. 秘书李玲在信息反馈中坚持了怎样的原则？

【实训考核】

信息开发与利用训练评分表

小组： 学生：

内容	评价关键点	分值	得分
信息开发利用	选择不同的专题制作剪报(一次信息)	10	
	制作索引	5	
	编制目录(二次信息)	5	
	编写文摘(三次信息)	10	
	掌握信息编写的方法(汇集法、归纳法、纵深法、连横法、浓缩法、转换法、图表法等)	10	
	熟悉信息利用的途径(检索、加工、查询、咨询、网络)	10	
	熟悉信息利用的程序(了解信息内容与检索方法；分析预测信息需求特点与规律；介绍信息线索，开展信息咨询；提供信息及信息加工产品)	10	
	能开发信息资源、挖掘深层次信息，为决策提供支持	10	
	了解信息反馈的"报喜"与"报忧"	10	
	熟悉信息反馈的主要内容(重大工作；新思想、新事物；政策执行情况；苗头性、倾向性问题；突发事件等)	10	
	了解信息反馈的方法(系列型、广角型、连续型)	10	
总分			

【相关知识】

一、高层次信息的特点和作用

1. 初级层次信息(基础信息)与高层次信息

前者是直接反映事物的现象和动态的原始信息以及对原始信息进行初加工所形成的信息。后者则是全面反映事物概貌、揭示事物本质及其规律的深度信息，以及对原始信息进行综合处理后提出对策建议所形成的信息。

2. 高层次信息特点

(1)宏观性——反映的是事关大局的问题；

(2)完整性——完整地反映某一事物发生、发展、结束的全过程，并对其起因和结果、内因和外因、现状和趋势、经验和教训作出全面反映和分析；

(3)典型性——具有普遍性、代表性、倾向性；

(4)深刻性——反映事物的本质属性和基本特征，揭示事物发展规律，找出症结，提出解决问题的办法和措施；

(5)前瞻性——能预测事物发展趋势和前景。

3. 高层次信息的作用

(1)有效管理的手段

(2)科学决策的依据

二、高层次信息的开发方法

根据领导决策及管理的不同阶段需要，开发不同内容的高层次信息。主要方法有：

1. 中心跟踪法；

2. 热点聚集法；

3. 难点突破法；

4. 亮点放大法；

5. 拓展延伸法。

三、高层次信息编写的方法

1. 归纳法——筛选→合并同类项→形成专题信息，以便完整地、明晰地说明某一方面的工作动态。此法便于领导深入了解研究某一方面的问题。

2. 浓缩法——在保证信息量不变的前提下，将长信息压缩成简短信息。通常动态性信息宜短，调研、经验等信息材料可长些。

3. 纵深法——“打破砂锅问到底”。沿纵向，一层层、一步步、一环环深透地揭示问题。

4. 扩充法——对残缺不全的原始信息加以补充，使之成为完整有用的信息资料。

5. 转换法——将较抽象的内容转换成人们容易理解的事例。此法一是转换对象之间要有可比性，二是转换对象要通俗易懂。

6. 对比法——就是把信息数据拿来进行横的比较和纵的比较，以强烈地反映数量的变化特征。纵的比较，就是某一事物自身发展的今昔对比；横的比较，就是将某一事物的某一阶段发展状况与同类事物同阶段发展状况相比较。

7. 图表法——有的原始信息资料中的数据有一定的规律性。发现这种情况，就可以将数据制成图表，使人一目了然，既便于传递，也便于利用。

8. 剪接法——把许多原始信息中的资料按一定的标准汇集在一起，围绕一个主题，把一定范围内的有关资料有机地汇集在一起，便于全面地反映某一社会现象的基本状况。这种方法适宜于纵览一个地区、一个部门或整个国家某一方面的状况，在信息资料数量多、反映面较宽时较为适用。

【拓展训练】

小张是刚大学毕业被分配来的某厂办公室秘书，虽然他早就听人说过信息是资源，是财富，但究竟它的价值有多大，对领导决策起多大作用，总感到说不清。在一次领导办公会上，办公室卢主任让小张做记录，他才对信息工作有了切身的理解。

会上，管设备的副厂长提出技术改造方案，以提高企业的竞争力，要求把刚刚收回的一大笔资金，重点投放到购买机械设备上。管财务、管生产的副厂长都表示支持。当厂长正要拍板决断时，卢主任说他想向各位领导汇报一个新情况，供领导们参考。领导们的目光一起转向了他。

“我先说几条信息请领导们参考：一是我国粮食进入市场后，粮价上调的趋势十分明显；二是国际上几个主要粮食进口量大的国家今年均遭自然灾害，国际性粮食歉收趋势已定；三是供应我厂工业粮食原料产量区今年都遭到严重的水灾；第四，今年又是乡镇企业发展很快的一年，这些乡镇企业不少是利用其资源优势从事投资少见效快的食品和酿酒业，都将以粮食为原料。根据以上情况，我预计，近期粮价必上涨，而且上涨幅度较大，可能每千克上涨 0.2 至 0.5 元之间；我厂每年工业原料用粮 10 万吨，按每千克原料用粮上涨 0.3 元计算，每吨将上涨 300 元，10 吨就是 3000 元，全年就是 3 千万！因此，我建议当务之急是在粮食涨价前购进原料，这样可以降低成本，提高竞争力，获得可观的经济效益。然后再把获得的盈利投入技术改造；由于经济实力增强了，我们进行技术改造的起点可以更高些，最好能达到国际先进水平。这样，就为我们的产品参与国际市场竞争打下了坚实的基础。……”

卢主任的发言结束后，会场一片寂静。领导们有的拿出计算器仔细地算着；有的掏出钢笔，在本子上写着；还有的托着腮在沉思……

过了一会儿，厂长的发言打破了寂静：“卢主任提出了一个值得我们深思的问题。我同意他对粮食价格变化所作的分析和预测。摆在我们面前的问题，是先搞基本建设和技术改造，还是先购进即将涨价的原料，取得经济效益后再以更大的投入进行高起点的技术改造。请大家对这两个方案再议一议。”

大家七嘴八舌讨论起来，会议气氛十分活跃。经过反复比较、分析、论证，厂领导最后一致同意采纳卢主任的建议：先购进粮食原料，再进行技术改造。

后来的事实证明，卢主任的预测是完全正确的，他的方案使企业获得了巨大的利润，整整多赚了一个亿！

小张敬佩地对卢主任说：“看来信息是金钱的说法一点不假！您是怎样获得这些信息的呢？”

卢主任说：“信息变化极快，信息工作无止境。这次我们虽然从大量信息中淘出了一些金沙，但不知还有多少金矿等待我们去开掘、去淘洗、去利用。稍一马虎，它就会从你眼皮底下溜走。”淘金，把小张引入了对信息工作的深层思索。

通过这件事，你对信息工作有哪些认识？

1. 信息是领导者正确决策的重要依据。

准确、及时、全面的信息，是领导者作出正确决策的重要保证。反之，错误、片面、迟报的信息，可能会导致领导者作出错误的决策，造成重大的损失。案例中的卢主任向厂领导反映的有关信息，使厂领导作出了正确的决策，为企业赢得了巨大的利润。由此可见，信息在领导决策中具有重要地位和作用。

2. 信息具有重要的价值。

正确运用信息，可以为企业带来可观的经济效益。从这个意义上说，信息就是金钱。秘书人员一定要充分认识信息工作的巨大价值，肩负起信息工作者的重任，努力做好信息工作，为本组织创造良好的经济效益。

3. 信息是一种重要的资源，需要秘书人员努力开发。

案例中的卢主任就是一位善于“淘金”、开发信息资源的高手。秘书人员平时就要养成收集信息的习惯，并能从零散信息中发现带规律性的东西，从表面信息中发现本质性的东西，从已知信息中推导出未知的东西，从而开发出信息的重要价值，实现信息的最大增值。

4. 信息是秘书发挥参谋咨询作用的有效途径。

秘书发挥参谋咨询作用的方法和途径是多种多样的，而利用信息则是秘书发挥参谋作用的最有效途径。本案例中，卢主任就是利用自己所掌握的信息向领导提出参谋建议的成功范例。作为一个优秀的秘书人员，一定要善于利用信息达到参谋的目的。

项目八：调研与参谋活动训练

【实训目标】

1. 了解秘书参与调查研究，提供参谋服务的基本知识。
2. 掌握调查研究的方法、程序。
3. 掌握调查报告的拟写和调查问卷的设计。
4. 掌握文献调查法与访谈方法的操作及要求。
5. 掌握问卷法与网络调查法的操作及要求。
6. 提高调查研究能力和参谋辅助意识。
7. 掌握网络沟通方法。

【任务驱动】

2015 年年初，根据天地建设集团公司的战略部署，苏州天地置业有限责任公司要在年内开拓中部地区市场。在公司元月份总经理办公会上，领导班子成员形成一致意见，决定首先对 D 市市场进行调研，并获得集团公司同意。这天上午，刚一上班，刘总经理便把杨秘书叫到办公室：“小杨，月底公司就要派出第一个市场调研小组前往 D 市做些前期工作，到时候你和营销部、规划发展部、地产研究院的几个同事一起过去。派你过去，是公司领导的统一意见和对你能力的充分信任，以前公司内部的几次民意调查你都参与了，这次的外部市场调研，对你来说也是一种新的挑战和能力的提升。你好好把握一下。”小杨点点头。

“还有，最近工作头绪太多，明天上午我要参加一个全国性的房地产行业研讨会并作为房地产开发企业代表做典型发言，下午要主持公司年度销售工作总结会，后天上午还要参加协会的中小户型住宅需求趋势座谈会。公司2016年度工作计划必须在这个星期内印发下去。我实在没时间和精力琢磨了，只得请你尽快拟一个计划，征求一下各个单位的意见，并及时印发。”

杨秘书想了想说：“我力争按时完成任务。不过，工作计划中涉及决策性的基本意图，必须由您来定一下，今天下午下班前，您看什么时候有空告诉我一下拟写计划的基本意向，我等您的召唤。因为是公司的工作计划，所以还得经总经理办公会议研究，而且由您审签后方能印发。考虑到后天的座谈会可以派营销部或地产研究院的同志代为参加，可以用上午的时间召开总经理办公会，讨论我赶写的计划稿，待我整理修正后，再送您审签印发。这样，就可保证在第四天内完成任务了。另外，还有人力资源部提交的《2016年公司薪酬管理方案(草案)》也需要抽个时间开职工代表会议讨论一下，您看也定在后天上午怎样?”刘总笑着接受了杨秘书的建议。第四天下午，天地置业公司2016年度工作计划按时印发。

职工代表会议由刘总经理主持，会上他要求大家畅所欲言。虽然领导在营造一个轻松和谐的会议氛围上做了努力，鼓励大家尽情表达，无所顾虑，但收效仍然不大。与会人员或者沉默不语，或随便应付一下，表示没什么意见。由于长期以来处于联系领导与职工的枢纽位置，平时注意深入各部室、各项目公司和基层的同事沟通交流，听取他们的意见和想法，杨秘书了解其中的缘故，主要是由于领导和员工之间缺少沟通和交流。总经理工作繁忙，平时少有时间下基层，与员工沟通甚少。于是，杨秘书通过手机给刘总经理发了条短信提建议：“刘总，不妨利用公司内部OA系统，组织全体员工开展一次网上意见征集会，那样效果可能好些。”刘总欣然采纳了这条“短信建议”，并在会上宣布了杨秘书的主张：“我想在薪酬这个问题上大家肯定是有各自的建议的，或者这一时半会儿思考得不太成熟，既然这样的话，大家再思考一下，把自己想要表达的观点、利益诉求记下来，通过公司的OA系统发邮件给我或者小杨。办公室负责收集一下，公司会综合考虑大家的意见对薪酬体系做进一步的调整、完善和优化。”

会后，杨秘书在公司的电子公告板上发布通知：

全体同仁：

定于5月15—21日就《公司员工薪酬管理方案(草案)》向广大职工征求意见，请大家登录公司内部网站之“员工论坛”栏目积极参与讨论；或将意见、建议发送到总经理邮箱，地址为：zongjingli @ yahoo com. cn。

特此通知。

办公室

2015年1月12日

结果，两天时间内便收集到了300多条来自基层员工的意见和建议，总经理邮箱也首次获得“丰收”。当然，这些无疑对薪酬方案的制订、完善和日后在公司内部的推行起到了积极作用。

后来，总经理满脸笑容地跟杨秘书说："真想不到网络能有这么强的效用啊。"这件事后，公司领导感觉到了网络沟通的重要作用，对这项工作也日益重视起来。这样一来，公司上层之间的思想交流增多了，了解加深了，员工们的工作积极性得到普遍提高，内部凝聚力和向心力得到不断增强。

【方式与要求】

1. 分组讨论，进行情景演练。
2. 了解调查的类型、内容、程序和调查方法。
3. 能够起草调查计划，组织研究。
4. 能够在日常工作中帮助领导提供有益建议。

【实训内容】

1. 假如你是杨秘书，你应当做好哪些出差前往D市的准备工作？请准备一张便条，以便记录需要为上司准备的物品和相关资料。

2. 若由你负责调研小组的相关组织管理工作，你将如何管理好团队？请将自己的设想和思路写下来，并记录团队管理的过程，调研结束后向领导汇报有关情况。

3. 你将受命参与D市市场调研，请召集小组成员商讨如何做好调研前的准备工作，并制订调研计划，拟定调查提纲。

4. 根据小组成员统一意见，利用实地考察、问卷调查、个别访问和查阅文献资料等调查方法开展D市房地产市场调研。并分别说明各种调查方法的操作实施步骤。

5. 若由你负责设计该项调查的问卷，你主要从哪些方面进行考虑？四人一组，讨论后综合意见，设计调查问卷。

6. 为了获取尽可能多的信息资源，调研小组征得公司领导同意后决定前往D市市房地产管理局有关部门了解当地的房地产市场概况和现状，但需要公司出具介绍信，若你为天地置业公司办公室秘书，请你为调研组出具一封致D市市房地产管理局的介绍信，并说明开具介绍信的有关注意事项。

7. 从D市市场调研归来，调研小组委托你起草这份D市房地产市场调查报告，为领导提供决策参考，并请你综合小组成员的意见，向领导口头汇报撰写调查报告的思路。

8. 按照调研组的要求，在走访市民或进入社区进行调研时，你如何进行访谈工作？

9. 上例中，杨秘书采取了哪些参谋服务方法？秘书应如何给上司提建议？

10. 网络沟通与其他沟通方式相比有何可取之处？

【实训提示】

1. 能准确运用网络调查方法和问卷设计。
2. 能灵活运用文献调查法和访谈法。
3. 掌握分析、研究的方法。
4. 能按格式要求撰写规范的调查报告。
5. 能够掌握参谋辅助的技巧。
6. 学会正确使用介绍信。

【实训考核】

文献调查法与访谈法的训练评分表

小组：　　　　　　　　　　　　　　　　　　　　　　　　　　　　学生：

内容	评价关键点	分值	得分
文献调查法	熟悉文献调查法的使用步骤	10	
	能够熟练选择查找、索讨、购买、交换、接收等文献调查方法	5	
	能够围绕主题，广泛收集、整理及分析所需资料	5	
	能耐心细致地分析资料内容，找出文献的价值所在	5	
	能够注意文献资料的时效性	5	
	能够对文献进行定性与定量分析	5	
	关于运用口头语或书面语表达调查的事实	5	
	明确文献调查法的优点与局限	5	
访谈调查法	能够根据调查目的确定合适的访谈对象，控制人数	5	
	熟悉访谈法基本程序与步骤	10	
	尊重访谈对象，注意礼貌与礼节	5	
	能事先所好采访提纲	5	
	能营造轻松的访谈氛围，防止冷场	5	
	引导发言，控制谈话进程，形成良性的互动	5	
	认真倾听，适时交流	5	
	掌握座谈状况，防止跟风或跑题	5	
	能及时将发言情况现场记录下来	5	
	能学会倾听，能抓住问题的关键	5	
总分			

问卷法与网络调查法训练评分表

小组：　　　　　　　　　　　　　　　　　　　　　　　　　　　　学生：

内容	评价关键点	分值	得分
问卷调查法	能确定若干专题	10	
	能根据专题要求设计调查问卷	5	
	问卷的结构完整、合理	5	
	问卷的语句设计明确有效	5	
	所提问题能得到被调查者的关心与合作	5	
	问题设计简单、通俗，方便回答	5	
	措辞准确、单一	5	
	问题设置能避免诱导嫌疑	5	
	提问有艺术性，不引人反感	5	
	所有问题设置均能指向调查目标	5	
	能耐心与调查对象交流，完成问卷填写	5	
	能及时回收问卷，并作统计分析	10	

续表

内容	评价关键点	分值	得分
网络调查法	能够选择适当的搜索引擎	5	
	有选择性地使用资质良好的网站	5	
	确定调查对象	5	
	查询相关调研对象	5	
	分析人口统计信息	5	
	确定运用信息服务	5	
	分析市场变化	5	
总分			

【相关知识】

一、座谈会主持人如何插话

主持人要把握会议导向，善于引导启发，使会议始终不离正题。主持者可以有听有说，但以听为主，不轻易对重大问题或分歧意见表态。如果只听不说，对方会感到他的话没引起共鸣，就失去谈兴；说多了，会弄成“喧宾夺主”，毕竟你不是在做报告。你的任何表态都会起到诱导作用，听众会“顺着杆子向上爬”，使对方离开实际情况而按照主持人的意向发言，从而使自己陷入被动。

搭桥——把对方的话连起来，使其有体系地说下去。否则很可能断线、离题，不知说到哪里去了。

起兴——鼓舞他的情绪、谈兴，免得无精打采，自己也没有劲头。

导向——使对方的说话沿着调查的主题走，不要离题漫谈。

提问——既可弄清自己急于知道的事，也是导向的一个好办法，而不必用提醒的办法纠正对方，使他不舒服。

二、怎样写调查报告

(一)调查报告的三点要求

第一，内容必须真实。“只有忠于事实，才能忠于真理。”真实性是调查报告的生命。

1. 情况、事实、数据、资料、引证要真实，如实反映事实真相。忌带主观框框，随意编造，哗众取宠，更不能见风使舵，说昧良心的话。

2. 在事实基础上进行分析、说明、议论，评价要掌握分寸。忌故施褒贬，添枝加叶。

第二，内容有针对性。有针对性的问题，实际上，是抓主要矛盾的问题。调查研究就是寻求解决矛盾的主要条件。如果是总结经验，要总结本质的、创造性的、有启发的新鲜经验，这种调查报告才具有指导意义，切合实用。

不反映新情况，不提出新问题，不总结新经验，只重复领导或上级讲话的调查报告，没有实际意义。

第三，选“点”的典型性。调查对象必须具有典型性，即代表性。调查一个点的材料，总结其经验教训，或彰善惩恶，是为了解决面上的工作，带动一般，故选点要慎重。

“点”的特征：不论正反、好坏、成败，事实必须是突出的，又有代表性，是典型环境里的典型代表。调查结果：以点代面，深化人们的认识，推动事物的发展。

(二)撰写调研报告的方法

1. 先叙后议：即先摆事实，着力叙述事物的前因后果、来龙去脉，再扼要地归纳认识，得出结论；

2. 夹叙夹议：一边叙述交待调查的事实情况，一边进行必要的议论，观点与材料渗透在一起；

3. 印证说明：即先提出观点和方法，再摆事实加以印证。

(三)调查报告的格式

调查报告由标题、署名、正文几部分组成。

1. 标题

揭示调查的对象和内容，常用两种方式：一是公文式标题——说明调查范围、内容，如《关于××厂发生重大火灾事故的调查报告》；二是新闻式标题——突出调查性质。

(1)单标题：如《×××怎样走上致富的道路》《×××公司是怎样改革经营运行机制的》，既可说明内容范围，又可用于揭示文章中心；

(2)双标题：如《走综合经营的广阔道路——重庆市长江农工商联合公司的调查》，正标题说明中心，揭示主旨；副标题补充说明调查对象、地点、范围或事由。

2. 署名

公文的署名是发文机关，调查报告的署名，较多的是个人(几个人联名)，也有用组织机构的名称。署名的位置，或在标题与正文之间，在正中或偏右的地方，或在正文末尾。

3. 正文

(1)开头部分(导语)

1)调查者概况：如调查的起因和目的、时间和地点、对象和范围、方法和步骤等。

2)被调查的对象概况：如被调查单位的规模与沿革、有关背景材料、历史与现实状况等。

3)调查结论或调查报告的基本内容：或开门见山说明调查结论、文章主旨，或介绍调查报告的基本内容，或提出调查报告所要回答的问题。

调查报告的开头(导语)写作常用的有三种方式：

一是提要式：将被调查对象的主要情况、调查后的结论用概要的文字叙述清楚。这种写法能提纲挈领，统摄全文。指导型调查报告的正文一般用观点来串联材料，在前言部分常用提要法将调查对象的主要情况和调查者的主要观点进行概述。如《关键是强化管理——河南宋河酒厂调查》的开头用的就是提要法：

“河南宋河酒厂坐落在鹿县枣集镇古宋河之滨，建于1968年。1979年以前还是一个仅有200多名职工的小企业。1980年以后，通过不断深化改革，焕发了生机。1980—1991年十年间，年产值增长8.13倍(按1980不变价计算，下同)，销售增长27.66倍，实现利税增长14.8倍，产品曾获得国家金奖和国际金奖。在全国同类产品销售不畅情况下，该厂生产的宋河粮液始终是市场上的抢手货。宋河酒厂的成功关键，是由于他们在实践中经过摸索而建立了一套‘创优、分核、联利网络管理’的体系，实行了强化管理。”

二是交代式：交代式写法是简单介绍调查的目的、时间、范围、背景等情况，使读者了解调查过程和写作意图。如国务院办公厅〔1993〕3 号文件批转的《全国农业区划委员会办公室关于开发区占地情况百县调查报告》的前言，用的就是这种写法。

“当前，我国许多县(市)出现兴建开发区热，由此形成占地圈地热。为及时掌握县级开发区占用耕地的情况，特别是占用耕地的情况，1992 年 1 月，我们组织中国农科院区划部门所属 126 个资源动态监测县(市)进行了‘开发区占地情况’专题调查，内容包括：已圈地的开发区面积，开发区已动工的面积，计划再增加的开发区面积(详见附件)。截至 1992 年底，共收到全国 27 个省、市，106 个县(市)的反馈信息，其中东部地带 36 县，中部地带路 8 县，西部地带 32 县。现将这 106 个县(市)调查情况整理如下：(略)。”

三是设问式：在调查报告的开头，抓住问题的关键，调查者提出问题，引发读者思考，让读者循着作者的思路，明了问题的实质。这种写法就是设问式。如《农村发展社会主义市场经济的成功之路——贸工农一体化、产加销一条龙经营的调查》，这篇调查报告的前言是这样写的：

“近些年，随着农村改革的深化和商品经济的发展，贸工农一体化、产加销一条龙的经营方式，正在我国农村迅速突起。它一出现，就显示出旺盛的生命力和巨大的优越性，为农村的经济发展注入了新的活力。这种经营方式对我国农业商品化、现代化转化有哪些作用？应采取什么样的政策扶持其发展？我们就这些问题进行了调查，并同 10 个县(市)的有关同志进行了座谈，形成了一些共识。”

(2)主体部分

这是正文的主要部分，调查到的基本事实或主要情况、归纳出来的成绩或问题、分析得来的经验或教训、抽象出来的规律，都要写进这一部分。

调查报告的主体常采用以下两种形式组织安排：一是纵式结构——按时间、事件发展安排；二是横式结构——按要素罗列。

1)纵式结构：

一是按事情发生、发展的先后顺序组织材料，说明、分析问题。这种方法线索单一，脉络清楚，既使读者了解事情的来龙去脉，又可从中得到经验教训，适用于事情比较单纯、注重反映事件全貌的调查报告。

二是按提出问题——分析问题——解决问题的顺序安排材料，分析问题，得出结论。例：《关于农民看病难住院难问题的调查报告》的主体部分：

首先，概述基本情况，接着再有理有据地介绍农民看病难的状况、因素和基本原因；

然后，再着重深入分析“农村经济不发达，部分农民生活穷困，无力支付医药费”和“农村医疗卫生服务条件差，解决不了或不能完全解决农民看病住院中的医疗问题”这两大原因中的后一项原因；

最后，再对进一步加强农村卫生工作提出建议。这种摆情况以明事理，层层深入分析以理服人的结构方式，使调查报告很有逻辑力量和说服力。

2)横式结构：

将主体部分的内容，按照事物内容或外部的联系，进行分类归纳，把材料分成一个问题的若干方面或者并列的若干问题，从不同的角度去阐述和说明。

从内容上看，这些并列的项目可以分别是各种情况、各项工作、各项成绩或问题、各类看法和意见，各种因素或原因、各方面的经验和才识、各种规律等。

从形式上看，上述内容总是分条列项有序地横列在一起，而每条每项每部分先提炼出一个小观点作小标题或者段首(条首、部首)句，有时每条每项还标出序号。这样，从形式到内容都显得眉目清楚，层次分明。

这两种基本结构形式也不是一成不变的，两者也常综合使用，特别是纵式结构中的某一部分，常又包含着横式安排。

(3)结尾

这是调查报告的结论部分，是调查报告主旨的自然升华和内容的收束。其具体写法要根据主体部分的写作内容和结构方式而定，常用的有以下几种写法：

1)总结全文，强化主旨。

有些以观点串联材料的调查报告(横式结构)，在分观点叙述后，需要在结尾处根据全文得出结论，借以强化主旨。如《关键是强化管理——河南宋河酒厂调查》一文的结尾，就是这样的写法：

“宋河酒厂迅速崛起的事实表明，公有制企业特别是大中型企业蕴藏着巨大的活力，只要转换经营机制，加强管理，它的优越性就能充分发挥出来。”

2)提出问题，启发思考。

调查报告是对生活中问题的关注和思考，但写出了调查并不是问题的终结，作者往往于文章结尾处，有针对性地提出一些问题，启发读者思考。

3)提出建议，引起注意。

咨议型的调查报告常常在文章的结尾处针对调查的内容提出一些建议，以引起有关领导和有关方面的注意，敦促问题的解决。

4)展望前景，指出方向，发出号召、希望，鼓舞人心。

【拓展训练】

随着市场经济的迅速发展，整个社会对文秘人才的需求状况正在发生深刻的变化。用人单位对秘书人才的需求较大，秘书职业在诸多职业中一直以来位居需求榜前列，然而社会对秘书人才素质的要求亦在提高，造成了秘书专业学生找不到“婆家”，用人单位招不着合格、优秀的秘书人才的两难尴尬局面。民营企业在不断崛起的过程中，急需中高级文秘人员。用一位民企老总的话说：像我们这样规模较大、发展较快的民营企业要选几名“像样”的文秘人员都很难，其他中小企业更难了。这说明许多民营企业都想拥有“像样”的文秘人才。

那么，民营企业究竟需要什么样的文秘人才？他们急需的文秘人才应具备哪些素质、职业能力和知识结构？高校应如何顺应民营企业的需要培养适用性人才？这些都是高校应该弄清和考虑的问题。

为了切实提高教学质量，学校要求各院系不断开拓创新，积极采取措施，加大教学改革力度，该学院秘书系紧紧贴近市场，深入企业单位，特别是深入民营企业内部，于2006年下半年至2007年6月组织秘书专业学生进行了一次旨在为文秘专业改革提供依据的民营秘书人才需求情况的社会调查活动，目标是调研民企对文秘人才的需求，了解民企对文秘人才的综合素质、知识结构和专业技能等方面的要求。

整个调查活动由秘书系主任带队，将秘书专业学生分成若干组，分赴各指定地区开展调查，秘书学专业班班长为调查组组长。此次调研以湖州市民营企业为调查对象，重点走访了12家民营企业，主要采取访谈、问卷调查以及资料调研等方式，发放问卷并回收110多份，在访谈和问卷中获取了大量的第一手资料。

通过调研活动，调查组认为：文秘人才的需求前景看好，民营企业对文秘人才十分注重素质和能力。因此，高校文秘专业的教学改革应以社会需求为导向，重视人才的综合素质、专业知识和职业技能的培养，突出企业特色和适用性，以增强文秘专业人才就业的适应性。

此次调查取得了较为满意的效果，学生和用人单位反响强烈，院领导肯定了秘书系开展的具有积极意义和开拓创新性的工作，并决定召开一次校企合作座谈会，邀请在调查中给予积极配合和有与学校建立校企合作关系、共建秘书实习实训基地意向的企业单位领导与会，一道座谈，推动校企合作进程。会上，到会的三家企业负责人与学院领导就充分利用资源、实现资源共享和双方互赢，就积极开展校企合作和实习基地建设事宜进行了深入交流和探讨，并签订了校企合作意向书。之后，与会人员合影留念。当天晚上，学校特地举办了一台文艺晚会，共庆此次美好合作。

任务1：作为此次民营企业秘书人才需求调查组组长，请你设计一份访谈提纲(内容主要包括企业对秘书人才素质、知识结构、职业技能、职业道德等方面的要求，以及对学校教育、教学方法的建议和其在校企合作办学、实训基地建设等方面的态度、看法)。

任务2：进入企业调查要求有学院开具的介绍信，请你根据具体情况拟写一份介绍信，作为调查组前往天地置业公司开展调查活动的凭据。

任务3：设计制作一份民营企业秘书人才需求情况调查问卷。

任务4：调查结束后，请你执笔起草一份“民营企业秘书人才需求调查报告”。

任务5：要成为企业领导眼中时“像样”的秘书人才应该具备怎样的素质技能和知识结构？举行一次校企秘书对话活动，邀请企业秘书人员来校沟通交流。进行座谈讨论，每人做好发言准备，并做好记录。

项目九：主题活动策划与实施

【实训目标】

1. 能够根据主题活动收集信息、确定活动形式。
2. 能够撰写主题活动策划书。
3. 了解大型竞赛活动的组织、举办全过程。
4. 全面掌握秘书办文、办会、办事的主要内容，掌握秘书工作综合技能和业务知识。

5. 沟通交流秘书工作的有关经验。

【任务驱动】

秘书职业技能竞赛

为更进一步在全省推动国家秘书职业鉴定工作的发展，完善职业鉴定后对秘书优秀人才的培养和选拔，同时也为秘书人才的培养单位和用人单位提供一个鉴定和选拔的平台，为参赛选手提供一个展示自己素质和能力的舞台，中国高等教育秘书专业指导委员会决定在全国范围内举办一次秘书技能竞赛，此次竞赛活动将由湖北荆州职业技术学院承办。

2016年5月15日，苏州科技大学校长办公室收到一份《关于举办2016年全国高校秘书专业技能竞赛的通知》，负责公文处理工作的办公室秘书小张眼前一亮，他曾于2015年参加江苏省秘书业务知识竞赛，并获得"省直赛区前十名"的好成绩。他认为，这样的活动对学生而言是一种很好的锻炼，一方面通过竞赛的途径可以学习知识、提升技能；另一方面也可以在竞赛中相互交流，增长见识，了解掌握秘书行业发展的新信息、新动态，对未来工作的开展也是一种帮助和促进。

文件呈递给分管教学的领导批阅后，学校领导当即做出批示：请校长办公室牵头组织内部预选赛，确定参赛队伍。为了选拔优秀的学员代表学校参加这项赛事，按照领导的要求，当天下午，人文学院将竞赛通知转发至专业，要求各单位于6月10日前将参赛人员名单上报至学院教学办公室，通知参赛人员做好有关准备，统一参加内部选拔赛。

6月25日，来自各单位的200名选手参加了内部选拔赛。在集中进行第一轮秘书业务知识综合笔试后，由校长办、教务办、人文学院相关领导和有关教师组成评委会对参赛选手进行了面试，经过综合考评，成绩名列前的汉语15级张天、汉语14级柳笑、秘书15级黄敏、秘书14级章明等4名同学将代表学校参加全国高校本科组秘书专业技能竞赛。

7月27日，全国高校2016年秘书专业技能竞赛如期在湖北省荆州职业技术学院顺利举行。苏州科技大学4位选手分别获得职工组一等奖、二等奖和"最具秘书潜质奖"三项荣誉。消息传到学校，领导当即做出对获奖的有关同学进行表彰奖励的决定。

关于举办2016年全国高校秘书专业技能大赛的通知

各有关院校：

为积极推进高校秘书学专业建设和人才培养模式的改革与发展，不断提升高校秘书专业人才培养水平和职业核心竞争力，我会定于7月下旬在湖北省荆州市举办2016年全国高校秘书专业技能大赛。现将有关事项通知如下：

一、指导思想

通过秘书专业技能大赛，提高本科、高职秘书专业学生的理论知识、专业技能和综合素质，促进高校秘书专业的教育教学改革，推动秘书职业化和准入机制的发展进程。

二、组织机构

主办：中国高等教育学会秘书学专业委员会

承办：荆州职业技术学院

为加强对大赛活动的组织领导，中国高等教育学会秘书学专业委员会组建“2016年全国高校秘书专业技能大赛组委会”(以下简称“组委会”)。组委会下设办公室和裁判委员会，办公室设在荆州职业技术学院，负责本次大赛的具体实施和协调工作；裁判委员会由中国高等教育学会秘书学专业委员会组建，负责大赛的裁判工作，其中部分裁判从参赛学校领队或指导教师中选拔产生。

三、参赛对象和分组

(一)参赛对象

全国本科院校秘书学专业、高职院校文秘类专业在校生。

(二)比赛分组

比赛分为本科组、高职组。

四、报名条件与办法

(一)报名条件

有关本科院校、高职院校选拔秘书类专业学生组队参赛，以学校为单位报名。每个参赛队由1名领队(可以兼任指导教师)、1名指导教师和3名学生组成。每个学校组建一个参赛队参赛。

(二)报名办法

参赛院校填写《2016年全国高校秘书专业技能大赛报名表》(附件1)，并加盖本院校单位公章，在报名截止日期前邮寄或传真至大赛组委会办公室(通讯方式见后)。

组委会颁发相应证书以报名表为准，届时若选派的老师和学生有变化，派出单位必须出具证明，交组委会办公室，否则责任自负。

五、报名与大赛时间

(一)报名时间

报名截止日期为2016年5月30日。

(二)大赛时间

2016年7月25—28日，7月25日全天报到；7月26日领队、指导教师参加年会，学生作参赛准备，晚上参加知识部分竞赛；7月27日全天竞赛，7月28日上午举行年会闭幕和竞赛颁奖，下午返程。

六、大赛组委会办公室联系方式

(一)通讯地址

湖北省荆州市荆州区学苑路21号荆州职业技术学院经济管理学院2016年全国秘书技能大赛组委会办公室。

(二)邮政编码：434020

(三)电话：0716-8022264，8022295

(四)传真：0716-8022295

(五)联系人

郭老师：13907218863，邮箱：53704742@ qq. com

周老师：13986668531，邮箱：42747350@ qq. com

七、其他

(一)信息发布

本次大赛方案的最终解释权归大赛组委会。

(二)保险问题

由于大多数学校每年都为学生已购买了校方责任险，此险可以承担外出竞赛事故支出，故此次大赛不再统一办理保险，参赛选手的保险由各院校自行负责。

附件：

1. 2016 年全国高校秘书专业技能大赛报名表

2. 2016 年全国高校秘书专业技能大赛赛项规程

中国高等教育学会秘书学专业委员会

2016 年 4 月 25 日

附件 1：

2016 年全国高校秘书专业技能大赛报名表

学校名称			
通讯地址			
联 系 人		联系电话	
报名类型	□本科组	□高职组	

一、带队教师基本情况

教师	姓名	性别	职称职务	联系电话	邮箱
领队					
指导教师					

二、参赛选手基本情况

选手姓名	性别	身份证号码	联系电话及邮箱	指导教师

三、参赛单位意见

单位盖章

年　　月　　日

注：请将报名表(必须有单位盖章)在 2016 年 5 月 16 日前以邮件方式发到组委会办公室。联系人：周航老师，电话：13986668531，邮箱：42747350@ qq. com

附件2：

2016年全国高校秘书专业技能大赛赛事规程

一、大赛内容及方式

（一）大赛命题方式

为确保大赛的公平性，请各参赛院校提供2套高质量的模拟试题及参考答案（开放式命题，为鼓励创新，组委会不做统一要求）。试题名称为“2016年中国高等教育学会秘书学专业委员会秘书专业技能大赛模拟试题”，题目下面注明出题单位、出题人及联系方式等；参考答案附在试题下，不另建文件夹），模拟试题及参考答案的电子版，于2016年5月30日前发给荆州职业技术学院周老师，邮箱42747350@qq.com，电话13886668531，逾期视为主动放弃。为达到以赛促教的目的，务请认真命题，避免出现常识性错误和抄袭现象。

中国高等教育学会秘书学专业委员会遴选素质高、能力强、学术道德好的专家组成大赛命题小组，命题方式：（1）将各参赛单位提供的模拟试题（含参考答案）进行编号，赛前从中抽取8套试题；（2）高职组难度参照秘书职业国家三级、四级标准；本科组难度参照秘书职业国家二级、三级标准。（3）命题小组组合并审核试题。

（二）大赛内容设置

1. 理论知识（占总分的20%）

（1）比赛内容：秘书职业道德、文书拟写、办公自动化、人际沟通、企业管理、法律与法规、会议管理、事务管理等。

（2）试题类型：试题分为单选题和多选题等。

（3）比赛时间：30分钟。

（4）比赛方式：机上作答，三位选手分别完成，提交后自动生成成绩，取平均分数作为团队最终分数。

2. 实务操作（占总分的30%）

（1）比赛内容：根据提供秘书工作实务背景材料，完成大型活动方案设计，并制作成PPT。

（2）比赛考点：会议管理基本技能；大型活动方案设计；文书拟写与处理；PPT制作技术、办公软件应用操作。

（3）比赛时间：120分钟。

（4）比赛方式：统一使用考场提供的计算机，不能使用自带的任何设备，三位选手合作完成，最终分数同时作为选手个人分数。

3. 情境展示（20%）

（1）比赛内容：秘书在工作中可能遇到的情境，本科组强调策划能力，以信息管理、会议策划、危机应对等为主；高职组强调组织实施能力，以会议服务、接待、礼仪等为主。

（2）比赛考点：测试参赛团队创新意识、策划能力、展示水平和团队合作精神。

（3）比赛时间：5~8分钟。

(4)比赛方式：各参赛团队赛前自选主题，3名选手集体展示。

4. 口语表达(占总分的20%)

(1)比赛内容：自我介绍和即兴演讲。

(2)比赛考点：分析问题、综合能力、应变能力、表达能力和秘书礼仪等。

(3)比赛时间：3~5分钟。

(4)比赛方式："自我介绍"占5%，不得超过1分钟，不得涉及参赛队所在学校信息内容(包括学校所在地、学校名称、选手名字、选手籍贯等信息)，否则扣分。鼓励创新介绍形式。

"即兴演讲"占15%，由大赛组委会遴选话题，各选手以抽签方式抽取话题进行陈述。即兴演讲话题范围涵盖秘书工作各方面。

5. 才艺展示(占总分的10%)

(1)比赛内容：团体参加才艺展示，展示项目自选。

(2)比赛考点：秘书才艺。

(3)比赛时间：3~5分钟。

(4)比赛方式：参赛团队根据团队成员特长，创新形式，自选项目参赛。

二、竞赛规则

(一)理论知识部分竞赛规则

1. 按照现场评委要求在指定电脑上作答。

2. 不能在文档任何地方泄漏个人身份信息，包括学校、参赛号、姓名及其他符号，否则视为违规，作零分处理。

3. 不能夹带书籍、纸条或通信工具等。

4. 服从监考老师指令。在监考老师发出停止答题指令之后继续作答者，评判委员会将视情节给予扣分处理。

5. 比赛时间30分钟，不能提前提交。

(二)实务操作部分竞赛规则

1. 按照现场评委要求参赛。

2. 三位选手之间可以讨论，但注意控制不要影响他人，也不要东张西望。禁止在考场内走动，比赛期间不得走出考场。

3. 禁止使用自带的电脑，不允许另行加装其他软件(含输入法)，不得携带手机、U盘、移动硬盘及相机等进入考场，禁止携带各种资料进行考场，否则视为作弊，取消比赛资格。

三、成绩评定

(一)个人成绩

参赛选手的个人成绩分为单项成绩和总成绩(各单项成绩之和)。总成绩若出现相同，以实务操作成绩高者名次排前。

(二)团体成绩

各参赛队的团体成绩为其所有参赛选手个人成绩的总和。各参赛队的团体成绩名次根据所有参赛队的团体成绩，由高至低排名。若出现团体成绩相同的情况，比较两队中成绩最好选手的综合成绩，高者为先，其团体名次在前；若相同，则同获该名次。

四、奖励办法

本次大赛设团体奖，个人单项、全能奖，优秀指导教师奖。

(一)团体奖

团体奖设一、二、三等奖，获奖数额分别为参赛单位总数的10%、20%、30%，其他参赛单位为优秀组织奖。

根据团队选手“理论知识”“情境展示”“实务操作”“团队才艺”“口语表达”总成绩确定。

(二)个人奖

1. 单项奖

根据选手“理论知识”“情境展示”“实务操作”“团队才艺”“口语表达”成绩，分别设一、二、三等奖，获奖数额分别为参赛选手总数的10%、20%、30%，优秀奖若干。团队形式参赛或评分的项目以团队得分为个人分数。

2. 全能奖

根据选手“理论知识”“情境展示”“实务操作”“团队才艺”“口语表达”总成绩确定，全能奖设一、二、三等奖，获奖数额分别为参赛选手总数的10%、20%、30%，优秀奖若干。

3. 优秀指导教师奖

4. 获得团体、个人一等奖的选手的指导教师授予优秀指导教师。

【实训任务】

任务1：假设你是中国高等教育秘书专业指导委员会办公室秘书，请起草《关于举办2016年全国高校秘书专业技能大赛的通知》。制作一份格式规范的红头文件，指出各公文要素。

任务2：苏州科技大学经过内部初步选拔，选送4名同学参加本科组秘书专业技能大赛，作为学校参赛的组织者(领队)，请你于赛前向参赛者介绍参加比赛的有关注意事项，主要包括比赛规则、心理调适、参赛技巧等。

任务3：假如你是该竞赛活动组委会工作人员，请利用PowerPoint将决赛环节的现场回答和情景表演的题目制作成幻灯片，利用Excel制作一份参赛人员名单和一份成绩汇总表，并运用计算机进行成绩统计与名次排序，说明具体的操作步骤，并进行计算机演示。

任务4：在比赛的决赛环节，参赛人员需根据要求进行自我介绍、即兴演讲、才艺展示、现场演示和答题等，经抽签，你的现场演示题目是：请现场演示递送名片、引导来宾的过程，并向观众说明礼仪规范。

任务5：在7月28日下午举行的颁奖仪式上，××荆州职业技术学院的领导将代表承办单位致辞，请以该校文学院办公室秘书的身份，起草该讲话稿。

任务6：此次大赛的礼仪服务任务由荆州职业技术学院秘书与礼仪协会承接，作为校礼仪队队长，你将从哪些方面做好整个大赛期间的接待和礼仪服务工作？请拟订一份培训计划，对礼仪队成员进行集中培训。

任务7：假设你是苏州科技大学校长办主任，请你站在秘书工作全局的角度，参考此次竞赛的指定用书《秘书国家职业资格培训教程》和秘书工作实际，为本校秘书专业技能竞赛选拔赛命题。内容要求涵盖秘书工作的主要知识与技能考点，命题比重按照“职业道德”“秘书办文”“秘书办会”“秘书办事”分别占10%、20%、30%、40%，的比例进行设置，题型要求包括选择题、工作实务题、案例分析题、情景录像题等。

任务8：模拟演练校领导就组织参加全国2016高校秘书专业技能竞赛事宜举行相关部门协调会的场景。7人一组，分别扮演会议主持者黄校长、会议通知者(校长办秘书小张)、与会人员(部分代表、教务处、学工部、人文学院等部门负责人)，要求与会者分别对学校组织参加秘书竞赛活动的重要意义提出各自的看法，并对《苏州科技大学秘书专业技能内部预选赛方案》提出意见和建议。

任务9：请就此次学校选拔秘书专业同学参加全国秘书技能竞赛并获得优异成绩这一新闻事件，撰写一篇新闻稿，并配以颁奖现场照片。

任务10：根据比赛赛程和项目，设计一份秘书参赛人员考评表，制定考评标准，全班进行互相评比，评选出一份最具科学性、客观公正性和可操作性的考评表，为学校举办类似竞赛活动作参考。

任务11：此次秘书技能竞赛将分别决出学生组和职工组的一、二、三等奖，并评选出“最具秘书潜质奖”“最佳形象奖”“最佳口才奖”“最佳才艺表演奖”等单项获奖者。请你为这些单项奖草拟一份评判标准细则，再进行小组内讨论，并修改完善。考评细则要求具有可操作性，并尽可能量化。

【实训提示】

1. 提交文案(方案)类的实训项目，要求按文案起草的要求、标准写作。

2. 现场演练(角色扮演、情境模拟)的实训项目，由每个承担不同角色的同学根据角色的行为规范，进行角色化模拟演练。

3. 分组讨论(陈述观点、思路等)的实训项目，先由小组内部讨论，推荐人选上台陈述观点。

【实训考核】

秘书综合实训项目考核评分表

小组：　　　　　　　　　　　　　　　　　　　　　　　　　学生：

实训类型	考核项目	考核内容	分值	得分
文案撰写	文种	文种使用正确，标题规范	20	
	内容	文理通顺、逻辑严密、措辞得当	40	
	格式	格式规范、公文要素齐全	10	
	文面	排版、装订符合规范	20	
	时效要求	速度快、文稿质量高	10	

续表

实训类型	考核项目	考核内容	分值	得分
会议组织	会议准备工作	选址合适、场地布置、设备调试、资料准备及时到位	20	
	会议流程、议程	会议流程合理、议程安排得当	10	
	会议服务质量	会议录音、摄影、摄像、投影等设备操作熟练，会议记录规范，能主动服务	30	
	组织协调能力	会议组织沟通充分，分工明确，协调合作，整个过程流畅无阻碍	20	
	会议善后工作	会议室整理、资料回收、与会人员离会安排、费用结算、会议纪要等整理细致规范	10	
	时效要求	速度快、质量高	10	
事务办理	业务知识	熟悉办事业务流程	40	
	沟通能力	表达清楚，善于沟通，有良好人际关系	20	
	举止规范	坐姿、走姿、走姿得体	10	
	礼仪	交际礼仪的细节和分寸把握得当	20	
	时效要求	速度快、质量高	10	
总分				

附：秘书职业技能竞赛试题

第一部分　职业道德

一、职业道德基础理论与知识部分(第1~16题)

答题指导：

◆该部分均为选择题。每题均有四个备选项，其中单项选择题只有一个选项是正确的，多项选择题有两个或两个以上选项是正确的。

◆请根据题目的内容和要求答题，并在答题卡上将所选答案的相应字母涂黑。错选、少选、多选，则该题均不得分。

(一)单项选择题(第1~8题。每题1分，共8分)

1.“贫而无谄，富而无骄”，在现实社会条件下正确的义利观是(　　)。

A. 见利思己　　B. 见利思义

C. 嘴上讲义，行动上讲利　　D. 行小义，得大利

2. 从业人员的下列几种做法中，不适合的是(　　)。

A. 对于不能干的工作，向上司如实讲清楚

B. 对上司的意见，私下找上司交流看法

C. 维护上司的威信，一般不越级汇报工作

D. 对上司的错误批评不予理睬

3. 关于道德评价，正确的说法是(　　)。

A. 每个人都能对他人进行道德评价，但不能作自我道德评价

B. 道德评价是一种主观判断，没有客观依据和标准

C. 领导对员工的道德评价具有权威性

D. 道德评价的关键是看其行为是否符合礼会道德规范

4. 在下列做法中，符合举止得体要求的是(　　)。

A. 态度谦卑　　B. 感情热烈

C. 行为适合　　D. 行动随意

5. 社会主义市场经济下的诚信(　　)。

A. 只是一种法律规范　　B. 只是一种道德规范

C. 既是法律规范，又是道德规范　　D. 既不是法律规范，也不是道德规范

6. 以下关于办事公道的说法，你认为正确的是(　　)。

A. 办事公道就是按照一个标准办事

B. 办事公道没有明确的标准，只能因人而异

C. 办事公道是职业劳动者应该具有的品质

D. 对于没有任何职权的员工来说，不存在办事公道的问题

7. 下列关于从业人员与职业道德关系的说法正确的是(　　)。

A. 每个从业人员都应该以德为先，做有职业道德之人

B. 只有每个人都遵守职业道德，职业道德才会起作用

C. 遵守职业道德与否，应该视具体情况而定

D. 知识和技能是第一位的，职业道德是第二位的

8. 人们根据一定的道德原则和规范来改造自我，教育自己，形成自己的道德品质，提高自己的道德境界的道德实践活动，称为(　　)。

A. 道德修养　　B. 道德构建

C. 道德意志　　D. 道德认知

(二)多项选择题(第9~16题，每题1分，共8分)

9. 职业道德与人的自身发展的关系是(　　)。

A. 职业道德是事业成功的保证

B. 职业道德是人格的一面镜子

C. 职业道德的提升有利于人的全面发展

D. 每一个成功的人往往都有较高的职业道德

10. 创新对个体的作用表现为(　　)。

A. 事业持续、健康发展的巨大动力　　B. 事业竞争取胜的最佳手段

C. 个人事业获得成功的关键因素　　D. 实现自我利益最大化的唯一源泉

11. 要做到爱岗敬业，就要(　　)。

A. 克服认为职业、岗位有高低贵贱的错误看法

B. 充分认识到自己所从事的职业的社会价值

C. 始终如一地保持旺盛的工作热情，去完成工作任务

D. 克服工作中的敷衍塞责、玩忽职守、马马虎虎、不负责的工作作风和态度

12. “团结就是力量”这句格言说明(　　)。

A. 加强协作的重要性　　B. 互相学习的重要性

C. 遵守纪律的重要性　　D. 取长补短的重要性

13. 2011 年，宁波轻纺城股份有限公司坚持开展企业文化建设，提出了“以文促商　以文经商　以文兴商”的理念，每年结合不同的季节，组织开展不同的文化消费活动和征求意见活动，使公司的经营业绩直线上升，成为浙江企业的明星。公司提出的“以文经商”理念，对公司发展所起的作用是(　　)。

A. 将企业文化建设注入公司经营活动之中，成为公司发展的动力

B. 体现了现代商业以人为本的文化理念

C. 使顾客在购物时得到文化享受，受到尊重

D. 形成了公司特有的儒商品牌

14. 我国一些矿山企业屡屡发生重大人员伤亡事故，其原因包括(　　)。

A. 生产设备落后　　B. 政府管理不力

C. 忽视安全生产　　D. 单纯追求经济效益

15. 下面关于“文明礼貌”的说法正确的是(　　)。

A. 是一项重要的职业道德规范

B. 是服务行业职工必须遵循的道德规范，与其他职业没有关系

C. 是企业形象的重要内容

D. 只在自己的工作岗位上讲，其他场合不用讲

16. 从业人员关于遵纪守法的正确观念和态度是(　　)。

A. 老老实实做人做事，不学法也能够做到守法

B. 法律知识庞杂繁缛，从业人员无法学习

C. 懂法才能依法办事，维护应有的权益

D. 工作之前先签合同，是用法的具体体现

二、职业道德个人表现部分

答题指导：

◆该部分均为选择题，每题均有四个备选项。

◆请按照题意要求，根据自己的实际情况只选择其中一个选项。并在答题卡上将所选答案的相应字母涂黑。

离散选择题(第 17~25 题，每题 1 分，共 9 分)

17. 在生活中经受挫折、打击或遇到困难时，你通常会(　　)。

A. 用抽烟、喝酒、吃东西等减轻烦恼

B. 找朋友交谈，倾诉内心烦恼

C. 改变自己的想法，尽量看到事物好的一面

D. 接受现实

18. 同事老朴在业余时间，完全利用自己的资源，搞了一项与公司产品技术有关的新发明，你认可的做法是(　　)。

A. 将新发明卖给自己的公司

B. 将新发明公开拍卖

C. 将新发明高价卖给与自己公司具有竞争性的公司

D. 以技术入股的方式，与他人注册一家新公司

19. 你的助理小花工作时常常先激情满怀，加班加点地干，过两天热情就迅速消退，常把单位的活动搞得虎头蛇尾。你应该(　　)。

A. 以后只让她参加活动的规划过程

B. 以后不再让她组织类似的活动

C. 成立一个小组来共同负责组织活动，让她成为其中一员

D. 批评她的这种行为，并向其提出改正的意见

20. 在工作单位中，我会(　　)。

A. 在意所有人怎么评价我　　B. 在意多数人怎么评价我

C. 只在意领导怎么评价我　　D. 不在乎任何人的评价

21. 如果你的一位同事与你在工作中产生了矛盾，两人的关系也因此疏远起来，并在一定程度上影响了工作上的合作。对这件事的解决，你会(　　)。

A. 请你们两人信任的同事从中斡旋，友好地化解矛盾

B. 把矛盾告诉领导，由领导来解决

C. 等他主动来找自己解决矛盾

D. 自己主动找他，化解矛盾

22. 当你开车在路上行驶时，有行人横穿马路，你会(　　)。

A. 骂他几句　　B. 减速，礼让行人

C. 减速，有些恼火　　D. 加速，吓唬吓唬他

23. 小王是你的同事，如果你发现他利用工作时间偶尔干点私活，你会(　　)。

A. 就当没看见　　B. 提醒他注意

C. 直接向领导反映　　D. 觉得这是正常现象

24. 每当工作遇到困难的时候，你会(　　)。

A. 惴惴不安　　B. 勉励自己努力

C. 听之任之　　D. 得过且过

25. 你对"谦逊"的评价是(　　)。

A. 意味着胆子小　　B. 意味着唯唯诺诺

C. 意味着自卑　　D. 意味着品格高

第二部分　理论知识

(第 26~125 题，共 100 道题，满分为 100 分)

答题指导：

◆ 该部分均为选择题，每题均有四个备选项，其中单项选择题只有一个选项是正确的，多项选择题有两个或两个以上选项是正确的。

◆ 请根据题目的内容和要求答题，并在答题卡上将所选答案的相应字母涂黑。错选、少选、多选，则该题均不得分。

一、单项选择题(第26~85题。每题1分，共60分)

26. 写总结要抓住主要矛盾或矛盾的主要方面，因此要做到(　　)。

A. 语言简明，表达准确　　B. 分清主次，突出重点

C. 安排有序，结构合理　　D. 实事求是，有理有据

27. 下列关于Windows XP屏幕保护程序的叙述，错误的是(　　)。

A. 使用屏幕保护程序可以延长显示器的使用寿命

B. 用户可以设置启动屏幕保护程序的等待时间

C. 用户可以设置在恢复屏幕时使用密码保护

D. 屏幕保护程序只能使用内置的样式，无法自己进行设置

28. 国际礼仪是人们在长期的交际往来之中，逐渐建立起来的行为举止规范，其遵守的原则是(　　)。

A. 求同存异　　B. 相互尊重

C. 入乡随俗　　D. 取长去短

29. 计划与总结既有联系，也有区别。(　　)是在计划执行一个时期或完成以后写的，它要检查(　　)的执行情况，又要反过来作为今后修订制定(　　)的依据。三个括号处分别应填(　　)。

A. 总结　总结　总结　　B. 总结　计划　计划

C. 总结　计划　总结　　D. 总结　总结　计划

30. 应当对董事会的决议承担责任的是(　　)。

A. 董事长　　B. 董事

C. 董事会秘书　　D. 大股东

31. 如果在会议讨论中出现了争吵等情况，主持人可以(　　)。

A. 宣布散会　　B. 向主办方反映情况

C. 让争吵人员离开会场，出去解决问题　　D. 暂停会议

32. 应邀赴家宴时，到达时间应该比约定时间(　　)。

A. 早到二十分钟　　B. 晚到二十分钟

C. 早到十分钟　　D. 稍晚几分钟

33. 文章式计划的结构是(　　)。

A. 标题+正文+尾部　　B. 前言+主体+结尾

C. 标题+称谓+正文+落款　　D. 开头+主体+结尾

34. 股东大会是股份公司的(　　)。

A. 权力机构　　B. 监督机构

C. 决策机构　　D. 民主管理机构

35. 根据公司法的规定，公司成立时间是(　　)。

A. 工商行政管理机关作出予以核准登记的决定之日

B. 工商行政管理机关签发《企业法人营业执照》之日

C. 申请人收到《企业法人营业执照》之日

D. 公司成立公告发布之日

36. 下列文书，能够作为干部考核、评价、晋升依据的是(　　)。
A. 工作报告　　B. 讲话稿
C. 述职报告　　D. 意见

37. 在 Excel 2003 中，单击工具栏上的升序按钮，将会(　　)。
A. 按表格首列由小到大排序
B. 按活动单元格所在列由小到大排序
C. 按表格首列由大到小排序
D. 按活动单元格所在列由大到小排序

38. 下列述职报告的标题，不符合要求的是(　　)。
A.《抓住机遇迎接挑战——李××经理述职报告》
B.《李××2012 年度述职报告》
C.《李××述职报告》
D.《2012 年度述职报告》

39. 投标人为了中标，根据招标人的要求，具体向招标人提出签订合同的建议而提供给招标人的备选方案是(　　)。
A. 申请书　　B. 投标书
C. 意向书　　D. 产品说明书

40. 为了提高会议效率，视频会议讨论的事项一定要在会前(　　)。
A. 发出相关文件　　B. 做好调查研究
C. 发到网上　　D. 通过电话等方式进行有效沟通

41. 现代企业制度的核心是(　　)。
A. 完善的企业法人制度　　B. 有限责任制度
C. 公司企业　　D. 完善的企业管理制度

42. 选择办公模式时首先需要(　　)。
A. 深入调查目前办公模式存在的问题　　B. 公司领导的决策
C. 考虑员工集体意愿　　D. 公司管理层开展研讨

43. 封闭式办公室更适合开展(　　)。
A. 具有灵活性、空间安全要求低的业务
B. 具有规律性、空间要求小的业务
C. 具有机密性、空间安全要求高的业务
D. 具有交流性、空间要求大的业务

44. 在负责特定任务工作小组内部进行的所有形式的沟通，都可以称为(　　)。
A. 间接沟通　　B. 直接沟通
C. 团队沟通　　D. 语言沟通

45. 会议效果与(　　)决定会议效率。
A. 会议报道　　B. 会议人力资源成本
C. 会议物品支出　　D. 会议成本

46. 调查报告属于(　　)。

A. 原始信息　　B. 一次信息产品
C. 二次信息产品　　D. 三次信息产品

47. 会议的内容和(　　)确定后，应及时向参加单位发出通知。
A. 时间　　B. 食宿
C. 规模　　D. 参会人员

48. 信息反馈的目的是(　　)。
A. 开发信息　　B. 浓缩信息
C. 筛选出有用的信息　　D. 检查输出信息的真实性

49. 符合通报标题撰写要求的是(　　)。
A.《国务院关于加强和改进消防工作的通报》
B.《国务院关于进行第六次全国人口普查的通报》
C.《国务院关于加强地质灾害防治工作的通报》
D.《国务院关于部分地区违反国家购销政策的通报》

50. 传统预算法的逻辑前提是(　　)。
A. 各项管理活动的优先次序
B. 组织目标具有效益型
C. 上年度的每个支出项目均为必要且下一年度必须延续
D. 下一年度的预算在上年度的基础上按比例增加

51. 系统记载一个单位或专业系统的体制和人员编制变革情况的档案参考资料是(　　)。
A. 单位名录　　B. 机构介绍
C. 编制概要　　D. 组织沿革

52. 让员工知晓企业重大活动，如扩大再生产、市场兼并、劳资关系、利润状况等的最好沟通方式是(　　)。
A. 上行沟通　　B. 下行沟通
C. 横向沟通　　D. 秘书与员工面谈

53. 下列表述正确的是(　　)。
A. 公关活动关键是要博取公众好感
B. 危机公关的关键是公开信息
C. 公关关系与营销没有关系
D. 公共关系是组织与公众的双向交流传播

54. 在 Excel 2003 中，默认状态下，单元格中输入的逻辑值会(　　)。
A. 靠右对齐　　B. 靠左对齐
C. 居中对齐　　D. 靠下对齐

55. 在远程会议议程的安排上，经常采取先集中后分散的开会方式是为了(　　)。
A. 降低会议成本　　B. 充分发表意见
C. 解决场地不足的困难　　D. 采取多样的开会形式

56. 规定着企业员工在共同的生产经营活动中应遵守的行为准则的是(　　)。

A. 企业目标　　B. 企业宗旨
C. 企业制度　　D. 经营哲学

57. 会议参会方的会前准备工作是(　　)。
A. 协助维持会场秩序　　B. 清楚会议目标
C. 转达会议信息　　D. 做好会议记录

58. 有限责任公司不同于合伙企业的特点之一是(　　)。
A. 以营利为目的　　B. 具有法人资格
C. 有独立的名称　　D. 独立对外签订合同

59. 以下不属于决定的是(　　)。
A. 转发重要文件　　B. 表彰先进、惩处错误
C. 设置机构、人事变动　　D. 对重要事项或重大行动作出安排

60. 确定会议名称时，下列选项中表述正确的是(　　)。
A. 由主要领导确定　　B. 根据会议的议题确定
C. 根据会议的参会人数确定　　D. 由会议筹备委员会确定

61. 秘书不能超越上司的授权范围去承诺、指挥任何人与事物。这说明秘书所从事的沟通工作的职业特点是(　　)。
A. 非职责限定性　　B. 非权力支配性
C. 非职位责任性　　D. 认同疏导性

62. 礼宾次序亦称礼宾序列。它主要适用于在多边性商务交往中如何同时兼顾(　　)、平等待人这两项基本礼仪原则，处理实践中难以回避的顺序与位次的排列问题。
A. 尊重个人　　B. 尊卑有序
C. 各国平等　　D. 以右为尊

63. 下列属于商洽类公文的是(　　)。
A. 意见　　B. 公告
C. 函　　D. 通告

64. 撰写会议总结或会议纪要应遵循(　　)。
A. 简单性原则　　B. 突出成绩原则
C. 及时性原则　　D. 开放性原则

65. 汉字速记中，“劳动者”最好略写为(　　)。
A. 劳^{z}　　B. 劳动1
C. 劳-动-　　D. 劳动—

66. 秘书人员用速记“秘本”，可记得详细，主要是能起到(　　)。
A. 提示作用　　B. 参考作用
C. 保密作用　　D. 资料作用

67. 秘书对上司的文件柜必须(　　)。
A. 经常性地清理　　B. 经过授权、定期进行清理
C. 定期、定时进行清理　　D. 每日进行清理

68. 在 PowerPoint 2003 中，通过“插入”菜单下“图片”子菜单中的“来自文件”命令插

入的图片，其默认位置是(　)。

A. 幻灯片的左上角　　B. 幻灯片的上方
C. 幻灯片的中心　　D. 幻灯片的右下角

69. 下列选项不属于上行沟通途径的是(　　)。

A. 意见箱　　B. 小组会议
C. 反馈表　　D. 布告

70. 一旦发生事故与工伤，要及时填写《事故情况记录表》和《工伤情况报告表》，事故涉及的人员和证人也需要完成(　　)。

A. 事故涉及人员记录　　B. 现场情况记录
C. 事故处理记录　　D. 证人记录

71. 在幻灯片放映时，下列操作中，不能进入下一张幻灯片的是(　　)。

A. 按"↓"键　　B. 按"←"键
C. 按 PageDown 键　　D. 按"→"键

72. 决策执行中的问题、失误方面的信息反馈是(　　)。

A. 正反馈　　B. 输入反馈
C. 负反馈　　D. 跟踪反馈

73. 在文件处理程序中，在文件登记簿上记录文档的来源、去向、密级、缓急程度、编号、内容和处理运作过程情况，称为(　　)。

A. 收文处理　　B. 文书登记
C. 文书签收　　D. 文文处理

74. 秘书在新闻发布会中接受记者采访时，应(　　)。

A. 尽量全面回答问题
B. 使用较丰富的语言回答问题
C. 尽量使用专业术语，以保证内容的严谨
D. 采取模糊语言回答记者的追问

75. 档案室解答用户关于特定情况或数据问题的过程称为(　　)。

A. 事实性咨询　　B. 知识性咨询
C. 一般性咨询　　D. 查询性咨询

76. 电话会议的会议记录是(　　)。

A. 由公司总经理秘书记录　　B. 用录音系统记录
C. 用精详记录法记录　　D. 用会议记录本记录

77. 投标书的针对性主要是指(　　)。

A. 针对本部门的具体情况　　B. 针对招标书提出的目标、要求
C. 针对各投标单位的具体情况　　D. 针对国家的政策法规

78. 企业的流转税有(　　)。

A. 印花税　　B. 消费税
C. 所得税　　D. 资源税

79. 会务机构的各个部门需明确各自的(　　)。

A. 任务和要求　　B. 分管领导
C. 资源和经费　　D. 日程和评估指标

80. 要做好大型会议的组织和协调工作，应该(　　)。
A. 建立权威的决策系统　　B. 准备大量的会务人员
C. 将工作人员明确分工　　D. 要求所有服务人员统一着装

81. 在会议过程中，如果有与会代表突然昏倒，会务人员应该马上拨打(　　)。
A. 110　　B. 112
C. 119　　D. 120

82. 同一类任务紧急情况不同，其承办时间(　　)。
A. 应该相同　　B. 视情况而定
C. 必须相同　　D. 亦应不同

83. 填写计划表时，应从(　　)的时间向前推算各阶段工作何时完成，确定后，逐项将其填入。
A. 最终完成　　B. 最难完成
C. 最先完成　　D. 最易完成

84. 下面对述职报告表述不准确的是(　　)。
A. 述职报告是个人对履行岗位职责的情况所作的评价
B. 述职报告的语言应通俗易懂，富有口语化
C. 述职报告是干部考核、评价、晋升的重要依据
D. 述职报告应该下发与会者讨论通过

85. 计算用于控制会议财务预算的各项指标，如赢利性指标，来分析会议成本对利润的贡献率，这种会议经费使用监督方法称为(　　)。
A. 比率分析　　B. 损益平衡表
C. 质量　　D. 授权和自我控制

二、多项选择题(第86~125题，每题1分，共40分)

86. 催办的方法有(　　)。
A. 电话催办　　B. 问卷催办
C. 发函催办　　D. 业务催办

87. 采购预算方案制定的原则主要有(　　)。
A. 真实性　　B. 重点性
C. 目标相关性　　D. 经济合理性

88. 简报按其内容分为(　　)。
A. 工作简报　　B. 专题简报
C. 会议简报　　D. 动态简报

89. 下面属于公文的主体部分的是(　　)。
A. 标题　　B. 主题词
C. 签发人　　D. 主送机关

90. 下列属于公文必备的基本组成部分有(　　)。

A. 发文机关标志　　B. 报送机关
C. 标题　　D. 成文日期

91. 常用的工作计划中都指明一段时期预先决定(　　)等具体问题。
A. 做什么　　B. 怎么做
C. 何时做　　D. 由谁做

92. 下列公文标题拟写不正确的是(　　)。
A.《××区教育局关于向区财政局要求追加2000年度办公经费的请示》
B.《××县工商局关于禁止在城区繁华地带随意摆摊设点的决定》
C.《××公司关于对张××严重渎职的通报批评决定》
D.《总结》

93. 拟写的拟办意见应当(　　)。
A. 明确具体　　B. 写明收件人
C. 便于修改　　D. 语言表述准确

94. 远程工作人员(　　)。
A. 企业监督管理困难　　B. 减少交通和时间费用
C. 缺少同事间联系和团队活动　　D. 不属于企业的员工

95. 对于礼宾次序的安排正确的选项有(　　)。
A. 依照来宾所在国家名称的拉丁字母的先后来排列
B. 依照来宾具体身份与职务的高低来排列
C. 依照来宾抵达现场的具体时间早晚来排列
D. 依照来宾告知东道主自己决定到访的具体时间的先后来排列

96. 会议经费来源的类型包括(　　)。
A. 与会者交费　　B. 参展商交费
C. 联合主办者交费　　D. 广告、赞助和捐助

97. 同义词和近义词，在快速书写时可选用(　　)。
A. 音节少的　　B. 笔画少的
C. 好读的　　D. 好写的

98. 文书催办的形式有(　　)。
A. 对内催办　　B. 核实催办
C. 对外催办　　D. 领导催办

99. 计划的特点是(　　)。
A. 针对性强　　B. 具有预见性
C. 具有真实性　　D. 通俗易懂

100. 在Word编辑状态下，设置段落的行距时，下列说法错误的是(　　)。
A. 一旦设置，即对全文生效
B. 如果没有选定文字，则设置无效
C. 如果选定了文字，则只对选定部分所在的段落有效
D. 一旦设置，不能再更改

101. 下列属于专题性总结的是(   )。
A.《××公司2000年底财务工作总结》 B.《宏远公司2002年经济工作总结》
C.《××市财政局1999年工作总结》 D.《推动人才交流，培植人才资源》
102. 在多种工作模式中会降低员工交流频度的工作方式有(   )。
A. 远程工作 B. 在家工作
C. 交叉工作 D. 临时办公桌
103. 市场调查报告的典型性主要体现在(   )。
A. 要对未来的市场发展作出精确的预测
B. 要及时准确地反映市场情况
C. 要对调查来的材料进行科学分析使之能反映市场变化的规律
D. 结论要准确可靠，结论须切实可行，有广泛的适应性和可操作性
104. 对办公室进行合理布局的作用是(   )。
A. 形成有效率的工作流程 B. 有利于员工的工作分配
C. 有利于工作顺利完成 D. 有利于协调人际关系
105. 以下文书中不需要经过审核处理程序的是(   )。
A. 请柬 B. 决定
C. 介绍信 D. 工作要点
106. 认定驰名商标应考虑的因素有(   )。
A. 公众对其知晓程度 B. 商标使用的持续时间
C. 宣传工作的持续时间和范围 D. 曾作为驰名商标受保护的记录
107. 拟写投标书应注意的事项有(   )。
A. 明确招标要求 B. 实事求是，不可弄虚作假
C. 语言简洁，语气谦和 D. 对标的应全面描述
108. 会议出席方在会中的责任有(   )。
A. 保证会议取得预期结果 B. 积极参与
C. 遵守会议纪律 D. 按时出席
109. 下列对企业文化叙述正确的是(   )。
A. 企业文化由制度层、精神层和文化层组成
B. 企业最高目标是企业共同价值观的集中表现
C. 精神层是形成制度层的思想基础
D. 产品的特色和外观属于精神层
110. 以下适用《劳动法》规定的劳动关系的是(   )。
A. 乡镇企业与其职工之间的关系
B. 某家庭与其聘用的保姆之间的关系
C. 个体老板与其雇工之间的关系
D. 国家机关与实行劳动合同制的工勤人员之间的关系
111. “市卫生局：你局《关于拟录用高校硕士毕业生的函》(×卫函〔2002〕15号)收悉。”这是市人事局给卫生局所发的文。从文中的信息可以推断(   )。

A. 发文单位是市人事局，文种为批复　　B. 发文单位是市人事局，文种为函
C. 这是一份批答函　　D. 这是一份答复函

112. 关于文书催办，正确的说法是(　　)。
A. 催办中发现问题要及时汇报　　B. 要填写催办记录单
C. 催办就是催促加速办理　　D. 对领导特别交办的文书要重点催办

113. 根据调查报告的作用和内容，可将其分为(　　)。
A. 情况调查报告　　B. 事件调查报告
C. 综合调查报告　　D. 经验调查报告

114. 会务机构的组建要根据(　　)来决定会议的组织、服务人员的数量和素质要求。
A. 会议类型的要求　　B. 会议规模的大小
C. 会议层次的高低　　D. 会议组织的严密程度

115. 检查会务筹备情况的内容主要有(　　)。
A. 会议的准备是否充分　　B. 会议文件材料的准备是否齐全
C. 会场布置的情况是否完善　　D. 会议保卫安全工作是否到位

116. 文书承办是根据(　　)，对文件进行具体处理。
A. 文件要求　　B. 文件来源
C. 领导批示　　D. 文件类别

117. 招标书的正文结构包括(　　)。
A. 前言　　B. 基本情况
C. 主体　　D. 结尾

118. 下列对于管理科学的叙述正确的是(　　)。
A. 企业制度合理、规范
B. 管理制度先进、科学
C. 其内涵是静态的
D. 调节了出资者、经营者和职工之间的关系

119. 计划按内容可分为(　　)。
A. 学习计划　　B. 工作计划
C. 财务计划　　D. 销售计划

120. 公司召开股东大会，因选择的会场前厅和停车场面积有限，出现了签到处混乱和无处停车的现象，现场主管秘书应采用的解决方法是(　　)。
A. 控制进入会场的股东人数
B. 向周围的单位求助，请其准许与会者停放
C. 取消签到程序，让与会者直接入场
D. 在会场外临时增设另一签到处

121. 秘书与领导沟通会议有关事宜时，做法正确的有(　　)。
A. 会议室出现冲突要马上与领导沟通　　B. 车辆出现冲突要立即与领导沟通
C. 要经常向领导汇报会议的进展　　D. 会后要向领导交总结报告

122. 决定可分为指挥性与知照性两种类型，下列事由中应使用知照性决定的有(　　)。

A. 设置机构　　　　　　　　　　　　B. 部署工作
C. 表彰先进　　　　　　　　　　　　D. 人事变动

123. “重新安排”、“修改”和“替换”是改进日常办公事务工作流程的基本方法，除此之外，其他方法还有(　)。

A. 分工　　　　　　　　　　　　　　B. 合并
C. 撤销　　　　　　　　　　　　　　D. 精简

124. 涉外接待的准备工作包括(　　)。

A. 了解外宾的基本情况　　　　　　　B. 了解对方的饮食爱好
C. 拟定来宾访问日程　　　　　　　　D. 安排食宿

125. 文书封发的要求中包括(　)。

A. 封发的文书要折叠整齐　　　　　　B. 封口要贴实
C. 封装人要在封口签字　　　　　　　D. 封装后要及时发送

第三部分　操作技能

一、案例分析(满分50分。第1题20分，第2题30分)

1. 请阅读下面录像题的情景叙述，找出情景叙述中秘书行为及工作环境中正确或错误的地方(应至少找出10处正误点)。

情景一：(宏远公司董涛办公室)

宏远公司秘书董涛的办公桌上文件和记录本摆放整齐，办公桌的左侧放有绿色植物。他身着西装，左手拿电话筒右手拿笔正与公关部叶经理通话。

董涛：“您好！公关部叶经理吗？你们提交的方案我已看了，有一些问题还需要和你们沟通一下，你们文案中提到去年公司的公关经费是60万元，占公司总预算的5%。可是我查了一下档案，应该是72万元，你们再核对一下。另外，文案中有一些措辞不够准确，比如说公司去年举办的专题活动，产生了巨大的社会反响等。我只是提个建议，仅供你们参考。不过，在总经理办公会召开之前，你们一定要把数字核对准确，王总可是个非常认真的人。”

叶经理：“好的好的，多谢提醒，我马上复核一下。还有，董秘书，关于下星期美国客户John一行的接待问题，咱们公司王总下星期去上海，公司到底派哪一位领导出面接待呢？如果王总不出面，是不是不太合适啊？另外，安排John一行住四星级酒店的规格是不是低了点？我找了一家五星级酒店，就是离咱们公司远了点。”

董涛：“关于接待外宾事宜，明天下午我将召集行政部、财务部和你们一起开个会。王总下周去上海开会，但他会在John一行离开北京之前赶回来，前期接待工作由张副总负责，上次王总去美国公司也是由他们的副总出面接待的。还有，关于找五星级酒店的事公司领导早就讨论过了，五星级酒店离咱们公司太远，谈事情不方便，再说接待外宾也要讲究节约、务实。不过你能想到，我还真得要向你学习啊。”

叶经理：“董秘书，这你就客气了。明天下午碰头会几点开？”

董涛：“初步定在下午两点，我马上再和张副总确认一下，然后给你回话。”说罢挂上电话。

董涛又立即拨通张副总的电话：“您好！张副总吗？”

张副总："请说！"

董涛："接待美国客户的碰头会安排在明天下午两点可以吗？"

张副总："明天下午两点，要不再提前点，一点半怎么样？我三点还要接待一个客户。另外，到现在你还没有把对方公司的资料送到我这里。"

董涛拿笔记录了下来。"这两天忙晕了，我马上就给您送去。那个碰头会就定在一点半。"

张副总："好。"

董涛："好的，再见。"说罢挂上电话。

董涛对正在电脑前工作的秘书钟苗说："钟苗，明天下午的会议通知就从网上群发吧！群发时要设立一个确认啊！"

钟苗："嗯，行。"

情景二：(宏远公司张副总办公室)

张副总听到敲门声："请进，董秘书。"

董涛："张副总，您好。"随即坐在经理斜对面的椅子上，跷起二郎腿，从口袋里掏出一包烟："抽根吧？"

张副总："我不抽，你随意吧。"

董涛："这两天实在太累了。"开始抽起烟来。

张副总："有关美国公司的资料你带来了吗？"

董涛："带来了，您看看。"用左手把资料递给张副总，"这是所有有关 JY 公司的资料，能找的我都找了。但是这回带队的副总 John 是第一次来中国，对他个人情况了解不多，您先看看。"

张副总："这份资料里面没有谈这家公司近两年的市场份额情况，这方面的信息一定要掌握，否则我们谈判时会比较被动。你可以到网上去查一查该公司的排名榜。"

董涛："哦，好的好的。"(只顾抽烟，没有记录领导的指示)

张副总："另外，接待问题应该考虑得更周到一些，上次王总去美国，他们公司送了一瓶酒，咱们也应该准备一些礼品回赠。"

董涛："我们给他们安排在四星级酒店，买了一些镀金的酒具作为礼品，我想他们会喜欢的。"

张副总："哦！那还可以。这样，具体的接待工作你来安排。王总没在家，这方面一定要想周到些，多费些心。"

董涛："好的，我们一定尽力把接待工作准备充分。那张副总您先忙着，我去把明天下午的碰头会落实一下。"

张副总："好，行。"

董涛："张总，再见。"

2. 请阅读下面录像题的情景叙述，找出情景叙述中秘书行为及工作环境中正确或错误的地方(应至少找出 15 处正误点)。

情景一：(宏远公司王总办公室)

王总正在办公。助理高叶手持文件夹敲门。

王总："请进！哦，高秘书，接待日本三明公司代表团的工作准备得怎么样了？"

高叶(递过文件夹)："王总，这是接待计划，请您过目。另外，我已根据您的指示预订了五洲商务酒店的1个套间和6个商务间。”

王总(边看边念)：“接待计划，包括接待规格、接待人员……呃，有关接待经费的细目表在哪里？还有，你刚刚说订了6个商务间，我不是让你订3个商务间、3个标准间吗？另外，旅游观光活动安排得怎么样了？”

高叶：“接待经费的细目表还没做完，下午我做完后再给您送过来。”

王总：“下午我要去洪都宾馆开会。”

高叶：“哦，我忘了。那……”高叶想了一下，“我明天一早给您送来。关于酒店订房的事，我去看了一下，标准间太小，不够气派，我就都订了商务间。”

王总：“你倒挺大方，你估算过费用要增加多少吗？”

高叶：“大概3000元吧。”

王总：“你尽快把经费细目表做出来，看看是否超出预算，如果超支了，马上把预订的商务间改过来。”

高叶：“那我做完细目表再请您决定。另外，旅游观光活动计划确定后，还没有和三明公司沟通。还有，有些商务活动是由我们定的，还需要与对方沟通吗？”说完拿起笔边听王总讲话边记录。

王总：“接待日程定了以后，还是要与对方通通气，否则显得不够礼貌。你就先抓紧时间把这几件事办好吧，客人后天就要到了。另外再帮我印一套考究一点的名片，在日本代表团到来之前办妥。”

高叶：“好的。王总，如果没别的事，我就先回去了。”

王总：“好。”

情景二：(秘书办公室)

高叶办公室。打印机、复印机、电话等设备排列有序，桌面整洁。(高叶给秘书钟苗打电话)

钟苗：“你好，宏远公司。”

高叶：“是钟苗吗？你好，我是高叶。接待日本客人的事准备得怎么样了？”

钟苗：“准备得差不多了，献给客人的鲜花明天一早去买。”

高叶：“王总的名片取回来了吗？”

钟苗：“取回来了。我马上给你送过去。”

高叶：“好的。”(不一会儿，高叶办公室的电话响了)

高叶：“你好！宏远公司。”

对方：“王总经理在吗？”

高叶：“她外出了。”

对方：“能给王总留个言吗？”

高叶：“你说吧！”高叶拿出专门的留言簿边听边记。

对方：“我是贵翔公司的总经理李君，想跟你们王总见个面，谈谈我们双方的技术合作问题。请她给我回个电话。我的电话是××××××××××××。我是王总的老朋友了，我后天回贵州。”

高叶：“好的。您的电话是××××××××××××，我一定转告王总。再见！”

(钟苗敲门)

高叶："请进!"

钟苗："这是王总的名片。"

高叶(看过名片)："怎么和原来的一样?"钟苗："王总不是一直用这种名片吗?"

高叶："我跟你说了要用有网纹的纸，纸要厚一点，版式设计中必须要有公司的LOGO。"

钟苗："那怎么办呀?"

高叶："你马上让初秘书去做名片的地方盯着，按我刚才说的样式做一套加急名片。必须在下班之前取回来。"

钟苗："嗯，好的。"

高叶："你一会儿和我一起去签字厅检查一下准备情况。"

钟苗："好的。"

情景三：(签字厅)

签字厅里桌椅摆放整齐，还有绿色植物点缀。签字桌上铺了白色桌布，桌前放置了三把座椅。宏远公司与日本三明公司达成协议，明天双方就要在这里举行签约仪式。

钟苗："这是签字桌，已经铺好了桌布，签字笔和茶杯我都准备好了。日本代表坐左边，我方代表坐右边。"

高叶："很好。协议文本在刘秘书那儿吗?"

钟苗："嗯。"

高叶："明天一早要放好。文本的封面换好了没有?"

钟苗："换过来了，用了真皮的。"

高叶："还有，酒准备了没有?"

钟苗："准备好了，香槟酒和高脚杯都准备好了。"

高叶："好的，记得明天要早一点来，再检查一下，一定要万无一失。"

(画面淡出)

二、工作实务(满分50分。第3~4题，每题15分，共30分。第5题20分)

3. 背景说明：你是宏远公司的行政秘书高叶，下面是行政经理苏明需要你完成的几项工作任务。

便　条

高叶：

公司拟于6月5日上午9：00至下午4：00，在公司1号会议厅召开"宏远公司技术训练专题研讨会"，参会人员要在6月5日上午8：30报到，总人数达到80人左右。在会上，王总经理将做关于技术训练问题的工作报告，培训部总监要做专题发言，生产部总监将做专题发言，人力资源部总监将宣读公司开展技术竞赛评比的计划草案，主管副总经理做总结报告。请你根据以上情况拟写出此次会议的筹备方案交给我。

谢谢!

行政经理　苏明

××××年×月×日

4. 背景说明：你是宏远公司行政秘书高叶，下面是行政经理苏明需要你完成的几项工作任务。

> 便　　条
>
> 高叶：
>
> 公司目前需要编制下一年度采购预算，请你介绍编制采购预算的一般程序。
>
> 行政经理苏明
>
> ××××年×月×日

5. 根据下文提供的材料，请代京城公司拟写一份公文。

材料：

(1)根据《实施工作目标督查考核暂行办法》，经检查考核和认真评选，培训中心、企划部、销售部、第四分公司被评为2011年度业绩突出部门。

(2)为总结工作经验，表彰自身建设，公司决定评选2011年度政绩突出部门。

(3)经公司董事办公会议，对上述4个部门予以通报表彰，并分别奖励3万元。

(4)主送单位是各分公司、中心、部。

(5)附件是4个部门的先进事迹。

(6)发文时间为2012年1月10日。

要求：

(1)按照公文正式格式撰写；

(2)确定发文范围，正确使用文种；

(3)可适当添加内容使之完整。

【参考答案】

第一部分　职业道德

一、职业道德基础理论与知识部分

(一)单项选择题

1. B　2. D　3. D　4. C　5. C　6. C　7. A　8. D

(二)多项选择题

9. ABCD　10. ABC　11. ABCD　12. ABD　13. ABCD　14. ABCD

15. AC　16. CD

二、职业道德个人表现部分

离散选择题

17. C　18. A　19. C　20. B　21. D　22. D　23. B　24. B　25. D

第二部分　理论知识

一、单项选择题

26. B	27. D	28. A	29. B	30. B	31. C	32. D	33. A	34. A
35. B	36. C	37. B	38. D	39. B	40. D	41. B	42. A	43. C
44. C	45. D	46. D	47. A	48. D	49. D	50. C	51. D	52. B
53. D	54. A	55. A	56. C	57. B	58. C	59. A	60. B	61. B
62. B	63. C	64. C	65. A	66. C	67. B	68. C	69. D	70. D
71. B	72. C	73. B	74. C	75. B	76. B	77. B	78. B	79. A
80. A	81. D	82. B	83. A	84. D	85 A			

二、多项选择题

86. AC	87. ABCD	88. ACD	89. AD	90. ACD	91. ABCD	92. CD
93. AD	94. ABC	95. ABCD	96. ABCD	97. ABD	98. AC	99. AB
100. AD	101. ABD	102. ABD	103. CD	104. ABC	105. ACD	106. ABCD
107. ABC	108. BCD	109. BC	110. ACD	111. BC	112. ABD	113. ABD
114. ABCD	115. ABCD	116. AC	117. ACD	118. ABD	119. ABCD	120. BD
121. CD	122. ACD	123. BD	124. ABCD	125. ABD		

第三部分　操作技能

一、案例分析

1.

(1)室内摆放绿色植物。(√)

(2)桌上文件和记录本摆放整齐。(√)

(3)秘书身着职业装。(√)

(4)充分利用档案的原始凭证作用，指出公关经费与事实有出入。(√)

(5)就文案提出具体修改意见。把握文书拟写重点。(√)

(6)与同事沟通语言柔和。(√)

(7)根据实际情况确定接待人员。(√)

(8)建议将美国客户安排在离公司较近的四星级酒店，方便商谈事情，秉持了节约务实的原则。(√)

(9)会同有关部门协商接待事宜。(√)

(10)召开会议前及时与领导确认开会时间。(√)

(11)通知采取网上群发的方式，并提醒设立“确认”环节。(√)

(12)在领导面前抽烟、跷二郎腿，不合礼仪。(×)

(13)用左手递资料，不合礼仪。(×)

(14)没有及时记录领导指示。(×)

(15)谈判资料搜集不齐全。(×)

(16)提前为美国客人准备礼品，尊重对方习俗。(√)

2.

(1)能在日本三明公司代表团到来之前制订接待规格和接待计划。(√)

(2)没有及时做好接待经费的预算，以致房间标准无法确定。(×)

(3)能提前预订酒店，以便提供住宿和餐饮。(√)

(4)在预订房间时未请示领导，自行更改领导的决定。(×)

(5)忘记王总当天要去洪都宾馆开会，对领导的日程安排不熟悉。(×)

(6)领导布置工作时能边听，边作记录。(√)

(7)办公设备摆放有序，能保持桌面整洁。(√)

(8)能安排秘书钟苗去做接待前的准备工作。(√)

(9)没有交代秘书钟苗按日本习俗该买什么花、不该买什么花。(×)

(10)能将客人的信息作记录，并确认重要信息。(√)

(11)向其他秘书布置工作时没有交代清楚细节，以致名片质量不符合领导意图。(×)

(12)能在签字仪式开始前实地检查签字厅的准备情况。(√)

(13)默许签字桌上铺白色桌布。(×)

(14)只有两方签字，却在签字桌前放置二三把座椅。(×)

(15)没有在签字桌上摆放双方小国旗。(×)

(16)签字时安排客方坐左边，主方坐右边。(×)

(17)为签字仪式准备好香槟酒。(√)

(18)没有为签字仪式准备照相设备。(×)

二、工作实务

3.

宏远公司技术训练专题研讨会筹备方案

一、会议主题

为了增强本公司的综合竞争力，提高产品的质量和管理水平，特召开此次技术训练专题研讨会，会议的重点是讨论研究如何在全公司展开技术发明和创造的竞赛，并提出提高训练质量的对策，探讨新的技术训练方法。

二、会议的时间和地点

拟定于6月5日上午9:00至下午4:00，在公司1号会议厅召开。6月5日上午8:30报到。

三、参加会议人员

公司总经理、副总经理、公司人力资源部总监、生产部总监、培训部总监，以及公司下属各部门的技术骨干70人。总计80人。

四、会议议程

会议由主管副总经理主持。

上午：

(1)总经理做关于技术训练问题的工作报告。

(2)生产部总监专题发言。

(3)培训部总监专题发言。

下午：

(1)分组讨论。

(2)人力资源部总监宣读公司开展技术竞赛评比的计划草案。

(3)主管副总经理做总结报告。

五、会议议题

(1)技术训练与提高企业综合竞争力。

(2)技术训练与技术创新。

(3)如何提高技术训练的质量。

(4)技术训练方法的再讨论。

六、会场设备和用品的准备

准备会议所需的投影仪、白板和音像设备，由公司前台秘书负责。

七、会议材料准备

(1)总经理的工作报告。

(2)培训部、生产部总监的专题发言稿。

(3)公司开展技术竞赛评比的计划草案。

(4)副总经理的总结报告，由总经理办公室负责准备。

八、会议服务工作

由行政部综合协调。

附：

1. 会议通知

2. 会议日程表

4. 编制采购预算的一般程序是：

(1)确定预算的核算基数。

(2)进行市场调研。

(3)确定采购产品的种类及型号价格。

(4)编写预算方案。

(5)征求意见，完善方案。

5.

京城公司关于表彰2011年度业绩突出部门的通报

各分公司、中心、部：

为总结工作经验，表彰先进，加强自身建设，决定评选2011年度政绩突出部门。根据《实施工作目标督查考核暂行办法》，经检查考核和认真评选，培训中心、企划部、销售部、第四分公司被评为2011年度业绩突出部门。经公司董事办公会议决定，对上述4个部门予以通报表彰，并分别奖励3万元。

2012年是我公司发展史上具有重大意义的一年，各部门要与时俱进，扎实工作，以优异成绩完成2012年的工作计划。

附件：

1. 培训中心先进事迹
2. 企划部先进事迹
3. 销售部先进事迹
4. 第四分公司先进事迹

京城公司

2012年1月10日

第四部分 面试试题

一、知识抢答题

(一)办会知识

1. 会议的筹备方案包括哪些主要内容？
2. 会议筹备机构应如何设置？
3. 会议预算方案的内容包括哪些？
4. 远程会议的优点有哪些？
5. 选择远程会议应注意哪些事项？
6. 会议协调包括哪些方面？
7. 引导会议进程有哪些方法？
8. 引导会议决议形成的技巧有哪些？
9. 会议总结的主要方法有哪些？
10. 决定会议效果的主要因素有哪些？
11. 简述签字仪式的正式程序。
12. 简述开业典礼的一般程序。
13. 简述信息的发布程序。
14. 会场的整体格局根据什么决定？
15. 主席台座次的安排怎么考虑？

16. 会务准备工作协调的任务是什么？
17. 说明大型团队旅行的特点。
18. 选择旅行社应考虑的主要因素包括哪些？
19. 简述开放参观活动的准备工作内容。
20. 举行签字仪式时，座次如何安排？
21. 什么是会议议程？
22. 什么是会议日程？
23. 会址选择有哪些注意事项？
24. 会议记录的准备工作包括哪些？
25. 会议记录有哪些要求？
26. 会议值班室的工作内容包括哪些？
27. 简述会议文件收集整理的注意事项。
28. 宴请有哪些具体形式？
29. 宴请的目的有哪些？
30. 会议记录的内容有哪些？
31. 信息加工的形式有哪些？
32. 会议文件的文件归档工作怎么做？
33. 在会议中如何做好付款工作？
34. 宴请时如何安排主宾座次？
35. 宴请时如何敬酒？
36. 在商务旅行过程中，秘书应掌握哪些旅行信息？
37. 会议的要素包括哪些？
38. 会议包括哪些种类？
39. 制发会议证件有哪些要求？
40. 发放会议文件有哪些要求？
41. 举行会议时的必备用品有哪些？
42. 会议所需设备包括哪些？
43. 会议签到的要求是什么？
44. 会议文件清退时应注意什么？
45. 简述会见与会谈的概念。
46. 会见与会谈的基本程序包括哪些？
47. 会谈的地点和时间怎么确定？
48. 如何整理会议室？
49. 会议合影怎么安排？
50. 差旅费包括哪几项主要内容？

(二)办事知识

1. 请说出传真机人工接收的操作步骤。
2. 在复印机使用过程中，出现哪些情况时，应立即关掉电源，并请维修人员进行维修？

3. 现在要你代表公司订立合同。请你说一说合同成立的要件有哪些？
4. 劳动合同有哪些特征？
5. 用人单位可以单方解除劳动合同的情形有哪些？
6. 用人单位不得解除劳动合同的情况有哪些？
7. 未成年人劳动保护的主要措施有哪些？
8. 认定驰名商标时应当考虑哪些因素？
9. 现代企业制度的主要特征是什么？
10. 保险的投保程序是什么？
11. 提问的禁忌有哪些？
12. 公文收发工作的程序有哪些？
13. 节约使用复印机的措施有哪些？
14. 节约使用计算机、打印机、因特网的措施有哪些？
15. 节约使用电话、移动电话等办公用品的措施有哪些？
16. 制发会议姓名卡片有哪些样式可供选择？各有什么优缺点？
17. 现在要你筹备一次常见的会议，你应该准备哪些会议文件资料？
18. 现在要你完成整理会议室的任务，请问有哪些工作要点和注意事项？
19. 秘书在了解了上司的差旅目的地后，应有针对性地做好哪些准备？
20. 要想正确选择旅行社，应注意哪些问题？
21. 如果要你拟订一份接待计划，请问该计划主要包括哪几项内容？涉及哪些具体内容？
22. 针对横向沟通中出现的问题，你准备怎样消除障碍？
23. 通常在企业办公室中进行安全检查的方法是什么？
24. 秘书值班工作时应做好哪些工作？
25. 销毁秘密公文时有哪些注意事项？
26. 信息传递工作的注意事项有哪些？
27. 档案的日常管理主要包括哪些工作？

(三)办文知识

1. 公文的多个要素可以分为哪几个部分？
2. 发文机关标志由哪些内容构成？
3. 发文字号包括哪些要素？
4. 完整的公文标题包括哪些要素？
5. 什么是主送机关？
6. 针对执行多年的“此页无正文”格式取消后，现在新的规定是什么？
7. 什么是行政公文的成文日期？
8. 什么是抄送机关？
9. 什么是公文信函或格式？
10. 请列举企事业单位基本可以使用的几种行政公文文种。
11. 宣告性决定的结构包括哪些内容？

12. 为什么说通告与通知有告知范围不同的区别？
13. 意见具有哪些适用范围？
14. 信函具有哪些适用范围？
15. 什么是请准(审批)函？
16. 请指出下列词语中哪三个词语不属于“经办用语”：兹经、拟定、收悉、关于、执行、审批、转发、研究执行。
17. 市场调查报告有哪些特点？
18. 市场调查报告的主体包括哪些内容？
19. 计划的主体包括哪些内容？
20. 述职报告有哪些特点？
21. 通知具有哪些适用范围？
22. 什么是“批转型”通知？
23. 为什么说通知与通报在发文目的上有区别？
24. 通报具有哪些适用范围？
25. 请示与报告这两个文种根本性质的区别是什么？
26. 如何拟写报告的导语？
27. 请示的依据是什么？
28. 按照公文印装规范的要求，公文一般用几号体字？每页排多少行？每行排多少个字？
29. 公文主体格式主要包括哪些？
30. 对联合行文印章应如何处理？
31. 公文盖印要注意哪些事项？
32. 确定主题词的方法和步骤有哪些？
33. 决定与决议有哪些相同点？
34. 公报与公告主要有哪些不同的地方？
35. 请示与报告有哪些相同点？
36. 请示写作要注意哪些事项？
37. 现行党政机关公文主要有多少种？
38. 批复主要适用于哪些范围？主要分哪几类？
39. 拟写批复要注意哪些事项？
40. 公文的成文日期应如何确定？
41. 成文日期的书写位置通常有几种情况？
42. 哪些公文用题下标注？请列举几个例子。
43. 签署与签发主要有哪些区别？
44. 公文的制发主要有哪些程序？
45. 公文的特定格式有几种？
46. 决定事项的拟写有几种写法？
47. 通告与通知有哪些相同点？
48. 通知与通报的相同点主要有哪些？

二、即兴回答题

1. 作为秘书，在迎来送往过程中，如何为他人介绍？

2. 当你的上司做了一次精彩的演讲后，你是如何赞美的？

3. 新来的一位秘书未能按你的要求做，结果办砸了一件事情，你将如何批评他？

4. 对女性应如何赞美？要注意哪些事项？

5. 对男性领导如何赞美？

6. 第一次与上司见面，你如何做自我介绍？

7. 你的上司今天情绪很不好，你能猜测到他有哪些难处吗？碰到这种情况，你如何应对？

8. 公司领导班子不太团结，经常闹矛盾，作为秘书，你如何做好领导之间的协调工作？在这种状态中，设想你处在一种什么位置比较好？

9. 假如上司在公众场合批评了你，后经查实，这次批评是上司听了某名员工的一面之词，在上司还来不及主动向你道歉的这段时间，你以一种什么心态对待上司？

10. 假如有一次好机会外出开会，所去的地方是你非常向往的旅游胜地，公司的第二把手要你一同前往，而一把手却婉言拒绝你去参加，面临这种情况，你将何去何从？

11. 假如你的上司经常在办公室对你进行性骚扰，你应如何洁身自保，又与领导相安无事？

12. 酒宴上，为了单位的利益，为了活跃气氛，领导力荐你向宾客敬酒，而你滴酒不沾，你该怎么办？

13. 领导将你所拟写的你认为十分满意的文稿退回给你让你重写，而你坚持认为无处下手予以修改，此时，你该怎么办？

14. 早晨，领导铁青着脸走进办公室，“砰”的一声，关紧他自己办公室的门，呆望的你该如何应对情绪反常的领导？

15. 星期天，领导邀你陪他一起去钓鱼，而这一天你与自己心爱的人有一个约会，你如何去委婉拒绝领导之邀约？

16. 领导要你代表他去车站接他多年未见面的乡下父亲，在车上你应对领导父亲说些什么？

17. 今天心情好，气色好，服装精致得体，清早，领导见你便说：“哇，漂亮啊。”面对领导的赞许，你应如何应答？

18. 领导生病躺在医院，你前去探望，想让领导放松精神，你该说一段怎样的话？

19. 你明明知道领导拍板的这个方案存在重大的缺失，可是，领导一意孤行，你该怎么办？

20. 领导母亲病逝，他伤心欲绝，痛苦不已，你该如何去劝慰他？

三、即兴演讲题

内容要求：主题鲜明，与小标题相符，内容清楚、结构清晰、中心突出，合理展开、阐释充分、证据相关、逻辑性强，内容生动、不枯燥，能吸引听众注意力。

技巧要求：普通话标准，语言流利，注意手势、眼神接触与身体语言，自信，有感情与气势，适当使用修辞手段(比喻、类比等)。

1. 你如何理解秘书的职业道德？

2. 你如何看待秘书这一职业？

3. 成人与成才二者之间是怎样的关系？结合实例说明自己的观点。

4. 请说一说你与不同地域、不同背景、不同习惯的同事之间该如何相处？

5. 作为一个秘书，你怎样面对在工作和学习中遇到的挫折？

6. 你认为我们是否应该有感恩之心？感恩于谁？

7. 请谈一谈你对言行、仪表等“小节”的看法。

8. 你认为要具备怎样的素质才是一位合格的秘书？

9. 一些资料和媒体经常宣传“张扬个性”，你认为作为一名秘书该张扬什么样的个性？

10. 作为一个合格的秘书，你认为如今继续提倡“勤俭、节约”的工作作风是否已经过时？

11. 三轮车工人方尚礼自己生活得如乞丐，却将蹬车收入的35万多元钱用来资助失学儿童，当他病重时，社会捐助给他治病的钱也被他捐给了希望工程。你对方尚礼的这种行为有何评述？请发表个人见解。

12. 谈谈秘书职业的发展趋势。

13. 谈谈公共关系对秘书工作的重要性。

14. 谈谈秘书职业技能鉴定的重要性。

15. 谈谈秘书腐败的原因。

16. 谈谈对秘书腐败问题的看法。

17. 谈谈现代秘书掌握办公自动化的重要性。

18. 谈谈一个秘书工作案例对你的启发。

19. 谈谈秘书保密意识的重要性。

20. 秘书应如何处理好与领导和同事之间的关系？

附：苏州科技大学第三届秘书职业技能大赛暨2016全国高校秘书专业技能大赛选拔赛策划书

为适应市场对文秘人才的需求，帮助学生提高专业技能，塑造职业精神和职业意识，根据文秘专业人才培养目标的要求，决定举办苏州科技大学人文学院秘书学专业第三届秘书职业技能大赛。

一、指导思想

通过举办第三届秘书职业技能大赛，旨在培养学生秘书工作实践能力和理论应用能力，提高文秘专业学生的基本秘书素养，树立正确的秘书职业知识，养成良好的秘书习惯，全面发展自身，提升我院文秘专业人才培养水平和市场核心竞争力，打造我院文秘品牌。

二、组织策划

本次大赛的组织完全由学校秘书与礼仪协会、人文学院文秘专业的学生组成的大赛委员会，具体的安排人员会负责各个项目的比赛，由专业老师指导本次大赛的各项工作。

组委会下设赛事秘书处和后勤保障处。

秘书处职责：各项比赛方案出题、评分标准设置；总体策划与运行、嘉宾邀请，PPT制作；主持人选定及主持串词拟写；请柬、台签制作；评委邀请；通知参赛班级竞赛内容及准备要求；文艺活动安排(时长约40分钟)；总结。

后勤保障处：宣传海报、横幅等制作；活动场地申请；鲜花、气球、水、会议用品购买；会场礼仪服务；新闻摄影、摄像；裁判工作。

1. 评委：每场比赛有3人(院系领导1人、指导老师1人、班主任1人)；

2. 主持人：每场1人(学生干部)；

3. 场地工作：场地布置共30人(每班必须抽出5人)，现场秩序维护10人，负责人10人。

三、大赛主题

青春人文　秘书风采

四、活动组织机构

主办单位：苏州科技大学

承办单位：苏州科技大学人文学院、天平学院人文科学系

策划单位：苏州科技大学秘书与礼仪协会

策划人：

指导老师：

五、竞赛项目与要求

(一)理论知识竞答

出题依据：人力资源和社会保障部教材办公室编写的2015版《秘书(国家职业资格三级)》

题型比例：单项选择题90题，多项选择题10题，共100分。

测试时间：30分钟。

测试手段：抢答。题目由主持人朗读，各组派1人作为本组代表参加。

计分方法：每个评委专家按照评分标准逐项现场评分。团队成绩为各个评委根据评分标准现场打分的加权平均分。

(二)秘书工作情境展示

比赛目的：测试参赛团队设计出主题清晰、情节紧凑、技能点丰富的秘书工作情景的策划能力，逼真地模拟该情境的组织能力和表演能力，以及团队成员之间的配合协调能力。

测试内容：秘书在工作中可能遇到的情境，如：办公环境的布置与维护、办公用品管理、电话事务、请示汇报、公文运行、关系协调、情况调研、各类接待、会议(活动)的组织与策划、招聘面试、职场调研、危机与紧急事务处理等。形式是设计和表演与秘书工作相关的情景剧。

比赛要求：一是主题自选，脚本自拟，赛前先行排练好；二是每队的4名选手都必须上场，有角色分工，还要体现团队协作；三是所展示的内容健康、积极，并且有中心，有重点，对观众来说有一定可看性和启发性。

测试时间：团队成员及扮演角色的介绍不超过1分钟；秘书工作情景展示(包括现场布置)不超过10分钟。

计分方法：每个评委专家按照评分标准逐项现场评分，满分100分。团队成绩为各个评委根据评分标准现场打分的加权平均分。

(三)形象与口才展示

比赛目的：测试参赛选手的职业形象塑造、自我形象营销、人际沟通与应对等职场通用能力。

测试内容：每组派代表选手上场，先做自我介绍，然后根据提供的素材或题目进行即兴演讲，最后一一回答评委的现场提问。

测试时间：自我介绍1分钟，即兴演讲和现场提问一共不超过4分钟。

计分方法：每个评委专家按照评分标准逐项现场评分，满分100分。团队成绩为各个评委打分的加权平均分。

(四)文案处理比赛

比赛目的：测试团队成员的分工协作能力以及文案策划、公文写作、办公自动化系统运用等专业技能。

测试内容：要求每个参赛队以小组成员相互协作的方式完成给定的情景测试。为综合性任务(如承办某个会议、商务活动、庆祝活动等)设计活动(会议)方案、撰写相关文稿等，比赛结束前提交排好版的电子工作方案。

测试时间：60分钟。

计分方法：每个评委专家按照评分标准逐项现场评分，满分100分。团队成绩为各个评委打分的加权平均分。

(五)才艺展示(视频资料，自录)

比赛目的：测试学生的集体凝聚力，丰富学生的业余生活内容，展示青春风采。

测试内容：软笔书法、声乐、舞蹈、武术、器乐、美文朗诵、小品、形体表演或健美操等，报名时需注明。所有才艺所需服装、背景音乐(如U盘)等道具自备，承办方提供音响等设备。

测试时间：不超过10分钟。

计分方法：每个评委专家按照评分标准逐项现场评分，满分100分。参赛选手的成绩为各个评委打分的加权平均分。

六、参赛对象

本次大赛分团体赛和个人赛两种。团体赛以小组为单位报名，4人为一组，每班限报2组。个人赛由各班推荐在团体赛中表现突出者参加，并加赛才艺，评出“十佳秘书”。

汉语言文学、秘书学一、二、三年级每班按4人一组组织初赛，初赛选拔出的前2名，参加复赛。

欢迎汉语言文学、秘书学四年级学生和其他专业学生参加。

七、赛事安排

(一)2016年4月15—25日(初赛)

(二)2016年4月28—30日(复赛)

八、比赛地点

(一)各个班级(初赛)，由辅导员指导完成选拔

(二)演艺中心(复赛，初定)

九、奖励与表彰

(一)所有参与秘书职业技能大赛的学生均可获得课外学分。

(二)根据各班参赛的情况，评选出团体的一等奖 1 名，团体二等奖 2 名，三等奖 3 名。“十佳秘书”冠军 2 名，亚军 3 名，季军 5 名。

(三)团体奖项以班级为一个团体，实行积分制，按分数高低评选。具体评比的规则如下：

1. 总积分=参赛积分+获奖积分

2. 参赛积分：任务要求之外的参赛人次，每人次计 1 分。

3. 获奖积分：一等奖积 10 分，二等奖积 6 分，三等奖积 2 分，团体奖积 1 分。(一人次)“十佳秘书”冠军积 6 分，亚军积 5 分，季军积 4 分。

(四)个人奖：“十佳秘书”冠军积 10 分，亚军积 6 分，季军积 4 分。

(五)获奖选手和获奖团体颁发荣誉证书和奖品。

十、财务预算

物品	说　明	费用
邀请函	1 份	60 元
荣誉证书	15 份	200 元
打印费	(卷子、资料等)	300 元
横幅	2 条(开幕式、闭幕式)	200 元
茶水费	4 箱矿泉水	120 元
场地租借	音响、话筒等	500 元
横幅、海报	2 条、若干	300 元
评审费	10 名评审老师	300 元
监考费	6 名监考老师	180 元
奖品	个人：一等 150 元　二等 100 元　三等 50 元 团体：一等 300 元　二等 150 元　三等 100 元	850 元
共计		3010 元

苏州科技大学秘书与礼仪协会

2016 年 3 月 25 日

【本模块主要参考文献】

1. 宋湘绮，刘伟. 项目化——秘书综合实训[M]. 北京：电子工业出版社，2011.
2. 蔡超. 现代秘书实训[M]. 北京：首都经济贸易大学出版社，2007.
3. 葛红岩. 新编秘书实训[M]. 北京：高等教育出版社，2015.
4. 陈江平. 秘书综合实训[M]. 武汉：华中科技大学出版社，2013.
5. 楼淑君. 秘书综合实训教程[M]. 杭州：浙江大学出版社，2009.

三、职业技能实训模块

【公务员考试模拟系统】

公务员考试模拟系统分为教师和学生两大模块。教师中包括理论管理、题库管理、试卷管理、考试管理、成绩管理等子模块；学生包括理论学习、实战练习、模拟考试、成绩分析等子模块。

【实训目标】

1. 初步掌握行政职业能力测试的相关知识点。

2. 考查对给定材料的分析、概括、提炼、加工能力，测查应考人员的阅读理解能力、综合分析能力、提出问题和解决问题能力、文字表达能力等。

【实训导入】

奥派公务员考试模拟系统是一款由奥派软件公司开发的软件，适用于公务员资格考试。针对重点难点详细的解题思路，让使用软件的考生能快速掌握难题。

(一)行政职业能力测试

1. 学习模式

考生输入自己的用户名和密码进入系统，然后进行理论知识的学习。然后根据考生自己的要求制定练习。练习的题库分为全部试题、错误试题以及星级试题。错误试题是学生在以前的练习中做错的试题形成的题库；星级试题即考生在做练习的过程中针对试题难易设置的星级的题库。练习制定好生成试卷后，考生就可进入练习开始答题。试卷右上角将显示考试的倒计时，让考生时刻有种考试的紧张感，为以后的考试养成良好的答题习惯。完成练习后，点击“交卷”按钮，系统将自动退出。在练习的过程中可以点击“中断”暂停练习，稍后点击继续练习即可。完成练习后即可查看成绩以及成绩分析。

2. 考试模式

考试模式不同于学习模式的是，学习时考生自己可以随意根据自己的需要制定练习，然后完成练习；而考试是由教师制定考试，然后考生进入系统完成试卷。

目前系统中已经有近 30 套真题和 200 多套模拟试题。教师可以通过软件中“题库管理”模块将历年真题、模拟题和预测题等导入题库中。试题导入后默认存在独立题库中，对于独立题库中的试卷，直接点击“生成”即可生成试卷。

教师在公共题库中抽取试题组卷，可以手动选择试题的数量，也可以设定试卷公式，根据公式组成试卷。生成试卷后，设置考试，独立题库中的试卷考试时间默认为 120 分钟，公共题库中组卷时间可自由设定。

教师设置好试卷后，考生在到达考试时间时即可进入系统答卷；完成考卷后，点击“交卷”自动退出系统。到达考试结束时间，教师点击“结束考试”按钮结束考试。考生在交卷后就可查看到考试成绩和成绩分析。

（二）申论

本系统中申论考试不同于一般“呈现式”的试题方式，采用“引导性学习”的方式。即题库与软件不仅具备材料呈现，更有步骤引导、技巧提示、分步完成等功能。其优势在于可培养思维能力，凸显软件的引导用户申论学习功能，使最终的参考答案有迹可循，有源可溯。在申论考试复习质量控制上，我们强调“顺序就是一切”，经由相对稳定的特定步骤与思维定势，以“观点精当、方案科学、执行保障、论证严密、合理高效”为原则，形成相对固定的流程，保证所谓“精装版材料无遗漏”“写作大纲具体到段内逻辑，两次修正”“写作过程一气呵成无阻碍”等具体操作性目标的实现。

具体的做题步骤谓之曰“七步成章”：

第一步：审读问题，确定考察重点。解读材料，确定题目类型。确定范围，识别材料重点。

第二步：快速浏览，分类汇总。快速筛选，标注特别消息。赋予逻辑，分类排列主题。

第三步：分节汇总，初步概括。类内分节，合并相同主题。掌握要素，做完精装版材料。

第四步：提纲写作，审查思路。谨慎分析，确定写作方向。考虑篇章，确定宏观顺序。

第五步：精读选段，提升境界。重返材料，提炼重点精华。考虑应用，充实大纲境界。

第六步：提纲修正，精确到词。多题提纲，共同完成，节约时间。从宏观到微观，逐层细化。段内逻辑清楚，字斟句酌。语言富于表现力，流畅优美。

第七步：申论写作，一气呵成。按部就班，不改提纲。字数控制，不多不少。字迹工整，无错别字。

【实训任务】

1. 行政职业能力学习。
2. 行政职业能力测试。
3. 申论模拟测试。
4. 成绩管理。

项目一：行政职业能力测试

学生输入用户名、密码，登录系统。在左边目录中我们可以看到系统包括了“理论学习”“实战练习”“模拟考试”“成绩管理”等一系列的子模块。

任务一：理论学习

1. 点击左边目录中的“理论学习”，查看相关理论知识。选择所属课程“行政职业能力测试”“申论”或者“公共基础知识”，点击【查询】按钮。

2. 点击“信息标题”下的超链接，查看详细信息。如该条理论信息下含有附件，点击【下载查看】就可下载。

任务二：实战练习

1. 添加练习

点击【添加练习】按钮，键入“练习名称”，选择“课程名称”“练习类型”等，点击【保存】。“教师试卷”即由教师制定的试卷，自定义练习可以选择“全部试题”“星级试题”“错误试题”。全部试题是该系统试题题库中所有的试题。当学生首次进入系统，星级试题和错误试题是不存在的。星级试题是学生在做完练习和考完试后，对试题进行的标注；错误试题即学生在练习和考试的过程中做错的试题。

2. 保存练习

我们制定一个练习，名称为“练习一”，练习类型为“自定义练习”，试题范围为“全部试题”，限制时间为60分钟，还有“答案与分析思路”显示，即在练习的过程中可以查看试题答案和分析思路。设定好后，点击【保存】。保存后弹出“制定练习成功!”的提示，点击“确定”。

3. 设置试题

(1)点击相应练习后的“设置”链接，进入“详细信息设置”页面。选择“题型类别”“试题类别”(每个类别后面括号中的数字即在题库中该类型试题的题数)，键入“题目数量”(题目数量应不大于括号中的数字)，点击【加入】按钮；若想删除先前加入的题目，只需在“操作”列中，在相应的位置点击【去除】按钮即可。

(2)加好后，点击【返回上页】按钮返回，点击【生成】按钮后，弹出“练习生成成功”对话框，点击“确定”后，试卷就成功生成了。

4. 开始练习

点击左边目录中的“开始练习”，进入“开始练习”页面后，点击【开始练习】按钮，进入试卷页面。

5. 设置星级

在答题的过程中可以中断答卷，然后再进入继续答题。试题答完后，点击【交卷】即可。答题时可以设置试题的星级，点击【设置星级】按钮，选择星级。

6. 交卷

交卷后，即可查看成绩，进入“成绩管理”模块，查看成绩和成绩的分析。请见下面“成绩管理”的介绍，这里不再赘述。

7. 查看试卷

提交试卷后，会自动退出系统，若想查看试卷，需重新进入系统。进入系统，到达相应页面后，点击【查看试卷】按钮，即可查看试卷。

试卷红绿色分别显示做错和做对的试题，同时也可以查看试题的答案和分析。

任务三：模拟考试

1. 进入考试

(1)点击左边目录的【开始考试】，可查看教师所制定的考试。这里教师制定了一个考试名称为“行测模拟考试”的考试试卷。点击【进入考试】。

(2)在尚未到达考试时间，系统会自动给予提示。等待考试时间到达。

2. 答卷

在达到考试时间后，点击【进入考试】，这时可查看到考卷，并开始答卷。试卷答完后，点击【交卷】按钮即可。在答卷的过程中，可点击【答题状态】查看试题是否已经答过。

3. 交卷

(1)交卷后，答案将不能再修改。点击【进入考试】，系统将提示“已经交卷，请稍后查看成绩！”。

(2)在考试时间到达后，教师将结束考试，所有考生都不能再继续答题。结束后，可点击【查看试卷】来查看试卷对错的详细信息，同时可点击【成绩管理】查看自己的得分。

4. 查看试卷

在“开始考试”页面中，点击相应试卷后的【查看试卷】按钮来查看相应试卷(只有考过的试卷才可查看)。

任务四：成绩管理

点击左边目录中的“成绩分析”，进入相应页面。

1. 成绩查询

选择“分析类型”“所属课程”“练习名称”后，点击【查询】。即可查看到考试或练习的分数。

2. 成绩分析

点击【分析】，查看详细分析。这里对成绩作了横向分析和纵向分析两种分析。

横向分析：可查看到该考生在这次考试或练习中各个类别试题的总题数、正确题数以及正确率。

纵向分析：考生可看到所有的考试/练习所作的比较分析。

3. 查看教师评语

点击图中【教师评语】链接，查看教师评语。

项目二：申论训练

任务一：实战练习

1. 制定练习

(1)点击左边目录中的“制定练习”，进入“制定练习”页面。点击页面中的【添加练习】按钮，进入练习添加页面，键入“练习名称”，选择“课程名称”(申论)，在页面中只能对“教师试卷”进行选择，“练习类型”为灰色，不能对其操作。

(2)点击页面中的【保存】按钮后，弹出下面对话框，点击【确定】按钮后，制定练习成功。

2. 开始练习

(1)点击左边目录中的“开始练习”，进入“开始练习”页面，点击页面中的【开始练习】按钮，进入练习页面答题。

(2)进入后，首先审读问题，确定考察重点。

(3)然后快速浏览，划线批注。选择需标注的文字，将出现一个工具条，利用该工具条修改文字大小，在右边的方框中输入标注的文字。

(4)在仔细审读了问题和题目后，进行初步概括，并将概括总结写下来。

(5)在练习的时候，同时可以查看分析思路、参考答案等信息。

(6)最后就是写作，经过以上步骤的分析和总结。一气呵成完成写作。在答题的时候可点击【放大编辑】，来完成试题。

3. 交卷

完成练习后，点击【交卷】，系统将自动退出。交卷后，即可查看成绩，进入“成绩管理”模块，查看成绩和成绩的分析。请见下面“成绩管理”的介绍，这里不再赘述。

4. 查看试卷

提交试卷后，会自动退出系统，若想查看试卷，需重新进入系统。进入系统后，到达相应页面后，点击【查看试卷】按钮，即可查看试卷。

任务二：模拟考试

教师制定好申论考试后，学生到达时间时进入系统。此部分内容与答题方法和申论练习基本一样，这里就不详细叙述。

任务三：成绩管理

点击左边目录中的“成绩分析”，进入“成绩分析”页面。

1. 成绩查询

在“成绩分析”页面的“分析查询”一栏中选择“分析类型”“所属课程”“练习名称”后，点击【查询】按钮，即可看到相应的“得分”。

2. 成绩分析

(1)在上个页面中，点击“详细信息”一栏中“操作”列下的【分析】按钮，即可看到练习的“分析结果”。

(2)点击“教师评语”文字链接，可查看到教师给予的评语。

3. 自我评分

申论考试是由教师评分，学生点击分析即可查看到教师给予的评语。

但申论练习需要学生自己评分。

点击【评分】按钮，学生可将自己的“学生答案”和“参考答案”作比较，进行“自我评分”。

【拓展训练】

一、行政职业能力测试答题技巧

（一）言语理解与表达

阅读理解：

1. 注重对文章中关键词语的理解

阅读理解主要表现为对文章中一些关键词语的正确理解。它又分为两种情况：一是意义明显的，可以在上下文中找到解释；另一种情况是意义隐晦的词语，需要应试者调动自己以往的知识和经验，通过归纳和分析，将解释用自己的语言表达出来。

（1）首先要准确理解整个句子的意义。一个词只有在具体的语言环境中才有其确切含义，只有依靠具体的语言环境，做到“字不离词，词不离句”，才能把词义理解准确、透彻。

（2）把选项中的词代入到句中，默念一遍，找语感。

2. 注重对文章中的关键语句的理解

关键语句是指在文章中起关键作用的语句，在意义或结构上起衔接、照应的作用。

（1）熟悉基本的语法知识，依据语法知识对句子进行分析，重点检查句子成分是否残缺，搭配是否恰当，次序是否合理，定语修饰的主体是否明确等。

（2）要依赖于语感，注重语意表达的准确性。

3. 对片段或文章的概括理解能力

概括文章的内容，是一种从具体到抽象、从个别到一般、从现象到本质的提炼与升华过程。阅读理解不仅仅是对某一个词语或语句的分析，更重要的是对文章的大量重要信息进行筛选，以便作出正确的理解。

4. 把握作者的写作意图和目的

（1）首先应对整篇文章有完整、准确的理解，从总体上把握文章的主题；

（2）要善于抓住文中关键句子或关键词，它们有时会出现在文章的开头，有时也会出现在文章的结尾或中间；

（3）要对文章的引申含义进行分析和深加工；

（4）从选项与原文在意思上是否一致入手。

（二）数量关系

数字推理：

解答数字推理题，速度十分重要，但必须要在保证准确性的前提下来追求速度。

一般而言，先考察相邻两个（特别是第一个和第二个）数字之间的关系，在头脑中假设出一种符合这个数字关系的规律，并迅速将这种假设应用到下一个数字之间的关系上，如果得到验证，就说明假设的规律是正确的，由此可以直接推出答案；如果假设被否定，马上改变思路，提出另一种数量规律的假设。有一些题型是需要首先考察前三项（如前两项之和等于第三项的数字排列规律）甚至是前四项（如双重数列的排列规律)才会发现规律的。另外，有时从后往前推，或者“中间开花”向两边推也是较为有效的。

数学运算：

1. 数学运算题的解答方法

(1)运算题尽可能采用心算。将十分有限的时间尽量集中用于较难试题的解答上。

(2)遇到一时做不出来的题目，可以先跳过去，待完成其他较容易的试题后，若有时间再回头攻坚。

(3)对于数量关系测验来说，速度十分重要，但必须要在准确性的前提下来追求速度。

(4)不少数学运算题可以采用简便的速算方法，而不需要死算。

2. 数学运算题的解答技巧

(1)加强训练，增强数字的敏感程度，了解一些常见的题型和解题方法，并熟记一些基本数字。

(2)掌握一些数学运算的技巧、方法和规则，熟悉一下常用的基本数学知识(如比例问题、百分数问题、行程问题、工程问题等)。

(3)认真审题，准确理解和分析文字表达，正确把握题意，切忌被题中一些枝节所诱导，落入出题者的圈套中。

(4)努力寻找解题捷径，尽量多用简便算法。多数计算题都有“捷径”可走，盲目计算虽然也可能得出答案，但贻误宝贵时间，往往得不偿失。

(5)学会使用排除法来提高正确率。在时间紧张而又找不出其他解题捷径的情况下，可对部分选项进行排除，尤其是一些计算量大的题目，可以根据选项中数值的大小、尾数、位数等方面来排除，提高答对的概率。

(三)判断推理

图形推理：

1. 图形推理的解题方法

解答图形推理题时，首先要对第一套图形中的三个图形进行两两比较，发现它们之间的共同点和差异，尤其要注意第三个图形与第二个图形的差异。因为这种差异与你要找的问号处的图形与第二套图形中第二个图形间的差异有比较直接的关系。然后再比较第一套图形与第二套图形在“形”上的差异。用第一套图形的变化规律和第二套图形的“形”的组合就是问号处所需的图形。

2. 图形推理的解题技巧

(1)从第一套图形入手，仔细观察第一套图形中的三个图形，寻找其中变化规律，并把这规律运用到第二套图形中；

(2)观察的要点有：图形的大小、笔画曲直多少、元素数量的变化、方向的旋转、图形的组合顺序、图形之间的叠加与求同等；

(3)选择答案时要仔细，不要发生视觉错误。

演绎推理：

1. 推理及其分类

推理大体分为直接推理和间接推理。只有一个前提的推理叫直接推理。例如：

有的高三学生是共产党员，所以有的共产党员是高三学生。

有两个或两个以上前提的推理就是间接推理。例如：

贪赃枉法的人必会受到惩罚，你们一贯贪赃枉法，所以今天你们终于受到法律的制裁和人民的惩罚。

间接推理又可以分为演绎推理、归纳推理和类比推理等三种形式。

(1)演绎推理。指从一般性的前提得出了特殊性的结论的推理。例如：

贪赃枉法的人是必定会受到惩罚的，你们一贯贪赃枉法，所以，你们今天是必定要受到法律的制裁、人民的惩罚的。

"贪赃枉法的人是必定会受到惩罚的"是一般性前提，"你们一贯贪赃枉法"是特殊性前提。根据这两个前提推出"你们今天是必定要受到法律的制裁和人民的惩罚的"这个特殊性的结论。

(2)归纳推理。归纳推理是从个别到一般，即从特殊性的前提推出普遍的一般的结论的一种推理。可分为完全归纳推理、简单枚举归纳推理。

完全归纳推理，是指根据某一类事物中的每一个别事物都具有某种性质，推出该类事物普遍具有这种性质的结论。例如：

在奴隶社会里文学艺术有阶级性；在封建社会里文学艺术有阶级性；在资本主义社会里文学艺术有阶级性；在社会主义社会里文学艺术有阶级性；所以，在阶级社会里，文学艺术是有阶级性的。

简单枚举归纳推理，是根据同一类事物中部分事物都具有某种性质，从而推出该类事物普遍具有这种性质的结论。这是一种不完全归纳推理，结论可靠性较低。例如：

金导电、银导电、铜导电、铁导电、铝导电、锡导电，所以，一切金属都导电。

(3)类比推理。指从特殊性的前提得出特殊性的结论的推理。一般情况下，这种推理根据两个事物的某些属性上的相同，推出这两个事物在其他属性上也相同的结论。例如：

我们在动物、植物中发现细胞，又在植物细胞中发现了细胞核，由此类比，推导在动物细胞中也有细胞核，后来用显微镜观察，果然在动物的细胞中发现了细胞核。

2. 三段论

(1)三段论是推理中最普通的一种形式。它由三个简单判断组成，其中两个是前提，一个是结论。例如：

不法分子都害怕法律的制裁(大前提)；

杀人犯是不法分子(小前提)；

所以杀人犯害怕法律的制裁(结论)。

(2)三段论有三个特点：

①有三个判断；

②每个判断都有两个概念，整个推理共有三个不同的概念，每个概念都出现

两次；

③在前提中都有一个概念起媒介的作用。

在逻辑学中，阐述三段论时，概念和判断都有一定的名称。即，在作结论的判断中的谓项称为大项(P)；作主项的称为小项(S)；在结论中不出现，在前提中起媒介作用的称为中项(M)。一般，包含大项的判断称为大前提，包含小项的判断称为小前提。

(3)三段论应遵守三个原则：

①一个三段论必须(也只能)有三个概念，特别是中项必须是同一概念，否则就会产生错误(通常把这种错误说为“偷换概念”)。例如：

茅盾的著作不是几天可以读完的；

《白杨礼赞》是茅盾的著作；

所以，《白杨礼赞》不是几天可以读完的。

②中项在前提中至少周延一次。周延是在一个判断中对于主项和谓项是否全部断定，如全部断定就是周延，否则就会犯“中项不周延”的错误。例如：

劳模都参加了这次代表大会；

刘波参加了这次代表大会；

所以，刘波是劳模。

③在大前提中不周延的概念，在结论中也不能周延。否则就会造成“不当周延”的错误。例如：

书记是做人的思想工作的；

她不是书记；

所以，她不是做人的思想工作的。

(4)省略式三段论指的是或者省略一个前提、或者省略结论的三段论。

①省略大前提。例如：

教师是有功绩的，因为他们在教书育人中做出了贡献。

如作补充：

凡在教书育人中做出了贡献的人都是有功绩的(大前提)；

教师是做出了贡献的人(小前提)；

所以，教师是有功绩的(结论)。

②省略小前提。例如：

所有中国人都应该热爱祖国，我也应该这样。

如作补充：

凡是中国人都应该热爱祖国(大前提)；

我是一个中国人(小前提)；

所以，我也应该热爱祖国(结论)。

③省略结论。例如：

历史上革命先驱是值得后人怀念的，孙中山就是这样一位革命先驱。

如作补充：

凡历史上革命先驱是值得后人怀念的(大前提)；

孙中山就是这位革命先驱(小前提)；

所以，孙中山是值得后人怀念的(结论)。

3. 假言推理

所谓假言推理指的是大前提是假言判断的演绎推理。根据假言判断的不同形式，可分为充分条件假言推理、必要条件假言推理和充分必要条件假言推理等三种形式。

(1)充分条件假言推理

所谓充分条件假言推理是指以充分条件假言判断作为大前提的演绎推理。一般情况，它又可以分为肯定式与否定式两种：

①充分条件假言推理(肯定式)。例如：

只要跑步，人就会出汗；

你现在正在跑步；

可见，你现在正在出汗。

肯定式的一般规则：肯定前件，就能肯定后件；但是否定前件，不能否定后件。例如：

如果两条线平行，那么它们就是直线；

这两条线不平行；

所以，它们就不是直线。

显然，这个结论是错误的，因为所有的不弯曲的两点之间最短的线都是直线。

②充分条件假言推理(否定式)。例如：

只要跑步，人就会出汗；

你现在没出汗；

可见，你现在没有跑步。

否定式的规则：一般情况下，否定后件，就能否定前件；但是肯定后件，不能肯定前件。例如：

如果饮酒过量，肝脏就会生病；

他的肝脏生病；

所以，他饮酒过量了。

这一结论不符合实际情况，因为有时其他诸多原因，也会引起肝脏生病。

(2)必要条件假言推理

必要条件假言推理指以必要条件假言判断作为大前提的演绎推理。这种推理可分为肯定式和否定式两种。

①必要条件假言推理(肯定式)。例如：

只有努力学习，才能取得好成绩；

晓鸣取得了好成绩；

可见，他努力学习了。

这种肯定的一般规则是：肯定后件，就能肯定前件；但是否定后件，不能否定前件。例如：

只有忠诚于党的教育事业，才能做好教学工作；

张老师没做好教学工作；

所以，张老师没有忠诚于党的教育事业。

这个结论不妥当。因为没做好教学工作，还有其他一些原因。

②必要条件假言推理(否定式)。例如：

只有平时搞好训练，才能比赛取胜；

你平时没搞好了训练；

所以，你比赛没能取胜。

否定式的一般规则：否定前件，就能否定后件；但是肯定前件，不能肯定后件。例如：

只有平时搞好训练，才能比赛取胜；

你平时搞好了训练；

所以，你比赛能取胜。

这个结论不妥当，因比赛能取胜还有其他条件。

(3)充分必要条件的假言推理

所谓充分必要条件的假言推理指的是以充分必要条件的假言判断作为大前提的演绎推理。它一般有四种形式，即肯定式中的肯定前件式、肯定后件式和否定式中的否定前件式、否定后件式。

①肯定前件式指由肯定前件到肯定后件。例如：

在地球上一个常大气压下，水只要加热到100℃就会沸腾；

现在已加热到100℃；

所以，水沸了。

②肯定后件式指由肯定后件到肯定前件。例如：

在地球上一个常大气压下，水只要加热到100℃就会沸腾；

现在水沸腾了；

所以，已加热到100℃了。

③否定前件式指由否定前件到否定后件。例如：

在地球上一个常大气压下，水只要加热到100℃就会沸腾；

现在还没有加热到100℃；

所以，水没有沸腾。

④否定后件式指由否定后件到否定前件。例如：

在地球上一个常大气压下，水只要加热100℃就会沸腾；

现在水没有沸腾；

所以，还没有加热到100℃。

4. 选言推理

所谓选言推理指的是以选言判断作为大前提的演绎推理。选言推理也是由大前提、小前提和结论三部分构成。一般分为相容的选言推理和不相容的选言推理两种。

(1)相容的选言推理

相容的选言判断要求肢判断必须有一个真的，但同时并不排斥其他肢判断的真实，所以，运用相容的选言推理时，否定一部分肢判断，就要肯定另一部分肢判断。又因为肯定一部分肢判断不能否定另一部分肢判断，所以相容的选言判断只有一个否定肯定式。例如：

考试成绩不好，或是由于复习方法不对，或是由于临场发挥不好；

汪莘同学考试成绩不好，不是复习方法不对；

所以，汪莘同学考试成绩不好是临场发挥不好。

正确运用选言推理一般要注意以下两点：第一，运用否定肯定式选言推理时，大前提的选言肢必须列举完全；第二，运用肯定否定式选言推理时，大前提一般不能是相容的选言判断。否则，推理就会出现错误。

(2)不相容的选言推理

真实的、不相容的选言判断必须有一个选言肢是真的，所以，否定一部分肢判断就要肯定另一部分肢判断(即否定肯定式)，而肯定一部分肢判断就要否定另一部分肢判断(即肯定否定式)。

①否定肯定式。例如：

今天的报告会，或由赵教授作报告，或由刘校长作报告，或由汪书记作报告；

不是由赵教授作报告，也不是由刘校长作报告；

所以，由汪书记作报告。

②肯定否定式。例如：

人的正确思想或者是从天上掉下来的，或者是自己头脑里固有的，或者是从社会实践中来的；

人的正确思想只能从实践中来；

所以，人的正确思想不是从天上掉下来的，也不是头脑里固有的。

5. 同一律

同一律要求在同一思维过程中，运用概念或判断都应当保持确定的同一内容，不能任意改变，所议论的命题即论题也应保持同一，不能改变或“偷梁换柱”。同一律的公式表现为 A 是 A(或甲是甲)。例如：

要搞好群众工作必须依靠群众，我就是群众，当然应该依靠我。

这个例子，前后三次使用“群众”这一概念，但它们含义是不同的。前两个“群众”泛指人民群众，不指某一个具体的人；后一个“群众”则特指“我”，意为非干部或党团员。因此，前后不是同一概念。这段话违反了同一律要求，在逻辑上称为犯偷换概念与混淆概念的错误。

6. 矛盾律

矛盾律要求人们在同一思维过程中，在同一条件下，从同一方面，对同一事物，思想认识必须做到首尾一致一贯，不能既肯定某事物具有某种性质，又否定该事物具有某种性质。矛盾律的公式表现为 A 不是非 A，即甲不是非甲。例如：

①入夜，朝教学大楼望去，整座大楼灯火辉煌，只有一个教室的灯没亮。

②生活会上，大家互相做了自我批评。

上述两例都违反了矛盾律。例①“灯火辉煌”和“灯没亮”、“整座大楼”和“一个教室”是自相矛盾的，既然整座楼灯火辉煌，就应当看不见一个教室灯没亮。例②“自我批评”是自己检查和反省自己的缺点错误；“批评”可以“自我批评”，但不能“互相自我批评”。

7. 排中律

排中律要求在同一议论中，一个概念或者反映事物的某种本质，或者不反映事物的这种本质，二者必居其一；一个判断或者反映事物的某种情况(情形)，或者不反映事物的这种情况，二者必居其一。同时，排中律还要求，对于互相矛盾的两种思想必须做出非此即彼的选择，而不允许都加以否定或者都加以肯定。

在运用排中律时，要注意，它只适用于矛盾关系的判断，因为只有互相矛盾的判断，才能够说二者必居其一。碰到不是矛盾关系，排中律就不能适用，也不需要用。

8. 演绎推理的解题技巧

从做题的要求也可以看出，做演绎推理题目必须紧扣题干内容，以题目中的陈述为依据，根据形式逻辑的推论法则推出正确结论。题中的陈述是被假设为正确的，不要对其作出怀疑或否定，给自己解题带来不必要的干扰。对于演绎推理题目中比较难的、多种条件相互制约或是数理逻辑的题目，可以忽略其具体情境，在草稿纸上抽象出其数理模型，加以逻辑运算，这样比较容易得出结论。

解答演绎推理题时，要注意以下事项：

(1)紧扣题干内容，不要对题中陈述的事实提出任何怀疑，不要被与题中陈述不一致的常理所干扰。试题中所给的陈述有的合乎常理，有的可能不太合乎常理。但你心中必须明确，这段陈述在此次考试中被假设是正确的、不容置疑的。

(2)紧紧依靠形式逻辑有关推论法则严格推理，注意大前提、小前提、结论三者之间的关系。在演绎推理题中，前提与结论之间有必然性的联系，结论不能超出前提所界定的范围。因此，在解答此种试题时，必须紧扣题干部分陈述的内容，正确答案应与所给的陈述相符。必须注意的是，此类试题的备选答案具有很强的迷惑性，即各个选项几乎都是有道理的，但有道理并不等于与这段陈述直接相关。正确的答案应与陈述直接有关，即从陈述中直接推出。

(3)必要时，可以在草稿纸上用你自己设计的符号来表示推论过程，帮助你记住一些重要信息和推出正确结论。

定义判断：

1. 什么是概念

概念就是事物的本质属性在人头脑中的反映，是对客观事物的本质的认识。

2. 怎样明确概念

概念包括内涵和外延。所谓内涵，指概念反映的事物的本质属性。例如“书”的内涵是指装订成册的著作。所谓外延，是指概念所包括的全部对象，例如“书”的外延包括教科书、工具书、知识书、科技书、文艺书等一切著作。

一个概念，内涵越少，外延越大；内涵越多，外延越小。二者成反比例关系。

3. 概念的种类

(1)从概念的内涵方面一般可划分为：

①具体概念。所谓具体概念，是指反映具体人或事物的概念。例如"新中国""北京""电视机""工人""农民"等。

②抽象概念。所谓抽象概念，是指反映事物的特性(特点)的概念。例如"思想""道德""品质""电""二万""形容词"等。

(2)从概念的外延方面一般可划分为：

①单独概念。所谓单独概念，是指单独事物的概念，它的外延一般只涉及一个特有的事物。例如"茅盾""巴金""《子夜》""《家》""阿Q"等。

②普遍概念。所谓普遍概念，是指反映一个类别(类型)事物的概念。它的外延涉及一类事物中的每一个"成员"，即每一个"分子"。例如"共青团员"，这是个普遍概念，它可指"团员"这一类事物，可指一个姓王的男的共青团员，也可指一个姓汪的女的共青团员。

③集合概念。所谓集合概念，是指反映集体(群体)事物的概念，它的外延一般涉及这一类事物的整体。例如"部队"，指的是许多军事人员的集合体，不指其中某一个战士或军官。

4. 概念之间的关系

概念之间关系一般有同一关系、并列关系、交叉关系、从属关系、反对关系和矛盾关系六种。可分为两类：一类为相容关系，包括同一关系、交叉关系和从属关系；另一类为不相容关系，包括并列关系、反对关系和矛盾关系，因为这三种关系外延互相排斥。

(1)同一关系，指的是几个概念的外延全部相合。例如"中国瓷都"和"景德镇"、"土豆"和"马铃薯"等。

(2)并列关系，指的是在一个种概念下面的若干属概念之间的关系。例如"船"是一个种概念，"木船""水泥船""铁壳船"等等则是"船"这个种概念下面的几个属概念，因为"木船""水泥船""铁壳船"三者之间的关系是并列关系。

(3)交互关系，指的是几个概念的外延部分有所重合。例如"共青团员"和"中学生"。

(4)从属关系，指的是一个概念的全部外延包含在另一个概念的外延之中。例如"师"和"军"、"中学"和"学校"、"苹果"和"水果"等。

(5)反对关系，也叫相对关系或对立关系，它指的是两个概念的外延互相排斥，它们的外延相加又小于它们的种概念的外延。例如："红"和"绿"两者的外延加起来又小于它们的种概念"颜色"的外延。反义词也是指反对关系的概念，例如"真"和"假"、"美"和"丑"等。

(6)矛盾关系，指的是两个概念的外延互相排斥，它们的外延相加等于它们的种概念的外延。例如："红"和"非红"，两者是互相排斥的，它们的外延相加等于它们的种概念"颜色"的外延。

5. 概念的一般逻辑方法

明确概念的逻辑方法主要有下定义、划分、限制和概括。

(1)下定义

通过给概念下定义，可以清楚地说明概念所反映的事物的本质，明确概念的内涵。一般要遵守三个原则：

第一，定义概念与被定义概念的外延必须相等。

第二，定义不应当有同语反复，即定义概念必须能够直接说明被定义概念，不能用被定义概念或依靠被定义概念。

第三，定义不能用否定形式。例如：

①工人小说是以产业工人为题材的小说。

②电视文学是以电视文学为特点表现社会生活的艺术。

③光波不是光线。

例①定义概念外延小于被定义概念的外延，因为以产业工人为题材的小说只是工人小说的一部分。例②犯了同语反复的错误，没有揭示电视文学(被定义概念)的内涵。例③为否定形式，不能够揭示被定义概念。

(2)划分

划分指的是一个概念反映了哪些事物，适用范围有多大，也可以说是把外延较大的种概念分成若干外延较小的属概念的方法。一般有三种方法：

第一种，一次划分方法。这种方法是把一个种概念一次划分成若干个属概念。例如：

小说从篇幅容量上看，可分为长篇小说、中篇小说、短篇小说和小小说。

第二种，二分法。这种方法是把一个种概念分为相互矛盾的两个概念。例如：

①人类有史以来的战争，只有正义与非正义两种。

②汉语词语从语法上划分，有实词和虚词两类。

第三种，多次划分法。这是一种有两次或两次以上的划分。它是把划分以后的属概念作为种概念再进行划分。例如：

汉语的词语有实词和虚词两类。实词中有名词、动词、形容词、数词、量词和代词；虚词中有副词、介词、连词、助词和叹词。

(3)限制

限制指的是增加概念的内涵，使外延较大的种概念过渡到外延较小的属概念的逻辑方法。例如：规律→建设规律→社会主义建设规律→中国社会主义建设规律。

(4)概括

概括指的是减少概念内涵、扩大概念外延而使外延较小的属概念过渡到外延较大的种概念的逻辑方法。例如：中国社会主义建设规律→社会主义建设规律→建设规律→规律。

6. 什么是判断

判断指的是人们对事物的某种性质或关系所作出的肯定或者否定的论断。有三个特点：

(1)每一个判断一般包含两个以上的概念。

(2)每一个判断都反映了概念互相之间的关系。

(3)每一个判断表现了对某一个事物的一种特点(一种性质)的肯定或者否定。

符合客观事实的判断是真实的判断，不符合客观事实的判断是虚假的判断。例如：

①毛泽东是伟大的马克思主义者。

②月亮是太阳的卫星。

例①是真实的判断，因为它符合客观事实。例②是虚假的判断，因为它不符合客观事实。

7. 判断的结构

判断由概念构成，一般包括主项、谓项、联项。例如：儿童是祖国的花朵。

联项一般由"是"或"不是"来表示。语言中，有的句子如陈述句、反问句、感叹句有时没写出联项"是"或"不是"，但从判断上仍能看出是肯定判断还是否定判断，一般可改为"S是P"的形式。例如：

①中国首都北京。可改为"S是P"形式：**中国首都是北京。**

②难道这不是中国共产党的成就吗？可改为"S是P"形式：**这是中国共产党的成就。**

8. 简单判断

简单判断是断定事物具有或者不具有某种性质，它反映客观事物较为简单的情况。这一类判断，大体上可分以下六种形式：

(1)单称肯定判断

单称肯定判断断定某单个事物具有某种性质。例如：

深圳是我国的经济特区。

鲁迅是我国无产阶级革命文化的旗手。

雷锋是共产主义战士。

(2)单称否定判断

单称否定判断断定某单个事物不具有某种性质。例如：

毛泽东不是数学家。

祖冲之不是历史学家。

德国不是社会主义国家。

(3)特称肯定判断

特称肯定判断断定某一类事物中的一部分事物具有某种性质。例如：

一中有许多老师被评为"市优秀教师"。

这些清洁工人为城市的美容做出了贡献。

(4)特称否定判断

特称否定判断断定某一类事物中的一部分事物不具有某种性质。例如：

有些汽车不是十轮卡车。

有些四边形不是正方形。

(5)全称肯定判断

全称肯定判断断定某一类事物中每一个事物都具有某种性质。例如：

任何罪犯都逃不脱法律的制裁。

凡是彻底的唯物主义者都尊重事实。

(6)全称否定判断

全称否定判断断定某一类事物中的每一个事物都不具有某种性质。例如:

一切唯心主义者都不是真正的革命者。

凡偏食的人都不会是身体健康者。

以上是常见的六种简单判断形式。在实际运用中,一般要注意以下三个问题:

其一,主项和谓项必须相应。例如:

能否坚持改革开放是能否取得新时期社会主义建设成功的关键。

这里,主项有"能否"两方面组成,谓项也有"能否"两方面组成相应。

其二,要准确地使用量项。例如:

①所有介词都是虚词。

②"三好生"一定是好学生。

③真正的共产党员都会做到克己奉公。

以上例句的量项(即反映对象多少)符合实际情况,判断恰当。

其三,要正确使用联项。所谓正确使用联项,就是要注意如实反映客观事物的事实真相,正确地进行肯定或者否定。例如:

①科学是不以人们意志为转移的。

②任何困难都不是不可克服的。

9. 复合判断

所谓复合判断是由两个或两个以上简单判断组合起来的判断。根据联结项的不同,可分为三种类型形式,即联言判断、假言判断与选言判断。一般把组成复合判断的各个简单判断称为肢判断。

复合判断断定几件事物的某种情况,或者它们之间的关系,能够反映事物较为复杂的情况。例如:

我们不但要搞好物质文明建设,而且还要搞好精神文明建设。

这就是两个简单判断组成的复合判断,其中的任何一个简单判断就叫做"肢判断"。我们一般把确定肢判断与肢判断之间的逻辑联系性质的部分称为联结项。如上例句子中的"不但……而且……"就叫做联结项。

10. 联言判断

联言判断是判定两个或两个以上的事物、情形同时存在。一般有两种情况:

第一种情况主要用语法中的并列短语(联合词组)做主要句子成分的单句表达。例如:

①小学、中学和大学都是学校。

②学生要做到身体好、学习好、思想好。

第二种情况主要用语法中并列复句、转折复句和递进复句来表达。这种判断的每个联言肢是单句即每个单句是联言肢。这种判断的联结项常用一些关联词,例如"……也……""……并且……""……而且……""一方面……一方面……""既……

又……”“虽然……但是……”“尽管……可是……”“不仅……并且……”“不但……而且”等。

11. 假言判断

假言判断是反映事物情况之间的条件和结果的关系。这种判断是判定一类情况是另一类情况的条件，因此也称为条件判断。有三种类型，即充分条件假言判断、必要条件假言判断和充分必要条件假言判断。

第一种类型，充分条件假言判断。这种假言判断的前件是后件的充分条件，如果有前件存在，必有后件存在；但如果没有前件存在，也不一定没后件存在。例如：

①如果天冷，就多穿些衣服。

②菜淡了，就加些酱油。

③只要我们实事求是，就能把事情办好。

充分条件假言判断的联结项一般常用“如果……就……”“假如……就……”“只要……就……”“倘若……就……”等关联词。

第二种类型，必要条件假言判断。这种假言判断的前件是后件的必要条件，如果前件不存在，后件必定不存在；如果前件存在，则后件未必一定存在。例如：

①只有意识到这一点，才能更深刻了解我们的战士在朝鲜奋不顾身的原因。

②只有彻底的唯物主义者才能成为真正的共产主义者。

必要条件假言判断的联结项一般常用“只有……才……”“必须……才……”“除非……才……”“如果不……那么就不……”“没有……就没有……”等关联词。

第三种类型，充分必要条件假言判断。这种假言判断的前件既是后件的充分条件，又是它的必要条件，就是说，如果前件存在，则后件必定存在；反之亦然。例如：

①水加温到100℃，就会沸腾。

②如果不能解放全人类，无产阶级自己就不能最后得到解放。

充分必要条件假言判断一般常用“只要……就……”“只有……才……”等关联词。

12. 选言判断

选言判断一般有两种类型。

第一种类型是相容的选言判断。相容的选言判断是断定事物的各种可能情况中至少有一种情况存在，但是也并不排斥其他情况可能存在。例如：

①这次考试成绩出乎意料的好，也许是由于复习对了“路”，也许是临场发挥出色。

②她那么胖，或者是因为营养过分，或者是因为某种疾病。

相容选言判断的联结项一般常用“或者……或者……”“也许……也许……”“可能……可能……”“要么……要么……”等关联词表达。

第二种类型是不相容选言判断，是断定事物的各种状态或情况中，只有一种情况存在。各选言肢相互排斥，不能同时都为这个判断的主项所表示的对象所具有。例如：

①电视接收机的荧屏色彩要么是黑白，要么是彩色。

②人的世界观，不是唯心主义，就是唯物主义。

13. 定义判断的解题技巧

做好定义判断题的关键在于紧扣题目中给出的定义，尤其是定义中那些含有重要内涵的关键词。然后再阅读下面给出的事例选项，一一对应看该事例是否符合定义中的规定。

应试者应从定义本身入手进行分析和判断，不要凭借自己已有的概念去衡量，特别是当试题的定义与自己头脑中的定义之间存在差异时。

事件排序：

1. 利用掌握的常识对事实作出必要的补充或假设，按事件发生的时间先后顺序排列；

2. 在多数情况下，可采用排除法，即首先确定某环节必为最先发生或最后发生，或者确定某两个环节必前后发生，进而对选项进行排除；

3. 四个选项给出的四个顺序也许没有一个与你设计的最合理的顺序相同，但其中必有一个是相对合理的。

(四)常识判断

常识题主要应抓住两点：第一是平时注意对知识的积累，考前进行针对性的复习和强化训练；第二是作答时要认真细致地阅读题干和备选项，防止多选或漏选。

1. 淘汰法

当确定一个选择项不符合题意时，便将自己的注意力迅速转移到下一个选择项，依次加以否定。

2. 去同存异法

在阅读完试题内容和所有选择项后，根据题意确定一个选择项为参照项，然后将其他选择项与之进行对比，把内容或特征大致相同的项目去掉，而保留差别较大的选择项，最后确定一个符合题意的正确答案。

3. 印象认定法

印象认定法是指根据印象的深刻来选择答案。应试者在读完一道试题的题干和各选择项后，各选择项对于考生大脑的刺激强度是不同的。

4. 比较法

在解答单项选择题时，应试者可以将各选择项同题意要求进行纵向比较，根据各自同题意要求差异的大小来确定最符合题意要求的答案。

5. 大胆猜测

如果运用其他方法都无法确定正确答案，可以通过猜测来选择答案，这可以避免考生在这种试题上过分深究，影响自己的注意力和情绪，同时也有一定的命中率。

(五)资料分析

作为国家公务员，避免不了要面对大量繁杂资料并对其进行整理和综合分析。这种针对考生对各种资料进行准确理解和分析的综合能力的考查也变得尤为突出。

资料分析口算终极六步法则：

第一步：定位；

第二步：选取百分数规则；

第三步：五舍六入法则；

第四步：分子分母大小关系，引起的差与和问题；

第五步：倍数关系转化；

第六步：百分数为此类运算的最终结果。

1. 文字资料分析解题方法与技巧

做文字资料分析题，在拿到题目之后，首先要将题目通读一遍，用大脑分析哪些是重要的，哪些是次要的，然后仔细看一下后面的问题，与自己原先想的印证一下，接下来就有针对性地再认真读一遍材料，最后，开始答题。在遇到这类题时，切忌一上来就找数据。

2. 统计表分析解题方法与技巧

关于统计表的问题，有三种类型：一种是直接从图表上查阅答案，这种问题比较简单；第二种需要结合几个因素，进行简单的计算，这就要求应试者弄清题意，找准计算对象；第三种是比较复杂的分析和计算，需要综合运用图表所提供的数字。

解答统计表问题时，首先要看清试题的要求，通览整个材料，然后带着问题与表中的具体数值相对照，利用表中所给出的各项数字指标，研究出某一现象的规模、速度和比例关系。

3. 统计图分析解题方法与技巧

解答统计图分析题时，要注意以下几点：

(1)首先应读懂图。统计图分析试题是以图中反映的信息为依据，看不懂资料，也就失去了答题的前提条件。

(2)读图时，最好带着题中的问题去读，注意摘取与试题有关的重要信息。

(3)适当采用“排除法”解决问题。在进行计算时，往往通过比较数值大小、位数等可排除迷惑选项。

(4)注意统计图中的统计单位。

二、申论的答题技巧与注意事项

(一)申论答题步骤与方法

首先是题目。

立论法：确定资料主题，表述中心论点。

比如，提高劳动者能力拓展就业渠道、让可持续发展思想深入人心、建立节约型社会应先打造节约型政府、加强反腐倡廉构建和谐社会、诚信不仅仅是私事、加强安全生产建设推进经济健康发展等这些言辞，都可以用上。

第一段：开篇语

开篇点题，要陈述现象和相应的政策。

★随着我国经济持续快速发展……问题日渐凸显出来，在社会经济和国家安全中所占的位置越来越突出。在这样的形势下，目前产生的……问题逐渐进入人们的视野，已引起人们的高度关注，成为社会的热点问题，引起强烈反响。

★近些年来，……蓬勃发展，为我国经济快速发展作出了突出贡献，逐渐成为我国国民经济的重要支柱产业和社会主义建设的中坚力量。但与此同时，……(现象，

政策)

★改革开放20多年来，我国经济取得飞速发展，但……的改革却明显落后，……(后面引出材料反映问题)

第二段：原因分析

原因这一块一定要写得很清楚，所以要分出条理。

★检视……面临的窘境，我们不难发现，造成目前状况的原因是多方面的。人口多、底子薄是基本国情，这就决定了在相当长的时间内，……是我国经济社会发展的突出矛盾之一，我们任何时候都不能轻言……问题已经解决。当前及今后依然严峻的形势主要表现在：……

★现阶段我国的……形势，表现为总体稳定、趋于好转的发展趋势与依然严峻的现状并存。严峻的形势有浅层次的因素，也有深层次的矛盾；既有历史的沉淀，也有新形势下产生的新问题，主要可以归结为：……

★改革开放以来，随着社会主义市场经济体制的建立，在党和政府的正确领导下，我国经济突飞猛进。同时，社会组织结构、就业结构、社会结构的变革加快，正面临着并将长期面临着一些亟待解决的突出矛盾和问题。首先，……；其次……；再次……；最后……

申论写作当中很多东西都是必须要有，要让人一眼就能看见的，所以要熟记这些措辞，文章里尽量体现。

第三段：提出对策

衔接句的写法：

★……，关键在于。有鉴于此，我国……要进行一系列深层改革，要从……和制度的改革做文章；观念、意识、思想要开放，要确立……全新的理念，创造……良好的环境和氛围。因此，当前和今后一个时期，要重点抓好以下工作：……

★树立，解决，……不是一句空话，必须要有机制上的引导与保障，同时也要求各级政府加大宣传力度加强领导，落实任务。

★在贯彻落实科学发展观、构建和谐社会的背景下，……具有强烈的现实紧迫性。因此，我们必须立足当前、着眼长远，下大力气抓好……的工作。

★当前和今后一个时期，加强……的工作基本思路是：用“以人为本”的科学发展观统领……工作，实施“标本兼治，重在治本”，采取果断措施遏制重大事故的同时，加快实施治本之策，推动……文化……法制……科技……投入等要素落实到位，建立长效机制，加快实现我国……的明显好转。

★要解决……问题，必须确保……优先发展，进一步加强各级党委和政府对教育工作的领导和统筹力度，在……方面采取有力措施。

结束段的写法：

★ 综上所述/总而言之，有效解决……问题/建立……社会，对推动我国经济社会发展转入科学发展轨道、走上社会和谐之路，推进全面建设小康社会意义重大而深远。以上的这些词语和句子都是公文或写作中应该具备的，考生都要熟记。

(二)申论答题常犯的三个错误

一、草草阅读

很多考生为了节约时间，匆匆浏览了一遍资料，就开始了作答，写着写着发现材料讲了什么自己没印象了，再折回去看相关段落，既浪费了时间也无法保证准确。针对此种问题，中公教育专家在下面指出了两种常见的阅读材料的“疾病”并提出了相应解决方法。这里要特别提醒考生在阅读时不要过于草率，有时只要稍加留意就可以发现要点所在。

1. 只见树木，不见森林——要通读材料把握主题

【给定资料节选】要帮助中小企业走出困境，一方面固然要在尊重市场经济规律的同时，按照中央的要求，实施差异化金融监管、机构信贷政策落实、财税支持力度加大等应急政策；同时也要认清“中小企业病”成因的长期性和复杂性——它不仅是老板道德病、企业经营病，更是金融信贷病、实体经济病。对此，我们除了采取灵活审慎的调控政策之外，更应着眼于长远和大局，加强制度建设。

当前中小企业面临的最大难题是资金问题。因此，民间借贷和官方信贷对于应急状态下的中小企业，意义不言自明。只有不断完善对中小企业的信贷保障才能从根本上缓解中小企业的种种困境。

对于民间借贷而言，应该相信市场，给予其合法的市场地位。事实也证明，民间借贷宜疏不宜堵，应加强监管，引导其阳光化、规范化发展。尤其在中小企业经营困难的特殊时期，更应建立风险评估、预警体系、秩序整顿等制度，发挥其积极作用，同时防范可能出现的金融风险。……

“民营经济成就了浙江，是浙江的瑰宝，我们要像爱护眼睛一样爱护它们。”目有疾，自当医。而这种医治，不仅要给予其应急性的资金支持，更要着力约束资金流向，规避应急贷款再次流入资本市场的风险……

在内容为中小企业病的资料中，题干要求考生写出“本文的主要观点”。文章通篇都在谈中小企业病，可依然有考生写“民营企业应该提倡和保护”。究其原因，是考生“一叶障目”地只看到最后一段的段首句引用了一位政府公务员的工作指导——其中涉及了民营企业，便将材料主题确定了下来。

考生在阅读时不仅要注意每段的段首和段尾句，也要注意材料中反复出现的关键词。如果文章多数都在谈一个问题，那么就可以确定这篇材料的中心就是这个问题了。

2. 草草掠过，没有重点——要抓住材料中的转折词语

【给定资料节选】校车安全功夫既在“车上”，也在“车外”。……眼下，从国家层面到地方政府，都在积极推动校车的“赋权”，这是重要保障，但制度设计要成为校车的安全护栏，既有赖于有关部门的严格执法，更需要全社会的自觉遵行，提高汽车文明。

考生要注意资料中重点语句前后的转折词语。在一篇校车安全的题目中，资料中提到“从国家层面到地方政府，都在积极推动校车的‘赋权’”，很多考生都把它当做了文章的重点，而忽略了在下一句中就提到的“但制度设计要成为校车的安全护栏，既有赖于有关部门的严格执法，更需要全社会的自觉遵行，提高汽车文明”，一个“但”字就把文章的重心由制度设计转移到了汽车文明。考生在阅读给定资料时要特别留心，尽量不要跳读，找到文章要点后联系上下文仔细揣摩其真正用意，才能做到

万无一失。

二、审题不清

审题不清，已经是伴随很多考生的老问题了。在考试中，我们发现很多考生丢分不是不知道答案，而是由于内心紧张审题不清，明明是一道简单的题目，结果很多考生的作答结果却令人啼笑皆非。

【示例】“请找出文中的整体过渡句”

题目要求考生找出文中的整体过渡句。结果考生的作答却是五花八门，有人找了文章起始段的段首句，有人找了最后一段的结尾句，有人找了过渡段，还有人找了过渡词，这样的作答只有一个结果——零分。众所周知，过渡句是文章中起到承上启下作用的语句，它可能是某一段的段首句或是段尾句，可能是一条在过渡段中起具体作用的语句，也可能是包含了过渡词的一句话，但一切的前提是它一定是一个句子而非一个词或一段话。此外，文章第一段的段首句一般都起开头点题的作用，而最后一段的段尾句会起结尾收束的作用，这两个句子无论如何也谈不到承上启下(一个缺乏上文内容，一个没有下文表述)。

这个例子告诫考生，如果依旧忽视审题，一个可笑的答案必然带给你一个可悲的成绩。建议考生在阅读材料前一定要先阅读问题，带着问题看材料，将发现的要点在材料中进行标注，然后再根据要点进行作答，这样既可以保证作答准确，又可以有效节约时间。

三、乱用成语

很多考生喜欢在申论作文中引用一些名言警句，这本来值得鼓励，但有些考生并不正确了解所引语句的具体含义，结果往往与要表达的论点南辕北辙。

在一篇论述依法行政的申论作文中，有的考生开篇写道：

“人心似铁，官法如炉”，自古以来，法制就是惩恶扬正的基本保障，是在分辨善恶之间最权威最具影响的一种手段。

先不提惩恶扬正一词是否正确，单就“人心似铁、官法如炉”一句就是极大的谬误，俗语中“人心似铁、官法如炉”讲的是锻炼成狱、屈打成招，考生在不明白词语本身含义的时候贸然用在申论文章中，无疑会降低阅卷人对你文章的总体评价。

【电子政务模拟训练系统】

项目一：档案信息管理

档案是直接形成的历史纪录。“直接形成”说明档案继承了文件的原始性，“历史纪录”说明档案在继承文件原始性的同时，也继承了文件的记录性，是再现历史真实面貌的原始文献。

档案的形式多种多样。档案的形式包括载体、制作手段、表现方式等。从载体来看，有甲骨、金石、缣帛、简册、纸质、胶磁等；从制作手段来看，有刀刻、笔写、印刷、复制、摄影、录音、摄像等；从表现方式来看，有文字、图表、声像等。

档案有多种属性。档案具有历史再现性、知识性、信息性、政治性、文化性、社会性、教育性、价值性等特点，其中历史再现性为其本质属性，其他特点为其一般属性。因此，可将档案的定义简要地表述为：档案是再现历史真实面貌的原始文献。

【实训目标】

1. 初步掌握档案管理的相关知识点。

2. 了解档案管理系统所涉及的角色，以及各角色所涉及的功能。

3. 了解档案管理的相关流程。

【实训导入】

档案管理是以网络、计算机、信息技术为手段，以档案资源为对象，以档案工作为依托，按照信息社会和国家档案性质管理部门的要求，开展档案的收集、整理、保管、开发和利用的现代化管理过程。

【实训任务】

1. 档案馆信息与系统配置项维护。

2. 角色和用户权限维护。

3. 档案日志信息管理。

4. 档案收集和审核，档案编目，档案提交入库、接收入库，档案保管信息维护，档案鉴定信息维护。

5. 档案技术处理，档案编研、发布，主题、专题、事项维护。

6. 档案转出信息维护，档案销毁，档案检索、统计，数字化预警设置。

【实训步骤】

任务一：基础信息设置

点击系统管理员后的【进入】，在“系统信息维护”下选择【档案信息维护】，填写档案的基本信息，点击【确定】。

任务二：系统配置项维护

1. 档案性质定义

在“系统信息维护”下选择【档案性质定义】，点击【新增档案性质】。

2. 档案密级定义

在“系统信息维护”下选择【档案密级定义】，点击【新增档案密级】。

3. 档案组成形式定义

在“系统信息维护”下选择【组成形式定义】，点击【新增档案组成形式】。

4. 档案收集形式定义

在“系统信息维护”下选择【收集形式定义】，点击【新增档案收集形式】。

5. 馆藏地址定义

在“系统信息维护”下选择【馆藏地址定义】，点击【新增馆藏地址】。

6. 类别定义

在“系统信息维护”下选择【类别定义】，点击【新增档案类别】。

任务三：系统用户设置

1. 角色管理

在“系统用户设置”下选择【角色管理】，点击【新增角色】。

2. 用户管理

在“系统用户设置”下选择【用户管理】，点击【新增用户】。

3. 权限设置

在“系统用户设置”下选择【权限设置】，点击角色后的【权限设置】。

任务四：档案日志管理

进行该任务之前，需进行档案业务操作(如档案收集)。

1. 档案日志查询

在“档案日志管理”下选择【档案日志查询】，输入查询条件，点击【查询】。

2. 档案日志删除

在“档案日志管理”下选择【档案日志删除】，在日志信息列表中选择需要删除的记录，点击下方的【删除】。

任务五：档案收集管理

切换用户，以李明身份登入系统。

1. 档案收集

在“收集管理”下选择【档案收集】，点击【新增档案】。

2. 档案审核

在“收集管理”下选择【档案审核】，点击列表后的【审核】。

3. 档案编目

在“收集管理”下选择【档案编目】，点击【新增目录】。

4. 档案入库

在“收集管理”下选择【档案入库】，点击档案列表后的【提交入库】。

任务六：业务处理

1. 档案接收

在“业务处理”下选择【档案接收】，点击档案列表后的【接收入库】。

2. 档案保管

在“业务处理”下选择【档案保管】，点击档案列表后的【保管登记】。

3. 鉴定

在“业务处理”下选择【档案鉴定】，点击档案列表后的【鉴定】。

任务七：技术处理

1. 档案加密保护

在“技术处理”下选择【档案加密保护】，点击档案列表后的【加密】。

2. 档案微缩处理

在“技术处理”下选择【档案微缩处理】，点击档案列表后的【微缩】。

3. 档案数字化处理

在“技术处理”下选择【档案数字化处理】，点击档案列表后的【数字化】。

任务八：编研利用以及大厅用户注册

1. 档案编研

在“编研利用”下选择【档案编研】，点击【新增编研】。

2. 档案发布

在“编研利用”下选择【档案发布】，点击档案列表下的【确认发布】。

3. 档案借阅

切换用户，进入“档案大厅”。填写用户注册信息，点击【注册】。

接着，以张玲的身份进入档案大厅，查看到该编目下的档案列表，可以进行查看、借阅或者预约。点击【借阅】。

在档案列表后再点击【预约】。

切换用户，以李明身份登入系统。

在“编研利用”下选择【档案借阅】，选中申请，进行【审批】或者【驳回】。

4. 主题管理

在“编研利用”下选择【主题管理】，点击【新增主题】填写主题信息，点击【确定】。

5. 专题管理

在“编研利用”下选择【专题管理】，点击【新增专题】填写专题信息，点击【确定】。

6. 事项管理

在“编研利用”下选择【事项管理】，点击【新增事项】编辑事项信息，点击【选择档案】。

选中具体档案，点击【选择档案】点击【确定保存】。

任务九：出库管理

1. 档案转出

在“出库管理”下选择【档案转出】，点击档案列表后的【转出】，填写转出信息，点击【确定】。

2. 档案销毁

销毁的档案是无价值的档案，在“档案鉴定”中已设置。

在“出库管理”选择【档案销毁】，点击档案列表后的【销毁】填写销毁信息，点击【确定】。

任务十：档案检索

1. 档案检索

在“检索与统计”下选择【档案检索】，选择查询条件，可以是多重或者是单一的查询条件，点击【查询】。

2. 档案统计分析

档案统计分析分为三种，包括业务统计、结构分析和利用分析，操作方式相同。这里我们以“业务统计”为例。在“检索与统计”下选择【档案统计分析】，选择统计时间，点击【查询】。

任务十一：预警管理

在“预警管理”下选择【数字化预警】，设置系统档案数量阈值，选择通知方式，点击【确定】。

任务十二：档案大厅

1. 全文检索

以张玲的身份进入档案大厅。在大厅首页可以使用三种检索方式进行检索。输入检索条件，点击【检索】即可。

2. 借阅管理

在借阅记录中选择一条记录，可以将该档案归还。点击借阅记录后的【归还】，或者点击借阅记录最下方的【归还】均可。

3. 统计查询

选择统计条件，点击【统计】，即可出现档案统计结果。

【成绩评定】

1. 总成绩比率表

项目名称	所占比例(%)
档案信息管理(上机操作)	80
实验报告撰写	20

2. 实训评定办法

根据学生上机完成任务的情况、实训报告的质量综合打分。

分五档：优秀(90~100分)、良好(80~89分)、中等(70~79分)、及格(60~69分)、不及格(59分及其以下)。

(1)优秀(90~100分)

按实训任务书要求圆满完成规定任务；实训报告条理清晰、论述充分、文字通顺、图表规范、符合实训报告文本格式要求。

(2)良好(80~89分)

按实训任务书要求完成规定实训任务；实训报告条理清晰、论述正确、文字通顺、图表较为规范、符合实训报告文本格式要求。

(3)中等(70~79分)

按实训任务书要求完成规定实训任务；实训报告条理基本清晰、论述基本正确、文字通顺、图表基本规范、符合实训报告文本格式要求。

(4)及格(60~69分)

能按期完成规定实训任务；实训报告条理不够清晰、论述不够充分但没有原则性错误、文字基本通顺、图表不够规范、符合实训报告文本格式要求。

(5)不及格(60分以下)

未能按期完成规定实训任务。实训报告条理不清、论述有原则性错误、图表不规范、质量很差。

【注意事项】

1. 关于驳回：所有可以驳回的选项先驳回一次，再通过(可以多加1条进度)。

2. 关于无法显示"事项"：确定自己选用的是IE浏览器，选择"工具"，选择"兼容性视图设置"，添加此网站中填写"192. 168. 136. 245 "，选"添加""关闭"。

3. 关于资料将无法转出：张玲借书后，立刻选择"归还"，否则资料将无法转出。

4. 关于销毁资料：要先新增一个资料，按步骤操作鉴定时，不要点那个"小方框"，然后这个资料被销毁。

项目二：政府信息门户

政府网站，即是指一级政府在各部门的信息化建设基础之上，建立起跨部门的、综合的业务应用系统，使公民、企业与政府工作人员都能快速便捷地接入所有相关政府部门的政务信息与业务应用，并获得个性化的服务，使合适的人能够在恰当的时间获得恰当的服务。

地方政府门户网站的主要功能是直接面向本地社会公众处理与人们密切相关的那些事务，为提高政府行政效率、改善地方经济社会发展环境搭建虚拟平台。

【实训目标】

1. 初步掌握政府信息门户的相关知识点。
2. 了解完成政府信息门户所涉及的角色，以及各角色所涉及的功能。
3. 了解政府信息门户系统中的流程。

【实训导入】

江州市人民政府网站由江州市人民政府主办，主要介绍江州政府、政治和经济概况等，此外网站还提供了公众信息反馈和网上办事功能。自从兴建了门户网站，不仅有效地提高了江州市政府办事效率，也大大提高了政府在公众心目中的形象。

【实训任务】

1. 目录与用户管理。
2. 信息管理与链接。
3. 登录框管理与意见反馈管理。
4. 设置调查问卷调查系统管理。
5. 首页生成与访问统计管理。

【实训步骤】

在电子政务首页选择"政府信息门户"，进入政府信息门户模块，首先需要进行行政区域注册。点击【保存】，系统会提示注册成功，进入模块操作首页。

点击"政府信息门户"后【进入】，将能看到江州市人民政府网站首页。由于还未在后台添加内容，所以网站首页还没有内容。点击最高管理员王小小后【进入】，进入后台操作界面。

任务一：用户管理

1. 用户管理

点击导航栏中"用户管理"下【用户管理】，在右边页面可以看到系统默认的用户信息。

如果需要添加用户，在用户名后方框中输入用户名，选中"最高管理员"前复选框，则该用户角色即为"最高管理员"，否则默认为"普通用户"。点击【保存】，系统会提示操作成功。

任务二：目录管理

1. 一级目录

点击右边页面【添加】，添加一级目录内容。点击【保存】，系统提示操作成功。按照同样的方法继续添加其他一级目录。添加好后点击【返回】，可以看到添加的目录信息列表。

点击目录名后【升】，则该目录在首页中显示位置将向右退一位；点击【降】，则该目录显示位置向左进一位。设置好目录后点击页面上方【登录首页】，查看首页内容。

2. 二级目录

添加二级目录之前需要进行用户一级目录权限分配，否则系统会提示出错信息。点击"用户管理"下【权限管理】，右边页面显示用户信息列表。点击【用户】，给予用户操作一级目录的所有权限。

点击【保存】，系统会提示操作成功。

点击导航栏中【二级目录】，在右边页面点击【添加】，选择欲添加下级目录的一级目录，添加二级目录信息。

点击【保存】，系统会提示操作成功。按照同样的方法添加其他二级目录信息。添加好后点击【权限管理】，给二级目录授权。

3. 三级目录

如果需要添加三级目录，给用户分配操作二级目录权限，然后添加三级目录信息，添加步骤与添加二级目录相同。

任务三：信息管理

1. 信息内容

给目录类型为"有内容"的目录添加信息内容。点击"信息管理"下【信息内容】，在右边页面点击【添加】，选择要添加信息内容的目录，添加信息内容。

点击【保存】，系统会提示操作成功。信息内容添加后需要审核。

2. 信息审核

点击导航栏中【信息审核】，在右边页面选择要审核信息所在目录，将能看到待审核信息列表。

点击【审核通过】，审核状态变为“审核成功”，首页会显示该信息内容。

任务四：链接管理

点击导航栏中【链接管理】，在右边页面点击【添加】，添加链接标签。

点击【添加】，返回链接管理页面。

点击，然后点击【添加】，填写链接详细内容。

点击【添加】，系统提示操作成功。

任务五：登录框管理

点击导航栏中【登录框管理】，在右边页面点击【添加】，填写登录框信息。

点击【添加】，系统会提示操作成功。

任务六：意见反馈管理

点击导航栏中“意见反馈管理”，在右边页面点击【添加】，设置意见反馈参数。

点击【下一步】，添加反馈细项。

如果还要继续添加，点击【添加反馈细项】，继续添加反馈细项内容。添加好后点击【关闭】即可。

任务七：调查系统管理

点击导航栏中“调查系统管理”，在右边页面点击【添加】，设置调查系统参数。

点击【下一步】，添加反馈细项。

如果还要继续添加，点击【添加反馈细项】，继续添加反馈细项内容。添加好后点击【关闭】即可。返回调查系统管理首页。

此时状态为“禁用”，点击“禁用”使状态变为“启用”。

任务八：首页生成

通过首页生成可以将前面添加的链接、登录框、意见反馈和调查系统显示在首页。点击导航栏中“首页生成”，右框架中将首页分为五大块：top、左侧(登录、链接、类别、调查)、右侧(登录、链接、类别、调查)、信息类、专题类。

其中 top 不需要设置，其他板块需要设置显示。

1. 链接生成

点击右侧页面，选择链接类型为“链接信息”。

点击【添加】，选择要链接信息，点击【保存】，待系统提示操作成功后，点击【返回】，可以看到链接显示状态为“禁用”。

点击【禁用】，链接显示状态变为“正常”，此时首页左侧显示该链接。

点击链接名称即可链接到该网站。

2. 登录框

点击右边页面，选择链接类型为“登录框”，点击【添加】，选择要添加的登录框信息。

点击【保存】，系统会提示操作成功。点击【返回】，将登录框状态设置为“正常”。此时在首页右侧能看到登录框。

3. 调查系统

点击“首页生成”右侧，在出现的页面中选择“调查系统”，点击【添加】，选择要显示的调查名。

点击【保存】，待系统提示操作成功后点击【返回】，点击调查系统显示状态使之变为“正常”。此时在首页相应位置可以看到调查系统。

4. 目录信息

点击“首页生成”左侧，在右边页面中选择“目录信息”，输入目录标签，选择目录信息。

点击【提交】，系统回提示操作成功。此时在首页相应位置即可看到一级目录标签。

5. 信息类

点击“首页生成”的【信息类】，在右边页面点击【添加】，添加信息标签。

点击【提交】，系统回提示操作成功。在首页点击“信息类”，即可看到信息详细内容。

6. 专题

点击“首页生成”的【专题】，在右边页面点击【添加】。

点击【提交】，系统会提示操作成功。在首页点击“专题”，即可看到专题详细内容。

任务九：访问统计管理

1. 访问统计

点击“访问统计管理”下“访问统计”。

点击统计种类即可看到相应的统计信息。

2. 栏目信息统计

点击“访问统计管理”下【栏目信息统计】，右边页面显示各目录点击数据。

项目三：政府办公系统

政府办公自动化是电子政务解决方案中最核心、最基础的部分，其成功应用与否将影响业务系统的应用和整个电子政务建设成败。实施政府办公自动化将利于政府部门工作效率的提高、政府管理水平和社会服务水平的提高、政府公正性和廉洁性的提高以及政府资源计划性和有用性的提高。

【实训目标】

1. 初步掌握政府办公系统的相关知识点。
2. 了解完成政府办公系统所涉及的角色，以及各角色所涉及的功能。
3. 了解政府办公系统中的流程。

【实训导入】

江州市教育局为了提高各部门办公效率和管理水平，本着现代化、标准化和科学化的原则定制了政府办公信息系统。政府办公信息系统一方面包含了实时信息系统，快速正确地进行信息反馈；另一方面，它还集成业务处理系统和办公自动化系统，将教育局内部工作科学有效地按流程进行，使任何工作批示都能在计算机中记录下来以便查询统计。

自从使用政府办公信息系统以后，教育局内部职工通过办公桌面可以看到每天的新闻、内部公告、未读邮件、未读短信、应参加的会议和待处理的公文等信息。人事办通过该系统能够很方便地处理人事管理、考勤管理和档案管理等方面的事务。

【实训任务】

1. 系统管理。
2. 工作流管理。
3. 信息中心。
4. 日程管理。
5. 工作计划。
6. 个人管理。
7. 人事管理。
8. 考勤管理。
9. 公文流转。
10. 会议管理。
11. 档案管理。
12. 办公用品。
13. 车辆管理。

【实训步骤】

在电子政务首页选择“政府办公系统”，进入政府办公系统模块。

任务一：系统管理

1. 组织结构管理

进入政府办公系统首页，点击“系统管理员”后的【进入】，进入管理员操作界面。在导航栏中选择“系统管理”下的【组织结构管理】，可以看到系统默认的部门。

点击【添加】，添加新的部门信息。点击【确定】，系统提示操作成功，即成功添加一个部门信息。以同样的方法添加其他部门：党委办和人事办。添加好后点击【查看组织结构图】，可以查看到该局的组织结构图。

2. 职位管理

在导航栏中点击“系统管理”下【职位管理】，可以看到系统默认的职位。点击【添加】，根据需要添加新的职位信息，点击【确定】，系统提示操作成功。

3. 角色管理

点击导航栏中“系统管理”下【角色管理】，可以看到系统默认的角色。点击【添加】，自定义角色信息。点击【确定】，系统提示操作成功。

4. 人员管理

点击导航栏中"系统管理"下【人员管理】，可以看到系统默认用户。点击【添加】，添加新的用户信息。点击【保存】，系统提示保存成功。

部门、职位和角色分配好后还要为用户设置操作模块的权限。选中，点击【授权】，为他授予操作所有模块的权限，点击【确定】即可。

5. 权限字典

点击导航栏中"系统管理"下"权限管理"，可以看到系统中所有的权限名称。

6. 模块授权

点击导航栏中"系统管理"下【模块授权】，为系统中模块授权。

点击页面右下角【切换用户】，返回该模块首页，可以看到添加的部门和用户。

任务二：工作流管理

在模块首页点击"张林"后【进入】，进入张林办公桌面。

1. 流程类别

点击导航栏中"工作流管理"下"流程类别"，可以看到系统中默认的流程类别。

点击【新增】，可以自定义新的流程。

2. 流程设置

对于系统中默认的流程需要先设置工作流，否则在下面实验过程中将不能进行相关操作，系统会提示未设定工作流。点击"工作流管理"下【流程设置】，在右边页面选择要设置的流程类别名称(这里仅以请假类别为例)。

点击【新增】，填写流程名称。点击【保存】，系统提示操作成功。点击【确定】，可以看到添加的流程列表。

点击【审批点设置】后点击【新增】，对审批点进行设置。

设置好后点击【保存】，系统会提示保存成功。

3. 事务审批

下面实验过程中，要审批的流程(维修申请和用车申请)需要在此处审批。

4. 事务登记

下面实验过程中，用车审批过后需要在此登记，具体操作步骤见"里程补贴"。

任务三：信息中心

1. 新闻

点击导航栏中"信息中心"下【新闻】，在右边页面点击【添加】，添加新闻类别。

点击【提交】，系统会提示操作成功。

2. 新闻管理

点击"新闻中心"下【新闻管理】，在右边页面点击【添加】，添加新闻内容。

点击【提交】，系统会提示操作成功。

新闻的内容是单位内部共享的，进入其他人桌面也可以看到该条新闻。

3. 公告

点击“新闻中心”下【公告】，在右边页面点击【添加】，添加公告内容。

点击【提交】，系统会提示操作成功。在张林办公桌面首页可以看到公告信息。

公告内容在单位内部也是共享的，其他人进入桌面也可以看到公告内容。

4. 公告管理

点击“信息中心”下“公告管理”，可以看到已有的公告列表。

点击【编辑】，编辑公告内容。点击【启用】，公告的状态变为“禁用”，此时桌面上公告栏中不再显示该条公告。

5. RSS 订阅

点击“信息中心”下【RSS 订阅】，在右边页面点击【RSS 频道】，然后点击【添加】，添加 RSS 信息。

点击【提交】，系统会提示操作成功。进入张林或者其他用户桌面首页将能看到 RSS 订阅新闻。

6. 调查

点击“信息中心”下【调查】，在右边页面点击【添加】，系统会提示先添加调查类别。添加调查类别名称。

点击【提交】，系统会提示操作成功。

重新点击“信息中心”下【调查】，然后点击【添加】，添加调查的详细内容。

点击【提交】，系统会提示操作成功。

重新点击“信息中心”下【调查】，将能看到调查列表。

点击标题名称，可以查看调查详细内容并参与投票。

7. 调查管理

点击“信息中心”下【调查管理】，可以看到调查列表。

点击【编辑】，可以编辑调查内容。点击【启用】，调查状态变为“禁用”，该调查内容将不再显示。

任务四：日程管理

1. 日程类别

点击“日程管理”下【日程类别】，在右边页面点击【添加】，添加日程类别名称。

点击【提交】，系统会提示操作成功。

2. 我的日程

点击“日程管理”下【我的日程】点击【添加】，添加日程内容。

点击【提交】，系统会提示操作成功。进入张林桌面首页可以看到该日程内容。

3. 协同事件

点击“信息中心”下【协同事件】，在右边页面点击【添加】，添加协同事件内容。

点击【检查冲突】，检查该协同事件与其他协作人员是否有日程冲突，系统提示无冲突时则可以提交，点击【提交】，系统会提示提交成功。

任务五：工作计划

1. 报告类别

点击“工作计划”下【报告类别】，在右边页面点击【添加】，添加报告类别。

点击【提交】，系统会提示操作成功。

2. 计划类别

点击“工作计划”下【计划类别】，在右边页面点击【添加】，添加计划类别。

点击【提交】，系统会提示操作成功。

3. 我的计划

点击“工作计划”下【我的计划】，在右边页面点击【添加】，添加工作计划内容。

点击【提交】，系统会提示操作成功。

4. 部门计划

点击“工作计划”下【部门计划】，查看本部门人员的工作计划。

5. 全部工作计划

点击“工作计划”下【全部工作计划】，查看单位所有部门人员工作计划。

任务六：个人管理

1. 首页设置

首页设置是对个人桌面首页显示项目的选择。点击“个人管理”下【首页设置】，系统默认的选择显示所有项目，用户可以根据需要取消一些项目。

2. 个人通讯录

个人通讯录中保存的是张林自己常联系的人的联系方式。选择“个人管理”下【个人通讯录】，在右边页面点击【添加】，添加联系人信息。

点击【保存】，系统会提示操作成功。

3. 公共通讯录

公共通讯录中保存的是单位职工的联系方式。点击“个人管理”下【公共通讯录】，在右边页面点击【添加】，添加单位职工的联系方式。

点击【保存】，系统会提示操作成功。

4. 邮件管理

点击“个人管理”下【邮件管理】，在右边页面可以看到个人邮箱。

点击【写新邮件】，可以给单位中其他人员发送邮件。

点击【发送】，收邮件的人在桌面首页将能看到发送过来的邮件。

点击张林【收件箱】，可以看到其他人员发给他的邮件。

5. 内部短信

点击“个人管理”下【内部短信】，在右边页面可以看到短信箱。

点击【写新消息】，可以给单位中其他人员发短消息。

点击【发送】，收短消息的人在桌面首页即可看到发过来的短消息。

6. 个人维护

点击“个人管理”下【个人维护】，张林可以对自己的个人信息做一些修改。修改好后点击【保存】即可。

任务七：人事管理

1. 人事档案

点击“人事管理”下【人事档案】可以看到单位所有职工的档案信息。

点击【修改】，可以对职工的信息做一些修改。

2. 调动分配

点击“人事管理”下【调动分配】，可以看到单位职工信息列表。点击【调动分配】，将某人调到党委办。

点击【保存】，系统会提示操作成功。

点击职工后【离职】，职工状态变为“离职”，该职工即成功离职。

职工离职后，点击【复职】，状态重新变为“在职”。

3. 异动记录

点击“人事管理”下【异动记录】，即可看到单位职工职位变动情况。

4. 培训记录

点击“人事管理”下【培训记录】，在右边页面点击【添加】培训内容。

点击【保存】，系统会提示操作成功。

5. 奖惩记录

点击“人事管理”下【奖惩记录】，在右边页面点击【添加】，添加奖惩内容。

点击【保存】，系统会提示操作成功。

6. 考核记录

点击“人事管理”下【考核记录】，添加考核内容。

点击【保存】，系统会提示操作成功。

7. 提醒设置

点击“人事管理”下【提醒设置】，设置提醒内容。点击【保存】，系统会提示操作成功。

任务八：考勤管理

1. 上下班登记

张林每天来单位需要先进入办公系统，点击“考勤管理”下【上下班登记】，系统会记录他首次进入的时间。

下班走时需要在“上下班登记”里点击【签退】，系统记录他下班时间。点击【上周考勤记录】，可以查看他上周上下班时间。这些将是人事考勤的依据。

2. 假别设置

点击“人事管理”下【假别设置】，在右边页面点击【添加】，添加假别种类。

点击【保存】，系统会提示操作成功。

3. 请假销假

单位职工如果需要请假首先要提交请假申请。点击“考勤管理”下【请假销假】，在右边页面点击【添加】，填写请假内容。

点击【提交】，系统会提示操作成功。

4. 加班确认

点击“考勤管理”下【加班确认】，在右边页面点击【添加】，填写加班申请。

点击【提交】，系统会提示提交成功。

5. 个人查询

点击“考勤管理”下【个人查询】，在右边页面选择时间段，点击【查询】，即可查看到这段时间内张林个人考勤数据。

6. 全部查询

点击“考勤管理”下【全部查询】，可以看到系统中所有部门职工信息列表。

点击欲查询的职工名称即可看到该职工本月考勤记录。

7. 设休息日

点击“考勤管理”下【设休息日】，设置本单位的休息日。

设置好后点击【保存】，系统会提示保存成功。

8. 上下班设置

点击“考勤管理”下【上下班设置】，设置单位上下班及迟到早退时间规定。

点击【保存】，系统会提示保存成功。

任务九：公文流转

1. 密级管理

点击“公文流转”下【密级管理】，在右边页面点击【添加】，添加密级种类。

点击【提交】，系统会提示提交成功。

2. 类别管理

点击“公文流转”下【类别管理】，添加公文类别。

点击【提交】，系统会提示提交成功。

3. 归档类别

点击“公文流转”下【归档类别】，在右边页面点击添加，添加公文归档类别。

点击【提交】，系统会提示操作成功。

4. 公文模板

点击“公文流转”下【公文模板】，在右边页面点击【添加】，添加公文模板内容。

点击【提交】，系统会提示操作成功。

5. 办理定义

点击“公文流转”下【办理定义】，在右边页面点击【添加】，添加公文办理名称。

点击【提交】，系统会提示操作成功。

6. 流程模板

点击“公文流转”下【流程模板】，在右边页面点击【添加】，设置公文办理流程。

点击【提交】，系统会提示提交成功。点击流程名后【设置工作点】，为该流程设置工作点。

点击【插入工作点】，填写工作点相关信息。

点击【提交】，系统会提示提交成功。

7. 发文拟制

点击“公文流转”下【发文拟制】，在右边页面点击【拟制公文】，添加公文内容。

点击【保存】，系统会提示保存成功。

点击【定制工作流程】，选择工作流程种类。

点击【保存】，待系统提示操作成功后，点击【进入流转】，即可以开始办理公文。

8. 公文办理

只有在设置流程模板时选择的用户才能办理公文。点击“公文流转”下【公文办理】，可以看到待办理的公文列表，点击【套用】，系统会提示操作成功。点击【返回】，返回公文拟制页面。

点击【办理】查看公文详细内容。

点击【保存】后点击【流转下级】，系统会提示操作成功，即公文办理结束，可以归档。

9. 归档销毁

点击“公文流转”下【归档销毁】，可以看到待归档的公文列表。

点击【归档】，将办理好的公文归档。

点击【提交】系统会提示操作成功。

如果归档时“保存期限”为0年，则点击公文后【销毁】，系统会提示操作成功。否则不能销毁公文，系统会提示尚在保管期内。

任务十：会议管理

1. 会议室管理

点击“会议管理”下【会议室管理】，在右边页面点击【添加】，添加会议室信息。

点击【保存】，系统会提示保存成功。

2. 会议登记

点击“会议管理”下【会议登记】，在右边页面点击【添加】，登记会议信息。

点击【保存】，系统会提示操作成功。

3. 会议通知

点击“会议管理”下【会议通知】，在右边页面可以看到会议列表。

点击【发布会议通知】，填写通知内容。

点击【发布】，系统提示发布成功。在桌面首页相应位置将能看到该通知。

4. 会议室查询

点击“会议管理”下【会议室查询】，右边页面可以看到会议室列表。

点击【显示】，将能看到该会议室预定情况。

5. 会议纪要

点击“会议管理”下【会议纪要】，右边页面显示会议信息列表。

点击【会议纪要】，填写会议纪要内容。

点击【保存】，系统会提示操作成功。

6. 会议信息

点击“会议管理”下【会议信息】，右边页面将显示会议信息列表。

点击【查看】，查看该会议详细信息。

任务十一：档案管理

1. 档案管理

点击“档案管理”下【档案管理】，在弹出的页面中点击【新增文件夹】，添加档案文件夹。

点击【保存】，系统会提示操作成功。选择一个文件夹后点击【新增文件】，填写文件详细信息。

点击【保存】，系统会提示操作成功。

点击 ✕ 文件后删除该文件，删除的文件在“回收站”中可以查看到。

2. 档案搜索

点击“档案管理”下【档案搜索】，在右边页面中输入搜索条件。点击【立即搜索】，即能搜索到相应文件。

3. 回收站

点击“档案管理”下【回收站】，可以看到回收站中的内容。

任务十二：办公用品

1. 用品管理

点击“办公用品”下【用品管理】，在右边页面点击【添加】，系统会提示先添加用品种类。

点击【保存】，系统会提示操作成功。重新点击“用品管理”，在右边页面点击【入库】，填写办公用品信息。

点击【保存】，系统会提示操作成功。

2. 预算管理

点击“用品管理”下【预算管理】，在右边页面点击【设置】，设置部门预算。

点击【保存】，系统会提示操作成功。

3. 用品采购

点击“办公用品”下【用品采购】，在右边页面点击【添加】，进入用品采购页面。

点击【选择办公用品】，将弹出如下页面。

选择办公用品种类，点击【确定】，确定采购数量。点击【确定并关闭】，返回采购页面。

4. 用品统计

点击“部门统计”

点击“办公用品”下【部门统计】，可以查看到各部门采购预算信息“办公用品”下【用品统计】，可以看到用品采购统计信息。

5. 库存报警

点击“办公用品”下【库存报警】，可以看到出现库存报警用品列表。

6. 用品类别

点击“办公用品”下【用品类别】，可以看到已存在的办公用品列表。

点击【添加】可以添加新的用品类别，选中一种类别，点击【删除】，将删除该用品类别。

任务十三：车辆管理

1. 车辆管理

点击导航栏中“车辆管理”下【车辆管理】，右边将显示如下页面。

点击【车辆类型字典】，然后点击【新增】，添加车辆类型。

点击【保存】，系统会提示操作成功。

点击【车辆状态字典】，然后点击【新增】，添加车辆状态。

点击【保存】，系统会提示操作成功。

添加后车辆类型和车辆状态后可以添加具体车辆。点击【添加】，添加车辆信息。

点击【保存】，系统会提示保存成功。

2. 油耗登记

点击“车辆管理”下【油耗登记】，登记车辆加油信息。

点击【保存】，系统会提示操作成功。

3. 维修情况

点击“车辆管理”下【维修情况】，点击页面上方，然后点击【新增】，在弹出的页面中选择“车辆维修”，填写车辆维修信息。

点击【保存】，系统会提示操作成功。

4. 里程补贴

点击“车辆管理”下【里程补贴】，点击页面上方，然后点击【新增】，在弹出的页面中选择“用车”，填写用车信息。

点击【保存】，系统会提示操作成功。

用车申请后需要审批。点击“工作流管理”下【流程审批】，可以看到待审批的用车申请列表。

点击【未审】，输入车辆明细和审批结果。

点击【保存】，系统会提示操作成功，即用车申请审批通过。

用车申请审批通过后需要登记一下。点击“工作流管理”下【事务登记】，可以看到待登记的用车信息。

点击【立即登记】，在出现的页面中点击【保存】，系统会提示登记成功。

5. 使用情况

点击“用车管理”下【使用情况】，可以看到车辆使用信息列表。

点击车牌号码即可看到该车辆使用的详细信息。

项目四：行政审批系统

行政审批是行政审核和行政批准的合称。行政审核又称行政认可，其实质是行政机关对行政相对人行为合法性、真实性进行审查、认可，实践中经常表现为盖公章；行政批准又称行政许可，其实质是行政主体同意特定相对人取得某种法律资格或实施某种行为，实践中表现为许可证的发放。行政审核与行政批准经常联系起来使用，只有符合有关条件才能获得许可证，而且还需定期检验，如果没有违反规定的情况出现，就由有关机关在许可证上盖章，表示对相对人状态合法性的认可。总之，行政审批是根据法律规定的条件，由实际执法部门来审核是否符合条件的行为。

行政审批系统就是通过建立一个基于信息网络、区内各职能部门网络互联、“合署办公”的“虚拟”行政服务管理中心，逐步实现各种在线行政服务的协同政务功能，为企业和居民提供“单一化”窗口和“一站式”服务。依附“一站式”协同政务服务体系，公开事务处理时间、过程及结果，大大提高政府公信力。通过政府网上并联审批系统，可以规范政府职能部门的各项工作流程，提高办事效能及服务质量，增加政府行政的透明度；同时可以通过ISO9000质量管理体系中的过程监督、管理评审、人力资源等管理要素，积累相关数据，为政府职能部门绩效考核体系提供切实而有效的评估依据。

【实训目标】

1. 初步掌握行政审批的相关知识点。
2. 了解完成行政审批系统所涉及的角色，以及各角色所涉及的功能。
3. 了解行政审批系统中的流程。

【实训导入】

通过平台用户、政府部门和行政大厅3个模块角色，充分了解政府行政事项制定的流程和市民办事的流程，体会到无纸化办公程序。并在该系统中学习最新的并联审批流程操作步骤，掌握以后政府办事的网络化趋势。

【实训任务】

1. 完成某项行政审批事项。
2. 根据案例文档定义行政事项并完成此行政审批事项。
3. 完成某项并联审批事项。
4. 根据案例文档定义简单并联审批事项并完成此项并联审批事项。
5. 根据案例文档定义复杂并联审批事项并完成此项并联审批事项。

【实训步骤】

任务一：行政事项管理

点击【行政审批系统】

1. 行政事项分类

(1)进入行政大厅后台，在“行政事项分类”下选择【主题服务管理】，点击【新增】。

(2)输入主题服务名称，点击【确定】在“行政事项分类”下选择【服务对象管理】，添加服务对象。

(3)在“行政事项分类”下选择【服务类型管理】，添加服务类型。

2. 行政事项管理

(1)切换用户，点击“登记行政部门”后的【进入】。

(2)选择需要添加的部门，点击下方的【选择】。

(3)点击行政部门“房产局”后的【进入】，进入房产局内部系统。

(4)在“事项管理”下选择【行政事项管理】，点击【新增】。

(5)填写行政事项基本信息，点击【确定】添加完成行政事项后，需要对其进行定义。点击操作下方的【定义】。

(6)在“申报材料”下点击【新增】填写材料的名称和描述，选择材料类型，如果是表格的话，需要上传表格模板，点击【确定】。

(7)在“办理流程”下添加步骤，点击【添加步骤】。

(8)右击步骤框，点击【设置属性】，设置步骤信息。

(9)填写步骤信息，选择步骤事件，点击【确定】。

(10)右击步骤框，点击【选择材料】弹出步骤信息窗口，点击【选择材料】。

(11)选择需要用到的材料，点击【选择】选择申请材料，点击【确定】。这时，在流程框可以看到我们添加的流程效果。按照这样的步骤，自行添加“受理、初审和决定”三个步骤。

(12)添加完成后，点击【确认保存】。

(13)保存流程之后，点击【下一步】填写服务指南的相关信息，点击【确认保存】。

(14)保存成功之后，点击【下一步】填写法规依据，点击【确认保存】。

(15)保存成功之后，点击【完成定义】完成定义之后，需要将该行政事项进行提交。选择行政事项，点击下方的【提交】。

(16)切换用户，点击“行政大厅后台”后的【进入】。

(17)在“行政事项列表”下点击【发布】，将该行政事项发布。

(18)选择主题服务、服务对象以及服务类型，点击【确定】。

(19)切换用户，以个人身份进入行政大厅。在行政大厅的“在线受理”栏目下可以看到该服务，并点击它。可以看到我们之前对该行政事项的定义。点击【在线填报】填写基本信息，点击【保存】。

(20)保存成功之后，需要记住办事序号以及身份证号码，以便查询办事状态。点击【提交材料】。

(21)点击【上传】，上传必须提交的材料，选择文件上传，点击【提交】。

(22)确认基本信息填写完成，材料也上传完毕之后，点击【提交】提交成功之后，该行政事项就处于等待受理的阶段。

任务二：完成行政审批事项

1. 切换用户，进入房产局。在“行政审批”下选择【个人事项】，能够看到该事项当前的状态，点击【处理】。

2. 在这里能够看到申请人的基本信息以及提交的材料，点击材料后的【查阅】。注意，此时的审核状态为空。

3. 下载材料进行查阅，若符合要求，则选择“合格”，点击【确定】。

4. 材料审核通过之后，审核状态也随之改变。点击下方的【审查通过】。

5. 这时，弹出确认窗口，显示流程信息，点击【转到下一流程】。

6. 现在是流程中的“受理”步骤，点击【审查通过】。

7. 这时，弹出确认窗口，显示流程信息，点击【转到下一流程】。

8. 按照定义的流程继续进行审核，直至审核完毕。审核完毕之后，在“已办理完结项目”中可查看。

9. 进入行政大厅，根据办事序号和身份证号，可以查询办事状态。这里，办事状态显示为“审核通过”。

注：企业事项、港澳台侨外国人事项与个人事项的流程相同，这里不再赘述。

任务三：完成某项并联审批事项

1. 行政事项管理

(1)点击登记行政部门后的【进入】。

(2)选择卫生厅和国土资源局，点击【选择】，新增这两个行政部门。

(3)进入“国土资源局”后台，新增行政事项。选择“事项管理”下的【行政事项管理】，编辑行政事项的基本信息，点击【确定】。

(4)点击该行政事项列表后的【定义】。

(5)添加“申办材料”，点击【确定】。

(6)新增流程，设置步骤“受理”的信息，点击【确定】。

(7)选择申请材料，点击【确定】。

(8)添加步骤“决定”的信息，点击【确定】。

(9)为这两个步骤建立联系，点击【确认保存】。

(10)添加“服务指南”，点击【下一步】。

(11)添加“法律依据”，点击【完成定义】。

(12)在“行政事项列表”中选择该行政事项，并点击【提交】。

(13)切换用户，进入行政大厅后台，发布该行政事项。

(14)进入“卫生局”后台，添加行政事项并定义。接着，进入行政大厅后台，发布该事项。具体步骤同上，具体数据信息详见实验数据。

2. 事项修改

(1)若行政事项有改变，可以申请修改。进入“国土资源局”后台，选择“事项管理”下的【事项修改申请】，点击行政事项列表后的【申请】。

(2)选择申请类型，填写申请原因，点击【确定】。

(3)切换用户，进入行政大厅后台。在“行政事项管理”下选择【行政部门申请】，在行政事项列表下选中该条行政事项，并点击具体操作，【同意申请】或者【拒绝申请】。这里我们选择【同意申请】。

(4)当行政大厅后台同意修改申请后，切换用户，进入“国土资源局”后台，进行具体的修改。在“事项管理”下选择【已同意事项修改】，在行政事项列表后点击【修改】。

(5)这里，我们将收费金额修改为2000，修改完毕点击【确认保存】。保存成功之后点击【返回】。

3. 并联审批管理

(1)切换用户，进入行政大厅后台。在“并联审批”下选择【政务资料管理】，点击【新增】。

(2)填写政务资料的标题和内容，点击【确认】。

(3)在“并联审批管理”下选择【并联审批定义】，点击【新增】。

(4)填写并联审批基本信息，点击【确定】。

(5)在并联审批事项列表后点击【定义】。

(6)添加申办材料，点击【确定】。

(7)添加完申办材料之后，点击【下一步】。

(8)设置办理流程，右键【设置属性】。

(9)点击【选择事项】。

(10)根据行政部门选择行政事项，点击【选择】。

(11)输入受理时限，点击【确定】。

(12)为该步骤添加材料，右键【选择材料】。

(13)点击【选择材料】。

(14)选择材料，点击【选择】。

(15)确定选择的材料，点击【确定】。

(16)继续添加步骤，并为这三个步骤建立联系，点击【下一步】。

(17)添加服务指南，点击【下一步】。

(18)添加法规依据，点击【完成定义】。

(19)定义完成之后，在“并联审批管理”下选择【并联审批发布】，点击【发布】。

行政事项发布之后，企业即可进入行政大厅办理事项。

任务四：完成并联审批事项

1. 切换用户，点击“行政大厅”后的【进入】。
2. 在“并联审批”下点击具体行政事项。
3. 填写“在线填报”的基本信息，点击【保存】。
4. 填写完基本信息之后，记住办事序号以及身份证号码。点击【提交材料】。
5. 依次点击材料后的【上传】，进行材料的提交。
6. 上传完材料之后，点击【提交】。则该申请为待受理状态。
7. 切换用户，由于卫生局是主办部门，所以进入卫生局后台。
8. 在“并联审批”下选择【项目受理】，点击列表后的【受理】。
9. 查看该申请的基本信息，点击【确认受理】。
10. 受理该申请之后，选择“并联审批”下的【主办项目】，点击列表后的【处理】。

11. 检查申请单位提交的材料，点击材料后的【查阅】。

12. 若材料符合要求，选择“合格”，点击【确定】。

13. 所有材料检查完毕之后，会看见“审核状态”发生更改，点击下方的【审核通过】。

14. 这时会弹出确认窗口，点击【回到列表页】。

15. 在“已处理主办项目”中，可以对项目进行【催办】。

16. 填写催办信息，点击【确定】。

17. 切换用户，进入“国土资源局”后台。在“并联审批”下选择【并联项目】，点击【处理】。

18. 查阅材料，点击【审核通过】。

19. 按照流程的设置，再次回到“卫生局”后台，对该并联项目进行处理。

20. 点击【审批通过】。

至此，该并联项目处理完成。申请企业进入行政大厅，输入办事序号和身份证号，能够查询到办理状态。

任务五：行政监督

1. 举报投诉管理

(1)在行政大厅的“投诉”下，输入投诉信息，点击【提交】。

(2)投诉成功后，行政大厅后台将收到该条投诉，并对其进行处理。切换用户，进入行政大厅后台。在“行政监督”下选择【举报投诉管理】，点击投诉信息列表后的【处理】。

(3)阅读详细的投诉信息，点击【处理】。

(4)择要处理的行政部门，填写处理意见，点击【确定】。

(5)这时，可以进入“国土资源局”后台，查看该投诉信息及处理意见。

(6)点击【详细】。

2. 调研问卷管理

(1)在“行政监督”下选择【调研问卷管理】，点击【新增】。

(2)新增调研问卷，点击【确定】。

(3)选中该调研问卷，点击下方的【发布】。

(4)调研问卷发布之后，在行政大厅即可看到。切换用户，进入“行政大厅”，在“网络调研”中参与此次调研。选择答案，点击【提交】。

任务六：网站管理

1. 新闻管理

(1)进入行政大厅后台，在“网站管理”下选择【新闻管理】。

(2)填写新闻标题以及内容，点击【确定】。

(3)在“网站新闻列表“下，选中该条新闻，点击下方的【显示】。

(4)切换用户，进入行政大厅，可见这条新闻，点击查看详细内容。

2. 网站简介

(1)进入行政大厅后台，在“网站管理”下选择【网站简介】。填写网站简介内容，点击【确定】。

(2)切换用户，进入行政大厅后台，可见该简介，点击【简介】。

3. 咨询回复

(1)如果对于行政项目的办理有疑问，可以进行咨询。进入行政大厅后台，在“咨询”下填写具体内容，输入验证码，点击【提交】。

(2)提交的咨询，行政大厅将在后台予以回复。切换用户，进入行政大厅后台。在“网站管理”下选择【咨询回复】，点击咨询回复列表后的【回复】。

(3)查看咨询详情，点击【回复】。

(4)回复咨询内容，选择是否在网站上显示，点击【确定】。

(5)由于我们这里选择了在网站上显示，所以进入行政大厅可见该咨询以及回复。进入行政大厅，点击【咨询】。

项目五：公文传输平台

公文是政府机关处理公务和行政管理的重要工具，在各级机关、单位中，“办公”的一个重要内容就是办理和制发文件，即“办文”和“传输交换”。办文和传输交换是每个机关、单位的日常工作。依靠网络信息技术对公文进行高效有序的电子化处理，是政府信息化建设的重要组成部分，是关系到政府信息化建设全局的基础性工程。

【实训目标】

1. 初步掌握公文传输平台的相关知识点。
2. 了解完成公文传输平台所涉及的角色，以及各角色所涉及的功能。
3. 了解公文传输平台中的流程。

【实训导入】

公文传输系统完成公文、会议通知和资料下发、公文上报、平级单位间公文交换等功能。适用于党政机关、行政职能部门、企事业单位及大专院校的公文传输管理系统，有效地解决了办公难题。

【实训任务】

1. 用户管理。
2. 设置电子印章和证书管理。
3. 基础信息添加与发布。
4. 资料的签收与查看。
5. 证书的查看。

【实训步骤】

任务一：用户管理

1. 添加群组

(1)以管理员身份进入系统。

(2)在“后台管理——用户管理”下选择【群组管理】，点击【添加】。

(3)输入群组的序号以及名称，点击【提交】。

2. 添加用户

(1)在“后台管理——用户管理”下选择【添加用户】，输入用户信息，点击【提交】。

(2)在“后台管理——用户管理”下选择【管理用户】，可以编辑用户信息，或者添加、删除用户。

任务二：数字证书及电子印章

1. 证书申请

(1)在“后台管理——数字证书”下选择【证书申请】，填写申请者的申请资料，点击【申请】。

(2)点击【Web 浏览器证书】。

(3)可以在此界面将证书挂起申请删除。在这里，我们根据提示，进入 CA 认证平台。

(4)切换用户，进入 CA 认证平台。

(5)在“挂起的申请”下可以看见我们刚才的申请，右键点击该申请，点击【颁发】。

(6)切换用户，以系统管理员进入。

在“后台管理——数字证书”下选择【证书申请的状态】，能够看到证书已颁发，并可以进行下载。

(7)在 CA 认证平台中，挂起的申请可以执行【拒绝】颁发证书的操作。

(8)拒绝的申请在“失败的申请”下可见，右键该申请，可以重新颁发。

(9)颁发的证书也可以执行【吊销证书】的操作。

(10)选择吊销原因，点击【是】，可以将证书吊销。

(11)同样地，吊销的证书在“证书待定”的情况下也可以解除，右键申请后点击【解除吊销证书】。

(12)在这里需注意，只有因为“证书待定”而吊销的证书才能取消吊销。

2. 设计电子印章

(1)在“后台管理——电子印章”下选择【设计电子印章】。

(2)输入电子印章的名字和印章的使用单位，点击【预览】，可以看到该印章的预览效果，确认后点击【保存】。

3. 电子印章管理

(1)切换用户，点击“CA 服务商”后的【进入】。

(2)在“后台管理——电子印章”下选择【电子印章管理】，点击【绑定证书】。

(3)选择证书，点击【绑定】。

任务三：基础信息添加与发布

1. 文件管理

(1)在“后台管理——文件管理”下选择【文件类型】，点击【添加】。

(2)输入文件的类型以及简介，点击【提交】。

(3)在“后台管理——文件管理”下选择【发布文件】。选择接收单位，点击【自定义选择】。

(4)选择部门和用户，点击【确定】。

(5)填写文件信息，上传文件，点击【确定】。

(6)在“后台管理——文件管理”下选择【管理文件】。可以查看到文件的签收状态，将公文提交、存档，或者进行再编辑。点击【提交】。

(7)查看到公文签收的界面。点击【盖章】。

(8)选择印章，点击【确定】。印章可以拖曳到合适的位置。

(9)点击【签字】，在写字板上签字，然后点击【保存】。签字也可以进行拖曳。

(10)盖章签字之后，点击【提交】。

(11)提交成功之后，点击【存档】。

(12)输入文件的存档信息，点击【确定】。

注：这里的文件性质、文件组成形式、文件收集形式、类别以及密级，是在“档案管理”模块中设置的。另，这里的文件上传，文件必须是 Word 文档。

(13)文件提交之后，接收单位(在这里就是李明)需要签收。切换用户，进入李明的账户。选择“前台显示——公文签收”下的【通告】，点击右侧的【点击签收】。

(14)输入签收人的姓名，点击【签收】。

(15)已签收的通告，在通告内容中有显示。

2. 会议管理

(1)在“后台管理——会议管理”下选择【发布会议通知】，填写会议通知内容，点击【确定】。

(2)在“后台管理——会议管理”下选择【管理会议通知】，点击【提交】。

(3)在会议通知上盖章、签字，点击【提交】。

(4)会议通知提交之后，进行签到单的发布，点击【发布】。

(5)在“后台管理——会议管理”下选择【管理会议通知】，点击【发布】，进行会议材料的发布。

(6)上传会议材料，点击【提交】。

(7)上传的会议材料，可以执行“删除“的操作，点击【操作】。

(8)切换用户，以李明的身份进行。

在“前台显示——会议通知”下选择【所有通知】，点击【未签到】进行签到。

(9)点击【我要反馈】，可以反馈意见或者建议。

(10)输入反馈内容，点击【反馈】。

3. 资料管理

(1)在“后台管理——资料管理”下选择【资料类型】，点击【添加】。

(2)填写资料的类型及简介，点击【提交】。

(3)在“后台管理——资料管理”下选择【发布资料】，填写资料的详细内容，点击【确定】。

(4)填写资料的类型及简介，点击【提交】。

(5)在“后台管理——资料管理”下选择【发布资料】，填写资料的详细内容，点击

【确定】。

(6)对该资料进行盖章签字，点击【提交】。

4. 公告管理

(1)切换用户，以系统管理员身份进入。

(2)在“后台管理——公告管理”下选择【发布公告】。输入公告的标题及内容，点击【提交】。

(3)在“后台管理——公告管理”下选择【管理公告】，可以对提交的公告点击【编辑】进行修改。

(4)切换用户，以李明的身份进入。在首页或者“前台显示——公告栏”中可以查看。

项目六：国有资产管理

电子政务系统国有资产管模块包含了资产登记、资产变更、资产注销、资产领用、资产归还和综合查询等功能，详尽模拟了行政事业单位日常的资产管理工作，实现了行政事业单位国有资产层次化和集中化管理，简化了国有资产管理工作流程，有效提高国有资产管理效率。学生通过实验能够了解国有资产管理的全过程，掌握国有资产管理的相关知识，为将来从事相关工作奠定基础。

国有资产是属于国家所有的一切财产和财产权利的总称，有广义和狭义之分。

广义的国有资产：即国有财产，指属于国家所有的各种财产、物资、债权和其他权益，包括：1. 依据国家法律取得的应属于国家所有的财产；2. 基于国家行政权力行使而取得的应属于国家所有的财产；3. 国家以各种方式投资形成的各项资产；4. 由于接受各种馈赠所形成的应属于国家的财产；5. 由于国家已有资产的收益所形成的应属于国家所有的财产。

狭义的国有资产：法律上确定为国家所有的并能为国家提供未来效益的各种经济资源的总和。

国有资产可分为：经营性国有资产、形成事业性国有资产和资源性国有资产。

【实训目标】

1. 初步掌握国有资产管理的相关知识点。
2. 了解完成国有资产管理所涉及的角色，以及各角色所涉及的功能。
3. 了解国有资产管理系统中的相关流程。

【实训导入】

江州市民政局作为行政事业单位，其国有资产主要包括国家以各种形式拨入的、单位自筹经费购置的、接收捐赠的和其他依法取得的资产。目前局机关国有资产管理机构为秘书科，主要负责国有资产的购置、登记、配备、监管检查等日常管理工作。

为了加强局机关国有资产管理，维护资产安全和完整，提高资产使用效益，民政局对于国有资产的购置、登记和使用都有严格的规定。各科室内的资产如果长期闲置，要交回秘书科，由秘书科进行调剂和处置。各科长(主任)工作变动时需要进行科室资产的交接，科室工作人员工作变动时，对所使用资产也要向本科科长或秘书科移交。此外，为了督促各科室把国有资产管好用好，秘书科对机关的国有资产每年进行一次清查，了解和掌握国有资产的现状，合理安排，最大限度地发挥资产的效益。

【实训任务】

1. 基础信息维护。
2. 资产管理。
3. 资产领用与归还。
4. 资产异常处理。
5. 公共信息发布。
6. 资产综合查询。

【实训步骤】

在电子政务系统首页选择“国有资产管理”，进入国有资产管理模块首页。

任务一：基础信息维护

1. 添加部门信息

(1)在国有资产管理模块首页点击“资产管理领导”后【进入】，进入资产管理领导操作界面。

(2)点击导航栏中【部门信息】，在右边页面“部门信息”后方框中输入部门名称。

(3)点击【新增】，出现新增信息成功提示框，部门添加成功。

2. 添加经费来源信息

(1)点击左边导航栏中的【经费来源信息】，在右边页面“经费来源”后方框中输入经费来源信息。

(2)点击【新增】，出现操作成功提示框，即成功添加一条经费来源信息。

(3)以同样的方法添加其他经费来源信息(单位自筹经费购置、接收捐赠和其他)。

3. 添加资产使用方向信息

(1)点击导航栏中【使用方向信息】，在右边页面“使用方向”后方框中输入使用方向信息。

(2)点击【新增】，出现操作成功提示框，即成功添加一条资产使用方向信息。

(3)以同样的方法添加其他资产使用方向信息(社会服务、生活后勤和其他)。

4. 添加资产类型信息

(1)点击导航栏中【资产类型信息】，在右边页面“资产种类”后方框中输入资产类型信息。

(2)点击【新增】，出现操作成功提示框。即成功添加一条资产类型信息。

(3)以同样的方法添加其他资产类型信息(流动资产、无形资产和其他)。

任务二：资产管理

1. 资产登记

(1)在国有资产管理模块首页点击“工作人员”后【进入】，进入工作人员操作界面。

(2)点击导航栏中的【资产登记申请】，在右边页面中输入要登记的资产信息。

(3)点击【确定】，出现资产登记成功提示框，即资产登记申请成功。

(4)资产登记申请以后需要资产管理人员审批。点击页面右下角切换用户，返回国有资产管理模块首页，点击“资产管理人员”后【进入】，进入资产管理人员操作界面。

注：也可以点击导航栏中的“退出”，返回国有资产管理模块首页。下面需要切换角色操作的都可以使用这两种方法。

(5)点击左边导航栏中【资产登记审批】，可以看到待审批的资产信息列表。

(6)点击资产名称后，可以看到资产详细信息。

(7)点击【通过】，则该资产登记通过审批。

2. 资产变更

(1)进入工作人员操作界面，点击导航栏中【资产变更申请】，在右边页面“资产名称”后选择资产名称，可以看到该资产详细信息。

(2)可以修改该资产信息，修改完后点击【确定】。

资产信息修改以后需要资产管理人员的审批。进入资产管理人员操作界面，点击导航栏中的“资产变更审批”，可以看到待审批的资产信息列表。

(3)点击资产名称后，可以看到资产变更的详细信息。

(4)点击【通过】，资产变更审批通过。

3. 资产注销

(1)返回工作人员操作界面，点击导航栏中【资产注销申请】，在右边页面选择资产名称，可以看到该资产详细信息。

(2)点击【确定】，出现操作成功提示框，该资产注销申请提交成功。

(3)资产注销申请提交后需要资产管理人员审批。进入资产管理人员操作界面，点击导航栏中【资产注销审批】，可以看到待审批的资产信息列表。

(4)点击资产名称后可以看到该资产详细信息。

(5)点击【通过】，资产注销成功。

4. 查看资产登记记录

进入工作人员操作界面，点击导航栏中【资产登记记录】，可以看到资产登记的历史记录。

5. 查看资产分布情况

在工作人员操作界面点击【资产分布情况】，在右边页面选择资产名称即可看到资产详细信息。

任务三：资产领用与归还

1. 资产领用

(1)进入工作人员操作界面，点击导航栏中【资产领用】，在右边页面选择要领用的资产名称。

(2)点击【领用】，系统提示操作成功。

2. 资产归还

(1)归还的是已经领用的资产。在工作人员操作界面点击导航栏中的【资产归还】，右边页面显示已出库的资产列表。

(2)选中要归还的资产，点击【归还】，系统提示操作成功，该资产重新入库。

任务四：资产异常处理

资产出现异常状况时，资产管理人员将异常状况上报给资产管理领导，资产管理领导对异常进行处理。

1. 异常上报

(1)进入资产管理人员操作界面，点击导航栏中【异常上报】，在右边页面填写异常信息。

(2)点击【确定】，系统提示操作成功，异常信息即提交给资产管理领导。

2. 异常情况处理

(1)进入资产管理领导操作界面，点击【异常情况处理】，可以看到待处理的异常信息。

(2)点击可以看到异常情况详细信息，输入处理结果。

(3)点击【保存】，系统提示操作成功。

3. 异常查看

(1)进入资产管理人员操作界面，点击导航栏中【处理查看】，可以看到已处理过的异常情况列表。

(2)点击，查看资产异常情况处理结果。

任务五：公共信息发布

1. 信息发布管理

(1)进入资产管理人员操作界面，在导航栏中点击“信息发布管理”下【发布】，在右边页面输入要发布的信息内容。

(2)点击【确定】，信息发布成功。如果字数过多，信息将不能发布，系统会提示字数不能超过1500字。

2. 信息编辑

(1)信息发布后还可以编辑。点击“信息发布管理”下【编辑】，可以看到发布的信息列表。

(2)点击信息名后，页面下方显示信息详细内容。

(3)根据需要修改信息内容，修改完后点击【更新】，系统提示操作成功。

3. 信息查看

(1)进入工作人员操作界面，右边页面显示发布的公共信息列表。

(2)点击信息标题，即可查看信息的详细内容。

任务六：资产综合查询

所有角色用户都能对资产进行综合查询。

1. 资产明细

(1)点击导航栏中【资产明细】，右边页面显示所有资产信息列表。

(2)点击资产名称后，可以看到资产的详细信息。

2. 资产种类

点击导航栏中【资产种类】，在右边页面选择资产种类和统计图类型后，点击【查询】，将能看到资产相应的统计分析图。

3. 部门资产

点击导航栏中【部门资产】，在右边页面选择部门和统计图类型后，点击【查询】，下方将显示相应的统计图。

4. 资产使用方向

点击导航栏中【资产使用方向】，选择资产使用方向和统计图类型，下方将显示相应统计图。

5. 资产经费来源

点击导航栏中【资产经费来源】，在右边页面选择资产经费来源方向和统计图类型，点击【查询】，下方将显示相应统计图。

项目七：招标采购平台

招标是指招标人在时间、地点、发出招标公告或招标单，提出准备买进商品的品种、数量和有关买卖条件，邀请卖方投标的行为。

投标是指投标人应招标人的邀请，根据招标公告或招标单的规定条件，在规定的时间内向招标人递盘的行为。

招标采购平台可以让实验用户系统地掌握成功采购的策略与管理供应商的方法，及制定采购计划和预算、采购招标、采购认证、降低采购成本、采购审核、供应商开发、控制及管理等方面的知识。并将从中了解到采购活动运作的相关知识，逐步加强对供应商和采购活动的管理，切实降低企事业单位的采购成本。此外，招标采购平台实现了真正意义上招标、投标和评标的电子化，涉及招投标、评标过程中的所有环节，实现了招投标过程和评标过程的自动化。

【实训目标】

1. 掌握招投标管理机构对供应商、采购商和评标专家的审核、管理，以及对每一个招投标项目的跟踪管理。

2. 了解企业如何制定及提交采购项目。

3. 掌握供应商如何申请投标，如何填写标书及提交，并对招标过程和结果提出合理质疑。

4. 掌握评标专家如何对采购项目进行评标。

【实训导入】

南京大学欲建立电子商务实验室，想采购一批电脑，现通过南京市政府采购中心向社会发出此次招标通告。届时，南京奥派科技、南京舜天科技以及北京众网科技这三家公司会作为供应商参加此次招标活动。为了保证此次招标的公平和公正，南京政府邀请了李大伟、彭亮、王林这三位专家作为此次活动的评标专家。

【实训任务】

1. 注册账号，填写基本信息。
2. 招投标项目的建立。
3. 招投标项目的评审和中标。
4. 招投标项目的后期业务处理。

【实训步骤】

点击【招标采购平台】

任务一：注册账号，填写基本信息

1. 注册政府信息

(1)点击【政府信息注册】，进行政府信息的注册。

(2)填写政府信息，点击【提交】。

2. 采购公司注册

这里我们要注册一家采购公司——南京大学，点击“注册采购公司”后的【注册】。

3. 供应公司注册

(1)在这里我们要注册三家供应公司——南京奥派科技、南京舜天科技以及北京众网科技。点击“注册供应公司”后的【注册】。

(2)填写供应公司南京奥派科技的信息，点击【提交】。

(3)按照这样的步骤填写南京舜天科技以及北京众网科技的注册信息，具体数据详见“实验数据”。

4. 注册评标专家

(1)在这里我们要注册三位评标专家——李大伟、彭亮、王林。点击“评标专家”后的【注册】。

(2)填写评标专家的信息，点击【提交】。

5. 供应商、采购商以及评标专家资格审核

(1)点击“南京市政府采购中心”后的【进入】。

(2)选择“供应商管理”下的【资格审核】，能够看到供应商资格审核列表，点击具体条目前的【审核】。

(3)审核该企业，选择“批准”，点击【确定】。

按照该方法，依次审核北京众网科技和南京舜天科技。

(1)选择“采购商管理”下的【资格审核】，点击列表前的【审核】。

(2)审核该采购商资格，选择“批准”，点击【确定】。

(3)选择“专家管理”下的【资格审核】，能够看到专家资格审核列表，点击具体条目前的【审核】。

(4)审核该专家资格，选择“批准”，点击【确定】。

(5)按此步骤依次审核王林和李大伟的资格。

6. 招投标管理后台基本信息设置

(1)选择“基本信息”下的【通知管理】，填写通知内容，点击【更新】。

(2)选择“基本信息”下的【采购新闻管理】，点击【新增】。

(3)填写采购新闻，点击【保存】。

(4)选择“信息管理”下的【办事指南管理】。填写办事指南的标题及内容，点击【新增】。

(5)选择“基本信息”下的【银行账号设置】，设置银行账号，在银行账号可用的情况下，点击【保存】。

7. 供应公司基本信息设置

(1)这里有三家供应公司，首先我们选择南京奥派科技，点击其后的【进入】。

(2)选择“信息维护”下的【供应产品】，添加产品，填写产品的详细信息，点击【保存】。

(3)选择“信息维护”下的【资质文件】，填写资质证书的相关信息，上传资质证书，点击【保存】。

(4)选择“信息维护”下的【厂家授权】，填写厂家授权的相关信息，上传授权书，点击【保存】。

(5)选择“资金管理”下的【账户管理】，给账户充值，填写充值金额，点击【充值】。

按照以上步骤，依次给其他两家供应公司——南京舜天科技和北京众网科技添加供应产品、上传资质文件和厂家授权证书，并给其账户进行充值。

8. 评标专家上传资质文件

(1)这里有三位评标专家，首先选择李大伟，点击后面的【进入】。

(2)选择“资质文件”，点击下方的【新增】。填写评标专家资质文件的相关信息，点击【保存】。

按照以上步骤，依次给其他两位评标专家添加资质文件。

任务二：招投标项目的建立

1. 采购公司添加采购项目、添加采购包、添加采购产品。

(1)选择“南京大学”后的【进入】，进入采购公司(南京大学)平台。

(2)点击【添加项目】，进入项目添加界面，输入项目名称等信息，点击【保存】，则采购项目添加成功。

(3)添加项目成功之后，在项目列表中点击“添加采购包”下的【添加】。

(4)输入采购包信息，点击【保存】。

(5)接下来，添加购买产品数量，点击“第 1 包”后的【添加】。

(6)输入产品名称、采购数量以及规格说明，点击【保存】。

2. 设定评分细项

(1)产品信息添加结束之后，设定评分细项，选择“评分细项设定”，点击【选择】。

(2)点击“第 1 包”前的【设定】。

(3)填写细项名称和所占百分比，点击【提交】。

注：评分细项可以有多项，但每项百分比相加应为 100%。

(4)在“采购商登录”下选择【项目提交】，点击项目前的【管理】，选择“提交政府审核”，并【确定】。

3. 南京市政府采购中心审核南京大学采购项目，并发布招标公告，生成招标文件。

(1)切换用户，进入“南京市政府采购中心”平台。

(2)点击“招标项目管理”下拉列表中的“项目审核”，进入项目审核页面，点击项目名称前面的【管理】，设定项目时间，选择“审核通过”，点击【确定】按钮，则项目审核成功。

(3)接下来，要生成招标公告，点击“招标项目管理”下拉列表中的“生成招标公告”，进入公告生成页面，点击项目名称前面的【生成】，在弹出的页面中点击【确认】按钮即可。

(4)发布已经生成的招标公告，点击“招标项目管理”下拉列表中的【招标公告管理】，进入公告发布页面，点击公告标题前的【管理】，选择“确定发布”，点击【确定】按钮，则招标公告发布成功。

4. 供应公司查看招标公告，购买标书，填写标书以及投递标书。

(1)点击南京奥派科技后面的【进入】，进入供应公司平台。

(2)选择“申请投标”下拉列表中的【招标公告】，进入申请投标页面，点击申请投标下的图标，申请投标。

其他两个供应公司进行同样的操作，申请投标。

(3)接下来，招投标管理服务商(南京政府采购中心)，要对供应公司的投标申请进行审核。点击南京政府采购中心后面的【进入】，进入南京政府采购中心平台。

(4)选择“投标管理”下拉列表中的【投标申请审核】，进入供应商资格审核页面，点击【审核】，选择“批准”，点击【确定】按钮，则审核通过。

(5)当三家供应公司申请投标之后，服务商才可以生成标书。点击“招标项目管理”下拉列表的【生成招标文件】，进入文件生成页面，点击项目名称前面的【生成】。

(6)在弹出的页面中输入标书价格，点击【确定】按钮，则标书生成成功。

(7)下来，供应公司就要去购买标书。点击南京奥派科技后面的【进入】，进入供应公司(南京奥派科技)平台，点击“申请投标”下拉列表中的【标书购买】，进入标书购买页面，点击标书购买下的图标，购买标书。

同样的操作，其他两家供应公司(南京舜天科技、北京众网科技)也购买标书。

(8)供应公司购买标书，付款之后，服务商要确认付款成功。点击南京政府采购中心后面的【进入】，进入服务商(南京政府采购中心)平台，选择“投标管理”下拉列表中的“标书付款确认”，进入付款确认页面，点击【确定】按钮，确认付款。

(9)服务商确认付款之后，供应公司就可以填写标书，投递标书了。点击供应公司(南京奥派科技)后面的【进入】，点击“标书管理”下拉列表中的【标书填写】，进入标书填写页面，点击“标书填写”下面的按钮。

(10)在弹出的页面中，填写报价、交货时间承诺、售后服务承诺等信息，点击【保存】按钮，则标书填写成功。

(11)标书填写好之后，就可以投递标书了，点击“标书管理”下拉列表中的【标书投递】，进入标书投递页面，点击“标书投递”下面的按钮，进行标书投递。

(12)其他的两家供应公司进行同样的操作，填写标书、投递标书。供应公司投递标书结束之后，南京政府采购中心要截止投标。点击南京政府采购中心后面的【进入】，进入南京政府采购中心，点击“投标管理”下拉列表中的【截止投标】，点击项目名称前的【选择】，选择“确定截止接受标书”，点击【确定】，则截止投标成功。

任务三：招投标项目的评审和中标

1. 南京政府采购中心先邀请评标专家。

(1)点击南京政府采购中心后面的【进入】，进入南京政府采购中心平台，点击“评标管理”下拉列表中的【邀请评标专家】，进入专家邀请界面，点击项目名称前面的【选择】。

(2)选择专家类别，勾选邀请的专家，点击【新增】按钮即可。

(3)服务商邀请完专家之后，评审专家要接受邀请，进入评审专家(王大伟)的页面，点击【邀请函】，进入邀请函页面，点击【接受邀请】下面的按钮，接受邀请。

同样的操作，另外两位评审专家也要接受邀请。

(4)再点击“评标”下面的按钮，进入“评标项目——采购包——投标书”页面。

(5)点击“评分”下面的按钮，进行评分。

(6)在弹出的页面中对采购项目进行评分，点击【提交】按钮，则评标专家点评成功。

(7)进入服务商(南京政府采购中心)平台，点击“评标管理”下拉列表中的【确定预中标单位】，进入预中标单位确定页面，点击项目名称前面的【选择】。

(8)勾选预中标单位，点击【提交】按钮，则确定预中标单位成功。

(9)接下来，发布预中标公告，点击“评标管理”下拉列表中的发布预中标公告，点击项目名称前的【选择】，在弹出的页面中点击【确定】按钮即可。

(10)南京政府采购中心的预中标公告发布出来之后，供应公司可以查看此中标公告，并提出质疑。点击北京众网科技后面的【进入】，进入供应公司平台，点击“项目管理”下拉列表中的【预中标公告】，点击“公告质疑”下面的按钮，在弹出的页面中填写公告质疑，点击【保存】即可。

(11)接下来，南京政府采购中心要对此公告质疑进行回复，进入服务商平台，点击“质疑管理”下拉列表中的【疑问解答】，点击【预中标管理】，进入质疑回复页面，点击【回复】，在弹出的对话框中，填写回复内容，点击【回复】按钮即可。

(12)确定无误之后，南京政府采购中心要确定“南京奥派科技”为中标单位，点击“评标管理”下拉列表中的【确定中标单位】。

(13)进入中标单位确定页面，再点击【选择】，在弹出页面中点击【提交】按钮，则确定中标单位成功。

(14)接下来，南京政府采购中心就可以发布中标公告，点击“评标管理”下拉列表中的【发布中标公告】，进入中标公告发布页面，点击项目名称前面的【选择】，在弹出的页面中点击【确认】按钮，则中标公告发布成功。中标单位确认以后，南京政府采购中心要将中标单位的投标保证金转成履约保证金，且要退回未中标单位的投标保证金。点击“评标管理”下拉列表中的【投标保证金管理】。

(15)进入投标保证金管理页面，点击项目名称前面的【选择】，对于中标单位而言，点击【转成履约保证金】，对于未中标单位而言，点击【退回投标保证金】。

(16)进入投标保证金管理页面，点击项目名称前面的【选择】，对于中标单位而言，点击【转成履约保证金】，对于未中标单位而言，点击【退回投标保证金】。

(17)接下来就是履约付款问题了，点击“评标管理”下拉列表中的【履约付款】，进入履约付款页面，点击项目名称前面的【选择】，点击【确认付款】对中标单位付款进行确认。

任务四：招投标项目的后期业务处理

1. 点击评标专家名字后面的【进入】，进入评标专家平台，点击【项目评述】，进入项目评述页面，点击【发表】。

(1)填写评述内容，点击【保存】按钮即可。

(2)评标专家也可以进行经验交流，点击【经验交流】，进入经验交流页面，点击【发表经验】按钮，填写标题名称和实践内容消息，点击【保存】按钮。

2. 采购公司项目进度查询。点击南京大学后面的【进入】，进入采购公司平台，点击【项目查询】，进入项目查询页面，点击【查找】按钮即可。

【本模块参考文献】

1. 南京奥派公司《电子政务七个模块操作手册》(有删减)

2. 南京奥派公司《公务员考试模拟系统操作手册》(有删减)

【职业技能】

项目一：市场调查与预测

市场调查与预测是一门应用性极强的课程，也是秘书学专业的学生必须掌握的一种重要方法与技能。本指导书的编制主要是为学生实践提供目标清楚、任务明确、便于考核的实践教学体系。具体要求如下：

【实训目标】

1. 理解市场调查与预测的基础理论。
2. 掌握市场调查与预测的基本方法。
3. 掌握问卷设计的基本技能。
4. 掌握资料收集与整理的流程。
5. 掌握调查报告撰写的要领。

【项目导入】

案例介绍(附录1)

【任务与要求】

课程实训要求实训团队选定一个有代表性、典型性和应用价值的市场调查问题，然后依次完成下列实训任务：首先设计市场调查总体方案；其次设计出合理的调查问卷；再次根据总体方案的要求，将调查问卷付诸实施；然后对调查结果进行定性和定量分析，并写出调查报告；最后由指导教师就每一课程小组的表现给予评定，写出实训过程意见。

任务一：拟定调查主题

要求：

1. 组建实训团队并进行小组分工，建议5~6名同学组建一实训团队。
2. 明确调查目的、调查对象与调查单位。
3. 确定调查方式与抽样方法。
4. 根据以上内容设计市场调查总体方案。

任务二：设计调查问卷

要求：

1. 根据调查主题，提出研究假设。
2. 明确调查概念及其可操作化。
3. 确定调查问题。
4. 拟定设计形式。
5. 问卷完善与修订。

任务三：调查实施

要求：

1. 根据调查总体方案确定调查方式。
2. 根据调查总体方案确定抽样方法。
3. 具体调查实施。

任务四：调查资料的整理与分析

要求：

1. 过程完整、方法正确。
2. 写出数据汇总过程、整理方法、统计工具与结果。

任务五：撰写市场调查报告

要求：

1. 调查报告内容完整、格式正确。
2. 将市场调查总体方案及在调查中所使用的问卷作为附件一并上交。

任务六：指导教师对实训小组的评定与反馈

要求：

1. 指导教师对调查报告给予自己的评价。
2. 指导教师将自己的评价反馈给实训小组。
3. 实训小组每个成员总结本次实训过程的心得体会。

【实训方式】

实训方式包括案例探究、开放式讨论、独立实施三种办法。

【实训考核】

1. 总成绩比率表

项目名称	所占比例(%)
调查总体方案设计	15
问卷设计	25
调查实施情况	20
资料整理与分析	15
调查报告撰写	25

注：调查报告提交后，同时提交实训团队成员互评表。

2. 课程实训评定办法

根据学生完成任务的情况、课程实训报告的质量和课程实训过程中的工作态度等综合打分。分五档：优秀(90~100分)、良好(80~89分)、中等(70~79分)、及格(60~69分)、不及格(59分及其以下)。课程实训以实训团队的形式合作完成，同时注明团队分工情况。

课程实训成绩评定参考标准如下：

(1)优秀(90~100分)

按实训任务书要求圆满完成规定任务；综合运用知识能力和实践动手能力强，实训方案合理，计算、分析正确，实训成果质量高；实训态度认真，独立工作能力强，有独到见解，水平较高。实训报告条理清晰、论述充分、文字通顺、图表规范、符合实训报告文本格式要求。

(2)良好(80~89分)

按实训任务书要求完成规定实训任务；综合运用知识能力和实践动手能力较强，实训方案合理，计算、分析基本正确，实训成果质量较高；实训态度认真，有一定的独立工作能力。实训报告条理清晰、论述正确、文字通顺、图表较为规范、符合实训报告文本格式要求。

(3)中等(70~79分)

按实训任务书要求完成规定实训任务；能够一定程度的综合运用所学知识，但有所欠缺，有一定的实践动手能力，实训方案基本合理，计算、分析基本正确，实训成果质量一般；实训态度较为认真，独立工作能力较差。实训报告条理基本清晰、论述基本正确、文字通顺、图表基本规范、符合实训报告文本格式要求。

(4)及格(60~69分)

在指导教师及同学的帮助下，能按期完成规定实训任务；综合运用所学知识能力及实践动手能力较差，实训方案基本合理，计算、分析有错误，实训成果质量一般；实训态度一般，独立工作能力差。实训报告条理不够清晰、论述不够充分但没有原则性错误、文字基本通顺、图表不够规范、符合实训报告文本格式要求。

(5)不及格(60分以下)

未能按期完成规定实训任务。不能综合运用所学知识，实践动手能力差，实训方案存在原则性错误，计算、分析错误较多。实训报告条理不清、论述有原则性错误、图表不规范、质量很差。

【实训报告】

1. 课程调查报告3000~6000字。
2. 列出目录，标清页码。
3. 应列出参考资料3篇以上。
4. 要求有相关市场调查问卷、调查总体设计方案等作为课程设计报告的附件。

附录1：

问卷编号：__________

苏州市儿童安全保护调查问卷

同学们：

你们好！

我们正在苏州市范围内，开展儿童安全保护问卷调查，这样可以了解儿童(10~16岁)安全保护现状，以便更好地为其提供服务，也有利于推动建立和完善儿童安全保护网络。本调查不用填写姓名，答案也没有对错之分，你只要根据自己的实际情况，如实填答即可。你提供的资料我们将予以保密，仅做研究之用！

你只要在每题的答案中选择合适一个打勾(如没有特别说明，每题都只选一个答案)。遇到有________线的问题，就请直接在________中填写。

感谢你的支持与合作！

苏州科技大学"儿童安全保护"课题组

联系电话：0512-68415428

2016年3月

一、基本信息

1. 你的性别：(1)男　　(2)女
2. 你是哪一年出生的？________年
3. 你现在就读________年级

4. 你的户口在苏州吗？(1)是的　　(2)不是

5. 你们家(住在一起)共有________口人，

家中除了你以外，还有哪些人？

(1)爸爸　　(2)妈妈

(3)哥哥/姐姐　　(4)弟弟/妹妹

(5)外公/外婆　　(6)爷爷/奶奶

(7)其他人(请注明)____________________

6. 你爸爸的文化程度是：

(1)小学及以下　　(2)初中

(3)高中/中专　　(4)大专

(5)本科及以上

7. 你妈妈的文化程度是：

(1)小学及以下　　(2)初中

(3)高中/中专　　(4)大专

(5)本科及以上

8. 你爸爸的职业是：

(1)个体户　　(2)医务人员

(3)军人　　(4)企业主

(5)服务业人员　　(6)公务员

(7)工人　　(8)农民

(9)教师　　(10)文艺体育工作者

(11)其他(请注明)____________________

9. 你妈妈的职业是：

(1)个体户　　(2)医务人员

(3)军人　　(4)企业主

(5)服务业人员　　(6)公务员

(7)工人　　(8)农民

(9)教师　　(10)文艺体育工作者

(11)其他(请注明)____________________

二、安全保护状况

10. 你过马路时会注意交通信号灯指示吗？

(1)非常注意　　(2)一般

(3)不太注意　　(4)不注意

11. 放学后有家人来接你吗？

(1)是的　　(2)不是

12. 放学后你的情况如何？

(1)参加补习班　　(2)直接回家

(3)跟同学玩耍　　(4)其他(请注明)____________

13. 你认为自己跟家中谁的关系最亲密：
(1)妈妈　　(2)爸爸
(3)外公/外婆　　(4)爷爷/奶奶
(5)其他人(请注明)____________

14. 你觉得“意外伤害事件”离你很远吗？
(1)非常远　　(2)有点远
(3)一般　　(4)很近
(5)非常近

15. 你会在校门口的小店里面购买零食吗？
(1)会的　　(2)不会
(3)偶尔会

16. 你吃袋装食品时会查看它的保质期吗？
(1)会的　　(2)不会
(3)偶尔看

17. 乘坐轿车时，你会系安全带吗？
(1)每次都系的　　(2)有时会系
(3)从来不系

18. 你知道有“中小学生安全教育日”吗？
(1)知道　　(2)不知道

19. 你平时一天睡觉大约几个小时？
(1)不足7个小时　　(2)不足8个小时
(3)不足9个小时　　(4)9个小时以上

20. 你会游泳吗？
(1)不会　　(2)正在学习中
(3)会的→转到20.1、20.2题
20.1. 你在游泳馆以外的地方游过吗？
(1)从来没有　　(2)是的
20.2. 看到有人落水，你最先会怎样处理？
(1)下水救人　　(2)大声呼喊
(3)拨打110或120求救(4)其他(请注明)__________

21. 你能记住你爸爸或者妈妈的电话号码吗？
(1)是的　　(2)记不清　　(3)完全不知道

22. 你们学校周边有网吧吗？
(1)有的　　(2)没有　　(3)不知道

23. 你在家上网时，家人会约束你的上网时间吗？
(1)是的　　(2)偶尔会的　　(3)没有约束

24. 最近一个月，你独自一个人留在家中的经历有几次？
(1)从来没有　　(2)有1~2次　　(3)很多次

25. 你出门玩耍的时候会告诉家人到哪去玩吗？
(1)会的　　(2)偶尔会的　　(3)从来不会

26. 你在家犯错误时，家人一般会如何处理？
(1)体罚　　(2)讲道理　　(3)其他(请注明)________

27. 你被高年级同学欺负过吗？
(1)是的　　(2)没有

28. 你是否听说过身边有同学被打劫过吗？
(1)有的　　(2)没有

29. 你参加过关于安全教育讲座吗？
(1)没有　　(2)参加过→转到 29.1 题

29.1. 你在哪参加的安全教育讲座？
(1)在社区　　(2)在学校　　(3)其他(请注明)__________

30. 你在学校犯重大错误时，老师会如何处理？
(1)体罚　　(2)说教　　(3)处分
(4)其他(请注明)__________

31. QQ 里陌生人想加你为好友，你会同意吗？
(1)会的　　(2)不会的　　(3)不知道

32. 你身边有同学遭遇过意外伤害吗？
(1)没有　　(2)有的(何种事故请注明)__________

33. 你能将下面的文字和电话号码正确的对应吗？(请将描述与对应的号码连线)
(1)报警电话　　114
(2)医疗急救电话　　110
(3)火警电话　　120
(4)电话查号台　　119

34. 你读小学时上过安全知识方面的课吗？
(1)是的　　(2)没有

35. 生活中，你遇到过陌生人搭讪吗？
(1)没有　　(2)有的→转到 35.1 题

35.1. 你是如何处理的？
(1)不理会　　(2)积极回应　　(3)其他(请注明)__________

36. 你知道意外伤害是儿童最主要的死亡原因吗？
(1)知道　　(2)不知道

37. 最近一年，你们学校有针对突发事件的演练吗？
(1)有的→请问是何种类型？
A. 消防；　　B. 地震　　C. 其他(请注明)__________
(2)没有

38. 你在学校上过性教育的课堂吗？
(1)有的→请问是在_______年级

(2)没有

三、自我认识与评价

39. 请你根据自己的实际情况，选择与你的感觉和生活最接近的答案，在相应的格子里打“✓”。

项　　目	从不这样	很少这样	经常这样	总是这样
1. 你觉得班上的同学对你友好吗？				
2. 你对你和老师的关系感到满意吗？				
3. 你平时关心父母和身边的长辈、朋友吗？				
4. 当遇到困难时，你能得到老师的帮助吗？				
5. 需要帮助时，你能找到可信赖的朋友吗？				
6. 你常为这样或那样的事感到烦恼吗？				
7. 你常担心自己做错事吗？				
8. 你常喜欢和父母待在一起吗？				
9. 父母能理解你的想法吗？				
10. 当遇到困难时你愿意告诉父母吗？				

40. 以下这些词语，你觉得哪些比较符合你(可多选，请注明)________

(1)独立　(2)自理　(3)友善　(4)自信
(5)散漫　(6)害羞　(7)勇敢　(8)有同情心
(9)内向　(10)孤独　(11)攻击性　(12)无安全感

41. 请对下列安全知识的掌握情况，进行赋值。1代表掌握最不好，4代表掌握最好，请根据自己的情况在框内分别赋值1~4。

例题：你喜欢冰激凌吗？1=不喜欢　2=有一点喜欢　3=比较喜欢　4=非常喜欢

交通安全	消防安全	卫生防病安全	饮食安全	家居安全	活动安全

我们的调查结束了，你辛苦了！再次表示感谢！你有什么建议和要求，欢迎写在下面

____

____

____

项目二：汉语速录训练

速录是一项大型会议、司法审判等场合中需要运用的秘书技能，本技能的养成需要较多的实践，实训过程中需要速录机。本指导书的编制主要是为学生实践提供目标清楚、任务明确、便于考核的实践教学体系。

【实训目标】

使学生基本具备速录技能，我们期望学生能够通过练习达到六十字每分钟的听打速度。如能具备此等基础，面对具体工作时，稍加强化、持续训练当可胜任。我们将实训的目标细化如下：

1. 了解索恒速录机掌握坐姿指位。
2. 训练学生掌握声码。
3. 训练学生掌握韵码。
4. 训练技巧以提升速录速度。
5. 训练词汇、句子的整体输入。
6. 了解版面排版、文字整理等技巧。

【实训导入】

专业资格证书制度是就业制度的一项重要内容。它是指按照国家制定的专业技能标准或任职资格条件，通过考核鉴定机构对劳动者的技能水平或职业资格进行客观公正、科学规范的评价和鉴定，对合格者授予相应的专业资格书，是劳动者求职、任职、开业的资格凭证，是用人单位招聘、录用劳动者的主要依据，也是境外就业、对外劳务合作人员办理技能水平公证的有效证件。想就业，就要先去考证，劳动力市场将全面实行就业准入制度。

按照《速录师国家职业标准》，速录师分为三个等级，即速录员、速录师、高级速录师。速录员对语音信息的采集速度是每分钟不低于 140 字；速录师每分钟不低于 180 字；高级速录师则要求每分钟不低于 220 字，三个等级的准确率都必须达到 95%以上。

【实训内容】

实训基础：掌握速录键盘与电脑的连接，熟悉“金山打字通练习软件”。在进行实训的过程中，学习者务必注意保持良好的坐姿与操作习惯，上身自然坐直，肩部放松，上臂下垂，大腿自然平伸，小腿自然下垂，双脚平放地面上，索恒键盘放于大腿面上，前臂自然平伸，左右手五指轻松放在键盘上，手指轻触键盘，全身各部保持自然放松。

【实训任务】

任务是通过各阶段教学环节，使学生掌握索恒速录机的基本原理，并能够熟练掌握并运用索恒速录机。此实训课主要是使学生通过操作索恒中文速录机，从而能够利用该速录机进行中文信息快速记录等工作。由于速录是一项依托设备的具体技能，因此本课的学习基本为实践形式，理论教学完全可以渗入穿插到实践课程中去。

任务一：了解索恒速录机掌握坐姿指位

1. 如何打开索恒速录机录入系统
2. 索恒速录机键位码读法、五指分工、坐姿
3. 键盘排列码的操作

任务二：声母 b、d 组系列码及其功能键

1. 声母 b、p、m、f 的索恒码和注音

2. 声母 d、t、n、l 的索恒码和注音
3. 左右手分隔标识符以及左右删除功能键

任务三：声母 g、j 组系列码及其随意键

1. 声母 g、k、h 的索恒码和注音
2. 声母 j、q、x 的索恒码和注音
3. 九个随意键

任务四：声母 z 组系列码及常用标点符号

1. 声母 z、c、s 的索恒码和注音
2. 声母 zh、ch、sh、r 的索恒码和注音
3. 标点符号的打法

任务五：韵母 a、ia、o、uo 系列码及借用码

1. 韵母 a、ia 组音节码
2. 韵母 o、uo 组音节码
3. 借用码

任务六：韵母 e、ie、i 系列码及功能码

1. 韵母 e、ie 组音节码
2. 韵母 i 组音节码
3. 功能键的操作

任务七：韵母 u、ü 系列码及功能码

1. 韵母 u 组音节码
2. 韵母 ü 组音节码
3. 功能键的操作

任务八：韵母 ai、ei 系列码及阿拉伯数字码

1. 韵母 ai 组音节码
2. 韵母 ei 组音节码
3. 阿拉伯数字的操作

任务九：韵母 ao、ou 系列码及功能码

2. 韵母 ao 组音节码
2. 韵母 ou 组音节码
3. 功能键的操作

任务十：韵母 an、en 系列码及特殊符号

1. 韵母 an 组音节码
2. 韵母 en 组音节码
3. 特殊符号与功能键的操作

任务十一：韵母 ang、eng 系列码及两栖码

1. 韵母 ang 组音节码
2. 韵母 eng 组音节码

任务十二：韵母 ong、iao 系列码

1. 韵母 ong 组音节码
2. 韵母 iao 组音节码

任务十三：韵母 iou、ian 及“呦”的打法

1. 韵母 iou 组音节码
2. 韵母 ian 组音节码
3. “呦”的打法

任务十四：韵母 in、iang 系列码

1. 韵母 in 组音节码
2. 韵母 iang 组音节码

任务十五：韵母 ing、iong 系列码

1. 韵母 ing 组音节码
2. 韵母 iong 组音节码

任务十六：韵母 ua、uai 系列码及对应功能键

1. 韵母 ua 组音节码
2. 韵母 uai 组音节码
3. 对应标准键盘的功能键操作
4. 句子练习

任务十七：韵母 ui、uan 系列码及速度训练

1. 韵母 ui 组音节码
2. 韵母 uan 组音节码
3. 速度练习

任务十八：韵母 un、uang 系列码及速度训练

1. 韵母 un 组音节码
2. 韵母 uang 组音节码
3. 速度练习

任务十九：韵母 üe、üan 系列码及英文大小写

1. 韵母 üe 组音节码
2. 韵母 üan 组音节码
3. 英文大写字母操作
4. 英文小写字母操作
5. 速度练习

任务二十：韵母 ün 系列码及自成音节 er 键位码

1. 韵母 ün 组音节码
2. 韵母 er 组音节码
3. 速度练习

任务二十一：下拉菜单选项编码表、略码树、索恒 406 码

1. 下拉菜单选项的操作
2. 索恒略码树的使用、修改与保存
3. 索恒 606 码

【实训报告】

实训报告的撰写按统一格式，采用统一的报告纸。报告内容包括：实训名称、实训目的、实训仪器、实训原理、实训内容及简要步骤、过程数据、讨论与小结。学生要认真书写，字迹整洁、清晰。教师认真批改每一份报告，批改后签字，在报告上标明成绩，每份实训报告按 100 分计。

【实训考核】

本课程为考查课，采用百分制计分，建议采用上机考核。出勤成绩占 10%，上机练习 4 次占 60%，期末上机考核成绩所占 30%。练习的时候听打重与看打的方式，毕竟听音落字是速录的灵魂，看打不是根本的训练目的。但考核的时候可以采取看打的方式，因为不同的学生速度不同，而播音的速度是一定的。

根据学生完成任务的情况、课程实训报告的质量和课程实训过程中的工作态度等综合打分。分五档：优秀(90～100 分)、良好(80～89 分)、中等(70～79 分)、及格(60～69 分)、不及格(59 分及其以下)。

课程实训成绩评定参考标准如下：

(1)优秀(90～100 分)

按实训任务书要求圆满完成规定任务；综合运用知识能力和实践动手能力强，录入速

度很快，准确度很高；实训态度认真，独立工作能力强，有独到见解，水平较高。实训报告条理清晰、论述充分、文字通顺、图表规范、符合实训报告文本格式要求。

(2)良好(80~89分)

按实训任务书要求完成规定实训任务；综合运用知识能力和实践动手能力较强，录入速度好，准确度高；实训态度认真，有一定的独立工作能力。实训报告条理清晰、论述正确、文字通顺、图表较为规范、符合实训报告文本格式要求。

(3)中等(70~79分)

按实训任务书要求完成规定实训任务；能够一定程度地综合运用所学知识，但有所欠缺，有一定的实践动手能力，录入速度尚可，准确度一般；实训态度较为认真，独立工作能力较差。实训报告条理基本清晰、论述基本正确、文字通顺、图表基本规范、符合实训报告文本格式要求。

(4)及格(60~69分)

在指导教师及同学的帮助下，能按期完成规定实训任务；综合运用所学知识能力及实践动手能力较差，有一定的录入速度，录入内容基本准确。实训报告条理不够清晰、论述不够充分但没有原则性错误、文字基本通顺、图表不够规范、符合实训报告文本格式要求。

(5)不及格(60分以下)

未能按期完成规定实训任务。不能综合运用所学知识，实践动手能力差，录入的速度很慢，录入内容差错多。实训报告条理不清、论述有原则性错误、图表不规范、质量很差。

3. 上机考核的计算方式

准确率=实际记录字数/总字数×100%

速度=总字数×60秒/实际记录时间(秒)

【相关知识】

一、设备准备

(一)速录机操作

1. 能调试速录系统软件。

2. 能对速录机进行日常维护与保养。

3. 能识别并排除常见故障。

相关知识(速录系统软件调试知识、速录机日常维护与保养知识、速录机常见故障诊断和排除知识)。

(二)计算机操作

1. 能够安装、设置常用字处理软件。

2. 能根据会议内容在会前制作会议主题相关词语的临时略码。

相关知识：计算机常用字处理软件的安装与设置方法、词语临时略码的制作知识、个人词库的设置和使用知识。

二、信息采集

(一)语音信息采集

1. 能听懂新闻发布会、商务会和科技报告会等各种相关专业会议语音信息。

2. 能以平均不低于220字/分的速度进行语音信息现场实时采集、准确率不低于98%。

3. 能采集同声传译的中文信息。

4. 能采集中文信息中出现的常用英语词汇及缩写。

5. 能够准确识别群体交互式语音信息源，并分别实时记录。

6. 能边采集、边校对、边整理信息。

7. 能在采集信息的过程中，进行动态造词、制作词语临时略码。

8. 能够从非语音信息(表情、手势等体态语及场景)中推测语义，并进行采集。

相关知识：常用英语词汇及缩写知识、联词、消字、定字的基本知识。动态的造词的知识。观察、采集、准确表述各种非语言信息的知识。观察、采集准确表述各种非语言信息的知识。数学符号速录键盘的转换与操作知识、系列功能码的速录编码方法。

(二)文本信息采集

1. 能够正确识别规范的手写文稿。

2. 能以不低于220字/分的速度进行文本信息采集。

相关知识：手写文稿的识别知识。

(三)不同载体信息采集

1. 能使用多种播放软件。

2. 能通过Internet采集网络媒体语音信息。

相关知识：各种播放软件的操作方法、使用Internet的基本知识。

三、信息处理

(一)版面编排

1. 能够使用一种常用字处理软件对采集的信息进行较复杂的排版。

2. 能在文件中插入表格。

相关知识：版面分栏、多种字体、字形的变化与修饰知识、表格制作插入知识。

(二)整理、输出、提交

1. 能使用速录机功能键完成文本的同音字词查找与替换等操作。

2. 能用速录系统外挂进行同音字词的查找与替换操作。

3. 能通过电子邮件方式进行文本信息的编制接受和发送。

相关知识：速录机键盘的功能使用知识、速录系统的外挂功能知识、电子邮件的收发知识。

(三)意外处理

1. 能在故障发生后找到速录系统软件保存的临时、中间备份文本。

相关知识：速录系统软件文本恢复知识

【拓展训练】

下列文字共1209字，口语性较强，要求学生看打能做到每分钟六十字以上，正确率在98%以上。

国外做风险投资的人，他们(u)到中国(i)谈投资项目的时候(i)，也把我拉出去当陪听，也等于(i)给以前的同行帮忙(u)。我听了这么多的中国企业家【123i】谈自己的公司，有的人公司做得真是很好的，销售额都上亿（过亿）选2，利润都上千万(v)了，谈起来(i)一头雾水，人家听了半天，没听出他的产品(u)到底是怎么回事，他的竞争对手到底(u)是谁，没讲清楚。

所以，这个东西(u)我以(u‖yi)我们(u)公司为例。我跟人家讲得特别(i)清楚，我们(u)的销售目标是中国(i)国内读者和居住在海外(v)的七千万华人。

在这个大目标底(鞋底)下，我们(u)的重点销售对象是专业人士，比如说律师什么(u)等等，还有海外华人。因为(i)他们(u)买中文书难等等。反正，就是(u)把这些跟他们(u)讲清楚。

然后(i)，比如说像(i‖xiang)市场怎么样？我们(u)就给人家一张表，上面(i)罗列了中国(i)图书1977年到1998年连续(i)22年的净销售额是多少(u)，还有近几年的增长率怎么样，基本上(v‖v)告诉(u)他这个增长(i)哪些是图书提价引起的，哪些是本书的销售额带来的，所以，人家对大市场基本上(v‖v)有一些判断(v)。

在这个情况下我们再谈，中国(i)的图书目前(i)是如何销售(v)的，有哪些渠道，全国(i)有70090家书店，所以，就是说(v‖v)大一二三，小一二三，投资人他一天也许(i)就要听好几个公司的报告，也许(i)他公司和公司的跨度(v)是非常(i)大的。所以，你作为(i)创业企业家，你向(u‖xiang)别人(u)销售(v)自己的时候(i)，你自己要让人家特别(i)容易(v)懂（选2）。

所以，大框框、小框框，你自己定位(u)在哪儿，让人家一想起来都很清楚，这点非常重要。而且(u)，大概齐(整齐)你告诉(u)人家你的产品(u)是什么(u)，你的战略(i)是什么(u)，还有这些小阶段的目标是什么(u)，你怎么(u)实现这些小阶段目标？给人家一个大概的框架，他就舒服了。

在中国(i)，尤其是外国风险投资家看中国(i)的时候(i)，他是很注重合同的，这个合同包括(u)你当初回公司成立的经营许可，你的这个公司章程等等。然后(i)，他们(u)现在(u)碰到的最大问题(u)是大家(u)几乎好像(u)都在超范围经营。

很多(v)做ISP接入的公司，你要看他的经营许可是什么(u)？上面(i)写着计算机硬件、软件(u)的开发(v)及销售(v)等等，几乎所有(i)做高新技术的公司经营范围都是(u)这样(v)的。

然后(i)，别人(u)要来投(u‖tou)的时候(i)，最后(i)，尤其是机构投资人的钱，他肯定(u)要让一个律师来审(审查)你所有(i)的东西(u)。然后(i)，认定你在你所说的范围有没有资格进行(u)经营。

然后(i)，你就急急忙忙地介绍，在中国(i)谁都没有(u)一个ISP的许可，或者(i)是中国(i)的国庆就是(u)这样(v)，这个丑话说到头里，一开始你就跟人家讲，你这个执照上的经营许可怎么(u)怎么(u)回事（选2），我实际经营范围怎么(u)怎么(u)回事，我没有(u)哪(u‖na)部分(i)经营范围，我是通过(i)承包别人的公司，租用别人(u)的执照怎么(u)怎么(u)完成(u)的，这个也挺重要(u)的。现在(u)，风险投资追求(u)的都是(u)那些网络公司。但是(u)，对网络公司ICP是怎么回事，ISP是怎么回事，到现在为止，信息产业部的法规都没有(u)一个很清晰的规定(v)，大家(u)好像(u)能做什么(u)，不能(u)做什么(u)，是一个很模糊的规定(v)。

我就觉得这个你早给人家打了预防针，告诉(u)他现在(u)有很多(v)公司跟我们(u)一模一样，他们(u)是怎么(u)做的，我们(u)拿到你的资金之后，我们(u)也许(i)可以改变(u)我们(u)的经营范围，我们(u)重新(u)申请，我们(u)认为有哪些依据(选2)，我们(u)可以做到，我们(u)要做这个业务(v)。这样(v)的话，对于加深投资人对你的理解是挺好的。

四、综合能力模块

项目一：秘书的招聘与应聘实训

【实训目标】

1. 能够撰写邀请函、招聘启事、求职信等文稿。

2. 能够根据现实需要收集求职信息并编写求职参考。

3. 能够根据具体岗位设计简历。

4. 能够在招聘现场根据用人单位和岗位的具体情况进行合适的自我介绍和咨询。

5. 能够组织和操作招聘会的有关事务。

【任务驱动】

现场招聘会是用人单位在人才市场招聘的最主要方式之一。通过现场与求职者面对面的交流和初步考核，求职者可以根据自己的要求有效地进行筛选，能为下一步的复试、录用奠定良好的基础。2015 年 9 月苏州科技大学接江苏省教育厅通知，要求苏州科技大学联合苏州职业大学、苏州经贸职业技术学院、苏州职业技术师范学院等 6 所在苏州国际教育园北区的高校，于 12 月承办“2015 届高校毕业生招聘月”的秘书人才专场招聘会。

1. 李芳是苏州科技大学就业办的秘书，领导要求李芳以承办方的名义写一份招聘会的邀请函。

2. 韩雪是某用人单位人力资源部的秘书，她接到的任务要求针对此次招聘会拟写一份招聘启事、一份招聘登记表格。

3. 杨燕是一位即将毕业的文秘专业生，针对招聘岗位，她要在招聘会前制作一份简历、写作一份求职信、设计现场自我介绍用语和咨询用语。

4. 陈雨是学校就业部的秘书，他组织几位学生，为即将毕业的文秘学生编写一份秘书岗位求职参考。(可参考内容：用人单位、岗位要求、面试礼仪、面试技巧、简历制作小贴士、求职信写作知识等)

5. 最后学生以小组为单位，分工分角色组织模拟现场招聘会。

【方式与要求】

1. 概括叙述秘书完成上述各项任务的步骤。

2. 招聘组织方邀请函的撰写要求完整规范。

3. 详细说明招聘组织方的会场准备工作，并形成较规范的文案。

4. 用人单位的招聘启事和海报要求内容和形式兼备。

5. 设计的简历要求内容完整、项目齐全，排版设计美观大方，重点突出。

6. 求职信格式正确、语气谦和得体，直陈事项，主文简练、用词准确。

7. 编写的求职参考手册要求具备实用性和可参考性。

8. 分小组进行，做好角色分工等前期准备工作，在模拟训练2周之前下达任务。

9. 训练前学生必须熟知招聘程序，准备好招聘方、用人单位、求职者三方面的工作任务，可以查找资料、咨询亲朋好友、走访调查企业，通过合作探讨完成。

10. 模拟面试场景，演示坐姿、站姿，回答问题等。教师扮演第一主考人，临场提问；学生每组8~10人，组长为第二主考人，其余为应聘者。每组模拟8分钟。教师点评及同学互评。

【实训内容】

1. 李芳在接到任务后，与领导确认招聘会的具体时间、地点、要求等内容之后，明确了邀请函的写作格式和要求，查找了招聘会邀请函的具体样式和交通路线，然后开始撰写邀请函。邀请函完成后递交负责领导人审核，审核完毕后，上传网络及邮寄用人单位进行通知。

2. 韩雪在接到任务后，与领导确认本单位岗位需求和用人要求之后，明确了招聘启事的写作要求，然后开始撰写启事、设计招聘表格，同时找人设计海报并印制所需份数。

3. 杨燕首先通过查找资料(网络、书本、杂志等途径)了解了简历的制作要求，然后通过比较并根据自己的想法，设计了漂亮但简明的首页、简洁概括的自荐信、一目了然的表格式个人信息，最后附上各种证书的复印件。

4. 陈雨就“编写秘书岗位求职参考手册”这一项任务，主要组织了几个学生干部，指导学生收集信息的途径和方法，指导学生分块编写内容，最后交由陈雨审核与统稿以及办理最后的印刷事宜。本项任务成果的内容偏长，在此省略。在实际实训操作中要求学生合作完成。

【实训提示】

1. 在这项训练中，最好利用课余时间参加一个真实的现场招聘会，并总结招聘会的得失，以此作为本次模拟活动的借鉴。

2. 求职信中要表现出对该职位的真诚渴望。

3. 针对招聘条件匹配个人资料，做到重点突出、条理清晰。

4. 面试中结合自己实际情况，确定回答问题的角度，把握重点，千万别答非所问。

5. 要熟悉应聘程序及主考官的倾向和习惯，回答问题要语言流畅、逻辑严密。

6. 形象端庄、沉稳、大方，站姿得体，坐姿端庄大方，走姿潇洒，蹲姿优雅，以赢得主考官的尊重和信赖。

【成果范例】

一、组织方

(一)邀请函

江苏省2015届高校毕业生秘书人才专场招聘会邀请函

各用人单位：

非常感谢贵单位多年来对我省高职毕业生和我院就业工作的大力支持！

为做好2015年毕业生就业工作，贯彻落实国家和省有关毕业生就业工作的政策，积极营造吸引人才、用好人才的良好环境，从而实现高校毕业生充分就业。江苏省教育厅于12月主办“2015届高校毕业生招聘月”。“招聘月”期间将以专场形式举办招聘会，其中秘书类人才类专场由苏州科技大学联合苏州职业大学、苏州经贸职业技术学院、苏州职业技术师范学院等6所在苏州国际教育园北区的高校联合承办，由苏州科技大学具体承办。

我们真诚邀请各用人单位届时前来招贤纳才。

一、招聘会时间：12月15日(星期六)8:40—15:00，会期一天

二、地点：江苏省苏州市国际教育园北区苏州科技大学内(苏州市高新区科锐路1号)

三、参加招聘会毕业生规模和专业：

参加此次招聘会的苏州国际教育园北区的本、专科秘书学专业毕业生约1.4万人，加上苏州大学等其他相关高校本科毕业生，估计参加招聘会的毕业生会超过2.8万人。

四、参会办法：

1. 本次招聘会不收取展位费，凭回执单安排每家用人单位展位(每个标准展位1桌2椅)。提供服务：招聘会当日每个展位免费提供饮用水及中餐，其余食宿自理。

2. 参会代表请于12月15日上午8：20前到学院文体中心报到。

3. 参会单位的宣传、展示材料由单位自行准备，并限带一块规格为高120厘米、宽90厘米(内容包括单位简介、招聘职位及职位要求等，建议使用质地轻、易于悬挂的展板或纸质材料)。

4. 因学校要制作招聘信息汇总材料和宣传材料，请参会单位将招聘信息、参会代表回执及单位营业执照复印件于2007年12月12日前邮寄或传真至我校招生就业办。

5. 要求安排住宿的代表请提前告知江苏省苏州科技大学招生就业办。

五、联系方式：

电　话：0512-8692××××8692××××8692××××

传　真：0512-8612××××8692××××

联系人：姜××　张×　陈×　温××

网址：http：//zsh. zjtie. edu. cn

邮编：215009

E-mial：zsb@ zjtie. edu. cn

学校联系地址：江苏省苏州科技大学招生就业办(苏州市高新区科锐路1号)

主办单位：浙江省教育厅

联合承办：苏州职业大学、苏州经贸职业技术学院、苏州职业技术师范学院、苏州职业卫生学院、天平学院、文正学院

具体承办：苏州科技大学

苏州科技大学

2015年10月31日

附件：

江苏省2015届高校毕业生高职专场招聘会参会单位回执

单位名称(盖章)					
公 司 地 址				邮编	
联 系 人		联系电话		传真	
公 司 网 址			E-mial		
参会代表人数		宣传资料	□自带	□请学校制作	

需求信息统计表	需求专业	学历	人数	招聘岗位与招聘要求

注：参加此次招聘会的用人单位如需要我校代为制作展牌(费用由用人单位负担)，请将贵公司的简介和岗位需求信息于12月12日前通过电子邮件或传真形式至学院招生就业办。传真：(0512)8692××××，电子邮箱：××××@163. com

(二)组织方会场管理工作

苏州科技大学在接到通知后，从以下几方面来完成现场招聘会的工作。

1. 会前准备工作

(1)首先以苏州科技大学的名义普发一份关于2015年12月招聘会的邀请函以及回执单，邀请各企事业单位前来参加。

(2)同时普发一份关于2007年12月招聘会的通知(可采用海报形式张贴)给广大应届毕业生。

(3)对会场进行布置，并划分几个分会场以及制作好会场结构图。

(4)制作应聘者入场券，会场必须凭券入场。

(5)对各单位招聘地段进行区域划分，并制作招聘会横幅。

(6)邀请新闻单位以及各高校领导参加。

(7)安排学生志愿者为各用人单位及学生服务。

(8)做好安保工作，维持现场秩序。

(9)组织应急小组，做好应急预案。

(10)经费预算。

2. 会中服务工作

(1)安排新闻媒体前来报道，并邀请有关部门与单位领导前来参观现场招聘会。

(2)引导用人单位到各自的区域，分发有关招聘会文件。

(3)做好招聘会各方面现场服务工作。

3. 会场善后工作

(1)招聘会善后工作由后勤服务公司负责。

(2)检查会场离会工作。

(3)整理、归档此次招聘会的所有文件材料。

(4)做好会务总结工作。

二、招聘方

(一)招聘信息

江苏南都电源动力股份有限公司2015届毕业生招聘信息

江苏南都电源动力股份有限公司创建于1994年，是中国通信电源行业最具规模、最现代化、最有发展潜力的蓄电池生产企业之一。公司专门从事通信电源及绿色环保能源储能应用产品的研究、开发、制造和销售，并为后备电源、动力电源及特殊电源领域提供完整的解决方案和服务，主导产品为阀控式密封铅酸蓄电池。公司在成为中国市场通信电源主要供应商的同时，产品远销欧美，东南亚、非洲等50余个国家和地区。

公司以创新、人才、技术、管理、文化等诸多优势来奠定与提升南都产品在国内，国际通信电源市场的重要地位，公司拥有世界先进的技术装备水平，建立了国际规范的质量管理、环境管理和职业健康安全管理体系、运用省级高新技术研究开发中心，具有研究与创新能力的研发成果，使新产品、新技术、新工艺研究与应用工程技术完美结合，致力于为客户提供可靠、安全、高性能的产品和服务，为客户、社会创造价值，促进人类、自然、能源的和谐与共存。

南都电源正以高效率和快速度实现着宏伟远景——成为全球领先的专业通信后备电源、绿色环保能源储能应用及动力电源领域系统解决方案的提供商。

欢迎2008届毕业生应聘！请有应聘意向的同学在12月20日前将应聘简历和应聘登记表发送至公司邮箱，请在主题中注明应聘岗位和姓名，面试时间由公司另行通知。

招聘岗位：经理助理、秘书

招聘人数：2名

岗位职责：负责维护客户关系管理平台；负责跟踪合同执行过程、编制销售报表。

任职要求：女性，文秘或管理类专业大专学历，具有良好的文字表达能力，在各级刊物有作品发表者优先，熟练使用办公软件。

联系电话：(0571)288××××　　传　　真：(0571)288××××-1027

联 系 人：人力资源部李小姐　　电子邮箱：hr@ narada. biz

公司地址：苏州市何山路459号　　邮政编码：215012

公司网址：www. naradattery. com. cn

(二)应聘信息表格

个人信息

姓名		曾用名		性别		出生年月	
民族		籍贯		户口性质		婚姻状况	
身高	cm	体重	kg	血型		政治面貌及时间	
身份证号				最高学历		最高学位	
毕业学校						所学专业	
学校地址						学校邮编	
家庭地址						邮政编码	
家庭电话		手机		电子邮箱			
计算机水平		外语语种及水平		特长与爱好			

教育情况(从中学开始填写)

在学时间	所在学校	所学专业	证明人	电话

家庭背景

姓名	关系	出生年月	工作单位及职务	联系电话

其他

在校期间参加的学生工作及社会实践：

在校期间的奖惩情况：

自我评价：

个人愿望及要求：

我允许公司对申请表中的内容进行调查。我知道提供虚假资料或故意隐瞒事实将导致选拔资格的丧失，且不事先通知。我在此声明，允许公司与学校、证明人或其他人取得联系，公司对联系的后果不负任何责任。

申请人签字：　　　　　　　　　　　　　　　　　日期：

三、求职方

(一)简历、自荐信

自荐信

尊敬的领导：

您好！

感谢您在百忙之中翻阅我的自荐材料！我叫杨燕，系苏州科技大学人文学院秘书专业的应届毕业生。

在大学的四年中，我学习了本专业及相关专业的理论知识，并以较好的成绩完成了相关的课程，为以后的实践打下了坚实的专业基础。同时，我注重其他相关知识的学习，英语的听、说、读、写能力达到六级水平；五笔字型的中文录入速度每分钟100字以上；在科技迅猛发展的今天，我紧跟科技发展的步伐，不断汲取新知识，能够熟练地运用 Microsoft Office (如：Word、Excel、PowerPoint、Frontpage 等)的各种功能进行高效的办公室日常工作。

同时，本人较擅长社交活动，有组织各种文艺活动的经验积累；工作认真负责、一丝不苟，且具有很强的责任心和进取心。四年来，一直担任学生会主席。同时致力于学生的自我管理和组织学生活动，先后担任校社团联合会委员、办公室主任，“馨兰”家政协会秘书长兼人事部长。四年的学生生涯培养了我的团队合作精神，提高了我的组织协调能力。在组织学生活动的同时，我也参加学校和社会的各项活动，努力培养自己的各种兴趣爱好，积极参加文体娱乐活动、社会实践调查等。曾获学校“秘书之星大奖赛”一等奖。通过组织和参与各种活动，我养成了良好的作风和处世态度。

在学院领导与老师的支持以及自身的努力下，我在学习和工作上都取得了优异的成绩，不仅完善了知识结构，还锻炼了我的意志，提高了我的能力。

“海阔凭鱼跃，天高任鸟飞”，我希望贵公司能给我一个施展才华的机会，我一定会努力工作，勤奋学习专业知识，不负公司的厚望。

此致

敬礼！

自荐人：杨燕

2015 年 3 月 16 日

附表：

个人简历

姓名	杨燕	性别	女	出生年月	1992.10.02
籍贯	江苏东台	民族	汉	政治面貌	中共党员
学历	大学本科	学制	全日制四年	培养方式	国家统招
专业	秘书学	外语	英语	所属学院	人文学院
身高	168cm	体重	50kg	健康状况	良好

续表

联系方式	学校地址：苏州科技大学(苏州市高新区科锐路1号)
	联系电话：0512-×××××××××　　手机：159××××××××××
思想道德素养	爱党爱国、作风正派；勤奋刻苦、诚实守信；吃苦耐劳、踏实稳重、乐于助人、为人友善；积极上进、乐观大方；爱岗敬业、有大局意识；具较强团队精神。
社会实践工作	大一第二学期：华立新科信息工程有限公司文员
	大二：万达有限公司办公室助理
	大三第二学期、大四第一学期：苏州科技大学学生会主席
评优受奖情况	团干培训优秀学员、优秀学生会干部、“秘书之星大奖赛”一等奖、国家二等奖学金3次
个性爱好特长	温和、谦虚、自律、自信，踏实肯干，工作认真，责任心强；善于沟通，具有较强的交际能力；善于协调、组织能力强；担任学校学生会主席、人文学院团委副书记，有较强的管理能力
获得证书	计算机二级、英语六级、江苏省优秀共青团员、国家秘书职业资格三级
专业学习情况	专业知识扎实，所修课程考核平均分在89，学分绩点4.1；专业能力较强，在校期间曾发表文学作品5篇；参与学院老师的科研项目1项、主持江苏大学生创新项目1项，发表学术论文1篇。
主修课程	秘书学与秘书实务、应用文写作、公共关系学、档案管理学、管理学、中国秘书史、企业文化、传播学、广告学、会展策划、社会调查与预测、商务秘书专题、秘书工作方法研究、企业法、行政法等

(二)自我介绍、咨询用语

1. 现场自我介绍用语

您好！先生，这是我的个人简历。我主要想应聘的岗位是贵公司的办公室主任助理一职。

先生，你好！我是应届毕业生，这是我的个人简历，请您看一下。我希望应聘的岗位是总经理秘书一职。

先生，你好！这是我的个人简历，希望您看一下，您如果有什么疑问的，我会对此作出回答。

您好！这是我的个人简历，请问是否需要填写什么表单之类的？

2. 咨询用语

请问我大概什么时候能收到贵公司的回复情况？

请问贵公司对新进职员的食宿问题是否会做出安排，还是由职员自行解决？

先生，我还想问一下，贵公司对此次招聘是否还有其他要求？

贵公司对新入公司的员工有没有什么培训项目，大概有哪方面的培训？

贵公司的晋升机制是怎样的？

贵公司是否有书面的岗位职业？

像你们这样的大企业都有自己的一套薪酬体系，请问可以简单介绍一下吗？

【相关知识】

一、秘书人员的招聘

(一)确定招聘渠道

现在比较常见的招聘渠道有：现场招聘、广播电视广告、报纸广告、职业介绍所、猎头公司、校园招聘、熟人介绍、网上招聘。就要根据组织的特点和所选择秘书人员的不同等级来选择招聘方式。

(二)发布招聘信息

1. 招聘广告的设计原则：准确、吸引人、内容详细、条件清楚。

2. 刊登广告的主要内容：本企业的基本情况，是否经过有关方面的批准，招聘秘书人员的基本条件，报名方式，报名的时间、地点，报名需带的证件、材料，其他注意事项。

(三)招聘测试

测试的方法有：

1. 心理测试。可利用心理测试表，根据应聘岗位对应聘者的能力、气质、性格、兴趣、动机等各方面进行测试，最后通过制定测试成绩表获得相应信息。

2. 面试。对于参与招聘的秘书人员，掌握面试技巧是一项基本功。

(1)如何证实工作经验。在校园招聘中，学生多数没有工作经验，而通过其他渠道应聘的人大多会说自己有多少年的工作经验。有无工作经验对企业十分重要，这涉及办事效率、培训等问题，所以一定要搞清楚应聘者是否真有工作经验。证实应聘者有无工作经验的提问要具体，有针对性，侧重点放在他将要承担的工作内容上。例如招聘一名销售人员，我们可以问：“如果请你作一项新产品销售计划，应该注意什么问题?”

(2)如何弄清求职动机。有的应聘者极力掩饰真正的求职动机。如果他说由于企业的声望而来应聘，而实际情况是企业并没能那么高的声望，就要研究他的求职动机。对于离职应聘者，应该关心他的离职原因，如是否由于与领导不和、工作中有失误或与同事关系不和谐等，特别是频繁更换工作者，要慎重考虑。

(3)对应聘者信心的判断。面试中对应聘者自信心判断主要观察其行为、面部表情、肢体语言等，而不是单纯依据应聘者的回答。判断依据有：

目光。应聘者目光始终不敢直视主考官司，或一接触就躲开，或由始至终紧盯一个地方，这样的人缺乏自信心，内心胆怯。

手势。如果应聘者在面试过程中，手中始终抓着一个东西，如衣角等，或双手扭在一起，这可能是由于恐惧造成的，也是不自信的表现。

姿势。如果应聘者的姿势很不自然，或双肩耸起，或身子前倾等，这都是保护自己的动作，属于不自信的表现。

语言表达。如果应聘者回答问题时声音很低、犹豫、语气平淡、时刻注意主考官的表情，同样是不自信的表现。

语言内容。不自信的人在回答问题时没有自己的见解，随声附和主考官，如果主考官有意识地引导话题，他会跟着走。

3. 分析判断能力。考查应聘者的分析判断能力，主要通过案例进行。例如，让应聘者分析社会上一些流行的问题，如怎样看待西方文化对传统文化的冲击等。

4. 影响面试效果的因素。面试过程中，会有些因素影响面试的效果，主要有如下几种情况：

(1)过早地作出录用决策。招聘者主观性过强，仅凭几分钟印象就作出决策，可能录用华而不实的人。

(2)过分强调面试中某些不好的印象，可能因没有全面了解而错过优秀人才。

(3)面试主考官本身对所聘岗位不甚了解，对岗位作用条件的了解不充分，无法掌握合适的衡量标准来考核应聘者。

(4)面试主考官本人缺乏面试经验，不能掌握面试节奏。

(5)在面试过程中，主考官的讲述过多，没有给应聘者充分发挥的时间，失去了利用面试了解应聘者的意义。

(6)由于时间关系，急于结束，不能充分了解应聘者。

(7)面试主考官容易受表现优秀的应聘者的影响，并以此标准衡量其余应聘者。

(8)面试中掺杂了个人偏见，以貌取人和唯文凭论。

二、应聘者撰写简历的注意事项与禁忌

(一)撰写简历的注意事项

1. 从对方的角度考虑。撰写简历的目的就是让你潜在的上司或招聘单位了解你，进而才能得到聘用。作为求职者，应从自己的兴趣志向转移到你未来上司或招聘单位的立场和需求上，以你的长处来迎合对方，满足他们的需要，使他们看到你对他们的价值。

2. 文字简明，主体突出。要重点突出与所申请的职业相关的经验和技能。学生没有太多的工作经验，就把简历重点放在学习成绩，以及参加过的课外活动、实习实践经历，并突出与应聘工作相关的所学课程、专业技能以及要强调你能够胜任该工作的相关经验。用头衔、数字和名称，以及打工或实习的工作业绩来突出你过去所取得的成就。

3. 措辞得体，适度表达自己的意思。简历用词要尽可能精练，尽可能使用短语表达自己的意思，使简历能够短小精悍、通俗易懂。

4. 格式恰当，篇幅适宜。根据自身情况，选择最能体现自身的优势、最适合自己各方面任职资格的简历的格式。简历篇幅以一页 A4 纸为宜。

5. 精心编排和打印。简历的排版、打印要精心设计，纸页四周要留出足够的空白，显得有空间美；每行之间要有一定的空间，便于阅读；各项目的名称项应使用较粗一些、大一些的字体字号，以便与正文有所区别。简历初稿完成后，可以请别人提供改进意见和建议，然后再定稿、校对无误后复印一二十份，以供使用。

(二)简历撰写的十大禁忌

1. 拷贝别人的简历格式。

2. 不写成文日期。

3. 只有事实，却没有自己的表现情况，内容不完整。

4. 工作经历或实践经历太乱或换行业、单位太频繁。

5. 简历中太多与应聘职业不相关的经历。

6. 简历有一些对某人、某单位或其他方面的不满、怨恨的字眼。

7. 个人信息太具体、翔实，一些无关紧要的东西充斥简历中。

8. 非职业化、不整洁，如使用幼稚的图案或太鲜艳的彩色纸，简历上有水渍、茶杯印等。

9. 没有适当的目标，着急找工作却没有明确的职位目标。

10. 你只提供了简历，却没有提供你的求职信或推荐信，对方不清楚你要应聘的具体职位。

三、应聘者面试的礼仪与技巧

(一)面试礼仪

1. 面试前的礼仪

第一印象非常重要，良好的开端是成功的一半。面试时着装要正式，包括服装、包、鞋、发型，以得体、干净、整洁为原则，应尽量表现得职业化、自信。一般以选择传统的正装为宜。男装要求同色配套，而女式套装可以在不同套之间进行搭配，女生的裙装不要太短、太暴露，包不能过于卡通、另类。衣服要配合自己的个性气质，自然得体，相得益彰。男生选好西装领带，选择平时习惯穿的皮鞋，出门前一定要清洁擦拭。男生头发要干净自然，如要染发则注意颜色和发型不可太标新立异。要勤洗澡，身上不能有异味。女生应该化个明媚的淡妆，既是给自己信心，也是尊重别人的表现。不要佩戴太过于标新立异的装饰物。面试前10分钟应再整理一下仪容，不要满头大汗或者气喘吁吁。

2. 面试过程中的礼仪

(1)当轮到你时，进入面试室应先轻轻敲门，等到室内传来回应声才能进入，切忌冒失进内。进入面试室要等对方说“请坐”之后，自己才能坐，并应说声“谢谢”，然后徐徐地向面试人轻轻点头致意，等候询问的开始。

(2)面试坐姿要端正，脚踏在本人座位下，不可任意伸直，切忌跷二郎腿并不停抖腿。两臂不要交叉在胸前，更不能把手放在邻座椅背下，不要给人一种轻浮傲慢、有失庄重的印象。

(3)面试态度要热诚，又要脸带笑容，保持微笑，有问必答，切忌板起面孔，爱理不理。回答考官问题要注意和对方目光接触，不要眼神游离。最好把目光集中在主试人的额头上，且眼神自然，以传达你对别人的诚意和尊重，切忌东张西望，给人一种三心二意的印象，更不能在主试人身上扫视、上下打量，以显得无礼。调查显示，面试成功者，90%都有热诚的态度。

(4)面试时将对方和自己的发言比率定为6 : 4最好，切忌把面谈当作是你或他唱独角戏的场所，也不能打断主试人的提问，以免给人以急躁随意、鲁莽的坏印象。

(5)交谈时要姿态端正、自然、放松，且忌做一些捂嘴、抠鼻孔、掏耳朵之类的小动作，以免引起考官的反感。回答问题时语速适中，口齿清楚。

(6)参加面试要放亮眼睛，观察环境，见机行事，先要寻找周围环境中有什么地方需要你做点什么。虽然是件不起眼的小事，有时会成为你面试成功的契机，因为，这有利于彼此情感的交流和气氛和谐，让对方接纳你、悦纳你。

3. 面试结束时的礼仪

(1)面试结束时，应一面徐徐起立，轻声起立并将坐椅轻推至原位置。

(2)礼貌地向主考官致谢。“谢谢您给我一个面试的机会，如果能有幸进入贵单位服务，我必定全力以赴。”然后欠身行礼，说声“再见”。

(3)轻轻把门关上退出面试室。

(二)面试过程中应注意的细节与禁忌

1. 等待的细节——在开始面试之前肯定有一段等候的时间，切忌到处走动，更不能擅自到考场外面向里观望，应试者之间的交谈也应尽可能地降低音量，避免影响他人应试或思考。

2. 进门的细节——切忌贸然闯入面试室，应试者一定要先轻轻敲门，得到许可后方可入室。入室时不要先把头探进去张望，而应整个身体一同进去。走进室内之后，背对考官，将房门轻轻关上，然后缓慢转身面对主考官；向主考人员微笑致意，并说“你们好”之类的招呼语，在主考人员和你之间创造和谐的气氛。

3. 握手的细节——如果主考人主动伸出手来，就报以坚定而温和的握手。

4. 入座的细节——在主考人员没有请你坐下时切勿急于坐下。请你坐下时，应大方地说“谢谢”。

5. 交谈中的细节——尽可能记住每位主考者的姓名和称呼，不要弄错；面谈时要真诚地注视对方，表示对他的话感兴趣，绝不可东张西望，心不在焉，不要不停地看手表；要注意和考官的目光接触，若主考人有几位，要看首席或中间的那一位，同时也要兼顾其他主考人员；注意用敬语，如“您”“请”等，市井街头常用的俗语要尽量避免，以免被认为油腔滑调。

6. 倾听的细节——不要随便打断主考人的说话，或就某一个问题与主考人争辩，除非有极重要的理由；口中不要含东西，更不要吸烟。

7. 面试结束的细节——不要在主考人结束面试前表现浮躁不安，急欲离去或另赴约会的样子；主考人示意面试结束时，你可以微笑、起立，道谢，说声“再见”，无须主动伸出手来握手，把坐椅归位。

8. 出门的细节——出去推门或拉门时，要转身正面面对主考人，再说声“谢谢，再见”，轻轻关上门；如果在你进入面试房间之前，有秘书或接待员接待你，在离去时也一并向他或她致谢告辞。

面试过程中的禁忌：面试迟到；形象不庄重、文雅，行为粗俗，缺乏教养；缺乏独立意识，对关键问题的答复是“我要征求一下家长的意见”；对主考官提出的问题回答是“随便”；对企业的情况不了解、对应聘的职位说不清要求。

(三)面试中回答问题的技巧

1. 多倾听多发问，表明你很认真。面试者应多倾听主考官的介绍和发问，表明你很尊重他们，多向主考官提出问题，则表示已对他们有所了解，并希望获得更多有关知识。

2. 你如何看待自己的不足或缺点？主考官一旦发现你的弱点后，可能会穷追不舍，问个不停，你要从容面对。当主考官问及你的弱点时，如果能从容不迫地回答，巧妙地应付，那么主考官就会有个较高的评价，认为你有坚忍不拔的精神，有能扭转劣势的能力。不宜说会严重影响此次应聘的缺点，如你明明应聘文秘岗位，却说自己做事缺少耐心和细心。可以说一些对应聘工作“无关紧要”的缺点。

3. 你如何看待自己特长和优势？将自身优势特点集中概括为两三个，简洁地宣传自己，给对方留下深刻的印象。

4. 你如何提出自己的待遇要求？在面试之前，你可以根据申请的工作岗位性质、本人的能力、该职位平均工资水平等，大体估计一下你的报酬，以便从容提出自己的要求。一般来说，考官会通过这个问题来考察你对自身能力的评价。

如果公司明确告知薪水待遇，而你确实感觉少的话，也可以表示：“希望录用之后，公司能考虑到我的实际工作能力，逐步提高我的待遇。”这样的说法既实在，又让对方对你产生信任感。

5. 公司给你工作岗位与你所学专业有差距，你该如何对待？应表示自己将会很快适应新的工作，而且会尽快把所学专业知识、技能应用到所从事的工作中，并利用业余时间补充需要的新知识。不要表现出不在乎，以免给考官留下你在校专业学得不好的印象。

6. 公司有时会要求加班，你如何看待？不应表示惊讶或拒绝，主考官提出该问题的用意在试探你的责任心和工作意志。对此，你不必细问什么时候加班，要多长时间等细节，只要表示你有这方面的心理准备就行了。

7. 你希望有一个什么样的上司？可以回答心目中理想的上司形象，如有事业心、能关心人的上司，并表示在这样的上司领导下会努力工作，不宜回答“无所谓”“没想过”等。

8. 你和别人如何相处？企业比较重视员工的协调能力、团队精神，希望员工之间和睦相处、团结共事。应聘者应表现出有较强的协调能力，能合群，能协调好与同事的关系，能提出建议供同事参考等。

9. 你如何看待自己的工作经验？当主考官问及你的工作经验时。你可以参考下面的话回答：“作为应届毕业生，我在工作经验方面或许有所欠缺，但这几年我一直利用各种机会在这个行业做兼职。我发现，实际工作中所呈现的知识远比书本知识丰富。我有较强的责任心、适应能力和学习能力，所以在做兼职的过程中均出色地完成任务。请放心，学校里所学的知识以及我的这些兼职经验使我一定能胜任该职位。”

10. 说说自己的业余爱好。你的业务爱好能够反映你的性格特点。最好不要说自己没有业余爱好，当然也不要说喜欢打牌之类；而且最好不说自己仅限于读书、听音乐、上网等业余爱好，这可能令主教官怀疑你性格孤僻、缺乏团队协作意识，应结合职位的特点，说一些与之相关的爱好。

11. 你对个人职业发展规划的构想？如果主考官问及“你未来5年的事业发展规划如何”时，应首先进行个人目前技能的客观评估，接着谈及为达到自己的职业目标所拟定的规划。

12. 你还有其他什么问题要问？可适当提出一两个尚未搞清楚的问题，不宜过多，考官向你介绍过的问题不宜再提问。

应聘面试问题一览表

序号	关于性格、工作期望和理想	申请职位与部门	工作经验方面
1	请简单介绍你自己	你为什么申请这个职位	你有什么工作经验和社会经验
2	请描述一下自己的性格和倾向	你为什么想加入本公司工作	简单描述以下你参加某一次活动的情况以及你的职责
3	你有什么兴趣与爱好	你对本公司有多少了解	你从学校和社会的一些实践活动中学到了什么
4	你通常与哪种人相处最融洽，为什么	你了解这份工作的职责吗？哪一方面最吸引你	在学校和社会活动中，你遇到的最大困难是什么，如何解决的
5	你认为什么人最难相处；你会如何去面对他们	你认为你最大的优点和缺点在哪里	
6	你认为在哪种工作环境中最能发挥你的才能	假如你被录用了，你将如何开展工作	你认为在学校获得的工作经验能否应付得了新工作
7	你有没有制订人生目标；是什么	你为什么认为你非常适合这份工作	在学校中你和同学相处得如何
8	什么是你选择工作的首选因素	你认为你的哪些经历会有助于你即将担任的这份工作	你在校期间是否打过工，并谈谈你当时的工作状态
9	五年以后你对工作有什么期望	你认为在本公司成功发展需要什么样的条件	
10	你对你的事业有什么长远打算；你打算如何达到它	你还申请了什么职位；你是否被多家公司录用，你如何选择	
11	你认为要怎样才算事业成功	你能否到外地工作或者经常出差	
12	你如何处理你曾遇到的困难	如果工作需要的话，你能否加班	
13	你认为自己是不是一个有野心的人		

四、面试后的感谢信的写作

参加应聘面试之后，很多人都会在难熬的等待中手足无措，希望能够尽快得到招聘单位的答复，特别是得到被录用的答复；有的人还要用各种办法，通过各种渠道和关系设法得到消息。但有时会因为急于求成、处理的方法不得当或错误，反而弄巧成拙。那么，在面试之后，怎样才能与招聘单位进行有效的沟通？即便没有被录用，有效的沟通也能够给人留下良好的印象。

招聘单位在接到应聘人员发来的感谢信时，会对应聘人员产生一定的好感的，而且会为你的应聘增添非常有感情的一笔，会给对方留下难得的好印象。或许，你就可以从众多的应聘竞争对手中脱颖而出。写感谢信时应注意的问题：

1. 面试感谢信切忌弄错对方的姓名与职务，万一弄错了是非常不礼貌的事情。反而会弄巧成拙。

2. 在信里除了表达你的感谢之意外，更要懂得赞赏之道，例如你对公司或面试程序中具体哪个细节印象深刻，并感谢在面试中学到的东西，祝愿公司发展顺利等。

3. 组织好语言，感谢信不同于简历、求职信的地方就在于可以加入自己的主观话语。这种主观话语能使这封信读起来情真意切，从而打动面试官。

感谢信的写作需要反复的磨炼，也需要不断地修改，直到自己觉得达到了比较理想的水准。感谢信不仅会令面试官对你的印象加深，更会对你产生好感，甚至你还可借此扩展自己的人际关系，成为你与企业建立良好关系的开始。

五、应届生求职必知的五大要点

(一)细节决定成败

随着社会的纵深发展，企业对人才的考察不再仅是专业、技能、经验的需求，同时考虑人才的性格、合群、创新能力，注重细微功夫。有些求职者不能真正领会“勿以恶小而为之，勿以善小而不为”的古训，导致求职败北。

为减少企业管理的失败成本，选择人才时注意细节考察，是顺理成章的。

(二)突出自己的优势

应届生与社会人士相比，自有其不足之处。如果在求职过程中能将自己的性格特征、专业优势、鲜明亮点表现出来，或许能让用人单位耳目一新，“万绿丛中一点红”，被录用的可能性就会增加。某典范企管顾问公司的负责人在谈到自己的招聘经验时说：“相当多的应届生，因不擅总结自己的优点、不能发现自己的长处，导致求职失败。”相关资料统计表明，应届生因为不能突出自己的优势特长而失败的比率超过77%，不能不说是个沉痛的教训。

(三)乐意从基层干起

许多从事人力资源管理工作的人士表示，他们的企业不是不需要招聘应届大学毕业生，而希望通过输入新鲜血液的方式改变后备人才不足的困境。可因招聘到的绝大多数应届大学毕业生不愿到基层接受必需的锻炼，使得企业在百般无奈之下忍痛割爱，找些学历、专业、悟性并不如应届大学毕业生的初高中生做学徒或培训干部。如果应届生要想成为企业的顶梁柱，还需要在社会这所大学中，到基层去吃苦。

(四)拥有感恩的心

企业使用应届生是需要付出一定代价的。可有些应届大学毕业生进入企业后，往往因为一些琐事闹别扭，甚至与企业分道扬镳，签订的劳动合约犹如一张白纸。为人要讲诚信，不能视诚信如粪土。一位港资企业的老板说：“不要埋怨我们不聘用应届生，而是对他们的心态抱怀疑态度。拥有一颗感恩的心，要真正同企业生死与共。”

(五)自信创造奇迹

自信是创建奇迹的灵丹妙药。有时往往因为自己缺乏实际操作经验就无法在所应聘的工作岗位前表现出十足的信心，导致企业不得不将其拒之门外。其实企业一旦确定招聘没有社会经验的应届生，就已在其培训计划与资源配置方面做了相应的安排，做出了资金预算。

【实训考核】

秘书招聘与应聘实训项目评分表

评价项目	评价关键点	满分	得分
招聘与录用程序	确定招聘渠道	20	
	确定适用的招聘方法		
	招聘测试科学		
	营造的招聘活动气氛好		
招聘广告	单位简介	20	
	招聘人数		
	岗位要求		
	相关待遇		
	联系人及联系方式		
	招聘广告设计主题鲜明		
自荐信	对所聘职位的渴望度	20	
	明确自己能为招聘单位做什么		
	条理清晰、结构完整		
	语言通顺、语气诚恳		
简历表	针对招聘单位要求，突出自己的特点	15	
	经验、能力突出		
	实事求是		
	言简意赅		
	简历设计美观大方		
面试	遵守面试礼仪	25	
	掌握专业知识的深度和广度		
	工作实践经验		
	口头表达能力		
	综合分析能力及思考判断能力		
	反应能力与应变能力		
	自我控制能力与情绪稳定性		
	求职动机		
	业余兴趣爱好		
	细节处理		
总分			
总评			

【拓展训练】

案例1：

真实永远是简历的第一原则

小王毕业于东北的一所非常普通的大学，所学专业是工科类的一个极普通的专业，她在多次奔波于东北各地的人才市场毫无结果后，便想来北京试试运气。

她希望能在北京找一个听起来好听的公司，干什么工作都可以，只要工资不低于1000元就可以，最好能达到1500元。她的期望值之所以这么低，关键是她求职时没有什么优势，学校没名气，专业不热门，她本人在校期间没得到任何先进、奖励或干部职位，连社会实践都没有参加过，唯一的一次家教机会还是同学不愿意去让给她的。在东北各地人才市场上，除了往专业对口的公司送个人简历以外，别的公司她都不知道该和人家说什么。她简历上唯一的一个优势，就是在大二时勉强过了英语六级，但后来又荒废了，连自己的英文简历都写不好，所以外企和进出口类企业她不敢过问，怕对方用英语面试她。但是她的中英文录入速度极快，而且精通各种办公软件的使用，几个同学的毕业论文和学校教师平时的一些文稿以及PowerPoint都是她代劳的，曾被其他教师作为模板广为引用。

没有办法，她只有请老师来帮忙了。老师把她的简历修改到了一页A4纸。原来两页纸的内容小王都嫌少，为什么要压缩成一页呢？老师告诉她：首先，真实永远是简历的第一原则，你这样性格内向的女孩怎么会有推销红酒的经历呢？你还不如老老实实把你那段做家教的经历写好，让对方知道你办事认真踏实。其次，在实际面试时，录取的初级职位的人选，80%~90%都是一页纸简历的，因为初级职位录用的就是没什么工作经验的学生，重点是看他的基本技能、专业水平以及性格和追求等与职位要求的匹配度，一页纸足以说明问题了。

1. 讨论分析小王的优势和劣势。
2. 从老师的修改建议中，你得到哪些启发？
3. 小王原来在东北各地求职，没有成功的原因是什么？
4. 你还能够再提出哪些问题？
5. 你认为小王是什么样性格的人？这样性格的人，在写简历时应该注意什么问题？

案例2：

打动人事总监

某企业公开招聘文秘和法律人才，在招聘会上人事总监亲自主持面试。在求职者中有位政治教育专业的研究生，明知自己专业不对口，但还是希望能抓住这次机会。此前，他了解到这位人事总监出生在贫困山区，曾当过民办教师，后通过苦读自学才考上大学，直到在公司里担任人事总监。而自己与他有相似的经历。在面试现场，他看到人事总监与其他面试官不同，很少说话，主要是听，大多数考生是谈自己的成果、能力和荣誉等，却未能引起他的特别兴趣。于是，这位研究生思谋如何打动他，使自己受到青睐。

当轮到他面试时，这位总监照样说："你自己说吧，不清楚的地方我再问你。"他略一思索，说道："我说说我的经历吧。我1990年就参加工作了。那时我刚中师毕业，在乡村当教师，我一心一意教乡下的孩子。但在学业上我没有停顿，通过自学获得英语大专学历。后来，我觉得那份工作未能让我充分发挥自己的才能，于是决定考研。"

这时，人事总监把目光投向他。他继续说："从农村出来的人都知道，乡下信息闭塞，学习条件很差，要想同科班出身的大学生竞争难度非常大。但是我很自信，决心加倍努力克服客观条件的不足。在完成教学任务的同时，我凭着自己的毅力，夜以继日攻读，每天几乎只睡三四个小时，我靠着极强的学习能力自学完所有课程，以较好的成绩考取了研究生。"

人事总监的眼里闪着兴奋的光泽，赞同地说："企业是非常需要这种毅力和吃苦精神，这是很重要的素质。不过，你的专业与我们不太对口……"

"也许专业并不是最大的障碍。我认为最重要的是一个人不断学习的能力，我的经历表明我具有接受新事物、不断进取的个性特点。我相信自己可以做好这份工作。"

人事总监欣喜地点点头。两周后，他接到录用通知书。事后他听到人事总监说："你的经历陈述使我看到了自己，促使我下了录用你的决心。"

1. 案例中的这位研究生成长经历对你有什么启发？
2. 他面试中遇到哪些困难？如果是你，你如何解决这些困难？
3. 面对这些困难。他做了哪些准备？
4. 从细节出发来思考问题，他所采取的办法好在哪里？
5. 他面试的成功，是从哪些细节做起的？
6. 你是怎样看待"细节决定成败"的？

案例3：

感谢信

尊敬的领导：

您好！

我是×××，是10月16日的59位面试者中来自××大学秘书专业的学生。非常感谢贵公司给了我一个面试的机会。这次面试，从各个方面，开阔了我的视野，增长了我的见识，给予我全方位不同的改进，相信您对我各方面综合能力的肯定，一定能增强我的竞争优势，让我在求职的路上更加坚定自己的信心。感谢公司对我的关爱，感谢公司给我的这次毕生难忘的经历！

无论这次我是否能被公司录用，我更坚信——选择贵公司是明智之举。无论今后在哪个单位上班，我都将尽心尽责做一位具有强烈责任感、与单位荣辱与共的员工，一位扎根于单位、立志为社会创造最大价值的攀登者，一位积极进取、脚踏实地而又极具创新意识的新型人才。

大千世界，芸芸众生，如我者甚众，胜我者恒多。虽然现在还很平凡但勤奋进取永不服输。如蒙不弃，惠于录用，必将竭尽才智，为公司鞠躬尽瘁！

感谢的同时，祝贵单位事业蒸蒸日上，一帆风顺！

此致

敬礼！

×××敬上

2008年10月17日

案例4：

感谢信

尊敬的李光先生：

您好！

我是7月24日下午到贵公司应聘财务助理的×××。非常感谢您给了我这次面试机会！很高兴认识您，跟您的谈话是一次愉快而收获甚大的经历。

通过这次谈话，我更加深刻地认识了贵公司，尤其是贵公司的企业文化。据我目前的一些了解，财务能够发挥实质管理作用的公司不多。您对贵公司财务中心组织结构和贵公司财务轮岗制度的简单介绍，为财务工作人员拓宽了职业发展的空间。同时我深深感受到了贵公司先进的人才观——将智慧传递给每个员工，推动企业内的学习，为员工营造内部学习氛围，构建学习型的企业。我非常期待能够在贵公司工作和学习！

我在这次交谈中收获甚大。在回答您关于职业规划中计划目标与实际目标的差距时，我认识到了标准需要量化和细节化的问题。虽然我一直要求自己做人做事注意细节，但是这次谈话让我对细节问题有了新的认识，那就是尽量量化，努力做到有据可循。面试时回答了您关于用友ERP和金蝶财务软件区别的问题，我回来总结时发现自己思维局限在区别的思考上，其实我当时所学习的两种软件是不可比的。我上网找资料了解这两种软件的资料，还是不能对这些区别有所定论。单纯从学习的角度出发，我个人认为应该是大同小异的，因为我第一个学习的财务软件是用友ERP-U8，后来学习其他软件包括使用实习单位的财务软件都不需要什么培训，功能设置和操作上都没什么很大差别。

最后，关于ERP适用什么样企业的问题，我发现了自己学习的局限性。学习软件操作，能够达到熟练操作是学习的目标，但是能够掌握软件的其他知识是个人的一种核心竞争力，正如提供增值服务是贵公司的核心竞争力之一，拥有别人所没有的知识和技能是一种实力和竞争力。

在短短20多分钟的谈话中。我进一步认识到自己的不足，并从现在开始努力纠正，不断完善自己！再次感谢您！

此致

敬礼！

×××敬上

2008年7月25日

1. 案例3、案例4两封感谢信在写作风格上有哪些不同？谈谈你的感受。

2. 请你尝试自己写一写感谢信并不断修改和完善。

【相关链接】

(1)求职简历网：www. 92k1. com

(2)道客巴巴网：www. doc88. com

(3)个人简历网：www. grjl. org. cn

(4)亚太人才网：http：//bbs. hr100. com

【本章参考文献】

1. 卢颖，李军. 秘书综合实训教程[M]. 北京：中国人民大学出版社，2010.

2. 蔡超. 现代秘书实训[M]. 北京：首都经济贸易大学大学出版社，2007.

3. 楼淑君. 秘书综合实训教程[M]. 杭州：浙江大学出版社，2009.

4. 张小慰. 秘书岗位综合实训[M]. 重庆：重庆大学出版社，2015.

项目二：毕业实习

实习，是指高等院校的学生在教师指导下，运用已经获得的知识和技能，去实习单位参加一段时间的实际工作。它是学生进入社会的准备阶段。实习能加强理论与实际的联系，培养学生实际工作的能力，是高等院校教学计划的有机组成部分，是把学生培养成社会所需要的合格人才的必由之路。

【实习目的】

实习的目的在于：指导学生将平时所学的基本理论、专业知识和基本技能综合地运用于工作实践，培养他们独立从事工作的实际能力和职业情操，进而巩固其专业思想，使其尽快成长为社会所需要的合格人才。同时实习也帮助高等院校获取反馈信息，吸取经验教训，从而改进工作，不断提高教育质量，使人才的培养更贴近社会的需要。

【实习内容】

实习的内容主要包括：文书与档案工作、公文写作工作、会议组织工作、信访与接待工作、调研与协调工作、新闻采写与编辑工作、公众传播工作、日常事务工作和现代化办公技能运用等，这些工作内容覆盖了办公室秘书工作的方方面面，同时也兼及到如新闻、出版、档案、宣传、信息咨询等的其他应用文科领域。

【实习过程】

实习的全过程可以概括成三个阶段：

准备阶段。指进入实习单位前的思想准备、物质准备和工作准备。比如：组织实习动员会，明确实习的目的和要求，调整好心态，树立圆满完成实习任务的决心和信心；准备好实习时必需的生活用品和工作用品等。返乡实习的同学联系好实习单位，并向系部提交对方同意接收实习的公函。向系部填报返乡路线，便于报销返程车票。

展开阶段。这是实习的主体阶段。进入实习单位后，首先要安定生活，熟悉情况，跟指导老师见习，并初步拟定实习计划和实习方案，并请指导教师审批，确保上好第一班。此后实习的各项工作依次展开。系部为掌握实习生实习的进展情况，解决实习中遇到的问题，将组织老师到实习点上进行巡视。实习日记记录正式启动。

总结阶段。即结束阶段，要进行实习总结鉴定，写好实习总结，评选优秀实习生，做好各项结束工作。返乡实习生要在指定时间内返校。

【实习要求】

1. 认真学习、贯彻党的路线、方针和政策，加强政治理论修养，明确实习目的，端正实习态度，切实做好实习的各项工作。

2. 服从系和实习单位的统一领导，接受双方的指导。尊敬实习单位的所有工作人员，待人接物得体。

3. 虚心接受所分配实习工作，严格遵守职业道德：热爱工作、甘于平凡；不辞劳苦、不计报酬；自尊自重、克己奉公；谦虚谨慎、平等待人；严守机密、提高警惕。

4. 刻苦钻研业务，加强实践锻炼，努力提高自己的办事能力、辅助决策能力、交际能力、表达能力和现代化办公设备的操作能力。

5. 实习生之间应团结互助，取长补短，克服困难，共同完成任务。发挥团队精神，树立我系实习生的良好形象。

6. 发扬艰苦朴素勤俭节约的优良作风，衣着得体，生活俭朴。爱护公物，节约水电，保持整洁，借用的物品、资料按期归还，损坏遗失，照价赔偿。实习期间不得接受实习单位的宴请和赠物。

7. 实习生必须全天在实习点参加实习。不得迟到、早退或缺席，因病因事不能按时进行实习时，应按《实习生请假制度》办理请假手续。不得在实习期间私自外出打工。

8. 实习生在实习期间应完成《实习指导书》中所规定的相应的实习内容，如未完成任务者，实习成绩降档处理。

9. 违反本守则又不接受批评教育或给实习单位留下恶劣影响者，实习成绩不得及格，并根据所犯错误的性质、程度给予必要的处分。

【实习单位及岗位介绍】

实习单位及岗位介绍写作要求：详略得当、重点突出，着重介绍实习岗位、主要从事的工作及要求。

附：实习岗位工作照

【实习日记】

年　　月　　日

实习日记写作要求：

实习日记是记录实习生活的第一手资料。它能全面地反映学生在实习过程中所做的工作和实习中取得的进步情况，是学生毕业实习成绩评定的一个原始的材料和重要依据。为使此项工作做得严谨扎实，特作如下要求：

1. 进入实习单位后，即开始撰写实习日记。要求每天(工作日)都应有记录，原则上是当天工作当日完成，特殊情况下可以补记。

2. 日记所载的内容必须是真实可靠的，不允许杜撰、虚构。如发现日记大多为事后补记，且是凭空杜撰，则该项成绩为零分。

3. 日记的主要内容应为当天工作情况和工作中取得的成绩或不足。其他不在此范围。避免流水账式的日记。

4. 日记一律记在《实习指导书》中相关部分，纸张不够可粘贴。

5. 日记要字迹清楚，书写工整。

【实习总结】

实习总结写作要求：

实习总结内容应包括学生实习的基本情况、实习教学计划执行情况、实习效果、实习指导方法、存在问题、改进措施等。具体要求如下：

1. 实习报告的题目一律统一格式为："关于在××单位从事××岗位的实习报告"或"关于在××单位开展××业务的实习报告"。

2. 实习报告正文内容必须包含下面四个方面：

(1)实习目的：言简意赅，点明主题。

(2)实习单位及岗位介绍：要求详略得当、重点突出，重点应放在实习岗位的介绍。

(3)实习内容及过程：这是重点，篇幅不少于800字。要求内容详实、层次清楚；侧重实际动手能力和技能的培养、锻炼和提高，但切忌日记或记账式的简单罗列。

(4)实习总结及体会：这是精华，篇幅不少于1000字。要求条理清楚、逻辑性强，着重写出对实习内容的总结、体会和感受，特别是自己所学的专业理论与实践的差距和今后应努力的方向。

整体实习报告的内容必须与所学专业内容相关，字数不少于2000字。

【调查报告】

调查报告的写作要求：

结合自己的实习岗位，对某一情况、某一事件、某一经验或问题，经过在实践中对其客观实际情况的调查了解，将调查了解到的全部情况和材料进行"去粗取精、去伪存真、由此及彼、由表及里"的分析研究，揭示出本质，寻找出规律，总结出经验，最后以书面形式陈述出来，这就是调研报告。

调研报告的核心是实事求是地反映和分析客观事实。调研报告主要包括两个部分：一是调查，二是研究。调查，应该深入实际，准确地反映客观事实，不凭主观想象，按事物的本来面目了解事物，详细地占有材料。研究，即在掌握客观事实的基础上，认真分析，透彻地揭示事物的本质。至于对策，调研报告中可以提出一些看法，但不是主要的。因为对策的制定是一个深入的、复杂的、综合的研究过程，调研报告提出的对策是否被采纳，能否上升到政策，应该经过政策预评估。调研报告一般包括以下几个部分：

一、摘要

用简短、明确的文字写成，概括地阐述调研活动的方法、取得的成果和结论，字数以200字左右为宜。

二、调查的方法

对调查方法的描述要尽量讲清是使用何种方法，并提供选择此种方法的原因。

三、调研的内容

根据自己的实习内容进行调查研究，如从事渔药实习的可写"全国渔药行业发展现状和发展趋势"，从事饲料实习的可写"全国渔用饲料行业发展现状和发展趋势"，从事特种水产品养殖的可写"全国特种水产品(如甲鱼)养殖行业发展现状和发展趋势"，从事海参育苗实习的可写"全国海参养殖业发展现状和发展趋势"等。一般涉及企业的基本情况、主要产品、企业生产经营情况、技术员和业务员的培训和管理情况、生产效益情况、存在的问题等。

四、调查的结果

在文中相当一部分内容应是数字、表格，以及对这些的解释、分析，要用最准确、恰当的语句对分析作出描述，结构要严谨，推理要有一定的逻辑性。

一般必不可少地要对自己在调查中出现的不足之处，说明清楚，不能含糊其辞。必要的情况下，还需将不足之处对调查报告的准确性有多大程度的影响分析清楚，以提高整个市场调查活动的可信度。

五、结论和建议

应根据调查结果总结结论，并结合调查内容提出其所面临的优势与困难，提出解决方法，即建议。对建议要作一简要说明，使读者可以参考本文中的信息对建议进行判断、评价。

六、致谢

通常以简短的文字对在调研和写作过程中给予帮助的人员表示谢意。

调查报告要求言之有物，格式规范，字数不少于3000字。

【成绩评定】

毕业实习是秘书学、汉语言文学(文秘)专业人才培养和检测中的一个重要环节。

1. 毕业实习成绩按优秀、良好、中等、及格、不及格五级评定。

2. 毕业实习应综合学生各方面的表现综合评定，内容包括毕业实习内容完成情况、实习态度、实习日记、实习成果以及指导老师的评价等。

3. 毕业实习成绩评定的程序：

集中实习的学生，由系里指导教师根据实习单位的说评定结果，综合该生在实习期间的各方面的表现初步评定成绩，报系毕业实习领导小组。委托实习和返乡实习的学生，由系指导教师根据实习单位的评定意见、学生的实习日记、实习成果初步评定成绩，报系毕业实习领导小组。

系毕业实习领导小组在全部实习生的初评成绩的基础上予以综合平衡。系里最终评定的等第一般不得高于实习单位鉴定的等第。各系实习成绩评为“优秀”的人数不得超过本专业实习生总数的20%，“中等”及以下的成绩要有一定的比例；各系可从实习“优秀”的人数中按不超过50%的比例申报“院优秀实习生”。

(1)系毕业实习领导小组对实习成绩拟评“优秀”的实习生应进行综合测试。

(2)凡有以下现象之一者，实习成绩应评为“中等”及以下：

违反实习单位的规章制度；未经指导老师同意擅自离岗而造成恶劣影响；实习中出现严重的责任事故；不服从指导老师安排工作，且经常不按时完成任务的；实习期间经常迟到、早退或缺勤；经系部调查证实有关表格、成果、成绩等系个人伪造者；无实习日记或虽有日记但内容空洞。

(3)凡请病假、事假累计一周以上或因事因病未全部完成实习任务者，实习成绩应予降低。请假累计在三周以上者，不予评定实习成绩。

(4)毕业实习不予免修。毕业实习成绩不及格者发结业证书。

【实习考核】

苏州科技大学汉语言文学(文秘)、秘书学专业
实习单位、指导老师鉴定表

实习生姓名		指导老师	
指导老师鉴定意见	成绩等级： 签　　名：		
实习单位鉴定意见	成绩等级： 单位公章：		
备注	1. 严重违反组织纪律者，实习成绩不及格。 2. 因实习生自身原因造成工作事故或损失者，实习成绩不及格。 3. 实际出勤不满三周者，实习成绩予以降低；未满二周者，不评定实习成绩。		

苏州科技大学汉语言文学(文秘)、秘书学专业
实习成绩评定表(实习生所属系用)

实习生姓名：　　　　　　　　　　　　　　　　　　实习科目：

项目	评分细则	分值	评分
实习态度 40分	1. 服从领导，尊敬师长，能与周围人相处融洽。	6分	
	2. 遵守制度，出全勤，不迟到早退。	4分	
	3. 工作认真负责，能按时完成交办的任务。	6分	
	4. 能完成所指定的实习任务，并按时进(撤)实习点。	4分	
	5. “实习日记”完整、有内涵。	10分	
实习任务完成情况 60分	1. 履职状况	5分	
	2. 口头表达能力	10分	
	3. 个人总结	10分	
	4. 调查报告写作	10分	
	5. 协作意识	10分	
	6. 办事能力	10分	
	7. 现代办公设备的操作	5分	
奖励	1. 实习期间工作业绩，带来较好社会效益或经济效益。	10分	
	2. 实习期间恪尽职守，表现突出，受到所在单位表彰。	10分	
备注	1. 严重违反纪律，造成恶劣影响者，实习成绩不及格。 2. 出勤未满三周者，成绩降低；未满二周者，实习成绩不及格。 3. 优秀：90~100分；良好：80~89分；中等：70~79分；及格：60~69分；不及格：60以分下。 4. 实习成果必须出具物化材料。	总评成绩 指导老师签名	

苏州科技大学汉语言文学(文秘)、秘书学专业
毕业实习鉴定、总评成绩表

实习小组鉴定	
系指导老师鉴定	签名： 年　月　日
系总评成绩	总评等第： (公章) 年　月　日

项目三：毕业论文写作与答辩

【实训目标】

培养学生综合运用所学的基础理论和专业知识，分析问题、解决实际问题的能力，提高学生的学业水平。毕业论文作为大学学习的最后教学环节，是对学生的一次系统的综合训练，也是在毕业前对教学质量的一次全面检查。

毕业论文的教学目的在于：

1. 使学生复习、巩固所学过的理论与专业知识，并予以适当的深化；

2. 强调理论联系实际、严肃认真、高度负责的工作态度，从事调查研究和进行分析论证；

3. 进一步训练学生的基本技能(如：搜集资料、整理数据、发现与分析问题、寻求解决问题的方案、撰写学术论文等)；

4. 训练学生掌握计算机操作技术，运用计算机技术进行数据处理分析。

【实训要求】

(一)论文的要求

1. 毕业论文要求学生一人一题，每位学生必须在教师的指导下独立完成。

2. 每个学生都必须有毕业论文任务书。毕业论文任务书是学生进行毕业论文的重要指导性文件，任务书由指导老师负责拟定，学生按要求填写开题报告。

3. 毕业论文字数不少于1.5万字，主要包括：①题目及目录②内容摘要(包括英文摘要)③正文④参考文献等。毕业论文按《毕业论文撰写规范》撰写并装订成册，论文不符合要求的不得参加毕业论文答辩。

4. 毕业论文初稿经指导老师审阅通过后，打印提交一份完整毕业论文终稿。

5. 毕业论文统一使用学校下发的毕业论文资料袋。资料袋封面内容包括：论文题目、学生姓名、指导教师、成绩、袋内材料目录等项，内容必须完整填写，不要遗漏。

袋内含学生毕业论文所有材料、毕业论文定稿、毕业论文任务书、毕业论文开题报告、指导教师评分表、评阅人评分表和毕业论文答辩评分表及答辩评议书。答辩小组的答辩记录、答辩委员会会议记录、指导教师工作记录等原始材料由各系(教研室)收齐后由学院保存。

(二)学生的要求

1. 听从指导教师的指导和安排，积极主动与指导教师联系，接受检查。尊重老师的指导意见和安排，不得在评审成绩上与老师纠缠或提出无理要求。

2. 撰写论文必须经过独立思考和钻研，有自己独到见解和观点。

3. 撰写论文必须严肃认真，具体要求见(毕业论文撰写规范)。论文初稿(电子稿)在规定日前交给(可通过电子邮箱)指导老师进行审阅，不符合要求者，指导老师有权拒绝审阅。

4. 学生到中国知网作“查重”，根据查重结果进行相应调整。符合要求后，方可参加论文答辩。

5. 最后定稿打印于答辩前一周前交给指导老师进行评阅。

【论文指导】

1. 毕业论文指导教师应由具有丰富教学经验、科研经验或实际经验的具有讲师、工程师及以上职称的人员担任。必要时可安排助教协助指导教师工作。

确有需要时，可聘请校内外相当于讲师以上职称的专业人员、工程技术人员和科研人员担任指导教。

2. 每位教师指导学生人数原则上不超过 8 人，新专业可适当放宽。

3. 凡承担毕业设计论文指导任务的教师，在整个毕业论文指导工作过程中，应以严谨治学的态度，严肃认真地做好工作，既要负责业务指导，又注重对学生独立工作能力、创新精神和学术品德的培养。

在选题确定后，负责填写毕业论文任务书。

指导学生制定论文工作进度计划、撰写论文开题报告，检索文献资料。

对学生进行经常性的指导、答疑，抓好关键环节的指导。

在毕业论文完成后，指导教师应根据学生的工作能力、学习态度和论文质量等方面的情况，给出建议成绩，填写《毕业论文指导教师评分表》和《毕业论文考核评议表》。作为答辩小组的成员参加毕业答辩。

系部应聘请评阅人进行评阅。评阅人应按要求写出评阅意见，并给出评阅人建议成绩，填写《毕业论文评阅人评分表》。

【实训内容】

任务一：确定选题

选择论文课题，从广义上讲，就是大学生确定毕业论文的研究范围，从狭义上讲，就是确定毕业论文的题目。衡量一个大学生的科研能力和论文写作能力，首先要看他能否选择一个预定期限内能够完成的有价值的课题。有人说过，“题好文一半”，“选题好是成功的大半”，这话颇有道理。

一、选择论文课题的重要性

选题是撰写论文的第一步工作，因为只有明确了“写什么”才能考虑“怎么写”。而“写什么”就是选题所解决的问题。选题是论文写作中至关重要的一环。选题的确定标志着毕业论文写作过程的开始，而且同整个毕业论文的进展与完成直接相关。

选题关系到课题的研究方向，关系到论文是否有价值，关系到研究能不能出成果。选择的课题具有客观意义，随之而来的研究工作才会有意义，而在此基础上写出的毕业论文才会有一定的实际价值。一项毫无意义的研究即使花再大的精力，研究得再好，论文表达再完美无缺，也是没有价值的。可见，选题既是对课题的“定向”，也是对论文的“定性”。因此，在撰写毕业论文时，一定要在选题上认真地下一番功夫。但论题并不是论文的题目。因为文章的题目可以由写作者根据文章的内容去确定，它有很大的随意性。它既可以采用概括性的题目，也可采用结论性的题目。论题是论文描述的对象，题目是论题的核心。论题本身具有客观性，而题目却具有随意性。

二、论文选题的基本原则

(一)科学性原则

科学性，就是要求论文的作者正确地反映客观事物，并揭示它的规律。这就要求作者的论述是系统的，而不是零碎的；是完整的，而不是片面的；是首尾一贯的，而不是前后矛盾的；是经过实践检验的，而不是主观臆造的。科学性，首先要求立论的观点正确。如果观点不正确，就会使读者迷惑。由此可见，要做到观点正确这一点，并不是那么轻而易举的，作者除了具备专业领域方面知识，同时还必须具备科学地分析问题的思想方法，必须用辩证唯物主义和历史唯物主义的观点观察问题、思考问题、解决问题，进而得出合乎客观实际的结论。

科学性还表现在知识的准确性上，如果知识不准确，就不能准确地反映客观事物的规律，并且给读者带来困惑。

客观性与科学性是密切相关的，科学性要求实事求是，客观性要求一切从实际出发。课题的客观意义包括两方面的内容：一是指社会意义，二是指学术意义。从根本上说，课题的学术意义和社会意义应该是相一致的，因为一切学术研究的最终目的，都是服务于社会的。哪些课题符合科学性原则？大体有以下几种类型：

1. 亟待解决的课题

在不同的学科领域中，总有一些亟待解决的问题。这些问题，有的是关系国计民生的重大问题，有的是该学科发展中迫切需要解决的关键问题。如果选择一些亟待解决的问题，通过精心研究获得一定的进展，或取得一定的研究成果，当然是具有科学价值的。如中国文学与民族精神诸方面的研究。

2. 学科发展前沿上的课题

科学研究在于创造，学术论文要求作者有自己的见解，不能人云亦云，如果科学研究工作者没有创新，只有继承，那么，人类的文明和历史就不会有所前进。所谓创见，就是能提出新问题，解决新问题。

3. 深化、补充已有的观点

这是指在已有的研究基础上，进行一种发展性研究，以使已有的研究成果更加丰富，更为完善。我们知道，进行创造性研究对科学的发展是十分重要的。但在多数情况下，往往先提出某种假说或论断，然后再经过不断验证、补充、丰富、发展，才能成为完整的、科学的理论观点或体系。如，方胜的《〈西游记〉〈封神演义〉"因袭"说证实》一文是对前说即黄永年的《今本〈西游记〉袭用〈封神演义〉说辨正》一文的补充论证。澳大利亚柳存在教授撰有《毗沙门天王父子与中国小说之关系》之论文，论文第八节以"封神会与吴承恩西游记之先后"为标题，列举十一事以论证"吴著《西游记》之成书时可能尚迟于《封神演义》"，其中"有若干处应为《封神演义》书中所演化，至少应受《封神演义》之影响"。黄永年著文提出柳存在教授的看法"大成问题"。黄永年以大量有力的论据论证：《封神演义》与今本《西游记》确有雷同因袭痕迹，但并非今本《西游记》袭用《封神演义》，而是《封神演义》袭用今本《西游记》。黄永年的文章发表后，方胜认为黄永年的论断是正确的，但还缺乏充分的说服力。方胜又从《封神演义》抄袭《西游记》的诗词，补充了黄永年的观点。从这一实例中，我们可以看到，任何一种观点的形成，任何一种理论的完善都要经过一个从不够成熟到比较成熟、从不够深入到比较深入的发展、演化过程。一般来说，一个学术问题，不会一下就得到彻底解决，学术观点就是在反复的研究中，不断得以深化和发展，最后相对地固定下来。

4.“新说”的创立

科学研究的最佳选择，是通过创造性的思维活动，提出新的主张看法，宣布新的发现，找出新的规律。这就是所谓“新说”创立。“新说”是前所未有的学说，同时又是具有学术意义和客观意义的学说。如徐杰舜的《试论汉字对汉民族的内聚作用》一文，从汉字的起源与汉民族的形成是同步的这一点看，在两千多年的历史发展中，汉民族的政治、经济、文化、风俗等都是发展变化的，唯独汉字，从古至今，基本上没有发生实质性的变化，从而以其独具的公用性，对汉民族的发展一直起着内聚作用。最后作者得出一种新的结论，汉族人民对汉字灌注了强烈的民族感情，这种感情转化为对民族共同心理的内聚作用。从某种意义上说，汉字就成民族团结、国家统一的象征，成为汉民族的象征，成为中国传统文化的象征。

在许多学科里，无论大小总有许多需要发现、值得探讨的课题，但确能提出新的思想、新的结论必须进行大量的研究工作才能够获得。

5.“空白”的填补

科学的发展有其不平衡性。从学科建设上来看，由于某一时期侧重于某一方面的研究，而忽视另外一些方面的建设，这就出现了科学上的短缺、空白，亦所谓的“冷门”。抓住学术研究方面的“空白”和“冷门”，认真进行研究，就具有开拓意义。

6.“新方法”的运用

“新方法”即科学研究的新方法。随着社会的进步，科学事业的发展，近代在世界范围内，出现了许多新的研究方法。如系统论、信息论、控制论、突变论、协同论等。用这些新方法研究科学领域中的不同问题，往往可以使论文具有新的特点，富有更强的科学性。

(二)可行性原则

所谓可行性原则，是指选题时，要选择那些作者本人有可能完成，主观上又利于展开的课题。选题，首先考虑选择有科学价值的课题，这是一个基本原则，但仅从这个客观需要上来考虑选题是不够的。每个作者还必须从主、客观上考虑是否具备展开研究的条件，诸如专业特长、专业水平、兴趣爱好等。不考虑这些具体情况，就不可能选出恰当的题目。所以，要根据可行性原则，也可以称为力量性原则，来选择研究的课题。

一般来说，要选择有利展开的课题，符合可行性原则，大体要考虑下述几个方面：

1. 浓厚的兴趣

兴趣是人们力求认识客体的特殊心理，认识倾向相对持久稳定也就构成了一个人的兴趣。人在从事有兴趣完成的课题研究时，可以始终保持积极的情绪状态。这种积极的情绪状态，是适宜于科学研究的创造气候，最有利于创造性思维的进行。要从自己的实际出发，充分发挥自己的长处，使学术论文所选之题和自己的思考重心有机结合起来。

兴趣不是天生的，而是后天逐渐培养起来的，是在实践中产生的。无论是由研究对象本身引起的直接兴趣，或是由目的、任务所引起的间接兴趣，都是与我们对研究课题的了解分不开的。实际上有兴趣的课题，往往是我们已经了解或初步了解的课题。因此，选择有兴趣的课题，不仅有研究的热情、主动性，而且有一定的研究基础，这样才容易完成。

选题时要重视兴趣因素，并不只是凭兴趣办事。有时研究者找到了一个具有客观意义并且经过努力，也有可能完成的课题，但由于某种原因，开始并没有对这一课题发生兴趣，这时，假如仅仅凭兴趣，只以兴趣为选题的导向，就可能错过一次成功的良机。为了避免选题的失误，一定是要冷静分析，全面衡量，依靠理智的力量把握住方向，随着研究工作的逐步深入，逐渐激发出对课题的兴趣。

客观地说，我们每个人实际的知识积累和由此所具有的长处是不一样的。我们在选题时，首要问题是我们在哪个方面有所思考，有所发现，我们是否有能力、有兴趣、有条件研究这个课题，是否能得出新的学术见解。由于研究主体状况的差异，其在同一课题上所得出的结论可能不同甚至截然相反。要想使自己的结论更大程度上符合客观实际情形及其内在规律要求，需要研究主体对于研究的课题所需要的知识积累有一个全面的统筹。

2. 现实可能性

要从社会的实际需要出发，充分顾及到社会现实需要，使自己的特长和兴趣与社会价值有机统一起来。在论文的写作过程中，我们自己的特长与兴趣当然是我们选题的一个重要的考虑因素，但是，衡量选题的最终价值的并不仅仅是主体因素，还应该包括社会这一客观因素，即选题是否有社会意义，是否有学术价值。

学术论文的写作就其最基本的动因来讲，是对于时代所提出的课题的一种解答。每一时代有每一时代的问题，每一个阶段有每一个阶段的重心。尤其是和社会现实联系最紧密的方面，更具有现实性特点。这就需要我们在选题的过程中，尽量贴近社会现实需要，使我们所学专业的选题和社会现实需要有机地结合起来。

在社会科学领域也是如此，近几年来，随着我国社会主义市场经济体制的确立和完善，经济理论方面的研究不断涌现新的成果。在没有进行经济体制改革的历史阶段，就没有条件进行这方面的研究。

3. 要选择自己有能力完成的课题

能力就是人所具有完成某项活动的本领。每个人都有自己的长处和不足，在进行科学研究这种带显个性特征的复杂活动中，体现得更为充分。面对同样的课题研究，对同样的材料，有的人可能视而不见，有的能把它储存起来，补充自己的知识结构；有的人可能受到启示，产生联想，迅速调动头脑中各种知识要素，形成新想。显而易见，后一种人的能力才具备了完成课题的条件。在选题时，我们必须考虑个人能力特点，创造性才能最大限度的发挥。就正常情况来看、相对来说，课题对路，同自己的能力特点相适应，就能高效率地完成研究工作。

我们在选题时，要扬长避短，从自己的知识结构与研究能力出发，选取能发挥自己研究特长的课题，这样，研究工作才能顺利地展开，并获得良好的效果。

4. 要考虑限定的时间

一些论文的写作，特别是毕业论文和学位论文的写作，必须在限定的时间内进行，时间规定得很严格。这就要求论文的作者在选题时要根据研究时间的多少，确定研究课题的大小、难易程度。如果时间紧，就选择一个花费时间较少的小题目展开研究，这样可以深入进去，写出质量较高的论文。否则，题目过大，就会因时间不够而草率从事，写不出有深度的论文，保证不了研究的质量。

可行性的论证，是回答“能否做到”的问题，能否完成课题的研究，常常取决于以下几个因素：个人的研究能力、学识水平；课题的大小及难易程度；必要的资料来源；必要的时间。

这里着重谈谈选题的大小及难易的问题。

选题有大有小，大的选题，属于宏观方面的问题。大选题涉及面广，研究的头绪多，需要的资料时间都多，大的选题不是不能写，像叶子铭先生的《论茅盾四十年的文学道路》，就是他当年读大学的毕业论文。

但对于大多数同学来说，选题不宜太大，篇幅不宜太长，选题太大，不仅时间、精力和能力都不允许，而且也难以保证论文的质量。所以，老师一般都提倡，大学本科毕业论文开口宜小、开掘要深，选题的大小，也要因人而定，一位同学认为大的选题，也许对另一位同学来说正合适。那么，选题的大小有标准吗？

固定的量化标准，是没有的，完全要依靠自己去把握，把握的方法是有的。就是采用缩小或者扩大的方法，直至适合自己为止。

选题的难与易与大小有密切关系，一般来说，选题大，难度也大；选题小，难度也就小。但两者也有区别，选题的难易涉及两个因素：一是课题本身的难易，一是研究者自身感觉到的难易。同一个选题，有的人觉得容易，有的人觉得难，所以，难易是相对的，没有绝对的衡量标准。

怎样把握选题的难易度？有两个方面的因素可以参考。

一是选题的范围：每一个学科所研究的问题，一般分别属于三个不同的方面：基础理论研究、发展历史研究、实践问题研究。

如，新闻学，包括新闻理论、新闻史、新闻业务三大块，从研究角度来说，三个部分是可以有所侧重的，不同的研究对象，对作者的要求也不同。

新闻理论研究：要求作者有较好的理论修养和抽象思维能力。（如《论新闻的特性》）

新闻史研究：要求作者具有扎实的历史知识，能从历史发展角度思考问题，看出其中的发展变化。（如《论〈大公报〉的历史地位》）

新闻实务研究：要求作者对当前的新闻实践比较熟悉，有敏锐的观察能力，能及时发现和提出解决当前存在问题的对策。（如《论报纸评论的创新》）

选择自己擅长的、有积累的选题，就相对容易一些，选题自己不太熟悉的方面，研究就难。

二是选题的类型：选题属于前沿性课题、基础性课题、填补空白的课题，还是补充前说的课题。

前沿性课题：是居于学科研究最前沿的课题。

基础性课题：研究本学科的一些基本理论、基本问题的课题。

填补空白的课题：是前人尚未研究的课题。

补充前说的课题：是指前人已做过研究并取得了一定成果，但还需要继续研究的课题。

不同类型的课题，其难易程度不同，对于本科毕业论文而言，我们提倡基础性课题和补充前说的课题，因为这样的课题是在前人的基础上起步，研究起来更容易人手。

总之，选题有两个基本原则，科学性原则和可行性原则。科学性原则是从客观上讲的，可行性原则是从主观上讲的。只有符合这两个原则，才能把课题选好、选准。著名方法论研究者贝弗里奇说："有真正研究才能的学生要选一个合适的题目是不困难的。假如它在学习的过程中不曾注意到知识的空白或不一致的地方，或者没有形成自己的想法，那么作为一个研究工作者他是前途不大的。"

三、论文选题的途径与方法

在撰写毕业论文的过程中，有一些同学不会选题，由于不会选题走了不少弯路，也影响了毕业论文的写作质量。

选题，作为一项决策，不能只凭直觉、主观想象，也不能凭良好愿望乃至个人的爱好来臆断，更不能以随心所欲的轻率态度来决定。选题必须遵循一条严谨而科学的程序进行。

(一)选题的途径

1. 要查阅文献资料

通过查阅文献资料，我们可以了解本学科研究的历史，能知道本学科过去已经进行了哪些研究，有什么成果，了解本学科的研究现状，能知道现阶段的研究达到了什么程度，以及哪些问题尚未得到解决，本学科发展的新动向，新问题是什么等。这些问题搞不清楚，选题就是盲目的，有时花费很大气力研究出一个课题，却是别人早已解决的问题，已经没有研究价值了。

要了解本学科研究的历史与现状，就要查阅大量的资料。要到图书馆里去，充分利用文献目录，索引和文摘等检索期刊。怎样才能把握住研究方向？从文献资料入手，要看最新的期刊。因为最新期刊代表了最新的研究成果，是我们进行选题时迈出的第一步。

2. 做好必要的调查、咨询工作

任何一项研究工作，都是面向实际的，为社会进步发展服务是科学研究所要达到的目的。我们可以通过毕业实习期间来进行本学科的调查和咨询工作。

3. 积极主动地去思考

我们在查阅文献资料，调查、咨询的过程中，大脑需要积极地工作，触发想象，积极思考出新的问题。

当然，这个思考过程不是消极、被动地接受那些资料的触发，而是充分运用自己的思考力、创造力积极主动地进行加工，这样就会形成自己的新思想、新思路和新问题。

(二)选题的方式

目前高等学校毕业论文的选题，有下述三种方式：

1. 自拟：由作者自己提出来，通过指导老师批准认定。

最理想的选题，应该是自己提出来，在学习生活中，通过阅读的启发、学习的疑问、实践的体会、工作的需要等，都可以发现问题，作为选题的来源。

2. 课题：一是参与老师主持的研究课题，二是申请到学校为学生设立的创新课题。

3. 指定：就是学生自己提不出选题，由老师指定。

在选择指定选题时，要考虑自己的接受程度，看自己能否胜任老师指定的选题，是否符合自己的情况。现在很多学校，为了学生写作论文方便，都请老师开列了论文参考选题。但一个老师知识再渊博，成果再丰富，也不可能开出太多适合学生写作的选题来。由于学生是初次写论文，还不知道论文选题的方法和技巧，不得不勉为其难，为学生开列了一些参考选题。

论文参考选题，只能当作启发思维的参考，不能完全照搬按照原题一字不改去写。一些学术杂志上的论文题目，也可以作为参考选题。主要看别人是从什么角度研究问题的，还有哪些问题没有研究透，从而受到启发，找到新的、适合自己的选题。

(三)选题的方法

在毕业论文选题过程中常出现的问题是；把握不住选题方向，寻找不到最佳选题，题目过大、过小等。怎样选题？我们介绍以下几种选题方法：

1. 选用“横向扫描”法，确定选题方向

选题，首先应该确立选题的方向。所谓选题方向，指的是研究学科里哪一方面的课题，如中文系的学生，是研究语言，文学作品，还是文艺理论？

怎样确定选题方向？实践告诉我们，“横向扫描”是一种较好的方法。所谓“横向扫描”，即在自己所学专业范围内，根据自己的兴趣爱好、专业特长、资料搜集、现实需要、指导教师等主客观各方面因素，对所学专业的各门课程，逐一列示，对比、筛选，从而确立课题研究的大体方向。

运用“横向扫描”法，一旦把选题方向确定焉就不要轻易改变，因为这一选择是经过全面衡量、严格筛选之后确定下来的，这种选择能够扬长避短，充分发挥自己的优势。

2. 运用“浏览捕捉”法，确定该方向中的最佳选择

选择的大体方向明确之后，仅仅是迈出选题的第一步，然后就应该在已确定的大方向之中，确立具体的选题方向，尤其是要在诸多可供选择的具体方向中，能有一个最佳的选择，寻找最佳选择的方法，可用“浏览捕捉”法。

所谓“浏览捕捉”法，即在已确定的大方向领域内，大量阅读各种各样的资料，其中包括历史的资料、现实的资料、理论资料、实践资料、第一手资料、文献记载的资料等。在阅读资料过程中，往往还有很多具体课题，需要深入研究，而且自己也有一些见解。我们应该在浏览和思考的过程中，捕捉到一个具体的研究课题。如果你认为是一个最佳选择，就把它作为具体的选择方向。

3. 运用“收缩或放大”法，确定大小适中的题目

当具体的选题方向确定下来之后，如何对题目加以限定，使之大小适中呢？一般采取“收缩或放大”法。所谓“收缩或放大”法，即如果最初拟定的题目过大，就把它收缩一下，预先设想的题目过小，就把它放大一下。这样就可以使题目大小适中，不至于力不胜任或轻而易举地完成。

在选题的过程中，有些成人容易犯的一个毛病是所提问题过大。所以，在选题时，要尽可能地“小题大做”，不要“大题小做”。

“小题大做”中的“小题”，固然是相对而言的。“小题”是要求问题的设置要具体而集中，在分析解答的过程中，要尽可能地对于这一问题进行全方位地分析和解答。显然，这

"小题"便不再是一个小问题，而是和广阔的现实存在状况相关联的大问题，并且其所需要的知识积累和理论素养也是极其深厚的。

在确立论题时，一些同学往往犯立题不当的毛病：或者题目过大，或者题目过小。题目过大，会力不从心，难以驾驭；问题太小，就不能通过撰写论文反映自己的实际能力。

选题的过程就其核心点来说，还是一个对于课题的限定过程。在此过程中，我们由原先对于论题只有一个大致的把握，经逐步划定研究范围，到最后确定明确的论文题目。如果对选题缺少必要限定，就会使问题过于宽泛、庞杂，如此一来，就会使学术论文在其论证的深度上受到限制。而通过对课题的必要限制，把所要解决的问题集中到一点上，就可以小题大做，从不同角度来分析问题，使论点深刻而突出。

以上介绍的三种选题方法，可供大家在毕业论文选题过程中使用和借鉴。

四、论文题目的几种表达方式

"论"字式，如：论……；浅论……；简论……；试论……；再论……；也论……

"析"字式，如：试析……；简析……；浅析……

"新"字式，如：……新论；……新探；……新思考

五、论文选题范围与要求

1. 秘书学与秘书工作

(1)下列几种情况不允许选题：

1)已经形成完整的结论或学科内容，自己无法写出新意的。如：秘书素质、秘书素养、秘书知识、秘书能力；秘书参谋职能、秘书辅助决策等；秘书人际关系、秘书与领导关系等。

2)属于秘书具体操作性实务的，不能用论文的形式写出独创性内容。如：秘书(各类)礼仪、秘书会务工作、秘书接待等。

3)自己不熟悉、无体会、无感觉的。

4)无法写到论文规定字数的。

(2)可以选择的：

1)秘书学学科相关属性的思考。如：秘书学学科特性研究、秘书工作机构设置研究、秘书效率研究。

2)有关与秘书实务有一定关系的可以探讨的问题。如：秘书心理、浅谈秘书会务心理、谈时间错觉与秘书效率、谈谈文书工作中信息流转的保真、浅谈秘书信息中心现象、浅谈秘书信息误差等。

3)一些可探讨的秘书技巧，如：浅谈秘书劝谏技巧、秘书与领导沟通的技巧等。

4)有关秘书教学、就业实践性调研的。如：市场需求与文秘人才培养的链接、对××校秘书专业实践性教学环节的思考、对本科院校秘书人才培养模式的思考、对秘书学人才培养方案中课程体系架构的思考、秘书人才培养中的校企合作模式探讨等。

2. 中国秘书史

(1)下列几种情况不允许选题：

1)已经定型，无法写出新意的，如：对古代官制的介绍、对特定朝代秘书机构设置的介绍。

2)建立在“戏说”“讲坛”等基础上的选题，如：乾隆下江南与秘书随从服务

(2)可以选择的：

1)古代秘书人物研究，既可以研究个体如魏征、上官婉儿等，也可以研究群体如绍兴师爷、幕僚、胥吏、女性秘书等。

2)古代相关秘书工作制度，如：历代信访制度研究、古代贴黄制度研究、古代封驳制度研究、古代公文拟办制度研究、历代秘书考核制度研究等。

3)秘书工作改革。如：明代文风革新、张居正改革与秘书工作、民国的三次“文改”运动研究。

4)各种秘书现象，如：古代宦官专政现象、秘书腐败“群体化”问题研究、古代“禁书”与政治文化研究。

5)历代秘书活动研究，如：三国时期的秘书活动、唐代翰林院的参政议政职能、历代秘书“进谏”艺术。

3. 古代公文

可以从以下几个方面选择：

(1)古代文种源流演变。

(2)古代公文制度研究。

(3)古代作家作品分析，如：公文创作典型案例研究；公文类型研究，如“罪己诏”“弹奏类公文”“荐举类公文”“荒政类公文”等的研究。

(4)文种微观或宏观写作规律研究。

(5)传统公文的文种与语言特征研究。

4. 现当代公文和档案开发利用

(1)当代公文写作方面。如：企业公文写作现状调查及对策研究；公文写作中存在的问题及对策研究；论企业文书写作中的规范与创新研究；论秘书写作中的代言性和创造性研究；提高公文写作质量的途径研究；全球化语境下的应用写作研究(文体、格式、语言等)。

(2)档案开发与利用方面。如：档案管理的规范与创新研究；档案利用工作中存在的问题及对策研究；现代档案室标准化建设研究；电子文件对档案工作的影响及对策研究等。

5. 国外秘书工作研究

(1)国外秘书工作个案研究。

(2)国外秘书工作群体研究。

(3)中外秘书工作比较研究。

任务二：撰写文献综述

文献综述是文献综合评述的简称，是指在全面搜集有关文献资料的基础上，经过归纳整理、分析鉴别，对一定时期内某个学科或专题的研究成果和进展情况进行系统、全面的叙述和评论。“综”是要求对文献资料进行综合分析、归纳整理，使材料更精练明确、更有逻辑层次；“述”就是要求对综合整理后的文献进行全面的、系统的论述。

文献综述是本科毕业论文的一个重要组成部分。当毕业论文题目确定后，在开始写作之前需要做好一些基础性的工作。首先是要了解别人关于这一课题研究的基本情况。因为研究工作最根本的特点就是要有创造性，而不是重复别人走过的路。只有熟悉了别人对本课题的研究情况，才可以避免重复研究的无效劳动，从而能站在前人的基础上，从事更高层次、更有价值的研究。其次是要掌握与课题相关的基础理论知识。这两项基础性工作，在文献综述中得到了充分的体现。

写作文献综述，至少具有以下方面的意义：

1. 有助于学生们熟悉和了解所要研究问题的已有研究成果，避免重复劳动。通过系统回顾某一问题既有的文献，同学们可以了解所要研究问题的研究进展，明确哪些问题已经有了较为成熟的研究成果。如果还没有充分的证据否定已有的答案，那么就不要选择这些问题作为研究目标，否则，将冒重复研究的危险。当我们通过文献综述了解到上述研究成果时，而又不能提出反对意见或新的结论，就不宜选择省级政府为研究对象，以免重复研究。

2. 有助于学生们发现前沿性问题。在回顾、分析现有文献的过程中，同学们可以了解相关研究问题的研究进展，并且可以这些研究成果作为自己继续从事研究某些问题的基础，以现有研究的不足或者现有研究还未涉及的领域作为自己未来的研究方向，就有较大可能提出处于研究前沿性的问题，同时可以清楚了解自己的研究问题在学术发展中所处的位置和可能作出的贡献。

3. 有助于学生们拓展研究思路和研究方法。文献回顾的过程，也是一个了解以前研究者的研究角度、研究策略、研究方法、研究工具与研究手段的过程。而这些都可以为同学们继续进行研究提供了借鉴和参考。此外，文献回顾还可以帮助同学们发现和利用现有研究中对某些关键变量的操作化方法和测量指标，在测量某些关键概念或变量时所使用的工具和量表等。

4. 提高同学们归纳、分析、综合能力，提高自己的科研能力和论文写作水平。通过对所要研究问题的系统、全面的了解，使同学们对所要研究问题有了一个比较清晰的认识。通过文献综述的写作，通过对研究问题进行归纳、分析、总结，又提高了同学们的分析问题、解决问题的能力，为进一步从事科学研究和论文写作打下了坚实的基础。

文献综述的写作一般经过以下几个步骤：收集阅读文献资料、拟定提纲(包括归纳、整理、分析)和最后成文。

1. 收集和阅读资料

论文题目确定后，就要围绕题目收集有关的文献资料。收集文献资料的途径主要有两种：一是通过互联网。在网络资源中的各种数据库中查找文献资料，如中国知网、超星电子图书、万方数据等。一是到图书馆、阅览室和专业资料室，借阅或翻阅今年或近几年出版的学术刊物。查阅与专业相关的学术期刊和高等院校的学报，从中找出与自己选题相关的文献，并将其复印下来进行阅读。

阅读时要做好笔记，如做摘要、批注、札记、卡片等，详细、系统地记录各个文献中研究的问题、目标、方法、结果和结论。

阅读的同时，要批判地分析研究中存在的问题、观点的不足，以便发现尚未研究的问题。按照一定的标准进行分类，以便后续研究中使用：

(1)按学科领域分类；

(2)按学术观点、学术流派分类；

(3)按问题研究的历史发展阶段分类；

(4)按研究程序或研究方法的运用分类等。

对不同的观点进行合理的分析、比较和评论。在考察研究现状的基础上，提出有待进一步研究的问题，展望今后的发展趋势或前景，从而提出新的研究设想、研究内容等。这是撰写文献综述的目的所在，也是文献综述的点睛之笔。

2. 拟定写作提纲

对于查找和搜集到的大量文献资料先要进行分析、归纳、整理和取舍，然后草拟出一个提纲，以便对文献综述的全文进行整体构思和结构安排。

有了一个好的提纲，可以使写作者的逻辑思维更加趋于完善，既有利于成文，又便于修改，使文章层次清晰，前后照应。文献综述的提纲不同于论文提纲，可以写得简略一点。

3. 撰写

在大量阅读文献资料的基础上，根据所选题目进行综合论述，并撰写成文。全文完成后要认真进行修改，直到满意为止，必要时也可请指导教师或同学阅读，提出修改意见，使其不断完善。

文献综述的格式与一般研究性论文的格式有所不同。这是因为研究性的论文注重研究的方法和结果，而文献综述是介绍与主题有关的详细资料、动态、进展、展望以及对以上方面的评述。因此文献综述的格式相对多样，但总的来说，一般都包含以下具体格式：综述题目、作者姓名、摘要、关键词、前言、正文、总结和参考文献。

题目一般应在 20 字以内(包括副标题)，最多不要超过 25 个字。题目要求能够准确反映出文献综述的主要内容。

摘要也就是内容提要，它是在文章完成之后，建立在对全文进行总结的基础之上，用简单、明确、精辟的语言对全文内容加以概括，提取文章的主要信息、作者的观点、文章的主要内容、研究成果等。通过阅读摘要，就能获得必要的信息。摘要字数一般应在 200 字以内。

摘要后须给出 3~5 个关键词，关键词之间用分号分隔。

文献综述的基本格式：

前言部分主要是说明写作的目的，介绍为什么要选择这个题目，有什么实践或理论意义。介绍有关的概念、定义以及综述的范围，扼要说明有关主题的研究现状或争论焦点，使阅读者对全文要叙述的问题有一个初步的轮廓。

主体部分是文献综述的主体，其写法多样，没有固定的格式。可按文献发表的年代顺序综述，也可按不同的问题进行综述，还可按不同的观点进行比较综述，不管用那一种格式综述，都要将所搜集到的文献资料进行归纳、整理及分析比较，阐明引言部分所确立综述主题的历史背景、现状和发展方向，以及对这些问题的评述。此部分应特别注意代表性强、具有科学性和创造性的文献引用和评述。主题内容根据综述的类型可以灵活选择结构安排。

总结部分是对全文主题进行扼要总结，与前言部分呼应，指出现有研究中主要研究方法上的优缺点或知识差距，并能提出自己的见解。

参考文献是文献综述的重要组成部分，它不仅表示对被引用文献作者的尊重及引用文献的依据，而且为文献阅读者深入探讨有关问题提供了文献查找线索。参考文献的编排应条目清楚，查找方便，内容准确无误。参考文献应限于作者直接阅读过的、最主要的、发表在正式出版物上的文献。文献综述的篇数一般应不少于 15~20 篇。

写作文献综述的应注意的事项：

1. 文献综述和研究问题不匹配

文献综述应该紧紧围绕所要研究的问题进行综述。但是发现同学们在写作过程中，文献综述的范围与所要研究的问题不匹配，两者脱节了。或者文献综述的范围大于了所要研究的问题，或者文献综述的范围小于了所要研究的问题。

2. 注意引用文献的代表性、可靠性和科学性

有些学生文献综述内容写得不完整；或者仅仅根据自己的喜好来选择文献；或者未能将有代表性的文献完全纳入研究的范围；而有的同学在文献综述中，只涉及国内学者的研究，缺少国外文献；或者只有国外学者的研究，而没有提到国内文献。在搜集到的文献中可能出现观点雷同，有的文献在可靠性及科学性方面存在着差异，因此在引用文献时应注意选用代表性、可靠性和科学性较好的文献。

3. 简单罗列文献，“综”而不“述”

有些学生在写文献综述时，只是简单地把文献罗列出，没有通过合理的逻辑(或是时间顺序，或是观点的内存逻辑、相似程度等)将它们准确地表述出来，没有进行系统分类、归纳和提炼，也就不可能厘清已有研究结果之间的关系，认清问题研究的发展脉络、深入程度、存在的问题等，更没有能够依据文献综述清晰地推导出研究问题。这样的文献综述充其量也只是陈述了他人的观点，达不到通过分析、评说而发现和确立论文选题的目的。

4. 综述中要有自己的观点和见解

文献综述要条理清晰，文字通顺简练。有些学生在综述中对前人的研究成果的梳理和介绍只是一笔带过，而用大量的篇幅进行评述，进而提出自己的研究设想，结果将文献综述写成了评论或研究计划。没有认识到文献综述的重点在于“综”，“述”只是起到点睛式的评论或启示的作用，但不应是主体。

5. 引用文献要忠实文献内容

由于文献综述有作者自己的评论分析，因此在撰写时应分清作者的观点和文献的内容，不能篡改文献的内容。

6. 参考文献不能省略

有的科研论文可以将参考文献省略，但文献综述绝对不能省略，而且应是文中引用过的、能反映主题全貌的并且是作者直接阅读过的文献资料。

7. 文献综述字数应在一般应在 1500~2000 字之间。

任务三：开题报告写作

开题报告，就是当论文题目确定之后，学生在调查研究的基础上撰写的报请院系批准

的写作方案。它主要说明研究这个课题的目的和意义；该课题在国内外研究的历史和现状；论文重点研究的内容，达到什么样的目标；研究采用的方法和步骤；写作进度安排以及引用的主要参考文献资料等。开题报告是提高选题质量和水平的重要环节。在论文正式开始写作之前，先写出开题报告，再经过毕业论文指导小组审阅修改后，才能在指导教师的指导下按选题报告的要求撰写毕业论文。

在写开题报告之前，要做好一些前期工作。首先，要了解别人在这一领域研究的基本情况，使自己能够了解自己所选课题在国内外的研究现状、发展趋势、研究的主要观点以及存在的不足等，这就需要去阅读大量的文献资料，并对文献资料进行归纳整理，写出文献综述。其次，要掌握与所选课题相关的基础理论知识，理论基础扎实，研究工作才能有一个坚实的基础，否则就很难深入研究进去，很难有真正的创造。因此，要加强专业理论知识学习，对以前学过的知识要认真地复习总结；以前没有学过的知识，也要通过补课的方式，把它理解掌握。这样在写开题报告的时候，才能更有把握一些，制定出的开题报告才能更科学、更完善。

开题报告一般为表格式，它把要报告的每一项内容转换成相应的栏目，便于按项目填写，避免遗漏。其内容主要包括论文题目、课题的目的及意义（含文献综述和选题的依据和意义）、课题任务、重点研究内容、实现途径、进展计划及阅读文献目录等。

（一）论文题目

论文题目就是论文的标题或名称。论文标题的好坏会影响到整个论文的形象与质量。在给论文拟定标题时，要注意以下几个方面的问题：

1. 名称要准确。准确就是论文的名称要准确地把论文所研究的对象、问题概括出来。

2. 用词要规范。规范就是所用的词语、句型要规范、科学，似是而非的词不能用，口号式、结论式的句型不要用。因为写论文是在进行科学研究，要用科学的、规范的语言去表述自己的思想和观点。

3. 名称要简洁。简洁是指论文标题不能太长，能不要的字就尽量不要，一般在 20 个字左右，最多不超过 25 个字，必要时可加副标题。

（二）研究背景、目的及意义

研究背景即指课题目前研究的现状。我们的研究只有把它放到一个学术史的脉络中去，放到一个学术传统中去，才能对其价值与意义进行评判。围绕选题收集相关研究性文献：学术界对此作过什么研究？前沿在哪？有哪些代表性学术成果？主要观点是什么？这些成果所涉及的研究领域有哪些？有哪些未曾涉及？你如何看待？综合分析选题的研究现状，寻找一个合适的切入口，为选题的确立提供一个理由。

课题研究的目的及意义，也就是为什么要对这个课题进行研究。要讲明该课题国内外研究的历史和现状，即有什么人研究过该课题，还是没有人研究过；如果有人研究过，他们研究的成果有什么问题或缺陷，为什么你还要研究该课题，研究它有什么价值等，类似于论文的前言或引言部分。

课题的目的与意义的写法，一般可以先从现实需要方面去论述，指出现实当中存在这个问题，需要去研究，去解决；研究它有什么实际作用；研究的理论和学术价值等。这些都要写得具体一点，有针对性一点，不能漫无边际地空喊口号。

(三)主要研究内容和预期目标

基本内容(或重点内容)。有了论文的研究目标，就要根据目标来确定论文具体要研究的内容，相对研究目标来说，研究内容要更具体、明确。并且一个目标可能要通过几方面的研究内容来实现，他们不一定是一一对应的关系。

毕业论文选题想要说明什么主要问题，结论是什么，在开题报告中要对研究的基本内容给予粗略的、但必须是清楚的介绍。研究基本内容可以分几部分加以介绍。

预期目标，就是论文研究所要达到的预定目标，完成的任务，即要解决哪些具体问题。相对于课题的目的及意义而言，目标必须是具体、明确的，不能笼统地讲，必须一一列出。只有目标明确而具体、任务清楚，才能知道研究的重点是什么，思路就不会被干扰。确定目标时，要紧扣论文主题，目标不能定得太多、太高，在用词上力求准确、精练、明了。

(四)拟采用的研究方法、步骤

研究方法，是指论文写作中所选用的方法，选题不同，研究方法则往往不同。研究方法是否正确，会影响到毕业论文的水平，甚至成败。在开题报告中，要说明自己准备采用什么样的研究方法。

科学研究的方法很多，在毕业论文中常用的研究的方法主要有调查法、经验总结法、个案研究法、文献资料研究法、比较研究法、功能分析法、归纳分析法、实证研究法、综合研究法等。

不同专业、不同类型的论文采用的研究方法各有不同。不要罗列方法，要结合论文所用展开概述。

研究步骤，也称写作步骤、写作程序等，具体指从提出问题到撰写成文的各个阶段。

填写时可以如下表述：

第一步，选题。

第二步，搜集、阅读和整理资料，撰写文献综述。

第三步，撰写论文提纲。

第四步，撰写开题报告。

第五步，写成初稿。

第六步，论文修改。

第七步，论文定稿。

第八步，参加论文答辩。

(五)主要参考文献

在开题报告中，同样需要列出参考文献，这实际上是介绍了自己的准备情况，表明自己已了解所选课题相关的资料来源，证明选题是有理论依据的。

参考文献一般要求在10篇以上。参考文献的格式要符合规范。

(六)具体进度安排(包括序号、起讫日期、工作内容)

论文的写作进度，也就是论文写作在时间和顺序上的安排。毕业论文创作过程中，材料的收集、初稿的写作、论文的修改等都要分阶段进行，每个阶段从什么时间开始，到什么时间结束都要有明确规定。在时间安排上，要充分考虑各个阶段研究内容的相互关系和难易程度，而且要依据学校毕业论文安排时间来确定自己的进度安排。

例如：

(1)2016年11月15日之前　　选定题目
(2)2016年11月16日—12月15日　　收集资料、撰写文献综述
(3)2016年12月16日—12月31日　　拟定论文提纲
(4)2017年1月1日—3月10日　　完成开题报告
(5)2017年3月11日—4月10日　　完成初稿
(6)2017年4月11日—4月30日　　完成修改稿
(7)2017年5月1日—5月20日　　定稿
(8)2017年5月21日—5月31日　　英文翻译、答辩

具体时间安排要按照指导教师在毕业论文任务书中规定的时间安排，学生应在开题报告中给予呼应，并最后得到批准。学生在实际写作过程中，时间安排一般应尽量提前一点，千万别前松后紧，也不能虎头蛇尾，完不成毕业论文的撰写任务。

对于开题报告应该写多少字，没有统一的规定。由于开题报告是用文字体现的论文总构想，因而篇幅不必过大，但要把计划研究的内容、如何研究、理论适用等主要问题说清楚，字数一般在1000字以上，不要超过1500字即可。

任务四：毕业论文写作的规范

毕业论文是大学应届毕业生的毕业作业。在将临毕业前，学生针对某一课题，综合运用自己所学专业的基础理论、基本知识和基本技能写出阐述某一个问题的文章。学生写毕业论文的目的，是为了总结在校期间的学习成果，培养具有综合运用所学知识解决实际问题的能力，使他们受到科学研究规范的基本训练。毕业论文的写作，是在有经验的教师指导下进行的。

1. 毕业论文是总结大学阶段学习成果的基本手段

撰写毕业论文，实际上是教学实践的一个重要环节。这个环节的作用是其他教学环节所不能替代的。在论文写作过程中，它要求对前面所学的基础理论进行综合运用。通过写论文，可以将前面所学的知识更加条理化，思考更确切、缜密，使结论更加有说服力。一个大学生要想将自己的学习成果表现出来，让社会认识自己的才能，论文的写作能力是其重要内容。

2. 毕业论文是进行科学研究基本训练的主要方法

一般来说，进行科学研究基本功训练的主要方法大体有三种：一是演绎法。这种方法一般是先从定理出发，然后推演。一切部步就班，循序渐进，在大学学习阶段接受书本知识一般都是沿用这种方法。二是归纳法。即从科学的现象出发，进行比较分析、归纳，最后得出符合实际的结论来。这种方法更适合于做学问、写论文。三是渗透法。这种方法看起来似乎与循序渐进有点相悖，因为这种方法要求人们对不懂或不太懂但研究工作又要求他必须搞懂的东西硬着头皮去啃。听不懂就多听几遍，看不懂就多看几遍，慢慢“渗透”，在科研工作中常用这种方法。大学生在做毕业论文的过程中这三种方法是综合使用的。这种综合使用就是一种最有效的提高科学研究方法和能力的实际培训。

3. 毕业论文是考核、培养现代人才的有效途径

毕业论文是考核大学生学习成绩的重要标准之一。大学生通过毕业论文的撰写和答辩，可以反映出这个学生的学识水平、科研和表达能力。如果一个大学生不会撰写毕业论文，是很难取得合格的毕业成绩的。一个大学生如果经常撰写论文，并能公开发表，就很容易被领导发现，走上成才发展之路，成为现代化的新型人才。

要想撰写出一篇有质量的毕业论文，必须经历一个艰苦的创造劳动过程。这个过程要顺利完成，就必须遵循毕业论文的总体原则与要求，不然就无法写出好的毕业论文来。一般说来，毕业论文的总体原则和要求有以下几个方面：

(一)主题要突出，论点要鲜明

写毕业论文，必须要说明一个问题，反映出作者的立场和观点。也就是说，在论文里要体现出肯定什么，否定什么，赞成什么，反对什么，都要通过对论文的论说告诉别人。这就要求作者必须切实地从实际出发，运用观点和方法观察问题，分析问题，解决问题，提出合乎客观实际的结论。

(二)结构要严谨，论述要清楚

所谓结构严谨，指写出的论文要合乎思维形式，合乎逻辑性。从毕业论文的构成上看，常见的有：论文的标题、目录、内容提要、正文(绪论、本论、结论)，参考文献、论文的装订等构成形式。从论文的正文论述上看，有大论点、小论点、分论点三部分。一篇结构好的毕业论文，大论点和小论点要考虑清楚，安排妥当，做到层次井然，逻辑性强。从毕业论文的具体论述上看，有归纳、推理、演绎三种结构类型。毕业论文在写作中，三种类型互相运用。在推理过程中，有演绎和归纳；在论证的过程中，也有演绎和归纳，都在互相交错使用。

(三)语言要精确，文面要整洁

毕业论文的语言要求信息量大，表达精确，既不要夸大其辞，也不要言不由衷，更不要含糊不清。毕业论文的语言做到精确的首要含义是说得正确，就是说得对。在语言运用上，概念要清，词意要明，定性和定量要准确。其次是要简洁。要求做到，提炼最精粹的词语，节约用字，删繁就简，自然朴素，不求华饰等。再次，要生动。论文语言的生动，主要包括：语言新鲜活泼、多样化、有幽默感，等等。最后，平易。语言平易，就是要平顺易懂，不要故弄玄虚，显示自己学问高深，不要把论文写得艰涩难懂，使人望而生畏。

文面，是毕业论文的外在表现形式。对写作毕业论文具有重要作用。毕业论文给读者的第一个印象就是文面。文面整洁、清晰，字写得秀美，读起来就会心情舒畅，有利于掌握论文的内容。

任务五：毕业论文的技术规范

论文构成应包括：标题、中英文内容提要、关键词、论文内标题目录、正文、参考文献、致谢、附录。

一、标题

标题应简明、具体、确切，能概括文章的特定内容，符合编制题录、索引和检索的有关原则，一般不超过20个字。必要时可加副标题，用较小字号另行起排。题目应尽量避

免使用非公知公用的缩略语、字符、代号和公式。

二、摘要

论文应附有中英文摘要。摘要应能客观地反映论文主要内容的信息，是论题研究成果的概括性说明。要抓住要点，说明研究出了什么，有什么价值，不能写成“本文将从×方面来研究”思路介绍。摘要一般不超过200字，以与正文不同的字体字号排在作者署名与关键词之间。英文摘要的内容一般应与中文摘要相对应。中文摘要前以“摘要:”或“[摘要]作为标识；英文摘前以“Abstract:”作为标识。

三、关键词

关键词是反映论文主题概念的词或词组，一般每篇可选3~5个，应尽量从《汉语主题词表》中选用，未被词表收录的新学科、新技术中的重要术语和地区、人物、文献等名称，也可作为关键词标注。关键词应该以与正文不同的字体字号编排在摘要下方。多个关键词之间用分号分隔。中英文关键词应一一对应。中文关键词前以“关键词:”或“[关键词]”作为标识；英文关键词前以“Key words:”作为标知。

示例：

关键词:《左传》；语言艺术；修辞；交际语言

四、目录

按绪论、正文、结论框架安排，至少一、二级标题。每一级目录均标起始页，靠右对齐。

五、正文

1. 文内标题力求简短、明确，题末不用标点符号(问号、叹号、省略号除外)。层次不宜过多，一般不超过4级。大段落的标题居中排列，可不加序号。层次序号可采用一、(一)、1、(1)，以与注号区别。文中应做到不背题，一行不占页，一字不占行。

2. 用字应符合现代汉语规范，除某些古籍整理和古代汉语方面的文章外，避免使用旧体字、异体字和繁体字。简化字应执行新闻出版署和国家语言文字工作委员会1992年7月7日发布的《出版物汉字使用管理规定》，以1986年10月10日重新发表的《简化字总表》为准。

3. 标点符号使用要遵守GB/T15834—1995《标点符号用法》的规定(参考文献著录中的标点作为标识的用法另据后文规定)，除前引号、前括号、破折号、省略号外，其余都应紧接文字后面，不能排在行首。夹注及表格内的文句末尾不用句号。著作、文章、文件、刊物、报纸等均用书名号。用数字简称的会议或事件，只在数字上加引号；用地名简称的，不加引号。外文的标点符号应遵循外文的习惯用法。

4. 论文中数字的用法应执行GB/T15835—1995《出版物上数字用法的规定》，凡公历世纪，年代、年、月、日、时刻和各种记数与计量(包括正负数、分数、小数、百分比、约数)，均采用阿拉伯数字。年份不能简写。星期几一律用汉字。非公历纪年用汉字，并加圆括号注明公元纪年。如公历年份，时间等。公元前440年，腊月二十一，正月初五，咸丰四年八月二日。多位的阿拉伯数字不能移行。4位以上数字采用3位分节法，即节与节之间空1/4字距。5位以上的数字尾数零多的，可以“万”“亿”作单位。如：34，500万或是345，000，000或3.45亿，但不能写成3亿4千5百万。数字作为语素构成定型的词、词组、惯用词、缩略语，应使用汉字。邻近两个数字并列连用所表示的概数均使用汉字数字。

5. 插图照片处应比例适当，清楚美观；图中文字与符号一律植字。插图应标明图序和图题，序号和图题之间空 1 字；图序以阿拉数字连续编号，仅有 1 图者于图题处标明“图 1”；图题一般居中排于图的下方。图一般随文编排，图较多时也可集中排在文末或其他适当位置。插图的横向尺寸不超过版面 2/3 者，图旁应串文。图需卧排时，应顶左底右。插页图版可另编页码，并在图版上方标识文章篇名和所在页码。

6. 表格应结构简洁，具有自明性。尽可能采用三线表，必要时可加辅助线。表格应有表序和表题。序号和表题居中于表格上方，两者之间空 1 字。表序以阿拉伯数字连续编号，仅有 1 表者，于表题处标明“表 1”。表内数据一律采用阿拉伯数字，个位数、小数点位置应上下对齐。相邻行格内的数字或文字相同时，应重复填写。表一般随文编排，先见文字后见表。表格的横向尺寸不超过版面 2/3 者，表旁应串文。表需卧排时，应顶左底右；需跨页时，一般排为双面跨单面；需转页时，应在续表上方居中注明“续表×”，表头重复排出。

7. 文稿中的计量单位应严格执行 GB3100～3102—93《量和单位》的规定。度量单位用国际标准计量单位，如可用千米(公里)、千克(公斤)、厘米、克等，不得用市斤、公尺、公分等。

8. 文稿中的数学公式应简明、准确地表达各个量之间的关系，一般另行编排，主辅线须区分清楚。在不引起误解的前提下，某些公式也可夹在文句中间。数学公式的编排，应遵循量、符号的书写规则。

六、参考文献

1. 参考文献的著录应执行 GB7714—87《文后参考文献著录规则》及《中国学术期刊(光盘版)检索与评价数据规范》规定，采用顺序编码制，在引文处按论文中引用文献出现的先后以阿拉伯数字连续编码，序号置于方括号内。一种文献在同一文中被反复引用者，用同一序号标示，需表明引文具体出处的，可在序号后加圆括号注明页码或单、节、篇名，采用小于正文的字号编排。

2. 文后参考文献的著录项目要齐全，其排列顺序以在正文中出现的先后为准；参考文献列表时应以“参考文献：”(左顶格)或“[参考文献]”(居中)作为标识；序号左顶格，用阿拉伯数字加方括号标示；每一条目的最后均以实心点结束。

3. 各种参考文献的类型，根据 GB3469—83《文献类型与文载体代码》规定，以单字母方式标识：

- ◆ M——专著
- ◆ C——论文集
- ◆ N——报纸文章
- ◆ J——期刊文章
- ◆ D——学位论文
- ◆ R——研究报告
- ◆ 对于专著、论文集中的析出文献采用单字母“A”标识

◆ 对于其他未说明的文献类型，采用单字母“Z”标识

◆ 对于数据库、计算机程序及电子公告等电子文献类型，以双字母作为标识：

4. 参考文献著录的条目以小于正文的字号编排在文末。其格式为：

◆ 专著、论文集、学位论文、研究报告——[序号]主要责任者. 文献题名[文献类型标识]. 出版地：出版者，出版年. 起止页码(任选).

示例：

[1]周振甫. 周易译注[M]. 北京：中华书局，1991.

[2]陈崧. 五四前后东方西文化问题论战文选[C]. 北京：中国社会科学出版社，1985.

[3]陈桐生. 中国史官文化与《史记》[D]. 西安：陕西师范大学文学研究所，1992.

[4]白永秀，刘敢，任保平. 西安金融、人才、技术三大要素市场培育与发展研究[R]. 西安：陕西师范大学西北经济发展研究中心，1998.

◆ 期刊文章——[序号]主要责任者. 文献题名[J]. 刊名，年，卷(期)：起止页码(正文引用处上标).

示例：

[5]何龄修. 读顾城《南明史》[J]. 中国史研究，1998(3).

◆ 论文集中的析出文献——[序号]析出文献主要责任者. 析出文献题名[A]. 原文献主要责任者(任选). 原文献题名[C]. 出版地：出版者，出版年. 析出文献起止页码(上标于正文引用处)。

示例：

[6]瞿秋白. 现代文明的问题与社会主义[A]. 罗荣渠. 从西化到现代化[C]. 北京：北京大学出版社，1990.

◆ 报纸文章——[序号]主要责任者. 文献题名[N]. 报纸名，出版日期(版次)

示例：

[7]谢希德. 创造学习的新思路[N]. 人民日报，1998-12-25(10).

七、致谢

致谢是作者对认为需要感谢的组织或个人表示谢意的文字，排于注释及参考文献之前，字体应与正文有所区别。

八、附录 A、B

附录 A 指参考资料的原文，附录 B 指译文，均要标明文献出处，英文不少于 5000 字符，古文献不少于 1000 字。

附件 1：毕业论文“中文摘要”样式

附件 2：毕业论文“外文摘要”样式

附件 3：毕业论文“目录”样式

附件 4：毕业论文“正文”样式

附件 5：毕业论文“任务书”样式

附件 6：毕业论文“开题报告”样式

附件 7：毕业论文过程指导记录

附件 1：（“中文摘要”样式）

毕业论文题目（小二号黑体，居中，段前、段后设为 2 行）

摘　要（3 号黑体居中，两字之间空 2 个英文字符）

（空 1 行）

××××××××××××××××××（小 4 号宋体，1.5 倍行距）×××。（要求 200~300 字）

（空 2 行）

关键词　×××；×××；×××；×××（小 4 号宋体，要求 3-5 个词）

（小 4 号黑体，后空 2 个英文字符）

附件 2：（“外文摘要”样式）

××××××××××（外文题目，小 2 号 Times New Roman 字体居中，加粗，段前、段后设为 2 行）

Abstract（3 号 Times New Roman 字体，居中，加粗）

（空 1 行）

××××××××××（小 4 号 Times New Roman 字体，1.5 倍行距）××.

（空 2 行）

Keywords　×××；×××；×××；×××（小 4 号 Times New Roman 字体）

（小 4 号 Times New Roman 字体，加粗，后空 2 个英文字符）

附件3：（“目录”样式）

目　　录

（小3号黑体，居中，并留出上下间距为：段前0.5行，段后0.5行，两字之间空2个英文字符）

一　绪论(或引言)(作为正文第1章，小4号宋体，行距20磅，下同) ………………… 1
二　×××××× (正文第2章) ………………………………………………………… Y
　　(一)××××××(正文第2章第1条) ……………………………………………… Y
　　(二)××××××(正文第2章第2条) ……………………………………………… Y
　　(×)××××××(正文第2章第×条) ……………………………………………… Y
三　×××××(正文第3章) ……………………………………………………………… Y
　　…………………………………………………(略)
　　×　×××××(正文第×章) ……………………………………………………… Y
四　结论 ………………………………………………………………………………… Y
参考文献 ………………………………………………………………………………… Y
致谢 ……………………………………………………………………………………… Y
附录A　原文 …………………………………………………………………………… Y
附录B　译文 …………………………………………………………………………… Y

图1　×××××(必要时) ……………………………………………………………… Y
图2　×××××(必要时) ……………………………………………………………… Y

表1　×××××(必要时) ……………………………………………………………… Y
表2　×××××(必要时) ……………………………………………………………… Y

注：1. 目次中的内容一般列出“章”、“条”二级标题即可；
　　2. X、Y表示具体的数字。

附件4：（正文样式）

一　绪　论

（作为正文第1章标题，两字之间空2个英文字符，用小3号黑体，加粗，居中，并留出上下间距为：段前0.5行，段后0.5行）

请留出两个英文字符，下同

××××××××××(小4号宋体，1.5倍行距，下同)××××××××××××××××××××××××………

二　×××××

(作为正文第2章标题，用小3号黑体，加粗，居中，并留出上下间距为：段前0.5行，段后0.5行)

(一) ××××××(作为正文2级标题，用4号黑体，加粗)

××××××××××(小4号宋体，1.5倍行距，下同)××××××…………

1. ××××(作为正文3级标题，用小4号黑体，加粗)

××××××××××(小4号宋体，1.5倍行距，下同)××××××××××………

三　×××××

(作为正文第3章标题，用小3号黑体，加粗，居中，并留出上下间距为：段前0.5行，段后0.5行)

(一) ××××××(作为正文2级标题，用4号黑体，加粗)

××××××××××(小4号宋体，1.5倍行距，下同)××××××…………

1. ××××(作为正文3级标题，用小4号黑体，加粗)

××××××××××(小4号宋体，1.5倍行距，下同)××××××××××………

四　结　论

(小3号黑体，加粗，两字之间空2个英文字符，居中，并留出上下间距为：段前0.5行，段后0.5行)

××××××××××(小4号宋体，1.5倍行距)××…………

注：1. 正文中表格与插图的字体一律用5号宋体；
2. 数字和字母：Times New Roman体。
3. 正文各页的格式请以此页为标准复制；
4. 为保证打印效果，学生在打印前，请将全文字体的颜色统一设置成黑色。

参 考 文 献

(小3号黑体，居中，每个字之间空1个英文字符，段前0.5行，段后0.5行)

[1]　××××××××(5号宋体，行距18磅)×××××
[2]　××××××××××××××××××××××××××××××××××××

××××××××

［3］ ××××××××××××××××××××××××

…………

例如：

［1］ 周晓琳，刘玉平. 中国古代城市文学史［M］. 北京：人民出版社，2013.
［2］ 葛美英.《水浒传》中宋代世俗生活考述［J］. 文教资料，2013(7).
［3］ 杨渭生. 宋代文化新观察［M］. 石家庄：河北大学出版社，2008.
［4］ 李时人.《水浒传》的“社会风俗史”意义及其“精神意象”［J］. 求是学刊，2007(1).
［5］ (清)陈廷焯. 白雨斋词话卷一. 唐圭璋. 词话丛编［M］. 北京：中华书局，1986.
［6］ 赵莉萍. 陈子龙词研究［D］. 山东师范大学，2003.
［7］ 陈子龙著，孙启治校注. 安雅堂稿［M］. 沈阳：辽宁出版社，2003.
…………

致　谢(小3号黑体，居中，两字之间空2个英文字符，段前0.5行，段后0.5行)

××××××××××(小4号宋体，1.5倍行距)××××××××××××××××××××××…………

附件5：（任务书样式）

苏州科技大学

毕业论文任务书

论文题目 ______________________________

院（系）______________________________

专　　业 ______________________________

学　　号 ______________________________

学生姓名 ______________________________

起讫日期 　　年　月　日～　　年　月　日

指导教师 ______________________________

填写日期：　　　年　　月　　日

1. 毕业论文的研究内容

××××××××××(小4号宋体，1.5倍行距，下同)××××××××××××××××××××××××××××…………。

2. 毕业论文的基本要求(内容要求，撰写格式要求，图表要求，字数要求，结构要求，译文要求，计算机打印要求，文献查阅要求)

××××××××××(小4号宋体，1.5倍行距)××…………。

3. 主要参考文献

[1] 周晓琳，刘玉平．中国古代城市文学史[M]．北京：人民出版社，2013.
[2] 葛美英．《水浒传》中宋代世俗生活考述[J]．文教资料，2013(7).
[3] 杨渭生．宋代文化新观察[M]．石家庄：河北大学出版社，2008.
[4] 李时人．《水浒传》的"社会风俗史"意义及其"精神意象"[J]．求是学刊，2007(1).
[5] (清)陈廷焯．白雨斋词话卷一．唐圭璋．词话丛编[M]．北京：中华书局，1986.
[6] 赵莉萍．陈子龙词研究[D]．山东师范大学，2003.
[7] 陈子龙著，孙启治校注．安雅堂稿[M]．沈阳：辽宁出版社，2003.
……

4. 毕业论文工作的进度安排(包括序号、起讫日期、工作内容)

××××××××××(小4号宋体，1.5倍行距，下同)××…………。

指导教师签字：　　　　　　　　教研室/系 主任签字：

年　　月　　日

注：表格的大小可视内容的多少自行调整

附件6：（开题报告样式）

苏州科技大学
毕业论文开题报告

论文题目 ________________________

院（系）________________________

专　　业 ________________________

学　　号 ________________________

学生姓名 ________________________

指导教师 ________________________

年　　月　　日

1. 本课题研究的背景、目的及意义

××××××××(小4号宋体，1.5倍行距)××…………。

2. 本课题主要研究内容和预期目标

××××××××(小4号宋体，1.5倍行距)××…………。

3. 本课题拟采用的研究方法、步骤

××××××××(小4号宋体，1.5倍行距)××…………。

4. 本课题主要参考文献

[1] 周晓琳，刘玉平. 中国古代城市文学史[M]. 北京：人民出版社，2013.
[2] 葛美英.《水浒传》中宋代世俗生活考述[J]. 文教资料，2013(7).
[3] 杨渭生. 宋代文化新观察[M]. 石家庄：河北大学出版社，2008.
[4] 李时人.《水浒传》的"社会风俗史"意义及其"精神意象"[J]. 求是学刊，2007(1).
[5] (清)陈廷焯. 白雨斋词话卷一. 唐圭璋. 词话丛编[M]. 北京：中华书局，1986.
[6] 赵莉萍. 陈子龙词研究[D]. 山东师范大学，2003.
[7] 陈子龙著，孙启治校注. 安雅堂稿[M]. 沈阳：辽宁出版社，2003.
…………

5. 本课题的具体进度安排(包括序号、起讫日期、工作内容)

指导教师意见：

指导教师：（亲笔签名）

年　月　日

注：表格的大小可视内容的多少可自行调整。

附件 7：（毕业论文指导记录）

毕业论文过程指导记录表

论文题目			
学生姓名		班级	
第 1~2 周			
第 3~4 周			
第 5~6 周			
第 7~8 周			
第 9~10 周			
第 11~12 周			
第 13~14 周			
第 15~16 周			

指导教师审阅意见：

指导教师签名：

年　月　日

任务六：毕业论文答辩

(一)毕业论文答辩

毕业论文答辩是本科学生在写完毕业论文之后，参加由学院统一组织的、学生和答辩委员会诸老师面对面进行的、学生当面回答答辩委员会诸老师就论文所提出的有关问题的一种既有“问答”、又有“论辩”的特殊会议的过程。

毕业论文答辩有几个显著特点：

1. 必须在学生写完毕业论文之后进行。因此，凡不能在规定期限内写完毕业论文的学生，不能参加毕业论文答辩。

2. 必须是系部组织的，是正常教学活动的一个有机组成部分。

3. 学生必须同答辩委员会诸老师面对面地进行论辩，回答老师们所提出的有关问题。

4. “问答”和“论辩”是围绕着学生的毕业论文进行的，以“问答”为主、“论辩”为辅。

5. 在毕业论文答辩会上，答辩老师和参加答辩的学生的关系是：答辩老师至少3个人，学生是1个人；答辩老师提出问题，学生回答问题；答辩老师处于论文“审查者”的位置，学生处于论文“被审查者”的位置；答辩老师要对学生的毕业论文和答辩情况作出评价，并判定等第，等等。

明白毕业论文答辩的上述特点，对学生来说，有着十分重要的意义：可以有针对性地进行准备，力求取得较好的答辩成绩。

(二)毕业论文答辩的目的

组织毕业论文答辩，主要有4个目的：

1. 在论文指导教师评阅教师初审的基础上，进一步以公开答辩的形式，审查学生的毕业论文是否达到了本科毕业的要求，审查学生的科研能力和科研水平，审查学生对在毕业论文中所论述的学术问题的认识程度，审查学生当场应对和面对面地论证论题的能力和水平。

2. 以“面试”的形式，考察学生对专业知识掌握的广度和深度，了解学生的知识面和理论水平。

3. 审查毕业论文的真实性，防止个别剽窃他人成果或寻找“枪手”代劳者蒙混过关。

4. 通过“人人过关”式的答辩，发现平时教学中所存在的问题，从而采取改进措施。

本科学生参加毕业论文答辩，至少有3个方面的意义：

1. 毕业论文答辩是本科生在校期间的“最后一课”，而且是几个老师同时对自己的论文进行指导，为自己点明知识上的优势与不足之处；是向答辩老师学习的最好机会。

2. 通过答辩，验证自己的论文是否达到了毕业的水平，了解自己的论文还有哪些薄弱环节和欠缺之处，明确今后的科研方向和努力目标。

3. 培养和锻炼自己的面试能力，取得面试的经验。在市场经济条件下，一个大学本科毕业生要想取得事业的成功，今后可能要参加多次面试：考研究生，要面试；研究生毕业，要参加论文答辩；找工作，有时也要接受用人单位的面试；随着我国干部制度的改革，报考公务员也要参加面试，等等。

(三)毕业论文答辩前要的准备

为了保证毕业论文答辩顺利通过，取得最佳的答辩成绩，学生在参加答辩前，至少应作如下几方面的准备：

1. 认真梳理毕业论文的结构，做到烂熟于心。

2. 反复阅读毕业论文，牢记论文的大小论点（自己的观点）和主要论据，牢记论文的结论、论证方法和重要引言。

3. 认真弄清毕业论文中所涉及的各种术语、概念、理论和引言的确切含义。

4. 以简洁明了的语言概括出论文的创新之处和自己的独到见解，以便说明自己的论文对学术发展的贡献和自己选择这一课题进行研究的理由。

5. 努力找出论文中的薄弱环节和前后矛盾、论述不清之处，以及论文中的其他不足（包括自己尚未搞懂、有意避开的一些问题），有针对性地进行适当的准备，以便答辩老师提出有关问题时能从容以对，或向老师讨教。

6. 查阅与毕业论文内容相关的背景材料和有关书籍，了解他人在该课题上的研究情况，等等。

答辩前，应当就以上6方面的内容，写出答辩提纲或笔记，答辩时方能胸有成竹、从容不迫。

（四）毕业论文答辩的注意事项

为了在答辩会上充分发挥自己的水平，并给答辩老师留下良好的印象，学生在参加毕业论文答辩时，要注意7个问题：

1. 要有充分的信心，要沉着冷静，要消除紧张、害怕心理。

2. 要带齐有关材料，包括论文、答辩提纲或笔记、重要参考书和工具书，等等。当然，也别忘了带上笔和白纸（练习本），以便记录问题和撰写答辩词。

3. 要提前到达答辩会场，切勿迟到。

4. 在准备回答答辩老师所提问题时，一定要认真思考题意，摸清老师究竟想问你什么，有针对性地进行准备，防止答非所问。

5. 在面对答辩委员会介绍论文和回答问题时，一定要言简意赅、突出重点；一定要层次清楚、条理分明，对每个问题抓住几个要点进行阐述，切忌眉毛胡子一把抓或前后重复；一定要客观全面、把握分寸，讲话要留有余地，防止绝对化；一定要实事求是，懂就说懂，不懂就说不懂，切忌强词夺理。

6. 面对答辩老师的追问或插问，态度要谦虚、诚恳。如果不同意老师的某些观点，可以同老师"辩论"，但要心平气和地表述自己的理由。

7. 在整个答辩过程中，从进场到退场，一定要举止文明。聆听老师讲话时要全神贯注；回答问题时，要面朝答辩老师；其他同学答辩时，要耐心倾听，不要窃窃私语，或作出其他干扰举动。

（五）毕业论文答辩过程

1. 准备阶段：

一般在举行毕业论文答辩前5~7天，公布学生分组名单、答辩时间、答辩地点和各组答辩老师名单。每个学生的论文指导教师，一般都参加该学生所在小组的答辩委员会。答辩所提问题，大致可分为4个方面：

（1）探测和了解学生对论题理解的深浅、研究的程度和论文达到的水平；

(2)测试学生的知识基础、理论水平和综合能力；

(3)检验论文的真伪，了解论文是否真由学生本人撰写；

(4)提出论文中的错误和不足，等等。

2. 答辩阶段

毕业论文答辩会通常按下列程序进行：

(1)由答辩委员会主任宣布答辩委员会组成人员名单和参加答辩的学生名单，并对学生进行点名。

(2)学生根据答辩委员会确定的答辩顺序，每人用4~5分钟时间简明扼要地介绍自己的论文题目、选题理由、论文的主要内容(如结构层次、主要观点、主要论据、结论)、创新之点和写作体会。

(3)每个学生介绍完自己的论文后，由主答辩老师向他提出问题，然后该同学退场，就所提问题准备回答。

(4)在学生回答问题的过程中和答完问题之后，答辩组老师随时可以插问或再提出新的问题要求学生回答。除最后一个学生外，其余学生答辩完了之后，应留在会场倾听其他同学答辩。

(5)最后一个学生答辩完了之后，学生集体退场，由答辩小组的老师就学生论文的水平和答辩表现，逐一进行研究，商定是否通过、答辩评语和成绩等第。

(6)论文答辩的具体成绩，不当场宣布，由答辩委员会审核后通知。

(7)由答辩委员会主任宣布毕业论文答辩会结束。

3. 结尾阶段

(1)答辩委员会逐一填好每个学生的评语和成绩等第，每位答辩老师均要签字，然后将学生论文一式2份，连同评语、成绩等材料，一起交给系教学秘书。

(2)在全系毕业班学生全部答辩结束后，由系答辩委员会审核各组答辩情况，综合平衡后，确定每个学生的成绩。学生成绩分为优秀、良好、中等、及格、不及格5个等第。

(3)所有答辩材料整理存档。

【成绩评定】

1. 毕业论文的成绩评定采用记分加评语的办法。最后的总成绩采用五级记分制(即优、良、中、及格、不及格)记载，但计算过程中的成绩按百分制记载。

评定成绩时综合考虑《人文学院毕业论文指导教师评分表》(40%)、《人文学院毕业论文评阅人评分表》(20%)和《人文学院毕业论文答辩评分表》(40%)中的成绩。确定学生成绩时应按表内规定的项目和权重分项计算后求和得出总成绩。

毕业论文具体评分标准如下：

(1)优秀：能很好地遵守毕业论文写作规范及进度，写作态度极其认真；论文观点正确，新颖，写作视角新颖独特，体现出较强的分析问题和解决问题的创新能力；论文重点突出，条理清楚，论据充分，史论结合，逻辑严密；文字表达简练流畅；论文答辩成绩优异。

(2)良好：能较好地遵守毕业论文写作规范及进度，写作态度较认真；论文观点正确，表现出一定的分析问题和解决问题的能力；论文重点突出，条理清楚，史论结合，论据较充分，逻辑较严密并具有较好的文字表达能力；论文答辩成绩较好。

(3)中等：能遵守毕业论文写作规范及进度；论文观点正确但创新不足；论文基本概念及基本理论运用尚可；文字表达尚可；论文答辩成绩尚可。

(4)及格：基本遵守毕业论文的写作规范及写作进度，论文观点基本正确，条理基本清楚，文字表达一般；论文答辩成绩一般。

(5)不及格：写作态度极不认真，无法完成论文写作任务；文章有明显的抄袭行为，查重率超标；不参加论文答辩。

2. 各答辩小组根据指导教师(包括评阅人)建议成绩和答辩成绩，并按学校和学院规定成绩比例进行集体评分。评分结果由答辩小组汇总上报院答辩委员会。

学院答辩委员会在统计各答辩小组的毕业论文成绩时，有权按事先规定的规则和程序平衡、调整毕业论文成绩。总评分为“优秀”者不超过参加答辩学生人数的15%，总评分为“良好”以上者不超过参加答辩学生人数的45%，学生人数以专业为单位计，“中等”及以下者不低于40%。

学院答辩委员会主任在审核毕业论文成绩统计计算无误，并满足上述优良率要求后，可以签字正式公布成绩。毕业论文成绩以学院答辩委员会正式公布的成绩为准，并按有关规定和程序上报教务处。

3. 毕业论文成绩评定完成后，各专业答辩小组负责填写本专业学生《毕业设计(论文)答辩评议书》。

【时间安排】

1. 毕业论文选题工作(第7学期5~16周)

(1)第5周布置毕业论文选题任务、确定指导教师。

(2)第9周前确定毕业论文题目，第10周审定题目，第11~12周学生完成选题。

2. 毕业论文任务书和开题报告(第7学期第17周~第8学期第2周)

(1)指导老师填写毕业论文任务书。

(2)第7学期第19周前，任务书经系(教研室)主任审阅、签发同意后由指导教师签字下发。

(3)第8学期第2周前，完成开题报告。

3. 毕业论文工作(第8学期1~16周)

(1)毕业论文写作时间：第8学期的3~14周。

(2)学生应在9~10周完成论文初稿，12周完成2稿，14周定稿。

4. 毕业论文答辩(第8学期15~16周)

(1)学生根据专业参加答辩。各系答辩小组确定拟评优学生名单。

(2)院答辩委员会对争议的优秀毕业论文组织公开答辩。

(3)系答辩小组、院答辩委员会确定最终成绩上报。

附件1：毕业论文指导教师评分表

附件2：毕业论文评阅人评分表

附件3：毕业论文答辩评

附件1：毕业论文指导教师评分表

苏州科技大学

设计(论文)指导教师评分表

<table>
<tr><td>学院(系)名</td><td></td><td>专业名称</td><td></td><td>学生学号</td><td></td><td>学生姓名</td><td></td></tr>
<tr><td>题目名称</td><td colspan="5"></td><td>指导教师</td><td></td></tr>
<tr><td>序号</td><td colspan="5">评 分 项 目</td><td>分值</td><td>评分</td></tr>
<tr><td>1</td><td colspan="5">文献检索、阅读及综述能力</td><td>10</td><td></td></tr>
<tr><td>2</td><td colspan="5">实验(设计)方案、研究方案的合理性</td><td>20</td><td></td></tr>
<tr><td>3</td><td colspan="5">对基本概念、基本理论的掌握和运用情况</td><td>10</td><td></td></tr>
<tr><td>4</td><td colspan="5">分析问题、解决问题的能力及创新能力</td><td>20</td><td></td></tr>
<tr><td>5</td><td colspan="5">数据处理及理论计算的正确性、毕业设计(论文)撰写的规范性</td><td>20</td><td></td></tr>
<tr><td>6</td><td colspan="5">外语运用能力(英文摘要及外文文献翻译等)</td><td>10</td><td></td></tr>
<tr><td>7</td><td colspan="5">工作态度、纪律表现、工作进度</td><td>10</td><td></td></tr>
<tr><td colspan="6">指导教师建议成绩(百分制)</td><td>100</td><td></td></tr>
<tr><td>指导教师评语</td><td colspan="7">指导教师评语(评价要点：①对基础理论及基本技能的掌握情况；②独立解决问题的能力；③研究方案和技术方法的合理性；④取得的主要成果及创新点；⑤工作态度及工作量；⑥总体评价；⑦存在问题；⑧是否同意答辩等)：</td></tr>
<tr><td colspan="2">指导教师签名</td><td colspan="3"></td><td>日 期</td><td colspan="2"></td></tr>
</table>

附件 2：毕业论文评阅人评分表

苏州科技大学

毕业设计(论文)评阅人评分表

<table>
<tr><td>学院(系)名</td><td></td><td>专业名称</td><td></td><td>学生学号</td><td></td><td>学生姓名</td><td></td></tr>
<tr><td>课题名称</td><td colspan="5"></td><td>指导教师</td><td></td></tr>
<tr><td>序号</td><td colspan="5">评 分 项 目</td><td>分值</td><td>评分</td></tr>
<tr><td>1</td><td colspan="5">文献检索、阅读及综述能力</td><td>10</td><td></td></tr>
<tr><td>2</td><td colspan="5">实验(设计)方案、研究方案的合理性</td><td>20</td><td></td></tr>
<tr><td>3</td><td colspan="5">对基本概念、基本理论的掌握和运用情况</td><td>10</td><td></td></tr>
<tr><td>4</td><td colspan="5">分析问题、解决问题的能力及创新能力</td><td>20</td><td></td></tr>
<tr><td>5</td><td colspan="5">数据处理及理论计算的正确性、毕业设计(论文)撰写的规范性</td><td>20</td><td></td></tr>
<tr><td>6</td><td colspan="5">外语运用能力(英文摘要及外文文献翻译等)</td><td>10</td><td></td></tr>
<tr><td>7</td><td colspan="5">成果质量评价</td><td>10</td><td></td></tr>
<tr><td>10</td><td colspan="5">…</td><td>…</td><td></td></tr>
<tr><td colspan="6">评阅人建议成绩</td><td>100</td><td></td></tr>
<tr><td>评阅人评语</td><td colspan="7">评阅教师评语(评价要点：①设计(论文)选题的价值与意义；②基础理论及基本技能的掌握；③综合运用所学知识解决实际问题的能力；④工作量的大小；⑤取得的主要成果及创新点；⑥写作的规范程度；⑦总体评价；⑧存在问题；是否同意答辩等)：</td></tr>
<tr><td>评阅人签名</td><td colspan="3"></td><td>日期</td><td colspan="3"></td></tr>
</table>

说明：1. 本表计分满分为 100 分，权重为 20%

2. 上述评分项目和各项目的权重分仅供参考。学院(系)可根据本学院(系)专业情况定评分项目和各项目的权重分，但评分项目不少于 7 项。

附件 3：毕业论文答辩评分表

苏州科技大学

毕业设计(论文)答辩评分表

<table>
<tr><td>学院(系)名</td><td></td><td>专业名称</td><td></td><td>学生学号</td><td></td><td>学生姓名</td><td></td></tr>
<tr><td>课题名称</td><td colspan="5"></td><td>指导教师</td><td></td></tr>
<tr><td>答辩组成员</td><td colspan="7"></td></tr>
<tr><td>1</td><td colspan="5">设计(论文)工作的情况介绍及语言表达能力</td><td>30</td><td></td></tr>
<tr><td>2</td><td colspan="5">对基本问题的回答情况及应辩能力</td><td>30</td><td></td></tr>
<tr><td>3</td><td colspan="5">设计(论文)成果质量和完成情况</td><td>20</td><td></td></tr>
<tr><td>4</td><td colspan="5">创新意识和实用价值</td><td>20</td><td></td></tr>
<tr><td colspan="6">答辩小组建议成绩(百分制)</td><td>100</td><td></td></tr>
<tr><td>答辩小组评语</td><td colspan="7">答辩小组的评语应按照学生答辩时回答问题的情况(知识面掌握、逻辑思维能力、口头表达能力、回答问题的正确性等)给出评价：</td></tr>
<tr><td>答辩小组组长签字</td><td></td><td colspan="2">答辩小组成员签字</td><td colspan="2"></td><td>日期</td><td></td></tr>
</table>

说明：1. 本表计分满分为 100 分，权重为 40%

2. 上述评分项目和各项目的权重分仅供参考。学院(系)可根据本学院(系)专业情况制定评分项目和各项目的权重分。

附：秘书学专业毕业论文参考选题

一、秘书史方向

1. 中国秘书工作的起源探索
2. 中国古代秘书工作研究(可按朝代研究、专题研究、官职研究)
3. 我国古代秘书选拔制度
4. 历代秘书考核制度探析
5. 历代信访制度研究
6. 古代贴黄制度研究
7. 古代封驳制度研究
8. 古代公文拟办制度研究
9. 张居正改革与秘书工作
10. 唐代翰林院、匭使院职能研究
11. 明代“六科”的协调功能研究
12. 清代的“四格八法”与秘书官吏的考核研究
13. 古代的“采风”“上计”制度研究
14. 民国的三次“文改”运动研究。
15. 绍兴师爷群体研究
16. 中国现代秘书工作的产生及其特点
17. 中国共产党秘书工作的产生和发展
18. 新中国秘书史研究(可分阶段)
19. 新时期秘书工作研究
20. 20 世纪 80 年代以来秘书学研究述评(可按专题)
21. 21 世纪中国秘书工作的发展趋势
22. 新时期秘书学的产生和发展 对“秘书”概念的理论探讨
23. 对当前秘书学研究的评价(可按专题)

二、秘书职能环境方向

24. 企业秘书工作与机关秘书工作比较研究
25. 市场经济条件下秘书工作特点研究
26. 民营企业秘书工作研究
27. 乡镇秘书工作研究
28. 中国加入 WTO 后企业秘书工作研究
29. 涉外商务秘书工作研究
30. 司法秘书工作研究
31. 涉外秘书公关工作研究
32. 独、合资企业秘书工作与传统秘书工作的比较
33. 私人秘书工作研究

三、秘书职业化方向

34. 社会发展对秘书职业产生的影响和要求
35. 浅析秘书职业角色的失范与规范
36. 论网络环境与办公室管理创新
37. 秘书网络化办公环境下的安全性问题思考
38. 秘书职业市场需求状况分析
39. 论当代秘书职业的机遇与挑战
40. 试论秘书清除环境障碍与优化职能场
41. 论秘书职业的文化内涵
42. 从当前机构改革看秘书工作环境的优化
43. 秘书职业技能鉴定的内容与方式探讨
44. 秘书职业化与高等秘书教育
45. 秘书资格证书研究

四、秘书主体研究方向

46. 大中型企业秘书人员素质状况调查
47. 中国古代秘书人物研究(如李商隐、苏轼)
48. 毛泽东的秘书思想
49. 邓小平秘书工作的实践与理论
50. 论周恩来对秘书人员的教育与培养
51. 胡乔木的秘书理论与实践
52. 田家英的秘书理论与实践
53. 当代秘书学者研究(如常崇宜、董继超、钱世荣等)
54. 对建设高素质秘书队伍的思考
55. 知识经济时代对秘书素质的新要求
56. 新时期秘书人才的素质与培养
57. 现代企业秘书的素质和能力研究
58. 21 世纪涉外秘书的素质要求
59. 秘书腐败现象探讨
60. 秘书的社会角色研究
61. 秘书的心理素质探析
62. 秘书人际关系探析
63. 秘书思维方法研究
64. 秘书与领导关系研究
65. 论性别对秘书工作的影响

五、秘书工作研究方向

66. 秘书协调艺术研究
67. 秘书辅助领导决策研究
68. 新形势下信息工作的特点和发展趋势

69. 论网络条件下秘书部门的保密工作
70. 新时期行政公文改革与发展趋势探讨
71. 领导秘书工作研究
72. 对文书工作与档案工作关系的探讨
73. 归档在文件转化为档案过程中的作用探讨
74. 立卷与组件——归档文件整理的两种思路比较
75. 文件运动过程中的人为因素分析
76. 论文件之间的历史联系
77. 文书工作与档案工作交接点的秘书职责定位
78. 档案信息开发与文学创作
79. 对档案真实性的辩证思考
80. 电子档案与纸质档案的共性与差异
81. 国际互联网对秘书工作的影响
82. 电子政府与政府管理的创新
83. 略谈公文中的歧义问题
84. 试论秘书部门在领导决策过程中的参谋作用
85. 行政管理体制改革与秘书工作
86. 略论办公室主任的工作方法
87. 基层信访工作情况的调查与分析
88. 论新形势下信访工作的思路与对策
89. 论创新思维与秘书工作
90. 论秘书工作的审美特点
91. 企业秘书工作存在的不足及对策
92. 论秘书在企业文化塑造中的地位与作用
93. 关于企业信息工作实效性的思考
94. 秘书参与会议(会展)实践的思考
95. 试论秘书思维能力的培养与创新思维
96. 秘书与上级的沟通技巧

六、秘书学科体系方向

97. 关于建设有中国特色的秘书学的思考
98. 论秘书学与相关学科的关系
99. 论市场需求与对文秘人才培养导向作用
100. 对×××文秘专业实践性教学环节的思考
101. 对我国本科院校秘书人才培养模式的思考
102. 秘书学人才培养方案课程体系建设研究
103. 秘书学专业实践教学体系研究
104. 秘书人才培养中的校企合作模式探讨
105. 论“双师型”教师的培养机制

106. 秘书学专业人才培养质量评价体系研究

七、秘书学与相关学科关系研究方向

108. 秘书心理学研究

109. 秘书教育论

110. 秘书学与管理研究

111. 秘书美学研究

112. 试论秘书学科概念体系的研究

113. 试析秘书科学在我国产生的社会动因

114. 关于秘书理论建设的思考

115. 秘书学与领导科学关系研究

116. 关于现代中国秘书学研究的成就和趋向

八、比较秘书学与秘书工作方向

117. 中西方选用秘书人员比较研究

118. 试论中英文秘写作者的必备条件

119. 中外秘书制度的比较

120. 中美秘书工作比较

121. 中外秘书职能比较

122. 文化差异对秘书接待工作的影响

123. 全球化背景下的我国商务秘书应对之策研究

124. 政府机关与企业秘书比较